普通高等教育教材·食品科学与工程系列

食品分析技术

主编◎李巧玲　韩俊华

编者◎（按姓氏拼音排名，不分先后顺序）

陈江魁	韩俊华	郝建雄	胡高爽	李　冰
李美萍	李巧玲	李劭彤	李秀霞	马晓燕
孙哲浩	谭思远	王宏伟	王顺新	杨建荣
赵晓丹	庄炜玮	左晓磊		

扫码查看电子资源

SHIPIN FENXI JISHU

北京师范大学出版集团
BEIJING NORMAL UNIVERSITY PUBLISHING GROUP
北京师范大学出版社

图书在版编目（CIP）数据

食品分析技术/李巧玲，韩俊华主编． —北京：北京师范大
学出版社，2019.8(2025.7重印)

（普通高等教育教材·食品科学与工程系列）

ISBN 978-7-303-24877-3

Ⅰ．①食…　Ⅱ．①李…　②韩…　Ⅲ．①食品分析-高等学
校-教材　Ⅳ．①TS207.3

中国版本图书馆 CIP 数据核字（2019）第 153799 号

出版发行：北京师范大学出版社 https://www.bnupg.com
　　　　　北京市西城区新街口外大街 12-3 号
　　　　　邮政编码：100088
印　　刷：北京天泽润科贸有限公司
经　　销：全国新华书店
开　　本：787 mm×1092 mm　1/16
印　　张：24
字　　数：494 千字
版　　次：2019 年 8 月第 1 版
印　　次：2025 年 7 月第 3 次印刷
定　　价：59.80 元

策划编辑：刘风娟　　　　　　责任编辑：刘风娟
美术编辑：焦　丽　　　　　　装帧设计：焦　丽
责任校对：陈　民　　　　　　责任印制：马　洁

版权所有　侵权必究

内容简介

  本书是依据最新修订的食品安全国家标准和食品行业对食品检测人员岗位任职要求等编写而成。全书共分为食品分析基础知识、仪器分析基础知识、食品的感官及物理特性分析、食品中常规成分分析和食品安全分析5个部分。该书在传统《食品分析》教材的基础上添加了仪器分析的一些基础知识，便于读者对农药残留、兽药残留、重金属等检测中仪器分析方法的理解。本书可供高等学校轻工食品类、食品质量与安全、农副产品、商品检验、粮食储藏与加工等各专业或相近专业作为教材使用，也可供食品第三方检验检测机构、食品卫生检验、质量监督及各类食品企业的有关技术人员参考。

序

民以食为天。食品工业已经成为我国国民经济的重要支柱产业。2017年，国家发展和改革委员会与工业和信息化部联合发布的《关于促进食品工业健康发展的指导意见》指出"以供给侧结构性改革为主线，以创新驱动为引领，着力提高供给质量和效率，推动食品工业转型升级、膳食消费结构改善，满足小康社会城乡居民更高层次的食品需求"。食品工业的快速和健康发展，促进了企事业单位对食品专业技术人才需求的持续增加。

近年来，科学技术和高等教育的全面快速发展，对食品类人才的培养也有了更多的要求，不仅需要有扎实的理论知识，还要有较强的创新能力和动手能力。《国家中长期教育改革和发展规划纲要（2010—2020年）》明确提出："适应国家和区域经济社会发展需要，建立动态调整机制，不断优化高等教育结构。优化学科专业、类型、层次结构，促进多学科交叉和融合。重点扩大应用型、复合型、技能型人才培养规模。"随着普通高校向应用型本科转型的落实，重基础、宽口径，加强基础教学，着力培养应用型、技术型人才，成为当前教学改革的重要方向。

应用型人才需具备一定的理论基础和实践技能，从事非学术研究性工作，其任务是将抽象的理论符号转换成具体操作构思或产品构型，将知识应用于实践，在较短时间内即能够胜任生产、管理或服务岗位的需要的人才。课程体系改革和教材建设是应用型人才培养模式改革的关键，也是目前建设应用型高等教育的薄弱环节。在食品类人才培养过程中，原有的教材偏理论、重研究、缺案例，难以满足应用型人才培养的要求。因此为食品类专业推出一套适合应用型本科的教材有着很强的实践意义。

为了符合教学改革需要，适应应用型本科教学，配合新的教学方式，丛书编委会从整体进行设计，邀请了部分地方院校的食品教学团队进行应用型本科教材的编写，为食品类应用型人才培养进行了崭新的尝试和开拓。本套教材重实践性，让教材与产业接轨，与生产实际接轨，突显工科特色。其主要特征为：①在介绍基本原理、基本知识、最新研究进展基础上，引入实操案例和应用案例；②在内容上尽可能拓宽知识面，尽量避免学科的重复，尽量控制其深度和难度；③通过立体教材建设和数字化手段，为教材的使用提供完整的配套资源。

　　本套教材主要面向食品科学、食品工程类应用型本专科生。

　　当然，由于种种原因，一定还会存在许多不完善的地方，需要进一步改进，也希望读者在使用的过程中提出宝贵意见。

丛书编委会

前　言

　　"食品分析"是食品科学与工程、食品质量与安全专业重要的专业基础课程。自 20 世纪 80 年代来，先后由不同院校不同编著者出版过不同版本的《食品分析》教材，这些教材为食品类专业人才培养作出过很大贡献，并总结出许多宝贵的经验。2015 年《中华人民共和国食品安全法》修订以后，大部分的食品检测标准也相继进行了修订，并且一些检测方法修订后变化较大。本教材是在参考过去同类教材经验的基础上，依据最新修订的食品安全国家标准和食品行业对食品检测人员岗位任职要求等编写而成的。

　　本教材的特色在于突出以教学为宗旨，在传统《食品分析》教材的基础上添加了食品行业常用的一些大型仪器设备的基础知识，便于读者对氨基酸、农药残留、兽药残留、维生素、重金属等仪器分析检测方法的理解。另外，为了适应国内近几年第三方检测平台的需要，在相关章节增加了检验检测机构资质认定能力评价等相关知识，在内容上更加广泛。鉴于社会对食品安全性的关注日益增强，本教材突出了食品安全性检测方面的内容，尽量多介绍一些操作性强、理论与实践结合更紧密的理论知识和检测方法。因此，为了区别于传统的《食品分析》教材，本教材取名《食品分析技术》。该教材共分为食品分析基础知识、仪器分析基础知识、食品的感官及物理特性分析、食品中常规成分分析和食品安全分析 5 个部分。

　　本书由李巧玲和韩俊华任主编。参加编写的有：渤海大学李秀霞、烟台大学杨建荣（第一、第二章），山西大学李美萍、河北科技大学李巧玲（第三、第四章），河北科技大学韩俊华（第五章），河北科技大学胡高爽（第六、第十七章），河北女子职业技术学院王顺新、河北兄弟伊兰食品科技股份有限公司孙哲浩（第七、第八章），河北化工医药职业技术学院李劭彤、河北科技大学郝建雄（第九、第十章），商洛学院谭思远（第十一、第十二章），邢台学院李冰(第十三章),石家庄市畜产品质量监测中心左晓磊、河北科技大学赵晓丹(第十四章),邯郸学院陈江魁(第十五、第十六章),河北农业大学马晓燕(第十八章),全书统稿排版、参考文献和附表的整理由河北科技大学庄炜玮和王宏伟协助完成。

本书在编写过程中得到国内有关院校单位领导、食品专家的热情帮助和大力支持,特别是河北科技大学在读研究生赵晓丹、田晶、叶晓莉、张亚杰等为本书的文字校对、公式编辑及图表处理等做了大量工作,在此谨致以诚挚的谢意。

本书可供高等学校轻工食品类、食品质量与安全、农副产品、商品检验、粮食储藏与加工等各专业或相近专业作为教材使用,也可供食品第三方检验检测机构、食品卫生检验、质量监督及各类食品企业的有关技术人员参考。

鉴于编者水平有限,书中不足之处在所难免,恳请广大读者批评指正,以便进一步改进和完善。

编者

2019 年 3 月

目　录

第 1 章 绪论

1.1 食品分析的内容和作用

食品，指各种供人食用或者饮用的成品和原料以及按照传统既是食品又是中药材的物品，但是不包括以治疗为目的的物品。"民以食为天，食以安为先"，随着人们生活水平的不断提高，消费者越来越注重食品的品质了，尤其是食品的"营养性"和"安全性"得到了人们更广泛的关注。食品的品质包含两方面内容：一是食品的营养、风味及外观；二是食品的安全卫生。食品品质的优劣直接关系到人们的身体健康，而评价食品营养及其安全性是食品分析的主要任务。人们需要高质量、营养、安全、美味可口、有益健康的食品，因此，为了保证食品的营养和安全性，食品分析是必不可少的手段。

1.1.1 食品分析的内容

食品分析技术是一门研究食品的检测方法、品质评定及其有关理论的学科。它根据食品的特点，利用物理、化学、生物化学、微生物等学科的理论知识及各种科学技术对食品工业生产中的各种物料(原料、辅料、半成品、成品、添加剂、副产品等)中的成分进行定性及定量检测，并将结果与标准比较，进而评定食品品质。由于食品以及生产食品的各种物料种类繁多，组成复杂，因此食品分析的内容十分广泛。依据食品分析目的的不同，一般将食品分析分为以下内容。

1. 食品的感官及物理特性分析

食品的感官指标，包括外形、色泽、滋味、气味、均匀性等，是描述和判断产品质量最直观的指标。食品感官评价是借助人体自身的视觉、听觉、嗅觉、味觉和触觉对食品的色、香、味、形进行综合性鉴别和评价的一门分析检验学科。感官指标越来越受到消费者的重视，食品感官评价在新产品研发、品质控制、食品流通和营销等各方面得到广泛的应用。食品质量标准中均有其感官指标，感官评价是食品分析的重要内容之一。

食品的物理特性分析涉及食品密度、黏度、沸点、浑浊度、折射率、旋光度等物理指标的检测，可通过食品物理指标检测进行定量分析，也可判断食品的纯度和品质。物理检测方法简单、方便，可检测酒类食品的酒精度、果汁饮料的糖度、生鲜及加工肉制品的物性等指标，广泛应用于食品品质分析检测方面。

2. 食品中常规成分的分析

食品中常规成分的分析是食品分析的主要内容和基本项目，包括蛋白质、脂肪、碳水化合物、维生素、矿物质等主要营养成分的检测以及食品营养标签法规所要求的营养指标的检测，以及对于保健品标签中所要求的功效成分的组成及含量的检测。不同食品所含营养成分的种类和含量不同，但是没有一种天然的食物能供给人体所需的全部营养成分。因此，食品营养成分分析可以指导人们了解各类食品中营养成分的种类和含量，指导合理膳食和营养。在食品的生产、加工、运输、储藏、销售过程中，进行食品营养成分的检测，及时掌控食品在生产和流通中的变化，并为食品新资源和新产品的开发提供可靠的依据。

3. 食品安全分析

在规定的使用方式和用量的条件下长期食用，对使用者不产生不良反应，便可认定食品是安全的。食品安全分析主要包括食品添加剂的检测及食品中有毒有害物质的检测等。具体检测内容有食品添加剂的种类、含量，农药、兽药残留、霉菌毒素残留、重金属残留、环境有害污染物、食品原料及包装物中固有危害以及在生产运输销售过程中产生的有害微生物和有害物质的污染。随着毒理学、分子生物学等学科的发展及现代分析检测技术和手段的不断进步，有些曾经被认为是安全的食品也从中发现了某些有毒有害的物质，或者长期食用后可能对人体健康造成一定危害的，而有些有毒物质，在一定含量范围内对人体健康是有益的。因此，食品安全性分析是食品分析的重要组成部分，随着科技的发展，食品安全分析的检测对象和检测手段也在不断地补充和发展。

1.1.2 食品分析的作用

1. 控制和管理生产，保证和监督食品的质量

合格的原料是产品质量的重要保障，食品生产企业通过对食品原料、辅料的检验，保证食品原料和辅料符合生产要求。通过对半成品以及成品的检验，对生产过程进行质量和安全监控，及时发现问题，采取措施解决问题，可保证出厂产品的质量。

2. 为科研和开发提供可靠的依据

无论是食品科学的理论研究还是应用研究，食品分析检测都是必不可少的手段。在食品新资源和新产品的开发、新技术和新工艺的探索上，食品分析也是食品工业生产、食品质量及工业管理中必不可少的手段之一。

1.2 食品分析的方法和程序

1.2.1 食品分析的方法

根据检测原理和操作方法的不同，食品分析常采用的方法分为食品感官评价、食品理化分析和食品微生物检测等。

1. 食品感观评价

食品感官评价是根据人的感觉器官对食品的色、香、味、形、质地、口感等各项指标做出评价，记录数据，统计分析并得出结论。食品感官评价方法是在理化分析的基础上，集心理学、统计学、信息学等学科的知识不断发展起来的，依据感觉器官的

不同，感官评价分为视觉检验、嗅觉检验、味觉检验、触觉检验和听觉检验 5 种。

常用的感官评价方法包括差别检验、标度和类别检验、描述性分析检验等，检验方法的选择依据于不同食品的特性而定，比如刺激性较强的食品宜选择差别检验法，可降低多次重复评价造成的误差。按照分析目的不同，食品感官评价可分为分析型感官检验和嗜好型感官检验，前者与食品的理化性质息息相关，注重评价的标准化和规范化，常用于食品分析检测和品质控制，而后者以人的感觉程度和主观判断为主，常用于食品开发和推广。

2. 食品理化分析

根据检测原理、操作方法及手段的不同，食品理化分析又分为食品物理分析、食品化学分析及食品仪器分析 3 类。

（1）物理分析法

物理分析法是通过测定食品的黏度、密度等物理性质来检测成分含量的方法，例如，可依据糖类物质旋光率的不同，采用旋光仪检测食品糖度；依据食品硬度、弹性、回复性等物质性质不同，利用物性分析仪检测肉丸类食品的全物性指标等。利用声学、力学、电磁学等物理特性进行的无损检测技术在食品检测上的应用也越来越广泛，例如，利用打击声波检测西瓜的成熟度、利用超声波检测乳类的分散性、利用生物电现象检测禽蛋的新鲜度等。物理检测方法具有无损、快速、简便的特点，是食品分析中不可缺少的检测方法。

（2）化学分析法

化学分析法是以物质的化学反应为基础的分析方法，分为定性和定量分析。化学分析法主要包括容量分析法和重量分析法两类。食品中脂肪含量测定及水分含量测定采用的主要方法为重量分析法，而食用油脂酸价及过氧化值测定采用的是容量分析法。化学分析法对实验器材的要求条件较低，分析结果准确，广泛应用于食品中常量成分的检测。

（3）仪器分析法

仪器分析法是利用物质的物理或物理化学性质进行的分析方法，通常需要借助特殊仪器。仪器分析法主要包括光谱分析法、电化学分析法、色谱分析法及其他仪器分析法（如热重分析、质谱分析等）。与传统的化学分析法相比，食品仪器分析法具有灵敏度高、检出限低的特点，但需借助特殊仪器，因此，食品仪器分析法适合于食品中微量或痕量成分的定性、定量分析检测。

3. 食品微生物检测

食品微生物检测是运用微生物学的理论与方法，检测食品中微生物的种类、数量、性质及其对人类健康的影响。食品微生物检测是食品安全检测的主要内容之一，微生物指标是评价食品生产、加工和流通过程中卫生状况的重要依据，为食品安全性评价提供主要的科学依据。食品的微生物检测主要针对影响食品安全的各类细菌、真菌及病毒等进行检测，主要检测指标有菌落总数、大肠菌群和致病菌数量 3 类。另外，针对果蔬、肉类、水果等食品在储藏加工过程中的新鲜度，还需检测其特定腐败菌种类和数量，对于乳类制品需要检测乳酸菌种类和数量等。

1.2.2　食品分析的程序

食品具有种类多、范围广的特点，食品分析涵盖食品的生产、加工和流通等环节，分析对象包括食品原料、辅料、半成品及成品等，但食品分析的一般程序是相同的，主要包括：样品的采集→样品的制备和保存→样品的预处理→成分分析→数据分析处理→分析报告的撰写。

1. 样品的采集

采样前要了解所采样品的性状和理化性质，针对检测指标，有代表性或者有针对性的采样，可保证所采集样品中的待测成分不损失、不污染。

2. 样品的制备和保存

采集好的样品依据其物理性状进行简单的粉碎和研磨等处理后，一般应将其置于洁净干燥且密封的容器内，并及时送检，不能马上检测的样品应根据样品理化性质不同短暂保存，一般需置于 4℃ 条件下冷藏，保存过程中应保证样品的理化性质不发生改变，如有变化必须重新采样。

3. 样品的预处理

用于分析检测的样品一般需经过适当的预处理，将其中待测成分转变为可检测的溶解状态后进行检测，这个过程一般包括样品的提取、富集和浓缩过程等，除去干扰组分，可提高被测组分的浓度，以满足检测方法或检测仪器的要求。

4. 成分分析

每种食品成分都有多种检测方法，可根据不同的检测目的和要求来选择合适的检测方法，通常所用的检测方法为现行国家标准，或国际标准（如 FAO 标准、WHO 标准等），出口食品的生产企业则要关注食品进口国的相关标准和要求。

5. 数据分析处理

食品检测结束后，需对原始实验数据进一步地计算和分析，应用统计学方法，绘制图形或表格，计算检测指标的结果，在数据处理过程中，注意异常值的取舍、实验误差的允许范围等问题，保证实验结果的准确性。

6. 分析报告的撰写

实验数据处理完毕后，检测人员及时填写检测报告单，相关检测人员核实并签字确认，加盖单位印章，提交给送检人或相关食品卫生监督人员。

1.3　国内外食品分析的发展趋势

随着现代科学技术的发展，食品工业的水平不断提高，人们对食品质量和安全问题越来越关注，对食品分析技术提出了更高的要求，现在，食品分析技术正逐渐向自动化、在线、快速、无损、高精密度和灵敏度等方向发展。

1.3.1 食品分析检测的仪器化和自动化程度不断提高

随着人们对食品质量与安全了解程度的加深，各国的食品质量安全标准不断地完善，增加了大量的新检测项目，同时，原有的一些化学分析法由于检出限高等问题，逐渐被仪器分析法取代。各国的检测标准都在不断地更新中，新方法所要求的检测手段更先进，例如，在我国食品安全国家标准中，在一些维生素的检测方法上，液相色谱—荧光检测法替代了传统的荧光分光光度法，而在一些微量元素的检测方法上，原子吸收法或原子荧光法替代了原有的比色法，而电感耦合等离子体原子发射光谱—质谱联用法则开始应用于多种微量矿物元素的检测中，这些大型精密仪器的使用，提高了检测方法的灵敏度，是目前食品中活性成分、有害物质残留组分的重要检测手段。另外，一些大型的精密仪器已经在生产加工企业中应用，如高效气相色谱仪普遍应用在小型酒类和饮料加工厂的检测实验室里，而高效液相色谱仪则是乳品加工厂的实验室必需配备的仪器。

1.3.2 食品快速检测和无损检测技术的发展和应用

传统的实验室检测方法，从处理样品到得到检测结果时间较长，不能满足日常食品营养、卫生监管和检测的需求，因此，食品生产、流通从业者亟须准确便捷的分析检测手段和方法。近年来，食品快速检测技术从理化和微生物鉴别等基本检测方法发展到以分子生物学、免疫学为主，传感器技术、生物芯片、可视化技术及便携式仪器陆续出现在食品快速检测中。目前，在食品添加剂和非法添加物的快速检测、农兽药残留、微生物、重金属污染和生物毒素的快速检测方面，食品快速检测技术得到迅速发展。

无损检测即非破坏性检测，在不破坏待测物质理化性质前提下，采用力学、声学和电学等检测方法对食品中一些营养成分或品质指标等进行定性或定量分析。在食品加工行业中最常用的无损检测方法主要有力学方法、电磁学方法、光学方法、放射线法、机器视觉检测技术、生物传感器检测技术等。无损检测技术速度快，适于大规模产业化生产的在线检测和分级，易于实现自动化，其应用有助于提高食品企业产品质量和国际竞争力，推动了食品检测技术和食品加工业的快速发展。

1.3.3 多种检测方法的交叉应用

食品分析技术是物理学、化学、生物学、计算机科学及化学计量学等多学科、多技术门类交叉与整合的一类科学技术，是现代分析化学许多新机理和新方法的拓展和实践。随着科学技术的进步和信息技术的发展，物理、化学和生物学技术被运用到食品检测中，包括分子生物学、酶联免疫学、生物信息学等，这些学科的加入和技术的融合极大地提高了检测的准确性，并可产生一系列联用技术，比如近红外显微成像技术可使得样品在快速定性的同时达到可视化的效果，液相色谱—电感耦合等离子体—质谱联用可以完成不同形态无机元素分离、定性和定量。今后还将不断有更多的新技术、新原理、新工艺、新材料应用其中，涌现出了更多更好的食品分析高新技术。

复习思考题

1. 何谓食品分析？食品分析在食品生产流通中有哪些作用？
2. 食品分析检测的方法有哪些？
3. 食品分析包含哪些方面的内容？
4. 现代食品分析检测技术的发展方向和发展趋势如何？

第 2 章　食品样品的采集与处理

2.1　样品的采集和制备

2.1.1　样品的采集

1. 采样

食品分析对象数量多、成分复杂且来源广泛，检测又大多具有破坏性，所以不可能也没必要对所有被检食品进行检测，因此，食品检测的第一步就是从大量的分析对象中抽取有代表性的一部分作为分析用样品，称为样品的采集，简称采样。

2. 正确采样的重要性

食品的组成复杂多样，且分布不均匀，如果采得的样品不足以代表全部物料的组成成分，那么无论后续的检验工作如何精密、准确，其检验结果也将毫无价值，甚至会得出错误结论，引起严重后果，因此正确采样是食品分析过程中重要的环节之一。

3. 采样原则

采样的基本原则有以下 5 条：

①采集的样品要均匀、有代表性，能反映全部被检食品的组成、质量和卫生状况。

②采样方法要与分析目的一致。

③采样过程要设法保持原有的理化指标，避免待测组分(如水分、气味、挥发性酸等)发生化学变化，防止成分逸散。

④防止带入杂质或待测组分被污染。

⑤采样方法要尽量简单，处理装置尺寸适当。

4. 采样步骤

采样一般分为三步，依次获得检样、原始样品和平均样品。

①检样：由分析的整批样品的各个部分采集的少量样品为检样。检样的抽样方法和数量应按该产品标准中检验规则所规定的执行。

②原始样品：把许多份检样混合在一起称为原始样品。原始样品必须能代表该批食品的品质。

③平均样品：将原始样品按照规定方法(如四分法)混合平均，均匀地分出一部分，称为平均样品。平均样品要分成三份，一份检验样品，用于待检项目的检测；一份复检样品，当对检验结果有争议或分歧时用作检测的样品，复检时的样品量一般规定为正常样品量的两倍；一份保留样品，备查使用，保留样品一般要保留一个月以备需要时复查，保留期限从检验报告单签发日起计算，但易腐败变质的食品一般不作保留。

5. 采样的一般方法

采样一般分为随机抽样和代表性取样两种方法。

随机抽样：即严格遵循所有物料各个部分被抽到的可能性均等的原则，从大批物料中抽取部分样品。随机抽样是均衡地、不加选择地从全部产品的各个部分取样。随机抽样常常用于总体个数较少时，它的主要特征是从总体中逐个抽取。随机抽样可避免人为因素的影响，但有时仅用随机取样是不行的，如蔬菜等难以混匀的食品随机抽样时必须结合代表性取样。

代表性取样：当取样的总量较大时，可采取代表性取样，按照系统抽样法采集，即根据样品随空间（位置）、时间变化的规律，将总体分成均衡的几个部分，然后从每一部分采集样品，如分层取样、随生产过程流动定时取样、按组按批取样、定期抽取货架商品取样等。

具体的采样方法根据分析对象的不同而不同，实际采样多采取随机抽样与代表性取样相结合的方式，按照相关的采样标准或操作规程所规定的方法进行。

(1)有包装的均匀固体物料（如粮食、粉状食品）

完整包装的物料可先按以下半经验公式来确定取样件数，如式(2-1)所示。

$$S = \sqrt{\frac{N}{2}} \tag{2-1}$$

式中：S——取样件数；N——总件数（如袋、桶、箱等）。

每一包装需由上、中、下三层和五点（周围四点和中心点）取出五份检样，用四分法将多份检样缩减成平均样品，即将原始样品混合均匀后，在玻璃板上压平成圆形或正方形，厚度低于 3 cm，画上"十"字线，将其分成四份，取对角的两份混合，重复以上操作，如此反复操作，直至取得所需数量为止。

(2)无包装的固体食品

散装的固体食品先划分成若干等体积，然后在每层的四角和中心用取样器各取少量样品，再按四分法缩减后取得平均样品。

(3)不均匀的固体食品

不均匀的固体食品（如肉、鱼、果品、蔬菜等）这类食品各部位极不均匀，个体大小和成熟程度差异很大，可按下法取样。

①肉类和水产品类样品取样。可根据分析目的的不同，从不同部位取样，或随机取多个样品，切碎混匀后，分取、缩减到所需数量。

②果蔬类样品取样。按照采样对象的大小及是否包装等区别，可整体选取，也可依据成熟度和个体大小不同等原则选取个体，或由多个包装中选取一定数量后，进行初步切碎后混匀处理，并缩减到所需数量为止。

(4)较稠的半固体物料（如稀奶油、动物油、果酱等）

这类物料不易混匀，可先按式(2-1)确定取样件数，再开启包装，用采样器从各桶（罐）中分层（一般分上、中、下三层）分别取样，然后混合、分取、缩减至所需数量的平均样品。

（5）液体物料（如植物油、鲜乳等）

包装体积不太大的物料可先按式（2-1）确定取样件数，再开启包装，充分混合，分取、缩减到所需数量。大桶装或散装的物料不易混匀，可用虹吸法分层取样，每层约取 500 mL，充分混匀后，分取、缩减到所需数量。

（6）小包装食品（罐头、袋或听装乳粉、瓶装饮料等）

这类食品一般按班次或批号连同包装一起采样，如小包装外还有大包装（如纸箱），可在堆放的不同部位抽取一定点数的大包装，再打开大包装，从每个大包装中抽取小包装，再缩减到所需数量。

6. 采样要求与注意事项

为保证采样的公正性和严肃性，确保分析数据的可靠性，国家标准 GB/T 5009.1—2003《食品卫生检验方法　理化部分　总则》对采样过程提出了以下要求。

①采样应注意样品的生产日期、批号、代表性和均匀性（掺伪食品和食物中毒样品除外）。采集的数量应能反映该食品的卫生质量和满足检验项目对样品量的需要，一式三份，供检验、复验、备查或仲裁用，一般散装样品每份不少于 0.5 kg。

②采样容器根据检验项目，选用硬质玻璃瓶或聚乙烯制品。

③液体、半流体食品如植物油、鲜乳、酒或其他饮料，如用大桶或大罐盛装者，应先充分混匀后再采样。样品应分别盛放在三个干净的容器中。

④粮食及固体食品应自每批食品上、中、下三层中的不同部位分别采取部分样品，混合后按四分法对角取样，再进行几次混合，最后取有代表性样品进行检测。

⑤肉类、水产等食品应按分析项目要求分别采取不同部位的样品或混合后采样。

⑥罐头、瓶装食品或其他小包装食品，应根据批号随机取样，同一批号取样件数，250 g 以上的包装不得少于 6 个，250 g 以下的包装不得少于 10 个。

⑦掺伪食品和食品中毒的样品采集，要具有典型性。

⑧检验后的样品保存：一般样品在检验结束后，应保留 1 个月，以备需要时复检。易变质食品不予保留，保存时应加封并尽量保持原状。检验取样一般皆指取可食部分，以所检验的样品计算。

⑨感官不合格产品不必进行理化检验，直接判为不合格产品。

2.1.2　样品的制备和保存

1. 样品的制备

为了保证样品组成的均匀性及测定结果的准确可靠，必须对样品进行制备。样品的制备是指通过振摇、搅拌、粉碎等方法对样品进行分取、混匀等处理工作。样品的制备方法因产品类型不同而异，液体、浆体或悬浮液体摇匀，充分搅拌。互不相溶的液体（如油与水的混合物）先分离，再分别取样。固体样品：切细、粉碎、捣碎、研磨等。罐头：除核、去骨、去调味品、捣碎。常用的制备工具有粉碎机、研钵、高速组织捣碎机等。

2. 样品的保存

采集的样品应在短时间内进行分析，否则应妥善保管。一般放在密闭、洁净容器内，干燥、避光保存。易腐败变质的样品放在 $0 \sim 5℃$ 冰箱内保存，但不宜长期保存，易分解的样品要避光保存。在特殊情况下，可加入不影响分析结果的防腐剂或冷冻保存。

2.2 样品的预处理

2.2.1 样品预处理的目的

食品种类繁多、组成复杂，既含有大分子的有机化合物如蛋白质、脂肪和碳水化合物等，也含有许多无机元素，而且组分之间大多以复杂的结合态形式存在，给测定造成干扰或无法直接测定。因此在测定前必须破坏其结构，排除干扰组分，使被测成分游离出来；此外，有些被测组分浓度太低或含量太少，测定前必须对样品进行浓缩。这些操作称为样品的预处理。对样品进行预处理的目的是消除干扰因素、完整保留被测组分，使被测组分浓缩，以便获得可靠的分析结果。

2.2.2 样品预处理的方法

常用的预处理方法有以下几种。

1. 有机物破坏法

有机物破坏法主要用于食品中无机元素的测定，如某些金属元素和非金属元素铁、砷、铅、铬、氮、磷等，测定前要通过高温氧化等条件破坏有机结合体，如蛋白质等，使被测元素以简单无机化合物的形式残留下来，再进行测定。根据操作条件和操作方法的不同，可分为干法灰化和湿法消化两大类。

（1）干法灰化

①原理。干法灰化又称灼烧法。将样品放入坩埚中，先在电炉上低温加热，使其中的有机物脱水、炭化，再置高温炉（一般为 $500 \sim 600℃$）中灼烧，有机物灼烧后可彻底分解逸散，直至残灰变为白色或浅灰色，所得残渣即为无机成分。

②优点。此法基本不加或加入很少的试剂，空白值低；灰分体积很小，因而可处理较多的样品，可富集被测组分；有机物分解彻底，操作简单。

③缺点。干法灰化所需时间长；因温度高易造成易挥发元素（如 Hg、As、Se 等）的损失；坩埚对被测组分有吸留作用，使测定结果和回收率降低。

④低温炭化目的。样品灰化前要经过炭化处理，目的有以下三点：首先，防止灰化样品外部在高温下焦化，碳粒被包裹住，内部不能充分氧化导致的灰化不彻底；其次，防止因样品水分较大，在高温下水分剧烈蒸发使样品溅失；最后，防止易发泡膨胀的物质在高温下发泡而溢出。

（2）湿法消化

①原理。样品中加入强氧化剂后加热消煮，使样品中的有机物质完全氧化分解，呈气态逸出，金属元素和无机盐留在溶液中。常用的强氧化剂有浓硫酸、浓硝酸、高氯酸及它们的混合液，或加入少量的助氧化剂（如高锰酸钾和过氧化氢等）加速消化。

②特点。此法有机物分解速度快，所需时间短；由于加热温度低，可减少金属挥发逸散的损失，而且容器吸留无机元素的量也比干法灰化少。但在消化过程中会产生大量有害气体，因此，必须在通风橱中进行操作。整个消化过程必须有操作人员看管，尤其是消化初期易产生大量泡沫；试剂用量大，空白值偏高。

（3）其他方法

①微波消解法。微波消解法是一种高压条件下微波辅助加热的湿法消化方法，将样品放入耐酸碱腐蚀的聚四氟乙烯高压密封罐中，加入氧化剂后，在微波消解仪中利用微波能量对样品加热消解。其特点是物料瞬时高温、消解快速彻底、氧化剂用量少。一些高温易挥发逸散的样品可采用微波消解法处理，而新的食品安全国家标准中无机元素的测定方法中，已将微波消解法作为样品预处理的标准方法。

②自动回流消化法。自动回流消化法是一种采用流水冷却的湿法消化方法，密闭的回流消化仪（图 2-1）可避免汞蒸气等的挥发逸散，主要用于砷、汞等高温易挥发无机元素的前处理。

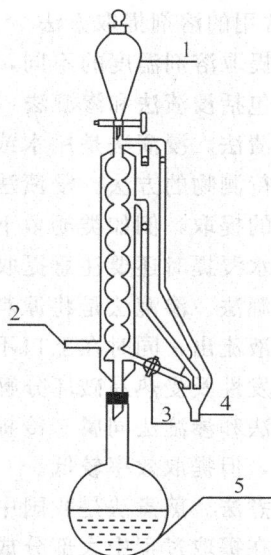

图 2-1　自动回流消化装置
1. 加液漏斗；2. 冷凝水进口；3. 排液活塞；
4. 冷凝水出口；5. 消化瓶

2. 溶剂提取法

溶剂提取法也称浸提法，是用适当的溶剂将固体样品中某种待测成分浸提出来的方法，又称"液—固萃取法"。此方法是根据食品或天然产物中各种成分在溶剂中的溶解性质，选用对有效成分溶解度大，而对不需要溶出成分溶解度小的溶剂，将有效成分从原料组织中溶解出来。主要包括传统的浸提法（普通液—固萃取）、回流提取、连续回流提取等传统提取方法，及超临界流体萃取（SCFE）、酶辅助提取（EAE）、微波萃取（MAE）、超声波辅助提取（UAE）等现代提取方法。

（1）提取用溶剂的选择原则和分类

①溶剂选择原则。依据"相似相溶"原理选择溶剂，选稳定性好的溶剂。选择沸点在 45～80℃ 的溶剂，沸点低的溶剂易挥发，稳定性差，而沸点高的溶剂不易蒸发去除，因此，沸点过高或过低的溶剂均不适合作为提取溶剂。

②溶剂的分类。常用溶剂分为水、亲水性有机溶剂和亲脂性有机溶剂 3 类，极性由弱到强依次为：石油醚＜四氯化碳＜苯＜二氯甲烷＜氯仿＜乙醚＜乙酸乙酯＜正丁

醇＜丙酮＜乙醇＜甲醇＜水。亲脂性的成分易溶于脂溶性的有机溶剂中，亲水性的成分易溶于水溶液或亲水性的有机溶剂中，例如，石油醚用于油脂、蜡、叶绿素、挥发油、游离甾体及三萜类化合物等的提取，氯仿或醋酸乙酯用于游离生物碱、有机酸及黄酮、香豆素的苷元等的提取，丙酮或乙醇、甲醇用于苷类、生物碱盐、鞣质等的提取，水用于氨基酸、糖类、无机盐等的提取。

（2）常用的溶剂提取方法

依据提取溶剂温度的不同，可将传统的溶剂提取法分为冷提法和热提法两类，其中冷提法包括浸渍法和渗漉法，热提法包括煎煮法、回流提取法和连续回流提取法等。

①浸渍法。浸渍法是用水或醇浸渍原料一定时间，然后合并提取液，减压蒸干溶剂并浓缩待测物的方法。浸渍法在低温下进行，无须加热，适合挥发性成分及受热易分解成分的提取，例如类胡萝卜素类物质的提取。该法的缺点是提取时间较长，效率低，且用水浸提时还要注意提取液的防腐问题。

②渗漉法。渗漉法是将原料装入渗漉筒中，溶剂浸渍数小时，然后从渗漉筒的下口使提取液流出，同时在上口不断加入新的溶剂。此方法提取效率高于浸渍法，同样适用于挥发性及受热易破坏分解的成分的提取，缺点是有机溶剂的耗费量较大。

浸渍法和渗漉法同属于冷提法，适用于对热不稳定成分的提取，具有提取物杂质少的优点，但提取效率较低。

③煎煮法。煎煮法是我国中医中药最早使用的传统提取方法，将原料用水加热煮沸提取，在提取过程中大部分成分可被不同程度的提取出来，但是对于挥发性成分及加热易被破坏的成分不宜采用此方法。由于煎煮法安全性高，可广泛应用于保健食品及药品地研发。

④回流提取法。回流提取法是用有机溶剂作为提取溶剂，在回流装置中对原料进行加热蒸发冷凝后再回流的提取方法。图2-2和图2-3为常见的回流提取装置图，其中图2-3中以三口烧瓶代替图2-2中普通烧瓶，可增加搅拌及测温功能。回流提取法提取效率较高，但因为长时间加热，所以不适合受热易破坏分解的成分的提取。

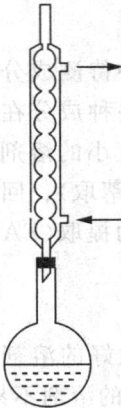

图 2-2　回流提取装置

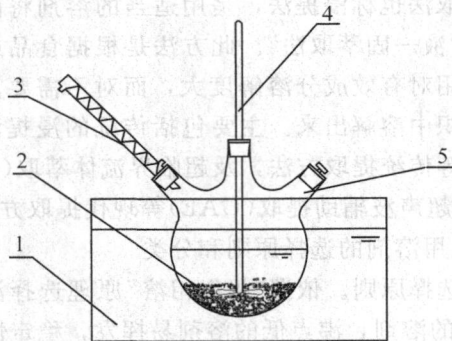

图 2-3　三口烧瓶回流提取装置

1. 水浴锅；2. 物料；3. 冷凝管；
4. 搅拌器；5. 闲置瓶口（可插入温度计）

⑤连续回流提取法。连续回流提取法是回流提取法的发展，具有消耗溶剂量更小、提取效率更高的优点，常用索氏提取器(图 2-4)或其他连续回流装置。

煎煮法、回流提取法和连续回流提取法是常用的热提法，与冷提法相比，具有提取效率高的优点，但不适用于提取对热不稳定的物质。

(3)现代提取方法

现代提取方法是在传统浸提法的基础上发展起来的，是采用一种或多种高新技术辅助溶剂提取的方法。主要包括超临界流体萃取、超声波辅助提取、微波辅助提取、酶辅助提取等。

①超临界流体萃取(Supercritical Fluid Extraction，SCFE)。超临界流体(SCF)是指处于临界温度和临界压力以上，其物理性质介于气体与液体之间的流体。常用的超临界流体为 CO_2，其在一定温度和压力下的相图如图 2-5 所示，SCF 既有与气体相当的高渗透能力和低的黏度，又兼有与液体相近的密度和对许多物质有优良的溶解能力。SCFE 是借助于超临界流体萃取仪，利用 SCF 兼有气液两重性的特点进行提取的方法，可以在近常温的条件下提取分离，可几乎保留产品中的全部有效成分，无有机溶剂残留，产品纯度高，操作简单，节能。

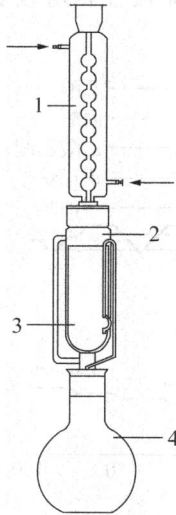

图 2-4　索氏抽提装置

1. 冷凝管；2. 抽提筒；3. 滤纸筒；4. 烧瓶

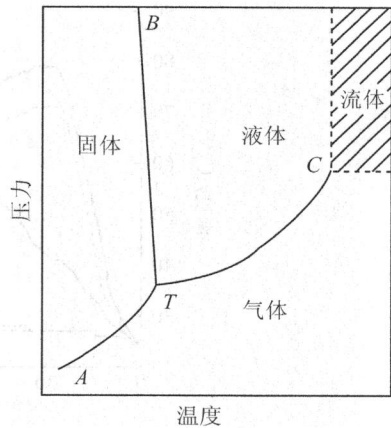

图 2-5　超临界流体 CO_2 相图

②超声波辅助提取(Ultrasonic Assisted Extraction，UAE)。利用超声的机械及空化作用等性质，增大物质分子运动频率和速度，增加溶剂穿透力，提高目标物质溶出速度和溶出次数，缩短提取时间的浸提方法。超声波辅助提取具有提取时间短(一般小于 30 min)，低温提取有利于保护有效成分等优点，目前，超声波辅助提取法广泛应用于食品营养、功效成分的提取，并可作为辅助手段应用于农兽药残留检测的样品前处理中。

③微波辅助提取(Microwave Assisted Extraction，MAE)。在微波场中，吸收微波

能力的差异可使得基体物质的某些区域或萃取体系中的某些组分被选择性加热，从而使得被萃取物质从基体或体系中分离出来，进入到萃取剂中。微波萃取适用于对热有一定稳定性物质的提取，该方法具有萃取时间短、溶剂用量少、提取率高、溶剂回收率高，所得产品品质好、成本低、投资少、提取效率高且操作简单等诸多优点。

将微波输出功率设定为 600 W、温度设定为 60℃、时间 3 min、搅拌速度 100 r/min 和风冷时间 10 min，开启微波提取系统。每 2 s 记录一次温度传感器的温度，不同溶剂的微波升温曲线如图 2-6 所示。这与不同提取溶剂的物理常数有关，在微波提取中，选择溶剂时，除考虑溶剂对目标提取物有较强的溶解能力外，还必须考虑两个参数：介电常数，ε'（描述分子在电场的极化率）和介电损失因子 ε''（量度所吸收的微波能转换为热能的效率）。正己烷和石油醚的介电常数过低导致其无法吸收微波能量。表 2-1 为乙醇、丙酮和乙酸乙酯 3 种溶剂的介电常数等物理常数，丙酮的介电常数（20.7）大于乙醇（7.0）和乙酸乙酯（6.02），因此，丙酮吸收微波的能力大于乙醇和乙酸乙酯，再加上丙酮的黏度也比较小，有利于溶剂分子的转动，使基体内部很快就能达到设定温度，所以升温速率较快。但丙酮（11.5）的介电损失因子同样大于乙醇（1.6）和乙酸乙酯（3.2），所吸收微波能的转换效率较低。最终，在不控制压力、限温 60℃ 条件下，这三种溶剂将吸收的微波能转化为热能的效率基本一致，而极性相对较弱的乙酸乙酯温度更恒定。

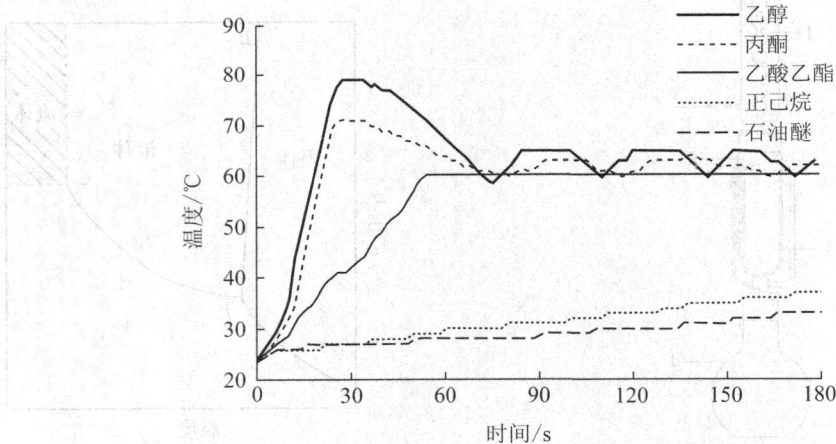

图 2-6 不同溶剂的微波升温曲线表

表 2-1 乙醇、丙酮和乙酸乙酯的物理常数

项目	介电常数(ε')	介电损失因子(ε'')	损耗因子($\delta \times 10^4$)	黏度(CP，25℃)
乙醇	7.0	1.6	2 286	0.69
丙酮	20.7	11.5	5 555	0.30
乙酸乙酯	6.02	3.2	5 316	0.43

④酶辅助提取(Enzyme Assisted Extraction，EAE)。通过酶反应较温和地将植物组织分解，破坏原有的大分子物质和活性成分的复合结构，加速有效成分的释放提取，还可将影响提取液纯度的杂质如蛋白质、淀粉、纤维素、果胶等分解除去。酶辅助提取法显著提高提取得率，缩短提取时间。缺点是对提取条件要求较高，需掌握最适温度、pH 及最适合作用时间等，而且酶的成本也较高。

3. 常用的分离方法

(1)分离方法的分类

食品中各类有机化合物结构复杂多样，性质千差万别，这决定了分离技术的多种多样。食品中各类化合物的碳链骨架、官能团、分子量及空间结构的不同构成了结构的复杂性，而依据密度、沸点、酸碱性、分子质量、溶解度等性质的差异产生了各类不同的分离方法。依照分离原理不同，可将分离方法分为蒸馏、萃取、结晶、膜过滤、色谱等几大类。

(2)蒸馏

①原理。利用液体混合物中各种组分沸点不同而将其分离，常用于液体组分的分离、浓缩和纯化。由于一般蒸馏操作是在固定的压力下进行的，可以用温度和组分浓度($T-X$)图来表示其气液平衡。图 2-7 为沸点不同的 A 和 B 两物质的气—液平衡相图，纵坐标为温度，横坐标为 A、B 两组分的组成和比例，左端为 100%A，右端为 100%B。α_A、α_B 分别为 A、B 两物质在纯化合物时的正常沸点，$\alpha_A > \alpha_B$。α_A、α_B 之间的两条弧线，上面的是气相线，下面的是液相线。在液相线下方为液相单相区，在气相线上方为气相单相区，两线之间为气液两相共存。

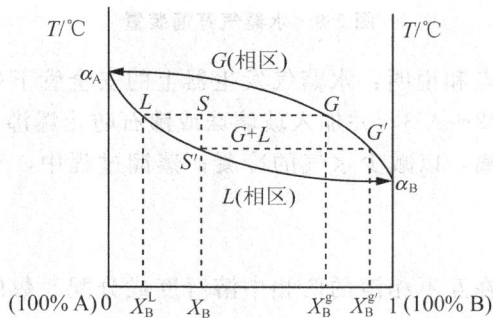

图 2-7　气—液平衡相图

若原始溶液的组成为 X_B，加热到 S' 时开始沸腾，此时，共存气相的组成为 $X^{g'}_B$，显然 $X^{g'}_B > X_B$。若将该气相液化，则组分 B 较原始溶液含量高，而留在蒸馏瓶中的溶液中含 A 组分(高沸点)比原来多。但一般情况下，只有两组分的沸点相差 80℃ 以上时，才有可能得到纯的低沸点馏出物，若两组分沸点相差小于 80℃，最好用分馏。

食品分析中常用的蒸馏方法有常压蒸馏、减压蒸馏、水蒸气蒸馏等。

②常压蒸馏。适用对象为常压下受热不分解或沸点不太高的物质。仪器一般由蒸馏烧瓶和冷凝管组成，使用过程中应注意烧瓶和冷凝管连接口的密封问题，并加入沸石、玻璃珠或碎瓷片等防止爆沸。

③减压蒸馏。适用对象为常压下受热易分解或沸点较高的物质。原理为物质的沸点随其液面上的压强增高而增高。减压蒸馏装置由真空水泵、蒸馏烧瓶、冷凝管等组成。使用中应注意将蒸馏烧瓶中一长管通入液下，即安全管通入液面下，停机时，先移开热源，慢慢放入空气再抽真空，防止倒吸。

④水蒸气蒸馏。当水和不溶于水的化合物一起蒸馏时（图 2-8），体系的蒸气压力根据道尔顿分压定律，应为各组分蒸气压力之和，即 $P_总 = P_A + P_B$，当 $P_总 = P_外$ 时的温度（T）为该混合体系的沸点。此时的沸点比任何一个单独组分的沸点要低。在低于 100℃ 的温度下不溶于水的且沸点较高的物质可以随水蒸气一起蒸馏出来。

水蒸气蒸馏适用于沸点较高、易炭化、易分解的物质，如挥发油、小分子的香豆素等。适合沸腾状态下与水不发生反应，不溶或难溶解于水，在沸腾的情况下有一定的蒸气压的物质与水的分离。

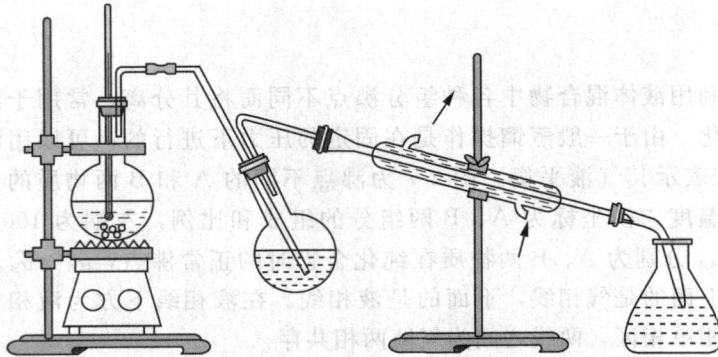

图 2-8　水蒸气蒸馏装置

水蒸气蒸馏操作要点和说明：水蒸气发生器上的安全管下端应伸入到液面下，盛水量通常为其容量的 1/2～2/3，并加入玻璃珠或沸石防止爆沸；尽量缩短水蒸气发生器与蒸馏烧瓶之间的距离，以减少水气的冷凝；蒸馏过程中，蒸馏装置不能密封，总有一处通水蒸气。

（3）萃取

①原理。利用物质在互不相溶的两相中溶解度或分配系数的不同达到提取、分离及纯化的目的，即萃取是通过溶质在两相间的溶解竞争而实现的。

分配定律：在一定温度下，待测物质在有机相和水相的浓度之比为一常数，即 $c_A/c_B = k$（约为溶解度之比），其中 k 为分配系数，c_A 和 c_B 为待测物质在两液相 A 和 B 中的浓度。

利用分配定律可以定量地说明萃取次数、溶剂量与萃取后剩余物之间的关系，见公式（2-2）。

$$W_n = W_0 \left(\frac{V}{kS + V} \right)^n \tag{2-2}$$

式中：W_n——n 次萃取后待测物质的质量，g；W_0——原溶液中待测物质质量，g；V——原溶液体积，mL；k——分配系数；S——萃取剂体积，mL。

由于 $\dfrac{V}{kS+V}<1$，n 越大，W_n 越小，用一份萃取剂来萃取，则应将其再分成几份，多萃取几次，效果会比一次萃取好得多，即遵循"少量多次"的原则。

②液—液萃取。液—液萃取操作常用的实验室仪器为分液漏斗，一般是用有机溶剂作为萃取剂，从水相中萃取待测物质。图 2-9 为常见的萃取操作装置图，使用前对分液漏斗检漏，萃取时要充分摇动后静置分层，复杂不易分层的样品可加入盐等辅助分层，常通过多次重复加入以达到分离待测物质的目的。

萃取用有机溶剂要求与水不溶且易分层，被萃取物在其中的溶解度大，萃取剂与被萃取物不发生反应，且易分离。常用萃取溶剂把样品提取液中的一种组分萃取出来，这种组分在原溶剂中的溶解度小于在新溶剂中的溶解度，即分配系数不同，但萃取液的分层有赖于萃取剂和原溶剂密度的不同，常用石油醚和乙酸乙酯等低沸点有机溶剂，表 2-2 为常用萃取剂的密度。

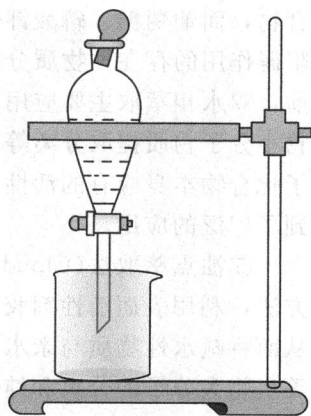

图 2-9　萃取装置示意图

表 2-2　常见萃取溶剂的密度

名称	石油醚	正己烷	乙醚	苯	水	二氯甲烷	三氯甲烷	四氯化碳
密度/(g/mL)	0.63~0.65	0.69	0.71	0.88	1.00	1.34	1.50	1.59

③逆流分配。逆流分配是利用混合物中各组分在两种互不相溶的液相间分配系数的差别，在两液相互相逆流中不断地进行萃取，使物质实现分离的方法。实质是连续的多次萃取，与常用的液—液萃取相比，逆流分配能分离性质很相近的同系物或同分异构体。

在不断的技术更新后，逆流分配已被高速逆流色谱（High Speed Counter Current Chromatography，HSCCC）代替。高速逆流色谱也是一种色谱技术，是利用溶质在两种互不相溶的溶剂中的分配系数不同，应用色谱层析的方法，将不同溶质分离的技术。逆流色谱的发展从逆流分配、液滴逆流色谱直至现在的高速逆流色谱，经历了近 60 年的历程，技术和设备均已日益成熟，主要应用于天然产物的分离纯化。制备型 HSCCC 的柱容积可达 1～5 L，一次最多进样几十克粗品。HSCCC 依据液液分配原理分离待测物质，不存在固体对样品组分的吸附现象，运行成本低，在生物碱、黄酮类、萜类、木脂素、香豆素类及多糖、多肽等生物活性物质的制备上广泛应用，但其分离效率低于一般色谱技术，耗时较长，分离原理还需进一步研究和探讨。

④双水相萃取。一定条件下，不同水溶性多聚物组成的水相可以形成两相甚至多相，将生物活性物质（水溶性的酶、蛋白质等）从一个水相转移到另一个水相中进行分离的方法就是双水相萃取。

聚合物之间的不相溶性，即聚合物分子的空间阻碍作用（表面性质、电荷作用、氢键、离子键、环境因素等），可导致各聚合物相互间无法渗透，分为两相。两种聚合物水溶液的水溶性有差异，混合后可发生相分离，并且水溶性差别越大，相分离的倾向越大。加入盐分，由于盐析作用，聚合物与盐类溶液也能形成两相。常用的双水相体系分为双聚合物和聚合物/低分子化合物两类，聚乙二醇、葡聚糖等是常用的水溶性聚合物，而葡萄糖、磷酸钾等是常用的低分子物质。物质进入双水相体系后，由于各种阻碍作用的存在，物质分配系数不同，使其在上、下相中的浓度不同而得到分离。目前，双水相萃取主要应用于蛋白质、酶、核酸和多糖等大分子物质分离纯化、天然产物小分子物质提取分离等多方面，双水相体系由于其温和的特性，能够保持酶等大分子化合物本身应有的活性，所以利用双水相萃取技术分离纯化大分子生物活性成分得到了广泛的应用。

⑤浊点萃取法（Cloud Point Extraction，CPE）。浊点萃取法是一种新型液—液萃取方法，利用表面活性剂胶束水溶液的增溶性和浊点现象来改变实验参数引发相分离的，从而将疏水性物质与亲水性物质分离。目前该法已成功地应用于金属螯合物、蛋白质等生物大分子的分离和纯化及环境检测样品的前处理过程中了。

⑥固相萃取（Solid Phase Extraction，SPE）。利用固体吸附剂将液体样品中的目标化合物吸附出来，使其与样品的基体和干扰化合物分离开来，然后再用洗脱液洗脱或加热进行解吸附，达到分离和富集目标化合物的目的。固相萃取采用高效、高选择性的吸附剂（固定相），能显著减少溶剂的用量，简化样品预处理过程，同时所需费用也会有所减少。与液—液萃取相比，固相萃取有很多优点：不需要大量互不相溶的溶剂；处理过程中不会产生乳化现象。但目标化合物的回收率和精密度要低于液—液萃取。

固相萃取的一般操作程序分为活化、上样、淋洗和洗脱。首先活化吸附剂，在萃取样品之前，要用适当的溶剂淋洗固相萃取小柱，以使吸附剂保持湿润，可以吸附目标化合物或干扰化合物。上样操作是先将液态或溶解后的固态样品倒入活化后的固相萃取小柱，然后利用抽真空、加压或离心的方法使样品进入吸附剂。之后是洗涤和洗脱步骤，在样品进入吸附剂，目标化合物被吸附后，可先用较弱的溶剂将弱保留干扰化合物洗掉，然后再用较强的溶剂将目标化合物洗脱下来，加以收集。可采用抽真空、加压或离心的方法使淋洗液或洗脱液流过吸附剂。

（4）结晶

结晶指物质从液态（溶液或熔融体）或蒸气形成晶体的过程。结晶是获得纯净固态物质的重要方法之一，常用于食品原料中蛋白质、多糖、多酚等营养及生物活性成分提取后分离纯化。

溶液结晶是食品分析中常用的结晶技术，溶液结晶有两种操作方法，一是用蒸发方法去除溶剂，即蒸发结晶法；二是对原料冷却后因各组分的溶解度下降而达到过饱和，即冷却结晶法。

冷却结晶法是食品原料中营养及生物活性成分分离中常用的方法，利用固体混合物中目标组分在某种溶剂中的溶解度随温度变化有明显差异，在较高温度下溶解度变大，降低温度时溶解度小，从而实现分离提纯。重结晶纯化物质的方法，只适用于那些溶解度随温度上升而增大的化合物，对于其溶解度受温度影响很小的化合物则不适用。

例：以一个含有待测物 A 和杂质 B 的混合物为例。设 A 和 B 在水中的溶解度都是 0℃时 1 g/100 mL 和 100℃时 10 g/100 mL，若一个混合物样品中含有 9 g A 和 1 g B，将这个样品用 100 mL 沸水溶解，再将其冷却到 0℃，则有 8 g A 从溶液中析出。过滤，剩余溶液（通常称为母液）中还溶有 1 g B。

（5）膜分离技术

膜分离是一种用天然或人工合成的膜，以外界能量或化学位差为推动力，对溶质和溶剂进行分离、分级、提纯或富集的方法。常用的膜材料为天然高分子材料或合成高分子材料，包括醋酸纤维（AC）、聚砜（PS）、聚乙烯（PE）等。依照膜的孔径、传质动力和原理可将膜分为微滤、超滤、反渗透、透析等多种，食品分析常用膜分离方法见表 2-3，其中最常用的为透析和超滤，透析是采用半透膜作为滤膜的，使试样中的小分子经扩散作用不断透出膜外，而大分子不能透过膜从而被保留，直到膜两边达到平衡为止。用于透析的半透膜可制成管状，按需要截取一定长度，将一端封闭后，装入需要透析的试样溶液，然后放入盛有溶剂的透析缸中。在制备或提纯生物大分子时，可采用透析技术除去小分子物质及其杂质，进行脱盐。

表 2-3　膜分离方法及应用

膜分离方法	膜分离特性	应用对象	示例
微滤（MF）	0.02~10 μm	菌体，悬浮物去除	除菌，回收菌，分离病毒，细胞收集
超滤（UF）	1~20 nm	胶体和大分子分离	蛋白质、多糖等的分离和浓缩，脱盐
纳滤（NF）	1~100 nm	小分子物质分离	糖、二价盐、游离酸的浓缩
透析（DS）	0.1~15 nm	生物大分子和小分子分离	脱盐，除变性剂
反渗透（RO）	<1 nm	小分子溶质浓缩	单价盐、非游离酸的浓缩，制淡水

（6）色谱

色谱法是一大类操作方式不同但分离原理相同的分离技术，不论采用何种方法或设备，其色谱过程有着如下共同点：任何色谱过程，都必须有两相物质存在，一是固定相，二是流动相；物质的分离还必须借助于流动相相对于固定相移动；被分离的物质称为溶质，由于各种溶质组分与两相物质有着不同作用力，可造成各组分出现差速运动而达到分离目的。溶质与两相物质之间作用力可以是吸附力，也可以是溶解力；溶质和两相之间的作用力种类和大小的不同，决定了各个组分在两相中有着不同量或浓度的分布，随着流动相的前移，则此种分布会不断变更，与流动相作用力大的组分前移快，反之则慢。常用色谱法包括薄层色谱、吸附色谱、分配色谱、离子交换和凝胶层析等。

①分离原理。在色谱分析中，当流动相携带样品通过色谱的固定相时，样品分子与固定相分子之间会发生相互作用，可使样品分子在流动相和固定相之间进行分配。与固定相分子作用越大的组分向前移动速度越慢，与固定相分子作用越小的组分向前移动速度越快，经过一定的距离后，反复多次的分配可使原本性质（沸点、极性等）差异很小的组分得到很好的分离。

②薄层色谱法。薄层色谱（Thin Layer Chromatography，TLC）又称薄层层析，是

一种把固体分离材料铺在一个固体薄片上形成薄层，通过流动相流经薄片上附着的吸附剂，带动试样逐渐上升（展开），根据混合物组分对固定相、流动相相对吸附能力的不同而将其加以分离的方法。应用最广泛的薄层色谱法是吸附薄层色谱。

在吸附薄层色谱体系中，一般均发生物理吸附。当样品溶液被点样到薄板的吸附剂上然后用展开剂展开时，吸附剂对样品分子、溶剂分子均发生吸附。同时，它们也都可以被解吸下来（即吸附在某一点上的分子被其他分子所取代）。在薄层色谱的展开过程中，溶质分子和溶剂分子对吸附剂存在着一个竞争现象。被吸附在薄板上的溶质分子可以被溶剂分子置换进入到溶剂中，并随溶剂的向前移动而迁移。而在溶剂中的溶质分子也可以把吸附在吸附剂上的溶剂分子置换下来，溶质分子重新被吸附在吸附剂上。这一过程不断循环往复进行。吸附性强的溶质组分在吸附剂上的浓度大一些；吸附弱的溶质组分则在溶液中浓度大。不同组分根据溶剂的前进迁移速度不同分离开。溶质迁移的快慢用比移植 R_f 来表示，见公式（2-3）。

$$R_f = \frac{L}{L_0} \tag{2-3}$$

式中：L——原点到斑点中心的距离；L_0——原点到溶剂前沿的距离。

R_f 值在 $0.2 \sim 0.8$ 为宜。在给定的实验条件下，R_f 值对于某一溶质来说是一个特征值，因此可借薄层色谱法来鉴定物质。吸附力强的溶质，有较小的 R_f 值，反之，则有较大的 R_f 值。R_f 这一特征值构成了薄层色谱分析的基础。

薄层色谱常用的吸附剂有纤维素、聚酰胺、碳酸钙、硅胶、活性炭、氧化镁和氧化铝等，其中氧化铝、硅胶适合分离亲脂性化合物，而聚酰胺和纤维素适合分离亲水性化合物。被吸附分子与吸附剂之间的吸附力大小有下列规律性：能在吸附剂和吸附分子间形成氢键，吸附力就大；被吸附分子的极性大，吸附力就大；分子中极性官能团增多，吸附力也增加；分子中有双键时吸附力比无双键时大，双键会增大，特别是形成共轭时吸附力增大得更明显；同系物中分子量越大吸附能力越强。

③吸附柱色谱。利用吸附剂对被分离化合物分子的吸附能力的差异，实现分离的一类色谱。吸附柱色谱是将吸附剂填充到一根玻璃管或金属管中进行的色谱技术。这种方法可以用来分离大多数有机化合物，尤其适合于复杂的天然产物的分离。适用于分离和精制较大量的样品。吸附介质的种类多，多为天然材料，如硅胶、氧化铝、沸石、活性炭、磷酸钙等，少数为化学合成的聚酰胺，聚苯乙烯等。常见吸附剂吸附能力大小顺序为：活性炭＞氧化铝＞硅胶＞氧化镁＞磷酸钙。硅胶、氧化铝柱色谱为最常用的吸附剂，硅胶是一种中等极性的酸性吸附剂，适用于中性或酸性成分的层析。氧化铝有弱碱性，主要用于碱性或中性亲脂性成分的分离，如生物碱、甾、萜类等成分分离，对于生物碱类的分离颇为理想。但是碱性氧化铝不宜用于醛、酮、酸、内酯等类型的化合物分离。

④分配色谱。利用不同组分在给定的两相中具有不同的分配系数而使混合物实现分离与测定的方法。分配色谱按照固定相和流动相极性高低分为正相色谱和反相色谱。流动相的极性小于固定相极性的分配色谱为正相色谱，常用的固定相有氰基与氨基键合相，主要用于分离极性及中等极性的各类分子型化合物；反之，流动相的极性大于

固定相极性的分配色谱称为反相色谱，常用的固定相有十八烷基硅烷（ODS 或 C_{18}）或 C_8 键合相，流动相常用甲醇—水或乙腈—水，主要用于分离非极性及中等极性的各类分子型化合物。食品中的类胡萝卜素、黄酮苷类等各类生物活性成分特别适合用反相色谱法分离，高效液相色谱（HPLC）最常用的也是反相色谱。

⑤离子交换色谱。离子交换色谱是以具有离子交换性能的物质作固定相，利用它与流动相中的离子能进行可逆的交换性质来分离离子型化合物的一种方法。由于被交换的混合物成分的酸性或碱性不同而解离度不同，与同一离子交换树脂的交换能力不同而被分离。离子交换色谱的固定相为阴离子交换树脂或阳离子交换树脂，阳离子交换树脂分为强酸型（如—SO_3H）和弱酸型（如—PO_3H、—$COOH$、—OCH_2COOH）；阴离子交换树脂也分为强碱型［如—$N(CH_3)_3X$］和弱碱型（—NR_2、—NHR）。离子交换树脂是不溶性高分子化合物，其分子中含有可解离的离子交换基团，当一定量的水溶液通过交换柱时，能与存在于溶液中的阳离子或阴离子物质起可逆的交换作用。其中，强酸型和强碱型离子交换树脂的交换能力不受 pH 影响，而弱酸型和弱碱型离子交换树脂的解离度会受 pH 影响，选择色谱条件时，要注意对流动相 pH 的确定。离子交换色谱可检测离子及可离解的化合物，如氨基酸、核酸等。

⑥凝胶色谱法。凝胶色谱法是依据试样分子尺寸大小进行分离的。凝胶具有分子筛的性质，当被分离物质的分子大小不同时，能够进入到凝胶内部的能力也不同。凝胶中的孔隙大小与分子大小有相仿的数量级。当混合物通过凝胶时，比凝胶孔隙小的组分分子可以自由进入凝胶内部，而比凝胶孔隙大的组分分子就不能进入，因此在移动速度方面就出现差异，从而使不同相对分子质量的各组分得到分离。因此，凝胶色谱法又称排阻色谱或分子筛色谱，按流动相的类型可分为凝胶渗透色谱（以有机溶剂为流动相）和凝胶过滤色谱（以水为流动相）。凝胶色谱主要用于分离高分子类物质（相对分子质量大于 2 000），如蛋白质和多糖等，测定聚合物的相对分子质量分布，分离相对分子质量相差较大的混合物，还可以对未知样品进行初步的探索性分离。

（7）化学分离法

多用于去除被测物质中的干扰物质，是在被测溶液中加入某种试剂和干扰物质发生化学反应，从而去除干扰物质的方法。根据发生化学反应的不同，常有以下方法。

①磺化法。用浓硫酸处理样品，浓硫酸能使脂肪磺化，引进典型的极性官能团—SO_3H，使脂肪、色素、蜡质等干扰物质变成极性较大且能溶于水的酸性化合物，其不会被有机溶剂溶解，从而达到与被测物分离而净化样品的目的。磺化法主要应用于对浓硫酸稳定的待测成分的分离，例如食品有机氯农药残留检测的前处理采用了磺化法。

$$CH_3(CH_2)_nCOOH + H_2SO_4 \longrightarrow HO_3SCH_2(CH_2)_nCOOR$$

②皂化法。在被测溶液中加入碱性物质可将脂肪皂化，脂肪由疏水性酯生成亲水性皂化产物（脂肪酸盐及醇），而需检测的非极性物质能较容易地被非极性或弱极性溶剂提取出来。此法仅适用于对碱稳定的组分，例如脂溶性维生素测定时样品的前处理就采用了皂化法。

$$RCOOR' + KOH \longrightarrow RCOOK + R'OH$$

③沉淀分离法。利用沉淀反应进行分离的方法，在试样中加入适当的沉淀剂，使

被测组分沉淀下来或将干扰组分沉淀下来，再经过滤或离心，把沉淀和母液分开，常用的沉淀剂有碱性硫酸铜、碱性醋酸铅等。沉淀分离法常用于食品分析样品的前处理中，例如果汁中还原糖样品测定中采用了中性醋酸铅溶液作为澄清剂来沉淀蛋白质。

④掩蔽法。利用掩蔽剂与样液中的干扰成分作用，可使干扰成分转变为不干扰测定的状态，即被掩蔽起来，采用这种方法，可以不经过分离干扰成分的操作而消除其干扰作用，常用于金属元素的测定。

4. 浓缩方法

在样品提取、分离后，经过过滤或离心等操作后的溶液体积较大，需要将待测物质进一步富集浓缩，因此，需要去除过多的溶剂，以提高被测组分的浓度。常用的浓缩方法有常压浓缩、减压浓缩、氮气吹干等。

(1)常压浓缩法

常压浓缩法用于被测组分在常温下热稳定性较好的样液的浓缩。少量且样品溶剂不需要回收的操作可以在通风橱中或水浴上完成，例如脂肪测定中脂肪瓶中残存的微量乙醚等。如果溶剂需要回收，则可用一般蒸馏装置或旋转蒸发器回收。常压浓缩法简便、易操作。

(2)减压浓缩法

减压浓缩法主要用于被测组分为热不稳定性或易挥发的样液的浓缩，可采用旋转蒸发仪进行操作。旋转蒸发仪通过减压降低溶剂的沸点，使浓缩在较低的温度下进行，可以有效防止热不稳定物质的分解，在食品中农兽药残留及大部分生物活性成分检测的前处理中多采用旋转蒸发浓缩样品溶液，在远低于沸点的情况下，可去除水、醇及其他各类溶剂。

(3)氮气吹干法

氮气吹干法常用于农药残留、商检、制药、食品、环境检测的样品处理过程中，采用的仪器为氮吹仪，这是利用氮气吹扫样品顶部，通过氮气的快速流动打破液体上空的气液平衡的方法，使液体迅速挥发，同时可对底部加温，使浓缩进一步加快。氮吹仪的最大特点是能起到隔绝氧气的作用，可防止被测物质在浓缩过程中被氧化。

复习思考题

1. 如何进行采样？采样的原则是什么？
2. 采样有哪些要求？举例说明。
3. 干灰化法和湿消化法的应用对象和特点是什么？
4. 普通液—液萃取与双水相萃取的原理有什么异同？为什么双水相萃取不会引起生物物质失活？
5. 普通回流方法和索氏提取法在工作原理上的区别是什么？
6. 何谓水蒸气蒸馏？应用条件和范围是什么？
7. 有哪些常用溶剂抽提法？选择溶剂的原则是什么？
8. 何谓结晶？结晶操作的前提条件是什么？

第 3 章　食品分析中的质量保证

分析质量保证（Analytical Quality Assurance，AQA）是指分析测试过程中，为了将各种误差减少到预期要求而采取的一系列能力测试、培训、控制、监督、审核、认证等措施的过程。影响分析结果的因素有很多，例如，分析测试中使用仪器设备的性能、玻璃量器的准确性、试剂的质量、分析测量环境和条件、分析人员的素质和技术熟练程度、采样的代表性以及选用分析方法的灵敏度等。由于整个分析过程具有复杂性，只要其中任何一个环节发生问题，就一定会影响测定结果的准确性，产生测量误差。

在食品工业生产过程中，食品分析的结果是许多重要决策的基础，直接影响着生产和科研过程。一方面，如果没有可靠的分析质量保证措施，就不能提供可靠的分析数据，由此造成的后果可能会比没有数据更严重；另一方面，分析人员本身也常常面临证明其分析结果的准确性或可靠性的压力，需要用分析质量保证体系来证明其有能力提供符合质量要求的分析结果。所以，分析质量的保证对食品企业、食品科学研究机构、食品质量与安全管理机构以及分析人员都具有十分重要的意义。

3.1　分析测试中的质量保证

3.1.1　分析数据的质量

在实际分析检测中，影响测定结果的因素有很多，即使分析人员技术熟练、经验丰富，分析方法准确、仪器设备精密，在对同一样品进行重复分析的过程中，测定结果也不会完全相同。这是因为误差是客观存在的。保证分析数据质量的关键措施是：减少分析过程中的误差和分析数据的不确定度。

1. 误差

（1）误差定义

误差是指测量值或测量结果与真实值之间的差异。

真实值（true value）：指某一物理量本身具有的客观存在的真实数值。严格地说，任何物质的真实含量是不可知的，但人们可采用各种可靠的分析方法，经过不同实验室、不同人员反复进行测定，并采用数理统计方法，最后得出公认的测量值，该值便可用以代表被测物的真实值。在特定情况下，下列情况可被视为是真实值：①理论真实值，如化合物的理论组成（例如，NaCl 中 Cl 的含量）；②计量学约定真实值，如国际计量大会确定的长度、质量、物质的量单位等；③相对真实值，如将高一级精度的测量值作为低一级精度的测量值的真实值（例如，标准样品的标准值）。

在分析过程中误差的产生是不可避免的，在定量测定时必须对分析结果进行评价，找到误差产生的原因，判断结果的准确性，并采取有效措施提高分析结果的可靠性。

（2）误差的分类

根据误差的性质，可分为偶然误差、系统误差和过失误差 3 大类。

①偶然误差：偶然误差又称随机误差，是由一些难以控制、无法避免的偶然外因引起的，原因往往不固定、未知且大小不一，不可测，这类误差往往一时难以觉察。例如，分析过程中温度、灰尘、湿度等因素都会引起分析数值在一定范围内波动。为了减少偶然误差，应该重复多次平行实验并取结果的平均值。在消除系统误差的前提下，多次测量结果的平均值可能更接近真实值。

②系统误差：是由分析过程中某些固定的原因造成的，在测定过程中按一定的规律反复出现，有一定的方向性。这种误差大小可测，又称"可测误差"。在食品分析中，根据系统误差的性质和产生的原因，可分为以下几种：

a. 仪器误差：由于仪器本身不够精确造成的误差，如天平砝码数值不准确、容量仪器刻度不准且未经校准等引起的误差。

b. 方法误差：指分析方法本身造成的误差。例如，在滴定分析中，干扰离子的影响、反应不完全、滴定副反应的发生、指示剂指示的终点与化学计量点不符等都会系统地导致分析结果偏高或偏低。

c. 操作误差：由于分析人员的不良操作习惯、个人对滴定终点颜色的敏感性不同、对刻度读数不正确等引起的分析误差。

d. 试剂误差：由于蒸馏水不纯或试剂不纯，含有待测物质或干扰物等引起的误差。

③过失误差：由于分析人员粗心大意或未按操作规程办事造成的误差，例如，加错试剂、溶液溅失、读错或记错数据、计算错误、称量时物质撒落在外、滴定时放液速度太快、终点后未等液面稳定就读数等。在分析工作中，分析人员严格按分析步骤操作，增强责任心，养成良好的工作作风，可避免过失误差的发生。

控制和消除误差的方法：

a. 增加平行测定次数，减少偶然误差。

b. 采用标准方法和标准样品进行对照实验。

c. 采用高纯度的试剂或标定溶液或进行空白实验，校正试剂误差。

d. 进行仪器校正，减少仪器系统误差。

e. 严格训练分析人员并提高他们的技术业务水平。

f. 严格遵守操作规程。

2. 不确定度

（1）不确定度（测量不确定度的简称）定义

不确定度是指由于测量误差的存在，对分析结果的正确性或准确性的可疑程度。

不确定度是表达分析质量优劣的一个指标，是合理地表征测量值或其误差离散程度的一个参数。反过来，也表明该结果的可信赖程度。不确定度越小，所述结果与被测量的真值越接近，质量越高，水平越高，其使用价值越高；不确定度越大，测量结果的质量越低，水平越低，其使用价值也越低。在报告物理量测量的结果时，必须给出相应的不确定度，一方面便于使用它的人评定其可靠性，另一方面也增强了测量结果之间的可比性。

不确定度定量地说明了实验室(包括所用设备和条件)分析能力的水平,因此,常作为质量认证、计量认证以及实验室认证等活动的重要依据之一。另外,由于通常真实值是未知的,分析结果是分析组分真实值的一个估计值。只有在得到不确定度值后,才能衡量分析所得数据的质量,指导数据在技术、商业、安全和法律方面的应用。要想保证分析数据(分析结果)的质量,关键措施在于减少分析过程中的误差和减少分析数据的不确定度。

(2)不确定度分类

测量不确定度是独立而又密切与测量结果相联系的、表明测量结果分散性的一个参数。测量不确定度用标准偏差表示时称为标准不确定度。用说明了置信水平的区间的半宽度的表示方法则称为扩展不确定度。

①标准不确定度:指用标准偏差表示的分析结果的不确定度。根据计算方法,标准不确定度可分为三类:A类标准不确定度、B类标准不确定度和合成标准不确定度。A类标准不确定度是用统计分析的方法计算的不确定度,用符号 uA 表示;B类标准不确定度是根据经验、资料或其他信息的假定概率分布估计的标准差表征的,用符号 uB 表示;当测量结果是由若干个其他量的值求得时,可按其他各量的方差和协方差算得标准不确定度,称为合成标准不确定度,它是测量结果标准偏差的估计值,用符号 uC 表示。

②扩展不确定度:又称总不确定度,它提供了一个区间,分析值以一定的置信水平落在这个区间内。扩展不确定度一般是这个区间的半宽。

③不确定度的来源,在实际分析工作中,分析结果的不确定度主要来源于以下几个方面:

a. 在测量时所取样品代表性不够,即被测量样本不能代表所定义的被测量物。

b. 重复被测量的测量方法不理想。

c. 测量仪器的计量性能(如分辨力、灵敏度、稳定性等)的局限性。

d. 对测量过程受环境影响的认识不恰当或对环境条件的测量和控制不完善。

e. 对刻度读数或仪器等的读数存在人为偏移。

f. 测量标准或标准物质的不确定度。

g. 测量方法和测量程序的近似和假定。

h. 引用的数据或其他参量的不确定度。

i. 在相同条件下被测量在重复观测中的变化等。

测量不确定的来源须根据测量的实际情况进行具体分析,除了定义的不确定度外,测量环境、人员、仪器、方法等方面的因素应全面考虑,尽量做到不重复、不遗漏。

3. 误差和不确定度的区别

误差和不确定度是两个不同的概念。误差是本,没有误差,就没有误差的分布,就无法估计分析的标准偏差,也就不会有不确定度。不确定度分析的实质是误差分析中对误差分布的分析。误差分析更具广义性,包含的内容更多,如系统误差的消除与减弱等。因此,误差和不确定度紧密相关,但也有区别,其具体区别如表 3-1 所示。

表 3-1 误差和不确定度的主要区别

序号	误差	不确定度
1	单一值	区间形式，可用于其所描述的所有分析值
2	表示分析结果相对真实值的偏离	表示分析结果的离散性
3	有正号或负号，其值为分析结果减去真实值	无符号的参数，用标准差或标准差的倍数或置信区间的半宽表示
4	客观存在，不以人的认识程度而改变	与人们对分析对象、影响因素及分析过程的认识有关
5	由于真实值未知，往往不能准确得到，当用约定真实值代替真实值时，可以得到其估计值	可以由人们根据实验、资料、经验等信息进行评定，从而可以定量估计。评定方法有 A 和 B 两类
6	按性质可分为随机误差、系统误差和过失误差三类。定义随机误差和系统误差都是无穷多次分析情况下的理想概念	不确定度分量评定时一般不必区分其性质，若需要区分时应表述为："由随机效应引入的不确定度分量"和"由系统效应引入的不确定度分量"
7	已知系统误差的估计值时可以对分析结果进行修正，得到已修正的分析结果	不能用不确定度对分析结果进行修正，在已修正分析结果的不确定度中应考虑修正不完善而引入的不确定度

3.1.2 分析测试中的质量保证

GB/T 19000—2016《质量管理体系 基础和术语》中对质量保证（Quality Assurance，QA）的定义是"质量管理的一部分，致力于提供质量要求会得到满足的信任"。分析测试中的质量保证是为了使分析测试结果以更好地反映真实值，具体目的是把分析中的误差控制在容许的限度内，以保证测量结果的精密度和准确度，使分析数据在给定的置信水平内，有把握达到所要求的质量。

由于分析测试活动一般在实验室中进行，因此，分析测试中的质量保证主要包括实验室内部质量保证和实验室外部质量保证。质量保证活动包括质量控制和质量评定两方面的内容。

1. 实验室内部质量保证

（1）实验室内部质量控制

质量控制是质量保证中的核心部分，实验室内质量控制是保证提供可靠分析结果的关键，也是保证实验空间（实验室外部）质量控制顺利进行的基础。

实验室内质量控制技术包括：试样的采集、预处理、分析测定和数据处理等全过程的控制操作和步骤。质量控制的基本环节有：人员素质、实验室环境、仪器设备、采样及样品处理、原材料及试剂、测量方法和操作规程、原始记录和数据处理、技术资料及必要的检查程序等。

①人员素质。分析人员的能力和经验是保证分析测试质量的首要条件。实验室应按合理的比例配备高、中和初级技术人员，承担相应的分析测试任务。实验室主任既应有一定的理论基础又应有丰富的工作经验，负责保证质量。实验室人员必须具有一定的化学知识并经过专门培训，应为每一位工作人员建立技术业务档案。

检验机构的人员应符合 RB/T 214—2017 中 4.2 的要求。检验机构应建立和保持人员管理程序，对人员资格确认、任用、授权和能力保持等进行规范管理。检验检测机构应与其人员建立劳动、聘用或录用关系，明确技术人员和管理人员的岗位职责、任职要求和工作关系，使其能够满足岗位要求并具有所需的权力和资源，履行建立、实施、保持和持续改进管理体系的职责。检验检测机构中所有可能影响检验检测活动的人员，无论是内部还是外部人员，均应行为公正，受到监督，胜任工作，并按照管理体系要求履行职责。

食品检验机构的技术负责人应熟悉业务，具有食品、生物、化学等相关专业的中级及以上专业技术职称或者同等能力，即食品、生物、化学等相关专业博士研究生毕业，从事食品检验工作 1 年及以上；食品、生物、化学等相关专业硕士研究生毕业，从事食品检验工作 3 年及以上；食品、生物、化学等相关专业大学本科毕业，从食品检验工作 5 年及以上；食品、生物、化学等相关专业大学专科毕业，从事食品检验工作 8 年及以上。

食品检验机构的授权签字人应熟悉检验标准或技术规范，并具有食品、生物、化学等相关专业的中级及以上专业技术职称或者同等能力。

食品检验机构应具备与所开展的检验活动相适应的技术人员、管理人员和检验人员，且应符合下列要求。

a. 技术人员的数量、专业技术背景、工作经历、检验能力等应与所开展的检验活动相匹配，中级及以上专业技术职称或同等能力的人员数量应不少于从事食品检验活动的人员总数的 30%。技术人员应熟悉《食品安全法》及其相关法律法规以及有关食品标准和检验方法的原理，掌握检验操作技能、标准操作规程、质量控制要求、实验室安全与防护知识、计量和数据处理知识等，并应经过食品相关法律法规、质量管理和有关专业技术的培训和考核。

b. 管理人员应具有检验机构管理知识，并熟悉食品相关的法律法规和标准。

c. 检验人员应具有食品、生物、化学等相关专业专科及以上学历并具有 1 年及以上食品检验工作经历，或者具有 5 年及以上食品检验工作经历。从事国家规定的特定检验活动人员应取得相关法律法规或行业规定的资格。

②实验室环境。实验室应满足相关法律法规、标准或技术规范的要求，并确保其工作环境满足检验检测的要求。在固定场所以外进行检验检测或抽样时，应提出相应的控制要求，以确保环境条件满足检验检测标准或者技术规范的要求。应建立和保持检验检测场所良好的内务管理程序，该程序应考虑安全和环境的因素。应将不相容活动的相邻区域进行有效隔离，采取措施以防止干扰或者交叉污染。应对使用和进入影响检验检测质量的区域加以控制，并根据特定情况确定控制的范围。

检验检测标准或者技术规范对环境条件有要求时或环境条件影响检验检测结果时，

应监测、控制和记录环境条件。当环境条件不利于检验检测的开展时，应停止检验检测活动。

对食品检验机构进行检验时，应具备开展食品检验活动所必需的且能够独立调配使用的固定工作场所，工作环境应满足食品检验的功能要求。

食品检验机构应具备开展食品检验活动的总体布局，应减少潜在的污染和避免生物、安全危害，并防止交叉污染。检验机构应进行合理分区，应保证实验区与非实验区分离，并设置有关危害的明显警示。检验机构应制定并实施有关实验室安全控制和检查、人员健康保护和环境保护及实验室安全事故应急处置程序等制度，规范危险品废弃物、实验动物等管理和处置。检验机构应具有与检验活动相适应的、便于使用的安全防护装备及设施，并定期检查其功能的有效性。

食品检验机构涉及病原微生物的检验活动时，应按照相关规定在相应级别的生物安全实验室中进行，并采取有效的消毒、隔离和废弃物处置措施，保留相关的环境监测和处置记录。

食品检验机构开展食品感官检验应按照食品标准和技术规范的要求设置必要的感官检验评价区域。

食品检验机构开展人体功能性评价应具备相对独立的评测空间以及能够满足人体试食实验功能评价需要的设施条件。

食品检验机构设立的毒理学实验室应配备用于阳性对照物储存和处理的设施。开展体外毒理学检验的实验室应具有足够的独立空间分别进行微生物和细胞的遗传毒性实验。

食品检验机构开展动物实验活动应符合以下要求：

a. 具有温度、湿度、通风、空气净化、照明等环境控制和监控设施；

b. 具有独立的实验动物检疫室，布局合理，并且避免交叉污染；

c. 具有与开展动物实验项目相适应的消毒灭菌设施，净化区和非净化区分开；

d. 具有收集和放置动物排泄物及其他废弃物的卫生设施；

e. 具有用于分离饲养不同种系及不同实验项目动物、隔离患病动物等所需的独立空间；

f. 具有足够的独立空间分别进行微生物和细胞的遗传毒性实验；

g. 开展挥发性物质、放射性物质或微生物等特殊动物实验的检验机构应配备特殊动物实验室，并配备相应的防护设施（包括换气及排污系统），并与常规动物实验室完全分隔；

h. 开展动物功能性评价的检验机构，其动物实验室环境应相对独立，并具备满足不同功能实验要求的实验空间和技术设备条件。

③实验室管理。实验室管理主要由组织管理与质量管理、实验室环境管理、文件和记录管理3部分组成。

组织管理与质量管理的9项制度如下所述：

a. 技术资料档案管理制度。要注意收集与本行业和有关专业的技术资料和书刊、字典、词典手册等必备工具书，这些资料应在专柜保存，由专人负责购置和管理；

b. 技术责任制和岗位责任制；

c. 样品管理制度；

d. 试剂、药品以及低值易耗品的使用管理制度；

e. 设备、仪器的使用、管理、维修制度；

f. 检验实验工作质量的检验制度；

g. 实验事故的分析和报告制度；

h. 技术人员考核、晋升制度；

i. 安全、保密、卫生、保健等制度。

实验室环境管理主要包括以下几方面内容：

a. 实验室的环境应符合装备技术条件所规定的操作环境的要求，如要防止烟雾、尘埃、震动、噪声、电源、辐射等可能的干扰；

b. 仪器设备的布局要便于进行操作和记录测试结果，并便于仪器设备的维修；

c. 保持环境的整齐清洁。除有特殊要求外，一般应保持正常气候条件。

文件和记录管理的内容主要包括：在实验室分析过程中，对所采用的测试方法进行评定；测试的方法、步骤、程序、注意事项、注释、修改的内容以及测试结果和报告等都要有文字记载，装订成册，以供使用与引用。

a. 收取试样的登记：试样要编号并妥善保管一定时间；试样应贴有标签，标签上记录编号、委托单位、交样日期、实验人员、实验日期、报告签发日期以及其他简要说明。

b. 对原始记录的要求：原始记录是对检测全过程的现象、条件、数据和事实的记载。原始记录要做到表达准确、记录齐全、反映真实、整齐清洁；原始记录不准用铅笔或圆珠笔书写，也不准先用铅笔书写后再用墨水笔描写；原始记录不可重新抄写，以保证记录的原始性；记录要用编有页码的记录本或按规定印制的原始记录单，不得用白纸或其他记录纸替代；原始记录不能随意涂改或销毁，必须涂改的数据，涂改后应签字盖章，正确的数据写在划改数据的上方。检验人员要签名并注明日期，负责人要定期检查原始记录并签上姓名和检验日期。

c. 对实验报告的要求：要写明实验依据的标准；样品有简单的说明；实验结果要与依据的标准及实验要求进行比较；实验结论意见要清楚；实验分析报告要写明测试分析实验室的全称、编号、委托单位或委托人、变样日期、样品名称、样品数量、分析项目、分析批号、实验人员、审核人员、负责人等签字和日期、报告页数。

④设备设施。仪器设备和设施是实验室必不可缺少的重要的物质基础，是开展分析工作的必要条件。检验检测机构应配备满足检验检测（包括抽样、物品制备、数据处理与分析）要求的设备和设施。用于检验检测的设施，应有利于检验检测工作的正常开展。设备包括检验检测活动所必需并影响结果的仪器、软件、测量标准、标准物质、参考数据、试剂、消耗品、辅助设备或相应组合装置。仪器设备应被正确地使用和保养，以使其产生误差的因素处于控制之下，得到合乎质量要求的数据。

⑤技术资料。实验室的技术资料需妥善保存以备用。这些资料包括：实验室的各种规章制度；原始数据记录本及数据处理；测试分析方法汇编；测试报告的复印件；

质量控制图；质量控制手册、质量控制审计文件；考核样品的分析结果报告；标准物质、盲样；实验室人员的技术业务档案；鉴定或审查报告、鉴定证书；分析试样需编号保存一定时间，以便查询或复检等。

⑥实验室内部质量控制所采用的主要手段如下：

a. 通过质量控制样品进行质量控制。质量控制样品包括空白样品、空白实验和实验标样。实验标样无法获取时，可以采用添加样品，添加样品中分析物含量可以等同或略大于分析方法定量限。

b. 每一次检测都应同时检测质量控制样品，包括空白实验、空白样品、实验标样或添加样品，当情况不允许时，至少要进行空白实验、空白样品和一个水平的添加样品的检测。

c. 随样品检测同时进行的空白实验。若空白值比较稳定，可以进行 n 次(n 大于或等于 10)重复测定空白值，计算出空白值的平均值，在样品测定值中扣除；若空白值在控制限内，可以忽略不计；若空白实验显示超过正常值，则表明测试过程有严重的污染，样品测定结果不可靠。

d. 随样品检测同时进行的控制样品测试。控制样品中分析物的含量应与被测样品相近，若被测样品为未检出，则控制样品中分析物含量要在方法检出限或定量限附近；选择与被测样品基质相同或者相近的实物标样作为控制样品，或者采用添加样品作为质量控制样品；控制样品测定结果的回收率要符合要求。

e. 实验室应根据实际工作的需要，制订内部比对实验计划。计划应尽可能覆盖所有常规项目和全体检测人员。要对实验的结果进行汇总分析和评价，判断是否满足对检测有效性和结果准确性的质量控制要求，应采取相应的改进措施。比对实验的具体方法可以是：不同人员用相同一方法同一样品的测试；保留样品的重复实验；使用标准物质或实物标样比对；不同方法对同一样品的测试；某样品不同特性结果的相关性分析等。

f. 绘制质量控制图，观察结果稳定性，系统偏差及其趋势，及时发现异常现象。

g. 实验室完成比对实验后要对结果进行汇总、分析和评价，判断是否满足对检测有效性和结果准确性的质量控制要求，如果需要应该及时采取相应的改进措施。

(2)实验室内部质量评定

质量评定是对分析过程进行监督的方法。实验室内部质量评定是在实验室内由本室工作人员所采取的质量保证措施，它决定即时的测定结果是否有效及报告能否发出，主要目的是为了监测实验室分析数据的重复性(即精密度)和发现分析方法可能出现的重大误差，并找出原因。

实验室内部的质量评定可采用下列方法：

①用测量标准物质或内部参考标准中组分的方法来评价测试方法的系统误差。

②利用标准测量方法或权威测量方法与现用的测量方法测得的结果相比较，可用来评价方法的系统误差。

③用重复测试样品的方法来评价测试方法的精密度。

④利用标准物质，采用交换操作者、交换仪器设备的方法来评价测试方法的系统

误差，可以评价该系统误差是来自操作者还是来自仪器设备。

2. 实验室外部质量保证

实验室外部质量保证是在实验室内部质量保证的基础上，检验实验室内部质量保证的效果，发现与消除系统误差，使分析结果具有准确性与可比性。外部质量保证措施是发现和消除本实验室监测工作各环节的系统误差，提高工作水平，确保监测结果的推确性、科学性和可比性的必要手段。

（1）外部质量控制

外部质量控制的措施主要包括以下内容：

①广泛收集国内外权威机构公布的各种技术参数。在分析检测过程中应选用法定的、可靠的、通用的参数。

②加强信息交流，注意国内外有关分析标准、方法和理论、规范和概念的变化，及时采用分析工作的新的国家和行业标准和规定。

③实验室应积极参加内外实验室认可机构组织的能力验证活动和实验室主管机构组织的比对活动。外部质量控制活动一般包括：a. 国际专业技术协会组织的协同实验；b. 中国合格评定国家认可中心（CNAS），亚太地区实验室认可协会（APLAC）等实验室认可机构组织的能力验证；c. 国内行业主管部门组织的能力验证；d. 与其他同行实验室进行分割样品（子样）的比对实验；e. 能力验证提供者组织的能力验证实验；f. 与其他同行实验室进行标准溶液的比较实验。实验室完成实验，及时递交实验结果和相关记录。应根据外部评审、能力验证、考核、比对等结果来评估本实验室的工作质量并采取相应的改进。

④抽取一定比例的样品送权威实验室外检。对于大样本的分析项目，这是保证总体分析质量的必要手段。

⑤接受权威机构组织的检查考核。如国家质量技术监督局组织的定期和不定期的计量认证检查。

⑥对于本实验室的标准物质和器具，包括标准物质、仪器、容器、仪表等必须定期进行检定或校验，保证量值追溯的可靠性。

（2）外部质量评定

实验室外部质量评定是多家实验室分析同一样本并由外部独立机构收集和反馈实验室上报结果、评价实验室能力的过程。外部质量评定的主要目的是测定某一实验室的检测结果与其他实验室检测结果之间存在的差异（偏差），建立实验室间测定的可比性。它是对实验室测定结果的回顾性评价。分析质量的外部评定可以避免实验室内部的主观因素，评价分析系统的系统误差的大小，是实验室水平的鉴定、认可的主要手段。

实验室外部质量评定主要用途有：评价实验室的分析能力；改进分析能力、实验方法和与其他实验室的可比性；监控实验室可能出现的技术问题；改正存在的问题；教育和训练实验室工作人员；作为实验室质量保证的外部监督工具。

外部质量评定的手段主要是外部评定。外部评定可采用实验室之间共同分析一个试样、实验室交换试样以及分析从其他实验室得到的标准物质或质量控制样品等方法。

标准物质为比较分析系统和比较各实验室在不同条件下取得数据提供了可比性的依据，它已被广泛认可为评价分析系统的最好的考核样品。

考核方法：由主管部门每年一次或两次，把考核样品（通常是标准物质），发放到各实验室中，用指定的方式对考核样品进行分析测试，可依据标准物质的标准值及其误差范围来判断和验证各实验室分析测验的能力和水平。

3. 质量控制图

控制图是对过程质量特征值进行测定、记录与评估，从而分析和判断过程是否处于控制状态的一种用统计方法设计的图。近年来质量控制图越来越多地被用来控制与评估分析测试的质量。质量控制图建立在实验数据分布接近于正态分布（高斯分布）的基础上，把分析数据用图表形式表现出来，纵坐标为测量值，横坐标为测量值的次序（次数）。过去，人们采用假定是精确的分析方法来检查样品的变异性，评估分析测试的结果。目前，人们则用组成均匀、稳定的与试样基体相似的标准物质来检查分析方法的变异性，评估与控制分析测试的质量。

质量控制图的作用是用来证实分析系统是否处于统计控制状态之中，并可以找出质量变化的趋势；是对分析系统中存在的问题找出原因的有效方法；可积累大量的数据，从中得到比较可靠的置信限。

（1）质量控制图分类

质量控制图的形式主要有 x（测量值）质量控制图、$\overline{X}$（平均值）质量控制图和 R（极差）质量控制图等。

① x 质量控制图。这种控制图的纵坐标为测量值，横坐标为测量值的次序。中线可以是以前测量值的平均值，也可以是标准物质的标准值（即总体平均值）μ。其警戒线和控制限如下所述。

警戒限（线）：警戒上限（线）$\overline{X}+2S$（或 2σ），其中，S 为标准偏差，σ 为总体标准偏差。

$$\text{警戒下限（线）}\overline{X}-2S（或 2\sigma）$$

控制限（线）：控制上限（线）$\overline{X}+3S$（或 3σ）

$$\text{控制下限（线）}\overline{X}-3S（或 3\sigma）$$

分析测试中测量值的平均值 $\overline{X}$ 与标准物质的标准值 μ 之间不完全相等，这是正常的。但是两者之间的差异不能太大。如果标准物质的标准值落在平均值与警戒限之间一半高度以外的区间，即 $|\overline{X}-\mu|>1S$ 时，说明分析系统存在明显的系统误差，这是不能允许的，此时的控制图不予成立。应该重新检查方法、器皿、操作、校准、试剂等各个方面，找出误差原因之后，采取纠正措施，使平均值尽可能地接近标准物质的给出值。

质量控制图的做法如下所述：首先必须要有均匀、稳定、具有与分析试样相似基体的标准物质标样。常规质量控制是用一定浓度的分析物来配制液态基体作为质量控制样品的。其次，必须用同一方法对同一标准物质（或质量控制样品）至少测定 20 个结果，而且这 20 个结果不能是同一次测定得到的，而是要多次测定积累起来的。一般推荐的方法是，每分析一批样品插入一个标准物质，或者在分析大批量的样品时间隔

10~20 个样品插入一个标准物质，待标准物质的分析数据积累到 20 个时，求出这 20 个测量值的平均值 $\overline{X}$ 和标准偏差 S。在坐标纸上以平均值为中心线，以 $\pm 2S$ 为警戒限。$\pm 3S$ 为控制限，然后依次把测定结果标在图中，即可得到质量控制图。

②$\overline{X}$ 质量控制图。$\overline{X}$ 质量控制图的画法与 x 质量控制图的画法相似，在 $\overline{X}$ 质量控制图中：中心线为 $\overline{X}$ 值；警戒限（线）为 $\overline{X} \pm \frac{2}{3}(A_2\overline{R})$；控制限（线）为 $\overline{X} \pm A_2\overline{R}$。其中，$\overline{R}$ 为极差的数学平均值；A_2 为计算 3σ 控制限的参数值。$\overline{X}$ 和 R 质量控制图的基本参数计算公式见表 3-2，各系数值见表 3-3。

表 3-2　质量控制图的基本参数计算公式

控制图类型	中心线	3σ 控制限
平均值	$\overline{X}$	$\overline{X} \pm A_1\overline{\sigma}$ 或 $\overline{X} \pm A_2\overline{R}$
极差	$\overline{R}$	$D_3\overline{R}$（下）和 $D_4\overline{R}$（上）

当样本大小相同时，即各组由相同数目的观测值构成时，系数 A_1、A_2、D_3、D_4 的数值列于表 3-3。

表 3-3　系数数值表

每组观测值个数	平均值图		极差图	
n	A_1	A_2	D_3	D_4
2	3.750	1.880	0	3.267
3	2.394	1.023	0	2.575
4	1.880	0.729	0	2.232
5	1.596	0.577	0	2.115
6	1.410	0.483	0	2.004
7	1.277	0.419	0.076	1.924
8	1.175	0.373	0.136	1.864
9	1.094	0.337	0.184	1.816
10	1.028	0.308	0.223	1.777
11	0.973	0.285	0.258	1.744
12	0.925	0.256	0.284	1.716
13	0.884	0.249	0.308	1.692
14	0.848	0.235	0.328	1.671
15	0.818	0.223	0.348	1.652

$\overline{X}$ 质量控制图与 x 质量控制图相比有两个优点：a. $\overline{X}$ 质量控制图对非正态分布是有用的，当平行测定次数足够多时，非正态分布的平均值基本上是遵循正态分布的；

b. $\overline{X}$ 值是 n 个测量值的平均值，不受单个测量值的影响，即使有偏离较大的单个测量值存在，影响也不大。$\overline{X}$ 质量控制图比 x 质量控制图更为稳定，但是要求测定的次数多，成本较高。

③R 质量控制图。对于常规的大量分析可以看出，由于成分、分析物或基体具有不稳定性和其他原因以致于难以获得合适的标准物质。在缺乏质量控制标准物质的情况下，质量控制图是测试分析质量控制的主要方法。

R 质量控制图的绘制步骤：周期地将样品平分为几份（根据样品平行测定的次数决定，每个样品至少平行测定两次以上），平行测定一系列样品中被分析物浓度。测定 20 个样品左右，计算极差（这里实际上是两个测量值之差），然后计算极差的平均值。

在 R 质量控制图中：中线为 R 值；警戒上限（线）为 $\overline{R}+\dfrac{2}{3}(D_4\overline{R}-\overline{R})$；控制上限（线）为 $D_4\overline{R}$；控制下限（线）为 $D_3\overline{R}$，D_3 和 D_4 可由表 3-3 查得。因为极差越小越好，故极差控制图部分没有警戒下限，但仍有控制下限。

例：积累 25 对平行测定的数据，如表 3-4 所示，分别采用 $\overline{X}$ 质量控制图和 R 质量控制图对检测过程进行质量控制。

表 3-4　25 组平行测定的数据

组号	测定值					$\overline{X}$	R	组号	测定值					$\overline{X}$	R
	X_1	X_2	X_3	X_4	X_5				X_1	X_2	X_3	X_4	X_5		
1	47	32	44	35	20	35.6	27	14	37	32	12	38	30	29.9	26
2	19	37	31	25	34	29.2	18	15	25	40	24	50	19	31.6	31
3	19	11	16	11	44	20.2	33	16	7	31	23	18	32	22.2	25
4	29	29	42	59	38	39.4	30	17	38	0	41	40	37	31.2	41
5	28	12	45	36	25	29.2	33	18	35	12	29	48	20	28.8	36
6	40	35	11	38	33	31.4	29	19	31	20	35	24	47	31.4	27
7	15	30	12	33	26	23.2	21	20	12	27	38	40	31	29.6	28
8	35	44	32	11	38	32.0	33	21	52	42	52	24	28	39.0	28
9	27	37	26	20	35	29.0	17	22	20	31	15	3	28	19.4	28
10	23	45	26	37	32	32.6	22	23	29	47	41	32	28	342	25
11	28	44	40	31	18	32.2	26	24	28	27	22	32	54	32.6	32
12	31	25	24	32	22	26.8	10	25	42	34	15	29	21	23.2	27
13	22	37	19	47	14	27.8	33								

先计算每一组数据的平均值和极差，记入表中；然后计算 25 组数据的总平均值和极差平均值。

$$\overline{X}=\frac{\sum\limits_{i=1}^{k}\overline{X}_i}{k}=\frac{\sum\limits_{i=1}^{25}\overline{X}_i}{25}=29.86$$

$$\overline{R} = \frac{\sum\limits_{i=1}^{k} R_i}{k} = \frac{\sum\limits_{i=1}^{25} R_i}{25} = 27.44$$

由表 3-3 中查得 $n=5$ 时 $A_2=0.577$，$D_3=0$，$D_4=2.115$。可计算出 $\overline{X}$ 质量控制图的控制限和警戒限：

控制上限 $\overline{X}+A_2\overline{R}=29.86+0.58\times27.44=45.78$；

控制下限 $\overline{X}-A_2\overline{R}=29.86-0.58\times27.44=13.94$；

警戒上限 $\overline{X}+\dfrac{2}{3}(A_2\overline{R})=29.86+\dfrac{2}{3}\times0.58\times27.44=40.52$；

警戒下限 $\overline{X}-\dfrac{2}{3}(A_2\overline{R})=29.86-\dfrac{2}{3}\times0.58\times27.44=19.20$。

另外，可计算 R 质量控制图的控制限和警戒限：

控制上限 $D_4\overline{R}=2.115\times27.44=58.03$；

控制下限 $D_3\overline{R}=0\times27.44=0$；

警戒上限 $\overline{R}+\dfrac{2}{3}(D_4\overline{R}-\overline{R})=27.44+\dfrac{2}{3}\times(58.03-27.44)=47.84$。

根据上述数据可画出 $\overline{X}$ 质量控制图（如图 3-1）和 R 质量控制图（如图 3-2）。

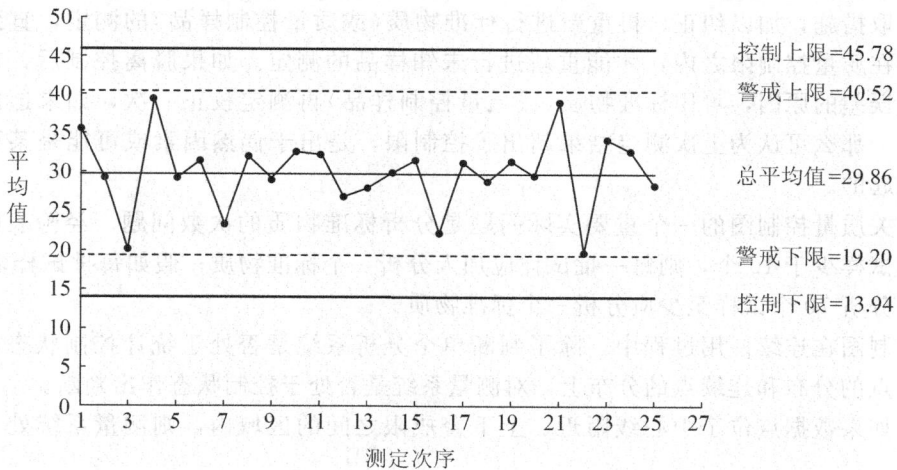

图 3-1　$\overline{X}$ 质量控制图

（2）质量控制图的使用

在制得质量控制图之后，日常分析中把标准物质（或质量控制样品）与试样在同样条件下进行分析测定。如果标准物质（或质量控制样品）的测定结果落在警戒限之内，说明测量系统正常，试样测定结果有效。如果标准物质（或质量控制样品）的测定结果落在控制限之内，但又超出警戒限时，试样测定结果仍应被认可。这种情况是有可能发生的，因为 20 次测定中允许有一次超出警戒限。假如超出警戒限的频率远低于或高于 5%，说明警戒限的计算有问题，或者分析系统本身的精密度得到了提高或恶化。

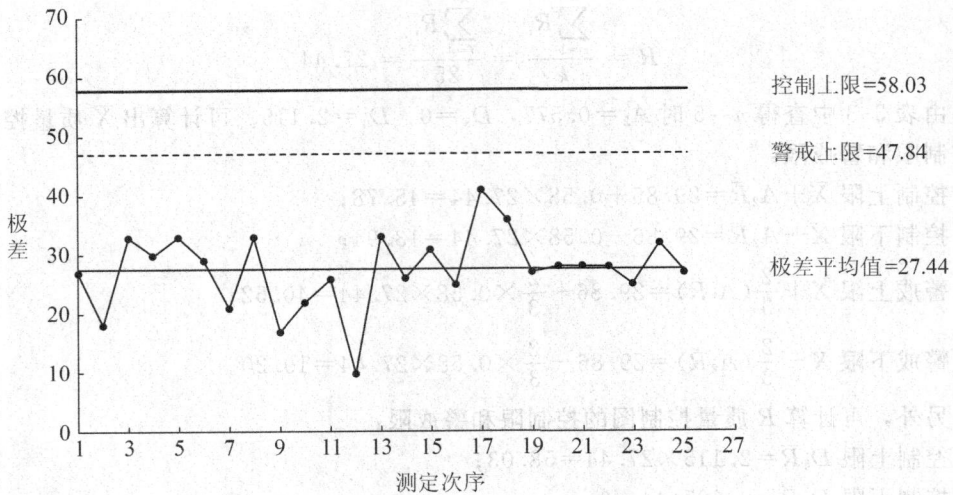

图 3-2 R 质量控制图

如果标准物质（或质量控制样品）的测定结果落在控制限之外，说明该分析系统已脱离了控制，不再处于统计控制状态之中了。此时的测试结果无效，应该立即查找原因，采取措施，加以纠正，再重新进行标准物质（或质量控制样品）的测定，直到测试结果落在质量控制限之内，才能重新进行未知样品的测定。如果脱离控制后，未能找到产生误差的原因，可用标准物质（或质量控制样品）再测定校正一次，如果这次结果正常了，那么可认为上次测定结果超出了控制限，是出于偶然因素或可能是某种操作错误引起的。

有关质量控制图的一个重要实际问题是分析标准物质的次数问题。经验表明，假如每批试样少于 10 个，则每一批试样应加入分析一个标准物质；假如每批试样多于 10 个，每分析 10 个试样至少应分析一个标准物质。

控制图在连续使用过程中，除了判断单个分析系统是否处于统计控制状态，还要在总体点的分布和连续点的分布上，对测量系统是否处于控制状态作出判断。

①如果数据点位于中心线附近、上下警戒限之间的区域内，则测量系统处于控制状态。

②如果超出上、下警戒限之间的区域，但仍在上、下控制限之间的区域内，则提示测量质量开始变劣，可能存在"失控"倾向，应进行初步检查，并采取相应的校正措施。

③如果数据点落在上、下控制限之外，则表示测定过程失去控制，应立即检查原因，予以纠正，并重新测定该批全部样品。

④如果在中心线的某一侧出现的数据点明显多于另一侧的，则说明测量系统存在问题。

⑤如果有 2/3 的数据点落在警戒限之外，则测量系统存在问题。

⑥如果有 7 个数据点连续出现在中线一侧时，说明测量系统存在问题，应立即查明原因，加以纠正。

⑦若检测值波动幅度过大，表示测定过程失控。

⑧检测值有周期性变化，表示测定过程失控。

⑨即使"过程处于控制状态"，亦可根据相邻几次测定值的分布趋势，对测量质量可能发生的问题进行初步判断。如：趋向性变化很可能是由系统误差所致；分散度变化则多因实验参数变化失控或人为因素造成。

（3）质量控制图的应用

①用于寻找发生脱离控制的原因。由于控制图积累了大量数据，从趋势的变化上有助于找到发生脱离统计控制的原因。如图 3-3 所示，在 x 控制图上发现中段的数据点突然向上偏移。这部分数据点的精密度尚好。但是数值突然增大了很多。经多方查找原因发现，原有的质量控制样品被污染。换了新的质量控制样品后，数据点又恢复了正常。

②用于对分析系统做周期性的检查，以确定测定的准确度和精密度的情况，例如标准物质的质量控制图。

③用于对分析系统的稳定性作定期检查，以确定分析系统的精度情况。例如，质量控制样品的质量控制图、平行样品的质量控制图等。

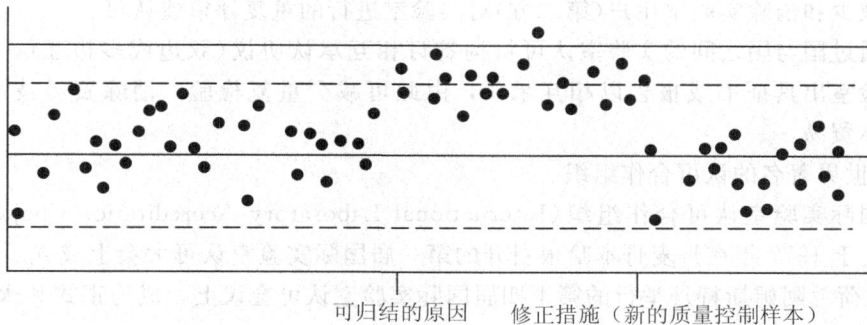

可归结的原因   修正措施（新的质量控制样本）

图 3-3 x 控制图中数据点突然偏高情况

其他的应用还有：典型实验溶液的质量控制图、仪器工作特性的质量控制问题、对操作者的控制图、工作曲线斜率的控制图、校正点的控制图、空白控制图、对关键操作步骤的控制图，以及对回收率做的控制图等。

4. 实验室认可

向社会(客户)提供产品符合性判据的实验室，其生命力完全取决于实验室做出的合格评定结果的公正、可靠和准确。而公正、可靠、准确的合格评定结果除与依据的技术文件相关外，更依赖于实验室自身的能力。目前，我国在实验室能力建设、管理、运行、评价方面还并存着多种模式，其中应用最普遍的模式有两种：实验室认可和检验检测机构资质认定。

实验室认可是指权威机构给予某实验室具有执行规定任务能力的正式承认。中国合格评定国家认可委员会（China National Accreditation Service for Conformity Assessment，CNAS)是根据《中华人民共和国认证认可条例》的规定，由国家认证认可监督管理委员会(CNCA)批准设立并授权的国家认可机构，统一负责对认证机构、实验室和检验机构等相关机构的认可工作。

实验室认可是实验室依据自身发展需求、适应社会(市场)及其发展要求的一种完全自愿的行为。实验室认可的依据为 CNAS-CL01：2006《检测和校准实验室能力认可准则》(等效于 ISO/IEC 17025：2005)。2018 年 3 月 1 日中国合格评定国家认可委员会(CNAS)正式发布了《检测和校准实验室能力认可准则》CNAS-CL01：2018，该准则等同采用《ISO/IEC 17025：2017 实验室管理体系 检测和校准实验室能力的一般要求》，该准则已于 2018 年 9 月 1 日正式实施。该准则规定了实验室能力、公正性以及一致运作的通用要求。适用于所有从事实验室活动的组织，不论其人员数量多少。实验室的客户、法定管理机构、使用同行评审的组织和方案、认可机构及其他机构采用该准则确认或承认实验室能力。

(1)实验室认可的目的

①向社会各界证明获准认可实验室(主要是提供校准、检验和测试服务的实验室)的体系和技术能力满足实验室用户的需要。

②促进实验室提高内部管理水平、技术能力、服务质量和服务水平，增强竞争能力，使其能公正、科学和准确地为社会提供高信誉的服务。

③减少和消除实验室用户(第二方)对实验室进行的重复评审或认可。

④通过国与国之间的实验室认可机构签订相互承认协议(双边或多边互认)来对认可的实验室出具证书或报告以相互承认，由此可减少重复检验，消除贸易技术壁垒，促进国际贸易。

(2)世界著名的认可合作组织

①国际实验室认可合作组织(International Laboratory Accreditation Cooperation，ILAC)，于 1977 年在丹麦哥本哈根召开的第一届国际实验室认可大会上成立。1996 年 9 月，在荷兰阿姆斯特丹举行的第十四届国际实验室认可会议上，成为正式和永久性的国际组织。

②亚太实验室认可合作组织(Asia Pacific Laboratory Accreditation Cooperation APLAC)，1992 年在加拿大成立。APLAC 秘书处设在澳大利亚的 NATA(National Association of Testing Authorities)，目前有 36 个实验室认可机构成员。

(3)实验室认可所遵循的原则

①自愿申请原则：认可与否由实验室根据自身的需求自愿确定。与计量管理不同，实验室认可遵循为自愿申请原则。

②非歧视原则：不论实验室规模或社会位置或经济状况如何，实验室认可对各实验室均一视同仁，对所有参加认可的实验室用同一把尺子进行审核评价。

③专家评审原则：为确保认可的客观、公正、科学性，实验室认可均由相关技术领域的技术专家和管理专家实施评审。

④国家认可原则：CNAS 得到国家授权，代表国家对实验室实施认可，其认可结果是受国家承认的。

(4)实验室认可的程序

中国实验室国家认可委员会(CNACL)是统一负责实验室资格认可及获准认可后日

常监督的评定组织。实验室认可的程序是依据国际标准化组织(ISO)和国际实验室认可合作组织(ILAC)所推行的典型的实验室认可流程编制的，它分为 3 个主要阶段。

①申请阶段。该阶段主要包括两部分。

a. 意向申请阶段：在该阶段申请实验室可以通过任何方式向 CNAS 秘书处表示认可意向，如采用电话、来访以及其他电子通讯方式。需要时，CNAS 秘书处应确保申请实验室能够得到最新版本的认可规范和其他有关文件。

b. 正式申请阶段：申请实验室应按 CNAS 秘书处的要求提交正式申请资料，并交纳申请费用。CNAS 秘书处审查申请实验室提交的资料。提交正式申请资料前，申请实验室必须符合下述条件：对 CNAS 的相关要求基本了解；实验室的质量管理体系已正式运行超过 6 个月，且进行了完整的内审和管理评审；至少已参加了一项恰当的能力验证计划、测量审核或比对计划，并且获得满意结果。

②评审阶段。一般正式申请提交后，在 3 个月内由 CNAS 秘书处受理安排评审。CNAS 选派评审员/技术专家对文件资料初审。CNAS 秘书处根据评审组长的提议，在征得申请实验室同意后，可进行预评审。预评审不可以进行任何咨询活动。在申请实验室采取有效纠正措施解决了发现的主要问题后，才能进行现场评审。在进行现场评审前，评审组应先进行文件审核，文件审核通过后，评审组长与申请实验室商定现场评审的具体时间安排和评审计划，经 CNAS 秘书处批准后实施评审。CNAS 秘书处可根据情况在评审组中委派观察员。

③认可阶段。经评审组审查虽存在一般不合格项，经实验室整改可定为推荐通过，即现场宣布审查推荐通过，准许实验室将不合格项进行整改，上报待查验评议。实验室对现场评审组提出的不符合项进行整改，经组长确认、CNAS 评审处审查、计委会评论审议，CNAS 召开技术委员会评审会议后，转交 CNAS 评审处排队制作认可证书及认可项目参数附表，经 CNAS 秘书长签批后，发放认可证书。

(5)CNAS、CMA、CAL 标识

CNAS 标识：表明该机构已经通过了中国合格评定国家认可委员会的认可。

CMA 标识：表明该机构已经通过了国家认证认可监督管理委员会或各省、自治区、直辖市人民政府质量技术监督部门的计量认证。CMA 是"China Metrology Accreditation"的缩写，中文含义为"中国计量认证"。它是根据中华人民共和国计量法的规定，由省级以上人民政府计量行政部门对检测机构的检测能力及可靠性进行的一种全面的认证及评价。CMA 一般只对第三方实验室，也包括小部分特定的第二方实验室。实验室在申请 CNAS 认可证书的同时，需要申请实验室的计量认证，计量审核可与 CNAS 认可审核同时进行。

CAL 标识：表明该机构获得了国家认证认可监督管理委员会或各省、自治区、直辖市人民政府质量技术监督部门的审查认可(验收)的授权证书。

3.2 实验方法评价与数据分析处理

3.2.1 实验方法评价

在食品分析过程中，分析方法越来越多，评价方法的标准也会逐渐完善，总的来说，评价标准主要是准确度、精密度、检测限和费用与效益。

1. 评价指标

(1)准确度

准确度指在一定条件下，多次测定的平均值与真实值相符合的程度。准确度通常用绝对误差或相对误差表示，如式(3-1)、式(3-2)所示。

$$绝对误差\ E=测量值\ x-真实值\ T \tag{3-1}$$

$$相对误差\ E_r=\frac{x-T}{T} \tag{3-2}$$

误差越小，测量值和真实值越接近，测量结果的准确度越高。相对误差反映误差在测定结果中的比例，常用％表示。它能消除物理量本身的大小对误差值的影响，更加便于比较在各种情况下测定结果的准确度，相对误差越小，准确度越高。在实际工作中，一般在试样中添加已知标准物质量作为真值，并以回收率表示准确度，如式(3-3)所示。

$$P=\frac{X_1-X_0}{m}\times100\% \tag{3-3}$$

式中：P——加入标准物质的回收率；X_1——加标样品测定值；X_0——试样本底测定值；m——加入标准物质的质量，g。

式中的 X_0 本底值，其测定精密度所显示误差反映随机误差；加入标准物质的质量 m 其测定误差反映了系统误差。所以，回收率是两种误差的综合指标，能决定方法的可靠性。回收率的数值根据分析方法难易和不同类型的分析方法变化，但最低不能小于70％。

(2)精密度

精密度指在相同条件下，n 次重复测定结果的离散程度。精密度的好坏常用偏差表示，偏差小说明精密度好。精密度可用以下几种偏差表示，如式(3-4)、式(3-5)所示。

①绝对偏差 d 与相对偏差 d_r。

$$绝对偏差\qquad\qquad d=x_i-\bar{x} \tag{3-4}$$

$$相对偏差\qquad\qquad d_r=\frac{d}{\bar{x}}\times100\%=\frac{x_i-\bar{x}}{\bar{x}}\times100\% \tag{3-5}$$

式中：x_i——单次测定结果；$\bar{x}$——n 次测定结果的算术平均值。

从式(3-4)、式(3-5)可知，绝对偏差和相对偏差只能用来衡量单次测定结果对平均值的偏离程度。为了更好地说明精密度，在分析工作中常用平均偏差（$\bar{d}$）来表示。

②平均偏差 $\bar{d}$ 和相对平均偏差 $\bar{d}_r$，如式(3-6)、式(3-7)所示。

平均偏差$(\bar{d})$：$\bar{d} = \dfrac{\mid d_1 \mid + \mid d_2 \mid + \cdots + \mid d_n \mid}{n} = \dfrac{\sum \mid d_i \mid}{n}$　　　　　(3-6)

相对平均偏差$(\bar{d}_r)$：$\bar{d}_r = \dfrac{\bar{d}}{\bar{x}} \times 100\% = \dfrac{\sum \mid d_i \mid}{n\bar{x}} \times 100\%$　　　　(3-7)

式中：$\bar{x}$——n 次测定结果的算术平均值；n——测定次数；d_i——第 i 次测量值与平均值的绝对偏差；$\sum \mid d_i \mid$——n 次测定的绝对偏差之和，$\sum \mid d_i \mid = \mid x_1 - \bar{x} \mid + \mid x_2 - \bar{x} \mid + \cdots + \mid x_n - \bar{x} \mid$。

平均偏差代表了一组测量值中任意数值的偏差。

③极差 R 与相对极差 R_r，如式(3-8)、式(3-9)所示。

极差 $R = x_{\max} - x_{\min}$　　　　　　　　　　　　　　　(3-8)

相对极差 $R_r = \dfrac{R}{\bar{x}}$　　　　　　　　　　　　　　(3-9)

式中：$x_{\max}$、$x_{\min}$——一组测定结果中的最大值和最小值。

④标准偏差 s 与相对标准偏差 CV。标准偏差能精确反映测定数据之间的离散特性，它比平均偏差更能灵敏地反应较大偏差的存在，又比极差更充分地引用了全部数据的信息。在统计学上，将$(n-1)$称为自由度，通常用 f 表示，如式(3-10)所示。

标准偏差 $s = \sqrt{\dfrac{\sum\limits_{i=1}^{n}(x_i - \bar{x})^2}{n-1}} = \sqrt{\dfrac{\sum\limits_{i=1}^{n}d_i^2}{n-1}}$　　　　　(3-10)

相对标准偏差又称变异系数(CV)，是指标准偏差在平均值 $\bar{x}$ 中所占的分数。如式(3-11)所示。

相对标准偏差 $CV = \dfrac{s}{\bar{x}} \times 100\%$　　　　　　　　　　(3-11)

重复测定的精密度与待测物质绝对量有关，一般规定：mg 级为 5%，μg 级为 10%，ng 级为 50% 左右。

(3)检测限

检测限指分析方法在适当的置信水平内，能从样品检测被测组分的最小量或最小浓度，即断定样品中被测组分的量或浓度确实高于空白中被测组分的最低量。

一般对检测限有几种规定方法。

①气相色谱法：用最小检测量或最小检测浓度表示。

最小检测量是指检测器恰能产生色谱峰高大于 2 倍噪声时的最小进样量。即 $S = 2N$，其中 S 为最小响应值，N 为噪声信号。

最小检测浓度指最小检测量与进样量体积之比，即单位进样量相当待测物质的量。

②分光光度法：指扣除空白值后，吸光值为 0.01 对应的浓度。

③一般实验：当空白测定次数 $n > 20$ 时，给出置信水平 95%，检测限为空白值标准差 s 的 4.6 倍。若空白次数 < 20 时，检测限 $= 2\sqrt{2}t_f s$，其中 t_f 为置信水平 95%（单侧），批内自由度为 f 时的临界值；$f = m(n-1)$，m 为重复测定次数，n 为平行测定次数。

例 3-1 用 2，3-二氨基萘荧光法测定硒，双空白测定 10 次，其空白值为（11.4±1.3）ng，求检测限。

解 根据 $f=m(n-1)=10\times(2-1)=10$，查表 3-5，当置信水平为 95%（单侧）时，$t_{10}=2.23$

所以，检测限 $=2\sqrt{2}t_f s=2\times1.414\times2.23\times1.3=8.20$ ng

④国际理论应用化学联合会对检测限的规定：对于各种光学分析方法，可测量的最小分析响应值用式（3-12）表示。

$$x_L=\bar{x}_b+K\times s_b \tag{3-12}$$

式中：x_L——最小响应值；$\bar{x}_b$——多次测量空白值的平均值（$n\geqslant20$）；s_b——多次测量空白值的标准差；K——根据一定置信水平确定的系数（一般当置信水平为 90%，空白测量次数 $n<20$ 时，$K=3$；当置信水平为 95%，$n>20$ 时，$K=4.65$）。

规定：检测限 $=\dfrac{x_L-\bar{x}_b}{m}=\dfrac{K\times s_b}{m}$，其中 m 是方法灵敏度，即单位浓度或单位量被测物质所产生的响应值的变化程度，在实际工作中，以标准曲线斜率衡量灵敏度。

例 3-2 在例 3-1 测定硒时，增加空白测定数，其空白值为（10.1±0.95）ng，灵敏度为 0.54 荧光单位/ng，求检测限？

解 由检测限 $=\dfrac{x_L-\bar{x}_b}{m}=\dfrac{K\times s_b}{m}=3\times0.95/0.54=5.28$ ng

从上述检测限定义可知，增加实际测定次数、提高测定精密度、降低仪器噪声可以改善检测限。

（4）费用与效益

费用与效益是目前国内外重视的问题。实验室工作人员应结合实际测试目标，选择或设计相应准确度和精密度的实验方法。用一般常规实验能够完成的测定，不必使用贵重精密仪器。检验员经训练能较好掌握某种测定方法的时间，也是评价实验方法的重要内容。"简单易学"在一定程度上意味着能保证检验质量。从实际工作需要出发，快速，微量，费用低廉，技术要求不高，操作安全的测定方法应列为一般实验室的首选方法。

2. 实验结果的检验

在食品分析过程中，常遇到两个平均值的比较问题，如不同分析人员，不同实验室或不同分析方法之间测定结果，通常采用统计方法中的显著性检验法来进行，常用的统计方法有 t 检验法和 F 检验法。

（1）t 检验法

用以比较一个平均值与标准值之间是否存在显著性差异。

为了检验分析方法是否可靠以及是否有足够的准确度，常用已知含量的标准试样进行实验，用 t 检验法将测定的平均值 $\bar{x}$ 与标准值 μ 进行比较。按照式（3-13）计算：

$$t=\frac{|\bar{x}-\mu|}{s/\sqrt{n}} \tag{3-13}$$

式中：s——标准差。

如果由样本值计算的统计量值 $t_{计算}$ 大于 t 分布表中相应显著性水平 α 和相应自由度 f 下的临界值 $t_{\alpha, f}$,则表明被检验的均值 $\bar{x}$ 与标准值有显著性差异,表明检验方法存在系统误差;反之,差异不显著,即认为平均值与标准值的差异是由于偶然误差引起的,如表 3-5 所示。

表 3-5　几种置信度下的 t 值

自由度 f	置信度 P		
	0.90	0.95	0.99
1	6.314	12.706	63.657
2	2.920	4.303	9.925
3	2.353	3.182	5.841
4	2.132	2.776	4.604
5	2.015	2.571	4.032
6	1.943	2.447	3.707
7	1.895	2.365	3.500
8	1.860	2.306	3.355
9	1.833	2.262	3.250
10	1.812	2.228	3.169
20	1.725	2.086	2.846
∞	1.645	1.960	2.576

注:表中 $f = n - 1$, n 为测定次数。

例 3-3　用一种新的分析方法测定某标准试样(蛋白质含量为 11.7 mg/g)中蛋白质的含量来鉴定该方法的准确度,5 次测定的结果分别为 10.9、11.8、10.9、10.3、10.0 mg/g,请对这组数据进行评价(0.95 置信度)。

解　计算平均值和标准偏差得 $\bar{x} = 10.8$, $s = 0.7$ 。则

$$t = \frac{|\bar{x} - \mu|}{s / \sqrt{n}} = \frac{|10.8 - 11.7|}{0.7} \sqrt{5} = 2.87$$

查表 3-5, $t_{(0.95, 4)} = 2.776$, $t_{计算} > t_{(0.95, 4)}$,表明 5 次测定的平均值与标准值之间有显著性差异,该分析方法存在系统误差。

(2)F 检验法

F 检验法是通过计算两组数据的方差之比来检验两组数据是否存在显著性差异。比如使用不同的分析方法对同一试样进行测定,或几个实验室用同一种分析方法测定同一试样,得到不同的标准差,这时可以通过 F 检验法来分析产生这种差异的原因。但前提是要求被检验的两组数据具有相同或相近的方差(标准差)。

F 检验法步骤如下:

$$F = \frac{s_1^2}{s_2^2} \tag{3-14}$$

式中: s_1^2 、 s_2^2 ——两组测定值的方差。

①计算统计量方差比；

②查 F 分布表（表 3-6）；

③判断。当计算所得 F 大于 F 分布表中相应显著性水平 α 和自由度 f_1、f_2 下的临界值 $f_\alpha(f_1,f_2)$，即 $F>f_\alpha(f_1,f_2)$ 时，则两组方差之间有显著性差异；反之，则两组方差无显著性差异，需进一步用 t 检验法判断两个平均值 $\overline{x}_1$（对应测定次数 n_1）和 $\overline{x}_2$（对应测定次数 n_2）之间是否存在显著性差异，如式（3-15）所示

$$t=\frac{|\overline{x}_1-\overline{x}_2|}{\overline{s}}\times\sqrt{\frac{n_1\times n_2}{n_1+n_2}} \tag{3-15}$$

式中：$\overline{s}$——合并标准差。

其计算公式如式（3-16）所示。

$$\overline{s}=\sqrt{\frac{(n_1-1)s_1^2+(n_2-1)s_2^2}{n_1+n_2-2}} \tag{3-16}$$

式中：s_1^2、s_2^2——第一和第二个样本的方差。

在编制 F 分布表时，是将大方差作分子，小方差作分母，所以，在由样本值计算统计量 F 值时，也要将样本方差 s_1^2、s_2^2 中数值较大的一个作分子，较小的一个作分母。

应用 t 检验时，要求被检验的两组数据具有相同或相近的方差（标准差）。因此，在 t 检验前必须进行 F 检验，只有在两方差一致的前提下才能进行 t 检验。

表 3-6 置信度 0.95 时 **F** 值

$fs_小$	$fs_大$									
	2	3	4	5	6	7	8	9	10	∞
2	19.00	19.16	19.25	19.30	19.33	19.36	19.37	19.38	19.39	19.50
3	9.55	9.28	9.12	9.01	8.94	8.88	8.84	8.81	8.78	8.53
4	6.94	6.59	6.39	6.26	6.16	6.09	6.04	6.00	5.96	5.63
5	5.79	5.41	5.19	5.05	4.95	4.88	4.82	4.77	4.74	4.36
6	5.14	4.76	4.53	4.39	4.28	4.21	4.15	4.10	4.06	3.67
7	4.74	4.35	4.12	3.97	3.87	3.79	3.73	3.68	3.63	3.23
8	4.46	4.07	3.84	3.69	3.58	3.50	3.44	3.39	3.34	2.93
9	4.26	3.86	3.63	3.48	3.37	329	3.23	3.18	3.13	2.71
10	4.10	3.71	3.48	3.33	3.22	3.14	3.07	3.02	2.97	2.54
∞	3.00	2.60	2.37	2.21	2.10	2.01	1.94	1.88	1.83	1.00

注：自由度 $f=n-1$，其中 n 为测定次数。$fs_大$ 表示方差大的数据的自由度；$fs_小$ 表示方差小的数据的自由度。

例 3-4 甲、乙两人用不同方法测定乳粉中脂肪的含量（%），得到两组数据如下：

甲：2.01、2.10、1.86、1.92、1.94、1.99

乙：1.88、1.92、1.90、1.97、1.94

试问两种方法间有无显著性差异（0.95 置信度）？

解 $n_甲=6$，$\overline{x}_甲=1.97\%$，$s_甲=0.083\%$；$n_乙=5$，$\overline{x}_乙=1.92\%$，$s_乙=0.035\%$

则 $F=\dfrac{s_1^2}{s_2^2}=\dfrac{s_甲^2}{s_乙^2}=\dfrac{(0.083\%)^2}{(0.035\%)^2}=5.62$

查 F(表 3-6)，$F_{0.95(5,4)}=6.26$，$F_{计算}<F_{0.95(5,4)}$，说明两种方法所得方差无显著性差异。需要进一步用 t 检验法检验。

合并标准差为：$\bar{s}=\sqrt{\dfrac{(n_1-1)s_1^2+(n_2-1)s_2^2}{n_1+n_2-2}}$

$$=\sqrt{\dfrac{(6-1)(0.083\%)^2+(5-1)(0.035\%)^2}{6+5-2}}=0.066\%$$

$$t=\dfrac{|\bar{x}_1-\bar{x}_2|}{s}\times\sqrt{\dfrac{n_1\times n_2}{n_1+n_2}}=1.383$$

查 t(表 3-5)，$t_{(0.95,9)}=2.262$，$t_{计算}<t_{(0.95,9)}$，表明两种方法之间无显著性差异。

3.2.2　实验数据处理

1. 分析结果的表示

食品分析项目众多，有些项目测定结果有时可用多种形式表示，有时测定结果的单位也有多种形式，这就导致最后结果的数值不同。而统计处理结果的表示方法也多种多样，但在原则上，对于食品分析要求提出的测定结果既要反映数据的集中趋势，又要反映测定精密度及测定次数，同时还要照顾食品分析自身的习惯表示法。通常，食品分析中的测定结果采用质量分数，而对食品中微量元素的测定结果采用 mg/kg($\times 10^{-6}$)或 μg/mg($\times 10^{-9}$)，统计处理的结果采用测定值的算术平均值、极差、标准偏差等表示数据的离散程度。当测定数据的重现性较好时，测定次数 n 通常为 2 次；当测定数据的重现性较差时，分析次数应相应地增加。

2. 实验数据的处理

（1）有效数字及其表示

为了得到准确的分析结果，既要准确地进行测定，又要正确地记录测定数据的位数。有效数字是指实际能测定到的数字，该数值中只有最后一位是可疑数字，其余均为可靠数字。数字的保留位数是由测量仪器的准确度所决定的。例如，读取滴定管刻度，甲得到 20.15 mL，乙得到 20.14 mL，这两组数字中，前三位都是准确的，第四位数字由于没有刻度，是估计值，也称不确定数、可疑数字，但是这四位数字都是有效数字，所以原始数据记录一般要用有效数字表示。有效数字反映了所用仪器的精密度。记录测量数据时，只允许保留一位可疑数字，有效数字的位数反映了测量的相对误差，不能随意舍去或保留最后一位有效数字。例如，用分析天平称取某试样的质量时应记录为 0.5678 g，其中"0.567"是确定的，仅最后一位"8"是估计的，其相对误差为

$$\dfrac{\pm0.0002}{0.5678}\times100\%=\pm0.04\%$$

而该试样如果用台式天平称量，记录器质量的数据为 0.5 g，其相对误差为

$$\dfrac{\pm0.2}{0.5}\times100\%=\pm40\%$$

有效数字的计位规则。

①记录的仪器能测定的数据都计位,如 12.57 mL 有效数字为 4 位,4.1 g 有效数字为 2 位。

②数据中"0"是否为有效数字取决于它的作用,若作为普通数字使用,则它为有效数字,如滴定管读数为 20.40 mL,其中两个"0"都是有效数字,即有效数字为 4 位;若在数据中起定位作用,则它就不是有效数字,如上述滴定管读数改用 L 表示,写成 0.020 40 L,这时前面的两个"0"仅起定位作用,并非有效数字,此数有效数字为 4 位。

③改变单位并不改变有效数字的位数。当需要在位数的末尾加"0"作定位时,要采用指数形式表示,以免有效数字的位数含混不清。如质量为 3.6 g 以 mg 表示时应写成 3.6×10^3 mg,不能写成 3 600 mg,有效数字仍为 2 位。

④乘方或开方时,结果有效数字的位数不变。如 $7.51^2 = 56.40$,$\sqrt{8.56} = 2.92$。

⑤对数运算时,对数尾数的位数应与真数有效数字相同。如 pH、lgK、pM 等有效数字的位数仅由其小数部分的位数确定,整数部分只代表 10 的方次。如某溶液的 pH = 5.30 为 2 位有效数字。因为 pH = 5.30,即 $[H^+] = 5.0 \times 10^{-6}$ mol/L,pH = $-\lg[H^+] = -\lg(5.0 \times 10^{-6}) = 5.30$,而 pH = 11.30,其 pH = $-\lg[H^+] = -\lg(5.0 \times 10^{-12}) = 11.30$。

通过实验测定得到有关数据后,对数据按照以下原则记录、运算与处理。

①除有特殊规定外,一般可疑数为最后一位,有 ± 1 个单位的误差。

②复杂运算时,其中间过程可多保留一位,最后结果须取应有的位数。

③加减法计算结果,其小数点后保留的位数应与参加运算各数中小数点后位数最少者相同。

④乘除法计算结果,其有效数字保留的位数应与参加运算各数中有效数字位数最少者相同。

⑤实验测量数据按仪器精密度确定有效数字的位数。

(2)可疑数据的检验与取舍

在实际分析测试中,由于随机误差的存在,使得多次重复测定的数据不可能完全一致,而存在一定的离散性,并且常常发现一组测定值中有一个或两个测定值比其余测定值明显偏大或偏小,这样的测定值被称为可疑值。

可疑值与其余测定值相比,虽然明显偏大或偏小,但是如果处于统计上所允许的合理误差之内,则与其余测定值属于同一个总体,称为极值,极值就必须保留,但如果可疑值与其余测定值不属于同一总体,则被称为界外值、异常值、坏值,应被淘汰。

对于可疑值,必须首先从技术上设法弄清楚其出现的原因。如果查明是由于实验技术上的失误造成的,则不管这样的测定值是否为异常值都应舍去,而不必进行统计检测。但有时未能从技术上找出出现过失的原因,这样,既不能轻易地保留,也不能随意舍弃,必须对它进行检验,以便从统计上判明可疑值是否为异常值。

①可疑值的检验。对于检测未知标准差中可疑值的方法有多种,在统计学上常用的有 Q 检验法和格鲁布斯(Grubbs)检验法,这些方法都是建立在随机误差服从一定的分布规律基础之上的。

a. *Q* 值检验法。如果测定次数在 10 次以上，使用 *Q* 值检验法较简单。先将测定值由小到大排列（$x_1 < x_2 < \cdots < x_n$），其中 x_1 或 x_n 可疑，首先计算最大值与最小值之差（极差），作为分母；然后计算可疑值与最邻近数值的差值，作为分子，其值之商为 *Q* 值，如式（3-17）所示。

$$Q = \frac{\text{可疑值} - \text{邻近值}}{\text{最大值} - \text{最小值}} \tag{3-17}$$

当 x_1 可疑时，$Q_{计算} = \dfrac{x_2 - x_1}{x_n - x_1}$；当 x_n 可疑时，$Q_{计算} = \dfrac{x_n - x_{n-1}}{x_n - x_1}$。

若 x_n 与 x_1 均可疑时，可比较（$x_2 - x_1$）及（$x_n - x_{n-1}$）的差值，差值大的先检验。检验过程中，通过查 *Q* 值表（表 3-7），若 $Q_{计算} > Q_{表}$，则可疑值应该舍弃，反之应保留。

表 3-7　不同置信度水平下的 *Q* 值

测定次数 *n*	置信度 *P*		
	0.90	0.95	0.99
3	0.94	0.98	0.99
4	0.76	0.85	0.93
5	0.64	0.73	0.82
6	0.56	0.64	0.74
7	0.51	0.59	0.68
8	0.47	0.54	0.63
9	0.44	0.51	0.60
10	0.41	0.48	0.57

b. 格鲁布斯（Grubbs）检验法：将测定值由小到大排列（$x_1 < x_2 < \cdots < x_n$），设 x_d 为可疑值（包括最大值或最小值）。首先计算 *n* 个测定值的平均值 $\bar{x}$ 及标准偏差 *s*，然后计算 *G* 值。如式（3-18）所示。

$$G = \frac{|x_d - \bar{x}|}{s} \tag{3-18}$$

查格鲁布斯检验临界值表（表 3-8），如果 $G_{计算}$ 大于 $G_{表}$，则可疑值应舍弃，反之则应保留。

表 3-8　不同置信度水平下的 *G* 值

测定次数 *n*	置信度 *P*	
	0.95	0.99
3	1.15	1.15
4	1.46	1.49
5	1.67	1.75
6	1.82	1.94
7	1.94	2.10

续表

测定次数 n	置信度 P	
	0.95	0.99
8	2.03	2.22
9	2.11	2.32
10	2.18	2.41
11	2.24	2.48
12	2.29	2.55
13	2.33	2.61
14	2.37	2.66
15	2.41	2.70
16	2.44	2.74
17	2.47	2.78
18	2.50	2.82
19	2.53	2.85
20	2.56	2.88

例 3-5 有 10 个同学分别对同一试样中的蛋白质含量（%）进行测定，其结果为 4.49、4.51、4.75、4.95、5.39、4.41、4.50、4.64、4.81、5.01。分别用 Grubbs 检验法和 Q 值检验法判断其中最大值是否为异常值（0.95 置信度）。

解 先将测定数据从小到大排列 4.41、4.49、4.50、4.51、4.64、4.75、4.81、4.95、5.01、5.39。

Q 检验法：可疑值为 5.39%，$x_{10}=5.39\%$，$x_9=5.01\%$，$x_1=4.41\%$ 则

$$Q_{计算}=\frac{x_n-x_{n-1}}{x_n-x_1}=\frac{5.39\%-5.01\%}{5.39\%-4.41\%}=0.39$$

查表 3-7，$Q_{(0.95,10)}=0.48$，由于 $Q_{计算}<Q_{(0.95,10)}$，说明可疑值为正常值，应保留。

Grubbs 检验法：首先计算 n 个测定值的平均值 $\bar{x}$ 及标准偏差 s

平均值 $\bar{x}=\dfrac{\sum x_i}{n}=4.75\%$

标准偏差 $s=\sqrt{\dfrac{\sum\limits_{i=1}^{n}(x_i-\bar{x})^2}{n-1}}=0.30\%$

所以，$G=\dfrac{|x_d-\bar{x}|}{s}=\dfrac{|5.39\%-4.75\%|}{0.30\%}=2.13$

查表 3-8，$G_{(0.95,10)}=2.18$，由于 $G_{计算}<G_{(0.95,10)}$，说明 5.39% 为正常值，应保留。

综上两种方法判断结果一致，均说明 5.39% 为正常值，应保留。

复习思考题

1. 根据误差的性质，误差可分为哪几类？采用哪些措施可减少误差？

2. 在实际分析检测中，不确定度的来源有哪些？

3. 简述误差与不确定度的主要区别。

4. 实验室内质量控制技术包括哪些内容？实验室外部的质量评定有哪些方法？

5. 质量控制图的作用是什么？简述质量控制图的画法。

6. 简述实验室认可的相关程序。

7. CNAS、CMA 和 CAL 之间的联系和区别有哪些？

8. 采用一种新的分析方法测定试样中蛋白质的百分含量，结果如下：20.48%，20.51%，20.52%，20.54%，20.60%

(1)按 Q 检验法 20.60% 是否应弃去？

(2)求结果的平均值，标准偏差，置信度为 90% 时的平均值的置信区间。

(3)若样品的真值为 20.45%，问此测定方法有无系统误差？测定的相对误差为多少？

第 4 章 色谱分析

4.1 概述

色谱法是一种分离分析技术，因其具有高分离效能、高选择性、高灵敏度和分析速度快等特点，是现代仪器分析中应用最广泛的一种方法。

4.1.1 色谱法的产生、分类及特点

1. 色谱法的产生

色谱法是由俄国植物学家 Tswett 首先提出的。他把植物色素的石油醚提取液倒入一根装有 $CaCO_3$ 吸附剂的竖直玻璃管中，并用纯的石油醚将其淋洗，结果在管内形成了不同颜色的谱带，实现了溶液中不同色素的分离，"色谱"因而得名，这根装有 $CaCO_3$ 颗粒的玻璃管被称为色谱柱，管内的 $CaCO_3$ 颗粒称为固定相，流经固定相的空隙或表面的石油醚称为流动相。后来这种方法逐渐被用于无色物质的分离中了。色谱法的实质是利用不同物质在两相（流动相和固定相）中的溶解、吸附、分配等的不同，当两相做相对运动时，这些物质在两相中反复多次进行分配，使得那些分配差异微小的组分得到分离。

2. 色谱法的分类

色谱法可以从不同角度进行分类。

（1）按固定相和流动相的物理状态分类，如表 4-1 所示。

表 4-1　按固定相和流动相的物理状态分类的色谱法

流动相	总称	固定相	色谱名称
气体	气相色谱	固体	气—固色谱
		液体	气—液色谱
液体	液相色谱	固体	液—固色谱
		液体	液—液色谱

（2）按固定相使用的方式分类

①柱色谱：固定相装在柱管中。

②纸色谱：利用滤纸作固定相，当流动相流过时，样品组分在纸上展开进行分离。

③薄层色谱：固定相被涂在平板上形成薄层。

（3）按色谱分离的原理分类

①吸附色谱：用固体吸附剂作固定相的（气相或液相）色谱。它是利用了组分在吸附剂上吸附能力的不同，因吸附平衡常数不同而将组分分离的色谱。

②分配色谱：对于液—液色谱来说，固定相和流动相均为液体，它是利用组分在

固定相和流动相两种相中溶解度的不同(分配系数不同)而进行分离的色谱。

③离子交换色谱:液相色谱中利用离子交换原理而进行分离的色谱。

④凝胶色谱(排阻色谱):液相色谱中利用分子大小、形状不同进行分离的色谱。

⑤电色谱:利用带电物质在电场作用下移动速度不同而进行分离的色谱。电泳就是一种重要的电色谱。

3. 色谱法的特点

色谱法的特点是分离效能高、选择性好、灵敏度高、操作简单、应用广泛。

色谱分离主要是基于组分在两相间反复多次的分配过程。这个过程可以使得一些极为复杂、难以分离的物质得到满意的分离。同时,由于使用了高灵敏度的检测器,可以检测到 $10^{-13} \sim 10^{-11}$ g物质。色谱分析操作简单,分析快速,通常一个试样的分析可在几分钟到几十分钟内完成。某些快速分析,一秒钟可分析几个组分。

气相色谱适用于沸点低于400℃、易挥发、热稳定性好的各种有机化合物或无机气体的分离分析。液相色谱适用于高沸点、热稳定性差、难挥发化合物及生物试样的分离分析。离子色谱适用于无机离子及有机酸碱的分离分析,这三者具有很好的互补性。

色谱法的不足之处是对被分离组分的定性比较困难。随着色谱与其他分析仪器联用技术的发展,这一问题已经得到了较好的解决。

4.1.2 色谱流出曲线及常用术语

试样中各组分经色谱柱分离后,随流动相依次流入检测器,经检测器转换为电信号,然后由记录仪将各组分的相应信号记录下来,得到色谱图。色谱图是以组分的相应信号作为纵坐标,流出时间作为横坐标的,这种记录相应信号随时间变化的曲线为色谱流出曲线。现结合色谱图(图 4-1)来说明色谱分析中常用的有关术语。

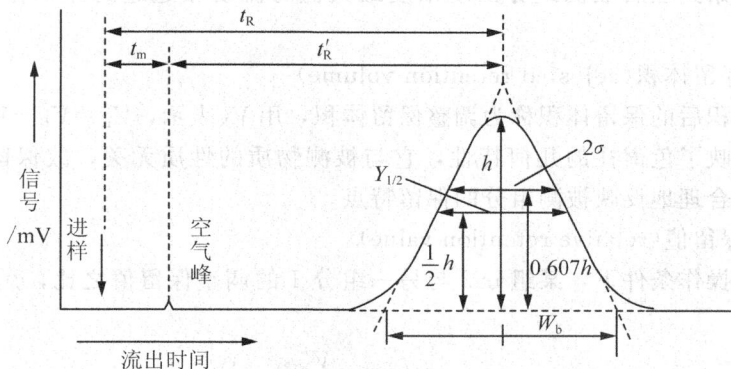

图 4-1 色谱图

1. 基线(base line)

在操作条件下,色谱柱后没有组分流出,仅有纯流动相进入检测器时的流出曲线称为基线。稳定的基线应是一条平行于横坐标的直线。

2. 色谱峰(chromatographic peak)

当样品中的组分随流动相进入检测器时，检测器的响应信号大小随时间变化所形成的峰形曲线称为色谱峰。峰的起点和终点的连线称为峰底。

3. 峰高与峰面积(peak height and peak area)

色谱峰顶点与峰底之间的垂直距离称为峰高，如图 4-1 中用 h 表示。峰与峰底之间的面积称为峰面积，用 A 表示。峰面积可用于定量分析。

4. 保留值(retention value)

表示试样中各组分在色谱柱中停留的时间或将组分带出色谱柱所需流动相体积的数值被称为保留值。保留值是可以用于定性分析的参数。

(1)死时间(dead time)

即不与固定相作用的组分从进样开始到柱后出现浓度最大值时所需的时间，用 t_m 表示，如图 4-1 所示。

(2)保留时间(retention time)

被测组分从进样开始至柱后出现浓度最大值时所需的时间，用 t_R 表示，如图 4-1 所示。

(3)调整保留时间(adjusted retention time)

扣除死时间后的保留时间，用 t'_R 表示，$t'_R = t_R - t_m$，如图 4-1 所示。

(4)死体积(dead volume)

不被固定相滞留的组分，从进样到出现峰最大值时所需流动相的体积称为死体积，用 V_m 表示。

(5)保留体积(retention volume)

从进样开始到柱后被测组分出现浓度最大值时流动相通过的体积称为保留体积，用 V_R 表示。

(6)调整保留体积(adjusted retention volume)

扣除死体积后的保留体积称为调整保留体积，用 V'_R 表示，$V'_R = V_R - V_m$。

死体积反映了色谱柱的几何特性，它与被测物质的性质无关，故保留体积中扣除死体积后将更合理地反映被测组分的保留特点。

(7)相对保留值(relative retention value)

在相同的操作条件下，某组分 2 与另一组分 1 的调整保留值之比，用 r_{21} 表示，如式(4-1)所示。

$$r_{21} = \frac{t'_{R(2)}}{t'_{R(1)}} = \frac{V'_{R(2)}}{V'_{R(1)}} \tag{4-1}$$

相对保留值可以消除某些操作条件对保留值的影响，只要柱温、固定相及流动相的性质不变，即使柱内径、柱长、填充情况及流动相流速有所变化，相对保留值仍保持不变，可作为定性及固定相选择的指标。

5. 区域宽度

色谱峰具有一定宽度，大小反应了组分色谱分离过程中的动力学因素。色谱峰的区域宽度通常有 3 种表示方法。①标准偏差(σ)，即 0.607 倍峰高处色谱峰峰宽的一半。②半峰宽度($Y_{1/2}$)，又称半宽度，即一半峰高处色谱峰的宽度。③峰底宽度(W_b)，自色谱峰两侧的转折点处所作的切线在基线上的截距。

根据色谱峰的位置(保留值)可以进行定性测定，根据色谱峰的面积或峰高可以进行定量分析，根据色谱峰的位置及其宽度，可以对色谱柱分离情况进行评价。

4.1.3　色谱分离过程

色谱分离过程是在色谱柱内完成的，分离机理因固定相性质的不同而不同。当固定相为固体吸附剂颗粒时，固体吸附剂对试样中各组分的吸附能力的不同是分离的基础。当固定相是由担体和其表面涂渍的固定液组成时，试样中各组分在流动相和固定液两相间分配的差异则是分离的依据。当固定相为离子交换树脂时，组分与树脂上离子交换基团结合力的不同是分离的前提。各种被分析组分随流动相在色谱柱中运动时，在固定相和流动相间进行反复多次的分配过程，可使得原来分配系数具有微小差异的各组分得到很好的分离。因此，两相的相对运动及反复多次的分配过程构成了各种色谱分析的基础。在气相色谱分析中，当试样由流动相携带进入色谱柱并与固定相接触时，被固定相溶解或吸附，随着流动相的不断通入，被溶解或吸附的组分又从固定相中挥发或脱附出来，向前移动时又再次被固定相溶解或吸附，随着载气的流动，溶解、挥发或吸附、脱附的过程反复进行，从而实现了色谱分离。

4.1.4　色谱法基本理论

根据大量的色谱实践，试样在色谱柱中分离过程的基本理论，可从如下两个方面来阐述。①色谱峰的峰间距离取决于组分在固定相和流动相之间的分配系数，即由色谱过程中的热力学因素控制，可用塔板理论描述。②色谱峰的宽度反应了各组分在色谱柱上的运动情况，这取决于组分在色谱柱中的扩散和运动速率，即由色谱过程中的动力学因素控制，并由速率理论解释。

1. 塔板理论(plate theory)

塔板理论认为色谱柱中的分离过程与精馏塔类似，把色谱柱比拟为精馏塔，借用处理分馏过程的概念、理论和方法处理色谱过程，即将色谱柱设想为由许多小段组成的，每一小段称为一块理论塔板，每块塔板的高度称为理论塔板高度 H，一根色谱柱包含的理论塔板的块数称为理论塔板数 N，因此，柱子塔板数为：$N = L/H$，其中 L 为柱长，样品组分进入色谱柱后就依次在每块塔板中的流动相和固定相之间按照分配系数进行分配，并在瞬间达到分配平衡，由于色谱柱的塔板数相当多，因而即使组分间的分配系数很微小，经过许多塔板反复多次的分配平衡后，分配系数小的组分会先流出，分配系数大的组分后流出，最终使得分配系数有微小差异的组分也实现了很好的分离。塔板理论把连续的色谱过程看作是许多块塔板中分配平衡的多次重复。从理论上证明了保留值与分配系数间的关系是：分配系数大的组分，保留值也大。假设色谱柱长为 L，理论塔板高度为 H，则理论塔板数(n)和理论塔板高度(H)、色谱柱长(L)之间的关系为 $H = L/n$。

当理论塔板数(n)足够大时，色谱流出曲线趋近于正态分布，由塔板理论可以导出n与色谱峰半峰宽度或峰底宽度的关系，如式（4-2）所示。

$$n=16\left(\frac{t_R}{W_b}\right)^2=5.54\left(\frac{t_R}{Y_{\frac{1}{2}}}\right)^2 \tag{4-2}$$

式中：n——描述色谱柱效能的指标。

一般而言，色谱柱的理论塔板数（n）越大，理论塔板高度（H）越小，这表示色谱柱的效能越高。

在实际应用中，经常出现计算出的n虽然很大，但是色谱柱的分离效能却不高的现象。这是由于死时间t_m或死体积V_m包括在t_R中，但是t_m或V_m没有参加柱内的分配，尤其是对于t_R较小的组分更为突出。因此理论塔板数（n）和理论塔板高度（H）并不能真实反映色谱柱分离的好坏。所以，人们提出了将t_m除外的有效塔板数n_{eff}（effective plate number）和有效塔板高度H_{eff}（effective plate height）作为柱效能指标，如式（4-3）所示。

$$n_{eff}=16\left(\frac{t_R'}{W_b}\right)^2=5.54\left(\frac{t_R'}{Y_{\frac{1}{2}}}\right)^2 \tag{4-3}$$

有效塔板数和有效塔板理论高度消除了死时间的影响，能较真实地反映柱效能的好坏。但需要说明的是，同一色谱柱对不同物质的柱效能是不一样的，当用这些指标表示柱效能时，应该说明这是对什么物质而言的。

塔板理论的不足之处在于它是在一些假设条件下提出的模拟，与实际色谱分离过程不完全相符。

2. 速率理论

塔板理论在解释流出曲线的形状、浓度极大点的位置及计算评价柱效能等方面都取得了成功。但是它的某些基本假设是不恰当的，例如纵向扩散只有在一定条件下才能忽略，分配系数与浓度无关仅在有限的浓度范围内才成立，而且色谱体系几乎没有真正的平衡状态。因此塔板理论不能解释塔板高度是受哪些因素影响的这个本质问题，也不能解释为何在不同流速下可以测得不同的理论塔板数这一实验事实。

实际工作中，用来评价色谱柱效能指标的理论塔板数主要由两个参数决定，即由选择性保留值和峰宽度来决定。其中，保留值主要由固定相的性质、组分的性质及柱温决定，这意味着组分在柱内极大点浓度移动是受热力学因素控制的；而色谱峰宽的扩展则是受流动相流速、溶质的传质、扩散作用等动力学因素控制的。塔板理论只在定性概念方面对H值加以描述，未深入研究色谱分离过程中影响H值变化的众多因素。但是，塔板理论毕竟给出许多方面的合理解释，并认为H值对峰扩张有直接影响，为后来提出动力学理论奠定了基础。如果说塔板理论提出了用理论塔板数或理论塔板高度评价柱效的方法，那么速率理论则从动力学出发，进一步指出了影响塔板高的各因素。

速率理论方程又称范氏方程，它概括了板高增加（柱效降低）的三大因素：涡流扩散、分子扩散与传质阻力，如式（4-4）所示。

$$H=A+\frac{B}{u}+Cu \tag{4-4}$$

式中：A、B、C——三个常数，其中 A 为涡流扩散项，B 为分子扩散项，C 为传质阻力项；u——流动相平均线速度。

由此可见，在 u 一定时，要提高柱效，减小板高，就要使方程式中 A、B、C 各项减小，速率理论提出了提高柱效的途径。

Van Deemter 方程可用来指导实际色谱操作过程，选择色谱系统最佳操作参数，使 Van Deemter 方程中诸因素向降低理论塔板高度方面转化，以保证获得良好的柱效和理想的色谱。该方程主要讨论组分在柱内的传质过程；填充物多路径特性可使流动相移动发生偏差；组分在气相中保留时间内发生的浓差分子纵向扩散；组分在气相中传质阻力和在液相中的传质阻力。

（1）涡流扩散项 A

色谱柱是由填充物与柱管组成的。填充物本身的几何形状、颗粒大小是不均匀的，同时，填充物在柱内填充的紧密程度、均匀程度也是不一致的，所以同一组分的分子通过色谱柱时有三种情况：颗粒之间的孔隙小时，组分的一部分分子受到的阻碍大，移动距离小，速度慢；颗粒之间的孔隙大时，组分的一部分分子受到的阻碍小，移动距离较长，速度快；还有一部分分子受到颗粒的阻力介于二者之间，移动距离也在二者之间，因此，组分分子在流动相中形成了不规则的"涡流"。由于这种涡流扩散现象，可使这三部分分子到达色谱柱末端的时间不同，引起色谱峰的变宽，称为"涡流扩散"。涡流扩散项与填充物的平均颗粒直径大小和填充物的均匀性有关。如式（4-5）所示。

$$A = 2\lambda d_p \tag{4-5}$$

式中：λ——度量色谱柱填充不均匀因子；d_p——固定相颗粒的平均直径。

可见色谱柱填充越均匀，所用固定相颗粒直径越小时，A 越小，H 也就越小，柱效越高。所以，在柱色谱分离系统许可的条件下应尽量选择细颗粒固定相，使填充均匀。

（2）分子扩散项（B/u）

分子扩散又称为纵向扩散，当样品进入色谱柱后，组分在色谱柱中的分布存在浓度梯度，色谱带浓度较大的中心部分有向两侧较稀的区域扩散的倾向，其扩散方向与流动相运动方向一致。分子扩散项与载气的线速度 u 成反比，载气流速越小，组分在气相中停留时间越长，分子扩散越严重，由分子扩散引起的峰变宽也越大。为了减小峰变宽，可以采用较高的载气流速。分子扩散项与其相关因素的关系式如式（4-6）所示。

$$B = 2\gamma D_g \tag{4-6}$$

式中：γ——度量色谱柱中通道弯曲的因子；D_g——组分在气相中的扩散系数，与组分的性质、载气的性质、柱温柱压等因素有关。

D_g 与载气相对分子质量的平方根成反比，所以对于既定的组分采用相对分子质量较大的载气，可以减小分子扩散。对于选定的载气，则相对分子质量较大的组分会有较小的分子扩散。D_g 随柱温的升高而加大，随柱压的增大而减小。所以，在色谱操作时，应选用相对分子质量大的载气、较高的载气流速、较低的柱温，这样才能减小 B/u 项，提高柱效。

（3）传质阻力项（Cu）

在气液填充柱中，试样组分的分子在气液两相中溶解、扩散、分配的过程称为传质过程。影响这个过程进行速度的阻力，称为传质阻力。传质阻力项主要包括两部分，气相传质阻力项和液相传质阻力项。传质阻力项（Cu）中的 C 为传质阻力系数，该系数实际上为气相传质阻力系数（C_g）和液相传质阻力系数（C_L）之和。

①气相传质阻力项（$C_g \cdot u$）：指试样组分从气相移动到固定相表面的过程。在这一过程中，试样组分将在气液两相间进行质量交换，即进行浓度分配。若在这个过程中进行的速率较缓慢，就会引起色谱峰的扩张，如式（4-7）所示。

气相传质阻力系数为：$C_g = \dfrac{0.01k^2 d_p^2}{(1+k)^2 D_g}$ （4-7）

由此可见，气相传质阻力系数与固定相的平均颗粒直径平方成正比，与组分在载气中的扩散系数成反比。在实际色谱操作过程中，应采用细颗粒固定相和相对分子质量小的气体（如氢气、氦气）作载气，可降低气相传质阻力，提高柱效。

②液相传质阻力项（$C_L \cdot u$）：指试样组分从固定相的气液界面移到液相内部，并发生质量交换，达到分配平衡，然后又返回到气液界面的传质过程。若这一过程需要的时间越长，表示液相传质阻力就越大，就会引起色谱峰的扩张，如式（4-8）所示。

液相传质阻力系数为：

$$C_L = \frac{2}{3} \times \frac{k d_f^2}{(1+k)^2 D_L}$$ （4-8）

式中：d_f——固定相液膜厚度；D_L——组分在液相中的扩散系数。

由式（4-8）可知，C_L 与固定相的液膜厚度（d_f）的平方成正比，与组分在液相中扩散系数（D_L）成反比。实际工作中减小 C_L 的主要方法为：a. 降低固定相液膜厚度，在能充分均匀覆盖载体表面的前提下，适当减少固定液的用量，使液膜薄而均匀；b. 通过提高柱温的方法，增大组分在液相中的扩散系数（D_L）；c. 一般非极性、低摩尔质量比大摩尔质量组分的 D_L 大，C_L 小。

将上述式（4-5）～式（4-8）各常数项的关系式代入式（4-4），得到气相色谱的范蒂姆特方程式如式（4-9）所示。

$$H = 2\lambda d_p + \frac{2\gamma D_g}{u} + \left[\frac{0.01k^2 d_p^2}{(1+k)^2 D_g} + \frac{2}{3} \times \frac{k d_f^2}{(1+k)^2 D_L} \right] u$$ （4-9）

由以上讨论可以看出，范蒂姆特方程说明了色谱柱填充的均匀程度、载体粒度的大小、载气种类和流速、柱温、固定相液膜厚度等因素对柱效的影响，对气相色谱分离条件的选择具有指导意义。

4.2 气相色谱分析法

气相色谱分析法（Gas Chromatography，GC）是采用气体作为流动相的一种色谱法。按照固定相的状态，气相色谱又分为气—固色谱和气—液色谱两种类型。气相色谱法具有高效、快速、灵敏、应用范围广等特点。

4.2.1 气相色谱分析的特点及应用范围

1. 分离效率高

一根 $1 \sim 2$ cm 长的填充柱，可以有几千个理论塔板数，若是毛细管色谱柱，可以有一百多万个理论塔板数，这样使一些极为复杂或难分离的物质会经过多次分配平衡，最后达到分离。

2. 速度快

指分离分析时间短。一般只需要几十分钟甚至几秒就可以完成一个分析周期。

3. 选择性高

指它对性质相近的物质有很高的分离能力，尤其是气—液色谱。这是由于固定液的种类多、选择范围广，加之操作温度范围宽，可以将结构相似或沸点相近的物质分开。

4. 灵敏度高

由于用化学惰性气体作流动相对被分离组分的检出是无干扰的，同时采用了高灵敏、高选择性的检测器，分析灵敏度高，可以分析样品中含 $10^{-12} \sim 10^{-10}$ g 甚至更低的物质。

5. 样品用量较少

液体样品用量 $0.01 \sim 10$ μL。气体样品用量 $0.1 \sim 10$ mL。

6. 应用范围广

气相色谱法可以用于分析气体试样，也可分析易挥发或可转化为易挥发的液体和固体，不仅可以分析有机物，也可以分析部分无机物。一般地说，只要沸点在 $400 ℃$ 以下，热稳定性良好的物质，原则上都可以用气相色谱法分析。

4.2.2 气相色谱仪

1. 气相色谱仪工作流程

用气相色谱法分离分析样品的简单流程如图 4-2 所示。图中 Ⅰ～Ⅴ 分别代表气路系统、进样系统、分离系统、检测系统及放大记录系统。作为流动相的载气由高压钢瓶 1 供给，经减压阀 2 减压后，进入载气净化干燥管 3 以除去载气中的水分，流入针形阀 4 控制载气的压力和流量，流量计 5 和压力表 6 分别用以测定载气的柱前流量和压力，再进入进样器 7。进样器的作用是将试样（液体或固体）在进样器的气化室中瞬间气化为气体，由载气携带进入色谱柱 8。在柱中由于各组分在两项中分配系数不同，它们将按分配系数大小的顺序，依次被载气带出色谱柱。分配系数小的组分先流出色谱柱，分配系数大的组分后出柱。试样各组分被分离后依次进入检测器 9。检测器将检测到的信号变成电信号经放大后，由记录仪 10 记录下来，得到相应的色谱图。

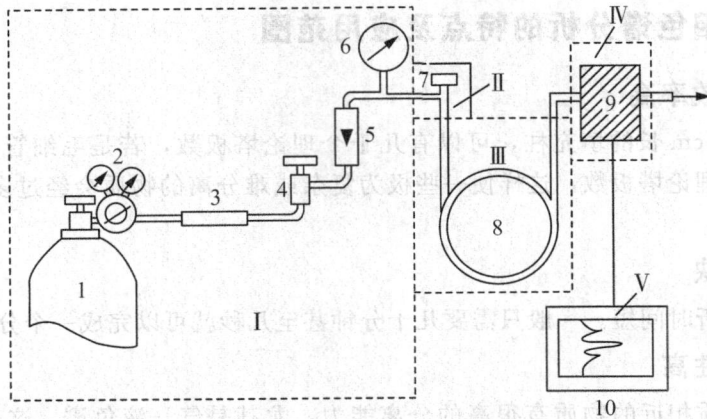

图 4-2　气相色谱流程图
1. 高压钢瓶；2. 减压阀；3. 载气净化干燥管；4. 针形阀；5. 流量计；
6. 压力表；7. 进样器；8. 色谱柱；9. 检测器；10. 记录仪

2. 气相色谱仪的结构

由前面气相色谱分离流程图可知，气相色谱仪一般由五部分组成。

(1)气路系统

气相色谱仪的气路系统是一个载气连续运行的密闭系统。它包括气源、净化器、流速控制和测量装置。通过该系统可以获得纯净的、流速稳定的载气。载气可由高压钢瓶或气体发生器供给。常用的净化剂有分子筛、硅胶和活性炭，分别用来除去氧气、水分和烃类物质。载气流量由稳压阀或稳流阀调节控制，由流量计测量和显示。气相色谱中常用的载气有氮气、氢气、氦气等。载气的种类和纯度主要由检测器性质和分离要求所决定。

(2)进样系统

进样系统包括进样装置和气化室，作用是将定量加入样品并使样品瞬间气化。进样速度快慢、进样量大小和准确性对分离效果和分析结果影响很大。根据试样的状态不同采用不同的进样器。对于气体试样，一般常用旋转式或推拉式六通阀进样。也可用医用 0.05、2、2.5、5、10 mL 注射器进样，此法简便，但重现性差；对于液体试样，一般采用微量注射器进样，常用的规格有 1、5、10 和 50 μL；对于固体试样，一般先溶解在适当溶剂中，然后用微量注射器进样。毛细管柱要求的试样量为 $10^{-3} \sim 10^{-2}$ μL 数量级，这样少的试样必须采用分流器进样。一般气化室是由一根在管外绕有加热丝的不锈钢管制成，其作用是将液体或固体试样瞬间气化为气体。对于气化室，除了要求热容量大、死体积小之外，还要求气化室的内壁不发生任何催化反应。

(3)分离系统

分离系统由色谱柱组成，是色谱仪的核心部分。色谱柱通常分为填充柱和毛细管柱两类。柱箱中温度是需要根据分离要求精确控制的，可以是恒温或者程序升温。

(4)检测系统

检测系统主要是指检测器，是色谱仪的关键部件。检测系统将经色谱柱分离后的各组分的浓度转变成易被测量的电信号，如电压、电流等，然后送至记录器记录下来。色谱中常用检测器有氢火焰离子化检测器、热导池检测器等，根据被分析试样性质和分离要求，选用不同检测器。

（5）放大与记录系统

由检测器产生的电信号，其信号常常是微弱的，只有经过微电流放大器放大后，才可以通过记录装置记录。记录仪是一种能自动记录电信号的装置，一般采用自动平衡式电子电位计进行记录，绘制出色谱图。现代色谱仪都采用色谱工作站，采用计算机系统，既能自动采集和存储数据，进行数据处理给出分析结果，又能对色谱仪进行实时控制。

4.2.3　固定相及其选择

色谱法的主要优势就是它的强大分离能力，色谱分离是在色谱柱中完成的，而分离效果主要取决于色谱柱中固定相的性质。色谱固定相种类繁多，通常按分离机理的不同分为气—固色谱固定相和气—液色谱固定相。多组分混合物中各组分能否完全分离开，主要取决于色谱柱的效能和选择性，后者在很大程度上取决于固定相选择得是否得当，因此，在色谱分析过程中，固定相的选择就很关键。

1. 气—固色谱固定相

气—固色谱中的固定相是一种具有多孔型及较大比表面积的固体吸附剂，经研磨成一定大小的颗粒。试样由载气携带进入色谱柱时，就立即被吸附剂所吸附。载气不断流过吸附剂时，吸附着的组分又被洗脱下来。这种洗脱下来的现象称为脱附。脱附的组分随着载气继续前进时，又可被前面的吸附剂所吸附。随着载气的流动，被测组分在吸附剂表面进行反复物理吸附、脱附过程。由于被测物质中各个组分的性质不同，它们在吸附剂上吸附能力就不一样，较难吸附的组分就容易被脱附，较快地移向前面。容易被吸附的组分则不易被脱附，向前移动得慢些。经过一定的时间，即通过一定量的载气后，试样中的各个组分就彼此分离而先后流出色谱柱。

固体吸附剂具有吸附容量大、热稳定性好、使用方便等优点。其缺点是由于结构和表面的不均匀性等，形成的色谱峰为不对称的拖尾峰。常用的吸附剂有非极性活性炭、中等极性的氧化铝、强极性的硅胶、特殊吸附作用的分子筛及合成固定相等。气—固色谱中固定相种类有限，能分离的对象不多，主要是永久性气体、无机气体和低分子碳氢化合物。气—固色谱常用固定相有以下几方面。

（1）活性炭

属于非极性物质，具有较大的比表面积，吸附活性强，通常用于分析永久性气体和低沸点烃类。如分析空气、CO、CO_2、乙炔、乙烯等混合物。

（2）氧化铝

中等极性的吸附剂，比表面积大，热稳定性和力学强度都很好，适用于常温下 O_2、N_2、CO、CH_4、C_2H_6、C_2H_4 等气体的分离。

（3）硅胶

强极性吸附剂，与活性氧化铝具有大致相同的分离性能，其分离能力取决于孔径大小和含水量。除能分析上述物质外，还能分析 CO_2、N_2O、NO、NO_2、H_2S、SO_2 等。

（4）分子筛

为碱及碱土金属的硅铝酸盐，也称沸石，具有多孔型，属极性固定相，特别适用于永久性气体和惰性气体的分离。

（5）合成固定相

高分子多孔微球（GDX 系列）是以苯乙烯和二乙烯苯共聚合成所得的交联多孔聚合物，是一种应用日益广泛的气—固色谱固定相。可以用于有机物或气体中水的含量测定，特别适用于分析试样中的痕量水，也可用于多元醇、脂肪酸等强极性物质的测定。由于这类多孔微球具有耐腐蚀性和耐辐射性能，可以用于分析如 HCl、NH_3、Cl_2、SO_2 等。

2. 气—液色谱固定相

气—液色谱中的固定相是在化学惰性的固体颗粒（用来支持固定液，称为担体）表面，涂上一层高沸点有机化合物的液膜。这种高沸点有机化合物称为固定液。在气—液色谱柱内，被测物质中各组分的分离是基于各组分在固定液中溶解度的不同。当载气携带被测物质进入色谱柱和固定液接触时，气相中的被测组分就溶解到了固定液中去。载气连续流经色谱柱，溶解在固定液中的被测组分会从固定液中挥发到气相中去。随着载气的流动，挥发到气相中的被测组分分子又会溶解在前面的固定液中，这样反复多次溶解、挥发、再溶解、再挥发。由于各组分在固定液中溶解能力不同，溶解度大的组分较难挥发，停留在柱中的时间就长些，往前移动得就慢些；而溶解度小的组分则往前移动得快些，停留在柱中的时间就短些。经过一定时间后，各组分获得彼此分离。气—液色谱固定相在通常操作条件下，可以获得较对称的色谱峰；有较多的固定液可供选择，在分离难分离组分时选取最适宜的固定液；有质量高的担体与纯度好的固定液可用，因此色谱保留值的重复性较好，可在一定范围内调节固定相液膜厚度，有效改善分离效果。

（1）担体

也称载体，是一种化学惰性、多孔型的固体颗粒。其作用是提供一个大的惰性表面，用以承载固定液，使固定液以薄膜状态分布在其表面上，因此，担体也是气液色谱固定相中重要的组成部分。

（2）固定液

对固定液的要求：挥发性小，以免流失；热稳定性好，在操作温度下呈液体状态，且不易分解；对试样各组分有适当的溶解能力，否则被分析组分易被载气带走，起不到分配作用；具有高的选择性，即对沸点相同或相近的不同物质有尽可能高的分离能力；化学稳定性好，不与被测物质起化学反应。

固定液的用量：固定液与担体的重量比叫液担比，一般为 5%～25%，不同的担体为达到较高的柱效能，其固定液的配比往往是不同的，一般担体的比表面积越大，其固定液的含量可以越高。

固定液的选择：一般根据"相似相溶"原则选择固定液。

①分离非极性物质，选用非极性固定液。这时试样中各组分按沸点顺序先后流出色谱柱，沸点低的先出峰。

②分离极性物质，选用极性固定液。这时试样中各组分主要按极性顺序分离，极性小的先流出色谱柱。

③分离非极性和极性混合物时，一般选用极性固定液。这时非极性组分先出峰，极性组分后出峰。

④对于能形成氢键的试样，如醇、酚、胺和水等的分离，一般选极性的或是氢键型的固定液。这时试样中的各组分按与固定液分子间形成氢键能力的大小先后流出，不易形成氢键的先流出。

⑤对于复杂的难分离的物质，可用两种或两种以上的混合固定液。

4.2.4　气相色谱检测器

检测器是色谱仪中测定试样的组成及各组分含量的重要部件，其作用是将色谱柱分离后的组分按其浓度或质量变化转换成相应的电信号，色谱仪的灵敏度高低主要取决于检测器性能的好坏。根据检测原理的不同，分为质量型和浓度型两种。浓度型检测器测量的是载气中某组分浓度瞬间的变化，即检测器的响应值和组分的浓度成正比；质量型检测器测量的是载气中某组分进入检测器的速度变化，即检测器的响应值和单位时间内进入检测器某组分的质量成正比。常用的气相色谱检测器主要有六种，即：热导池检测器(TCD)、氢火焰离子化检测器(FID)、氮磷检测器(NPD)又称热离子检测器(TID)、电子捕获检测器(ECD)、火焰光度检测器(FPD)和光离子化检测器(PID)。

1. 检测器的性能指标

气相色谱检测器的性能要求通用性强、线性响应范围宽、稳定性好、响应时间快，一般用以下几个参数进行评价。

(1)灵敏度(sensitivity)

是评价检测器质量高低的重要指标。其定义为：单位量的物质通过检测器时所产生信号的大小。

(2)检测限(detection limit)

也称敏感度，指检测器能产生和噪声相鉴别的信号时，在单位体积或时间需向检测器进入的物质质量(单位为 g)。通常认为能鉴别的响应信号至少应等于检测器噪声的三倍，即 $D=3N/S$，其中 N 为检测器的噪声，指基线在短时间内左右偏差的响应数值，mV；S 为检测器的灵敏度。

灵敏度和检测限是从不同角度表示检测器对物质敏感程度的指标，前者越大、后者越小，表示检测器的性能越好。

(3)最小检测量与最小检测浓度

指检测器恰能产生和噪声相鉴别的信号($3N$)时，进入检测器的物质量(g)或浓度(mg/mL)。

(4)线性范围

指检测器内试样量与响应信号之间保持线性关系的范围，用最大允许进样量与最小检测量的比值来表示，这个范围越大，越有利于准确定量。尤其是宽浓度范围样品定量时，要求在线性范围内工作，才能确保定量结果的准确性。

（5）响应时间

指组分进入检测器响应出63％的电信号所经过的时间。一台好的检测器应当能迅速和真实地反映通过它的物质浓度的变化，为了使色谱峰不失真，要求响应时间要短，其响应时间不应超过峰底宽度时间的二十分之一，或检测器的响应时间应使峰形失真小于1％。

2. 气相色谱常用检测器的工作原理和结构

（1）热导池检测器（Thermal Conductivity Detector，TCD）

热导池检测器是一种通用型、浓度型检测器。是根据不同物质具有不同的热导系数的原理制成的，具有结构简单、性能稳定、通用性好、灵敏度适宜、线性范围宽等优点，是最为成熟的气相色谱检测器。

①热导池检测器的结构。热导池检测器由热导池和惠斯登电桥组成。热导池体由不锈钢制成，在检测器恒温室中自动控制恒定的工作温度。热导池由参比池和测量池两部分组成，两池中的热敏元件分别构成惠斯登电桥的两臂，并且其电阻相等，参比池中只有载气通过，而测量池中则有载气和组分通过。热敏元件可由高电阻率和电阻温度系数大的铼钨丝、铂丝或球形热敏电阻构成。

②热导池检测器的工作原理。主要是基于不同的物质具有不同的热导系数。在未进样时，通过热导池的都是载气。载气流经参比池后，再经进样器进样时，载气携带试样组分经过测量池，因被测组分与载气组成的混合气体的热导系数和纯载气的热导系数不同，测量池中钨丝的散热情况就发生了变化，这使参比池和测量池中的两根钨丝的电阻值之间有了差异，破坏了处于平衡状态的惠斯登电桥，于是在惠斯登电桥输出端有了信号输出，此信号值的大小与样品的浓度成正比关系。气相色谱仪中热导池检测器的桥路示意图如图4-3所示。

图4-3中，$R_参$和$R_测$分别为参比池和测量池中钨丝的电阻，分别连于电桥中作为两臂。在仪器安装时要使$R_1=R_2$，$R_参=R_测$保证电桥平衡。电桥平衡时，惠斯登电桥两端的电位相等，记录仪上没有信号输出。

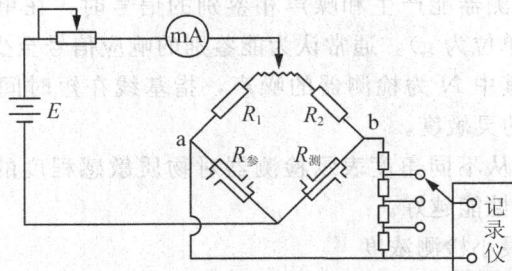

图4-3 热导池检测器的桥路图

（2）氢火焰离子化检测器（Flame Ionization Detector，FID）

氢火焰离子化检测器（FID），对含碳有机化合物有很高的灵敏度，一般比热导池检测器的灵敏度高几个数量级，能检测出 10^{-12} g/s 的痕量物质，适宜于痕量有机物的分析。因其结构简单，灵敏度高，响应快，稳定性好，死体积小、线性范围宽（可达 10^6 以上），因此它也是一种较理想的质量型检测器。

①氢火焰离子化检测器结构。氢火焰离子化检测器的结构如图 4-4 所示。由离子室和电极线路组成，主要部件是离子室。

a. 离子室。氢火焰离子化检测器主要部分是离子室，一般用不锈钢制成，包括气体入口、火焰喷嘴、一对电极和外罩。

b. 火焰喷嘴。是不锈钢材质的，其内径决定了气体通过喷嘴的运动速度和样品分子达到离解区的平均扩散距离，其内径是影响检测器性能的重要参数，一般在 $0.2\sim$ 0.6 mm。极化极（负极）在火焰附近，也称发射极。收集极（正极）在火焰上方，与喷嘴之间的距离不超过 10 mm。

c. 电极线路。电极线路的基流为 10^{-14} A，分为单气路火焰和双气路火焰两种。

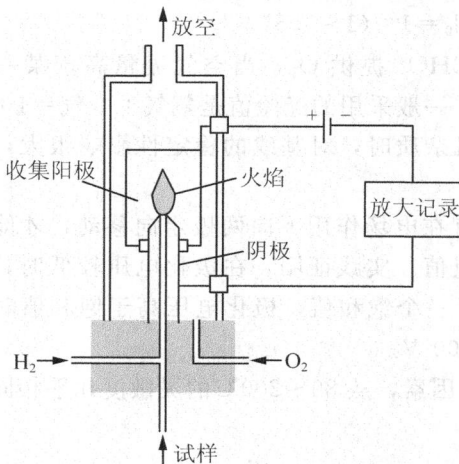

图 4-4　氢火焰离子化检测器结构图

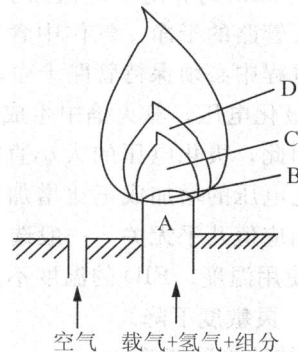

图 4-5　氢火焰离子化检测器火焰各层图

②FID 离子化的作用机理。

a. 检测过程。被测组分由载气携带，从色谱柱流出后，与氢气混合在一起进入离子室，由毛细管喷嘴喷出。氢气在空气的助燃下经引燃后进行燃烧，以燃烧所产生的高温（约 2 100℃）火焰为能源，使被测有机物组分电离成正负离子。在氢火焰附近设有收集极（正极）和极化极（负极），在这两极之间加有 150 V 到 300 V 的极化电压，可形成一个直流电场。产生的离子在收集极和极化极的外电场作用下定向运动形成电流。电离的程度与被测组分的性质有关，一般在氢火焰中电离效率很低，大约每 50 万个碳原子中只有一个碳原子被离子化，其余均燃烧生成 CO_2 和 H_2O。因此，产生的电流很微弱，需经放大器放大后，才能在记录仪上得到色谱峰。产生的微电流大小与进入离子室的被测组分含量之间存在定量关系，含量越大，产生的微电流就越大。

b. 火焰的性质。火焰分区如图 4-5 所示。A 区为预热区；B 区为点燃火焰区；C 区为裂解区，温度出现最高点，但燃烧不完全；D 区为反应区，产生化学电离。

c. 离子化机理。对于离子化的作用机理，目前大多认为是化学电离而不是热电离。

当含有机物 C_nH_m 的载气由喷嘴喷出进入火焰时，在 C 区发生裂解反应产生自由基：$C_nH_m \rightarrow \cdot CH$，产生的自由基在 D 区火焰中与外面扩散进来的激发态原子氧或分子氧发生如下反应：$\cdot CH + O \rightarrow CHO^+ + e^-$；生成的正离子 CHO^+ 与火焰中大量水分子碰撞而发生分子离子反应：$CHO^+ + H_2O \rightarrow H_3O^+ + CO$；化学电离产生的正离子（$CHO^+$、$H_3O^+$）和电子（$e^-$）在外加直流电场作用下向两极移动而产生微电流，经放大后，记录下色谱峰。

③操作条件的选择。

a. 气体流量。

载气流量：载气流量的选择主要考虑分离效能。依据速率理论，以选择最佳载气流速，使色谱柱的分离效果最好。

氢气流量：氢气与载气流量之比影响氢火焰的温度及火焰中的电离过程。氢气流量低，灵敏度低、易熄灭；氢气流量太高，热噪声就大；最佳氢气流量应保证灵敏度高、稳定性好。一般采用的经验值为 H_2：$N_2 = 1$：$(1 \sim 1.5)$。

空气流量：空气是助燃气，并为生成 CHO^+ 提供 O_2，当空气流量高于某一数值（400 mL/min）时，对响应值几乎没有影响，一般采用的经验值是氢气：空气 $= 1$：10。

保证管路的干净：气体中含有微量有机杂质时，对基线的稳定性影响很大，故色谱分析过程中必须保持管路干净。

b. 极化电压。氢火焰中生成的离子只有在电场作用下向两极定向移动，才能产生电流。因此，极化电压的大小直接影响响应值。实践证明，在极化电压较低时，响应值随极化电压的增加成正比增加，然后趋于一个饱和值，极化电压高于饱和值时与检测器的响应值几乎无关。一般选 $\pm 100 \sim \pm 300$ V。

c. 使用温度。FID 的温度不是主要影响因素，从 80～200℃的灵敏度几乎相同，低于 80℃，灵敏度下降。

（3）其他检测器简介

①电子捕获检测器（Electron capture detector，ECD）。电子捕获检测器（ECD）是应用广泛的一种选择性高、灵敏度好的浓度型检测器。其选择性指它只对具有电负性的物质（如：含有卤素、硫、磷、氮、氧的物质）有响应，电负性越强，灵敏度越高。ECD 既是出现最早的选择性检测器，又是灵敏度最高（能测出 10^{-14} g/mL 的电负性物质）的气相色谱检测器，如它对含 S、P、X 等电负性物质的响应值比烃类的响应值高 3 个数量级。因此，电子捕获检测器是检测电负性物质的最佳气相色谱检测器，尤其适合于农产品和蔬菜中农药残留的检测，是气相色谱检测器中仅次于 FID 和 TCD 的最常用的检测器。

其主要缺点是线性范围窄，通常只有 $10^2 \sim 10^4$。其结构示意图如图 4-6。

该检测器池体内有一圆筒状 β 放射源 $^{63}N_i$ 作为阴极，一个不锈钢棒作为阳极。在此两极间施加一直流或脉冲电压。当载气（一般采用高纯氮气或氩气）进入检测器时，在放射源发射的 β 射线作用下发生电离，所产生的电子和正离子在电场作用下定向移动形成恒定的基流。当载气携带电负性化合物组分进入检测器时，电负性化合物捕获电子，形成稳定的负离子，再与载气电离产生的正离子结合成中性化合物，使基流减小

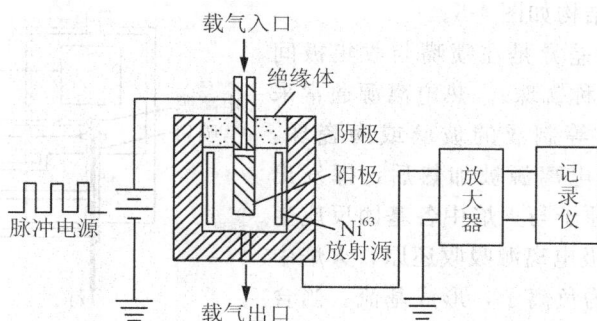

图 4-6　电子捕获检测器结构图

而产生负信号(倒峰)。进入检测器的组分浓度越大,基流越小,倒峰越大。

电子捕获检测器的机理可以用以下过程说明:

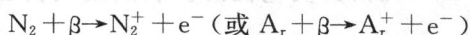

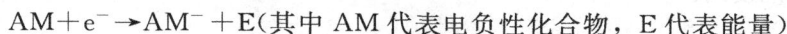

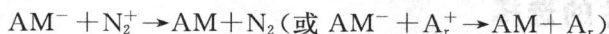

$N_2 + \beta \rightarrow N_2^+ + e^-$ (或 $A_r + \beta \rightarrow A_r^+ + e^-$)

$AM + e^- \rightarrow AM^- + E$(其中 AM 代表电负性化合物,E 代表能量)

$AM^- + N_2^+ \rightarrow AM + N_2$(或 $AM^- + A_r^+ \rightarrow AM + A_r$)

②火焰光度检测器(Flame photometric detector,FPD)。

火焰光度检测器(FPD)是对含 P、S 的化合物有高选择性和高灵敏度的一种质量型检测器。其结构示意图如图 4-7。

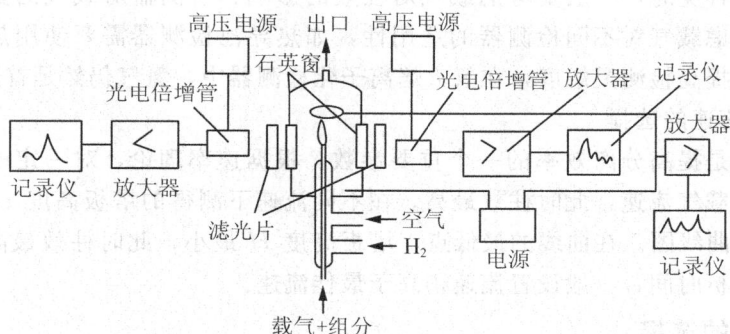

图 4-7　火焰光度检测器结构图

FPD 检测器可分为气路、发光和光接收三部分。气路和 FID 相同,但也有采用气路从喷嘴中心流出,大量的氢气和氮气预混合后从喷嘴周围流出或氢气从喷嘴周围流出,空气和氮气与样品混合后从喷嘴中心流出。由于氢/氧比例较大,形成较大的扩散富氢火焰,当含 S、P 化合物在富氢火焰中被还原、激发后,分别发出 λ_{max} 为 394 和 526 nm 的特征光,通过相应波长的滤光片送至光电倍增管。由光电倍增管来检测光的强度信号,将光强信号转变为电信号。信号强度与进入检测器的化合物质量成正比。FPD 对有机 S、P 的检测限比碳氢化合物低 1 万倍,可以排除大量的溶剂峰和碳氢化合物的干扰,所以利于 S、P 化合物的分析。

③氮磷检测器。氮磷检测器(NPD)又称热离子检测器(TID),是分析含 N、P 化合物的高灵敏度、高选择性和宽线性范围的检测器,属于检测痕量 N、P 化合物的气相色

谱专用检测器。其结构如图 4-8。

NPD 与 FID 的差异是在喷嘴与收集极间加一个热电离源（又称铷珠）。热电离源通常采用硅酸铷或硅酸铯等制成的玻璃或陶瓷珠。NPD 的检测机理：电离源被加热后，挥发出激发态铷原子，铷原子与火焰中各基团反应生成 Rb^+，Rb^+ 被负极电源吸收还原；火焰中各基团获得电子成为负离子，形成基流。当含 N、P 化合物进入电离源的冷焰区，生成稳定电负性基团（CN 和 PO 或 PO_2），电负性基团

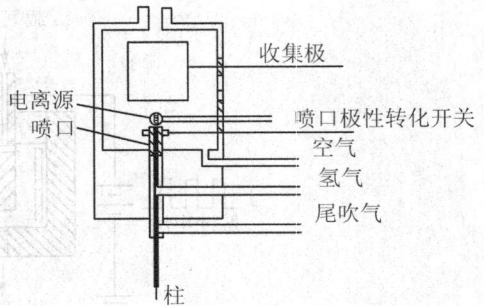

图 4-8　氮磷检测器结构图

从气化的铷原子上获得电子生成 Rb^+ 与负离子（CN^- 或 PO^-、PO_2^-）。负离子在正电位的收集极释放出一个电子，同时输出信号；Rb^+ 又回到负电位的铷表面被吸收还原，以维持电离源的长期使用。

4.2.5　色谱分离操作条件的选择

1. 载气种类及其流速的选择

（1）载气种类的选择

选择载气种类时，一般要考虑载气对柱效的影响、检测器对载气的要求及载气的性质，还要考虑载气对不同检测器的适用性，如热导池检测器需要使用热导系数较大的氢气以利于提高检测灵敏度，在氢火焰离子化检测器中，氮气仍然是首选目标。

（2）载气流速的选择

载气流速是提高分离效率的一个重要参数。根据速率理论，对一定的色谱柱和试样，有个最佳载气流速，此时柱效最高。在不同流速下测得的塔板高度 H 对流速 u 作图，得 $H-u$ 曲线图。在曲线的最低点，塔板高度 H 最小，此时柱效最高。实际测量中，为缩短分析时间，一般设置流速稍高于最佳流速。

2. 柱温的选择

在气相色谱中，柱温直接影响分离度和组分的保留时间，是色谱分离选择的重要因素。一般从以下几点考虑。

①每种固定液都有一定的使用温度，柱温不能高于固定液的最高使用温度，否则固定液会挥发流失。

②最低温度要保证最难分离的组分能尽可能好地分离。从分离角度考虑，一般采用较低的柱温，否则各组分在较高柱温下挥发性接近不利于分离；但柱温太低，传质阻力大，峰形变宽，柱效下降并延长了分析时间。柱温的选择原则一般是：在使最难分离的组分有好的分离的前提下，尽可能采用较低的柱温，同时以保留时间适宜，峰形无拖尾为准。

③通常情况下，柱温一般选择在接近或略低于组分平均沸点时温度，再根据实际分离情况进行调整。

④对于沸点范围较宽的试样，保持合适的恒温无法满足所有组分分离，有时造成低沸点组分出峰太快、高沸点组分出峰太慢甚至不出峰的情况时，要采用程序升温，即柱温按照预定的加热速度，随时间作线性或非线性增加。在较低的初始温度，沸点较低的组分可以得到良好的分离。随柱温增加，较高沸点的组分也能较快地流出，并和低沸点组分一样也能得到分离良好的尖峰（如图 4-9 所示）。

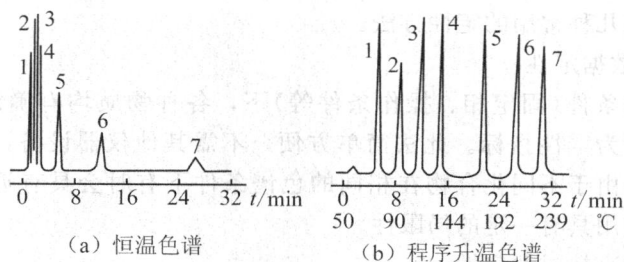

图 4-9 恒温分离与程序升温分离效果对比图

3. 柱长和内径的选择

（1）柱长

柱长增加，有利于分离，但柱长增加使各组分的保留时间也增加，相应地分析时间也延长了。所以，在达到一定分离度的条件下尽可能用短的色谱柱。

（2）内径

色谱柱的内径增加会使柱效下降。

4. 担体粒度

要求担体粒度均匀细小，这样有利于提高柱效，但是粒度不能太细，否则阻力过大。

5. 进样时间和进样量

（1）进样时间

进样速度必须要快，一般进样时间在 1 s 以内。

（2）进样量

气体试样一般为 $0.1 \sim 10$ mL；液体试样一般为 $0.1 \sim 5$ μL。进样量大会使色谱峰重叠、分离不好；进样量太少又会使低含量组分难以被检出。最大进样量应控制在峰面积或峰高与进样量呈线性关系的范围内。

6. 气化温度

气化室的温度可保证使液体试样迅速气化后被载气带入柱中。在保证试样不分解的情况下，适当提高气化温度有利于分离。一般选择气化室温度比柱温高 $30 \sim 70 ℃$。

4.2.6 气相色谱定性、定量分析方法

气相色谱法是一种分离技术，具有很高的分离效能，能使极其复杂的混合物在短时间内得到分离，但最终目的不是分离，而是对分析样品得出定性和定量的结果。

1. 定性分析

混合物经 GC 分离后得到一张色谱图，图中有一个个色谱峰，气相色谱定性分析的任务就是确定色谱图上的每一个峰代表什么组分。对于组分的定性，由于方法本身的限制，其优越性不像分离那么强。但是随着气相色谱与质谱、光谱等仪器联用技术的发展，以及电子计算机对数据的快速处理和检索能力，使未知物定性分析开辟了广阔的前景。下面介绍几种常用的定性方法。

(1)利用色谱数据定性

在一定的色谱条件(固定相、操作条件等)下，各种物质均有确定不变的保留值，所以保留值可以作为定性指标。此法简单方便，不需其他仪器设备，是最常用的色谱定性方法；缺点是由于不同化合物在相同的色谱条件下有时会具有近似或相同的保留值，所以此法的应用具有一定的局限性。

①利用已知物直接对照定性。

a. 利用保留时间定性。在相同色谱条件下分别测定标准物质和被测物质的保留值并进行对照，对于较简单的组分混合物，若其中所有待测组分均为已知，且它们的色谱峰也能一一分离，则为了确定各个色谱峰所代表的物质，可用此法定性。

b. 利用加入已知物增加峰高法定性。当样品比较复杂，色谱峰间距离太小，操作条件又不易控制，准确测定保留值有一定困难时，可采用增加峰高法定性。即：先将待测试样进行色谱实验，然后将已知组分加入到样品中，在相同的色谱条件下再进行实验，比较两次得到的色谱图，看色谱峰高和峰形的变化。如果色谱峰高增加了，色谱峰形没变，则表明样品中可能含有该物质。

c. 利用相对保留值定性。相对保留值是两组分调整保留值之比。采用绝对保留值定性时，必须严格控制操作条件，否则重现性差。目前使用最广泛的定性指标是相对保留值 r_{21}。r_{21} 是某组分 2(待测物)与另一组分 1(基准物)的调整保留值之比，它只受柱温和固定液的影响，与其他操作条件无关，所以用 r_{21} 定性可以消除某些操作条件的影响。只要实验测出 $t'_{R(2)}$ 和 $t'_{R(1)}$ 就可以方便地求出已知物和待测物的 r_{21} 并进行比较，若相对保留值 r_{21} 相同，则可认为它们是同一物质。在选择基准物时应注意，基准物必须是容易得到的纯品，而且其保留值应在各待测组分的保留值之间。

d. 双柱(多柱)定性。有时不同物质在同一色谱柱上可能有相同的保留值，用同一根色谱柱难以对组分定性。为了进一步确认，可以用极性相差较大的双柱(多柱)进行定性，若在双柱(多柱)上待测组分和纯物质的保留值都相同，则可确认是同一物质。

②利用文献保留数据定性。在实际工作中，样品往往是各种各样的，而一个实验室不可能有各种标准纯物质，此时可利用文献发表的保留数据定性，其中最常用的是相对保留值和保留指数 I，只要严格按照文献所规定的色谱条件进行实验，结果还是比较可靠的。

a. 相对保留值法。从文献上查的有关物质的相对保留值，然后按照与文献相同的条件进行实验，测出被测组分的相对保留值与文献值比较，若相同即为同一物质。但在样品比较复杂，不能推测其组成，且相邻的两峰距离较近时，如果直接引用文献上的相对保留值进行定性，可能发生错误。

b. 保留指数法。保留指数又称 Kovats 指数，是一种重现性较其他保留数据都好的定性参数。

保留指数用 I 表示，是将正构烷烃的保留指数人为地规定为 $100Z$(Z 代表碳数)，而其他物质的保留指数则用两个相邻正构烷烃保留指数进行标定，用式(4-10)计算

$$I=100\left(\frac{\lg t'_{R_i}-\lg t'_{R_z}}{\lg t'_{R_{z+1}}+\lg t'_{R_z}}+Z\right) \qquad (4\text{-}10)$$

式中：t'_{R_i}、t'_{R_z}、$t'_{R_{z+1}}$——待测组分、碳原子数为 Z 和 $(Z+1)$ 的正构烷烃的调整保留时间。

要求被测物质的调整保留时间恰好在两个正构烷烃之间，即 $t'_{R_z}<t'_{R_i}<t'_{R_{z+1}}$。例如：正戊烷、正己烷、正庚烷的保留指数分别为 500、600、700。因此，欲求某物质的保留指数，只要与相邻的正构烷烃混合在一起(或分别的)，在给定色谱条件下得到色谱图，然后按照式(4-10)计算即可。只要柱温和固定相相同，就可用文献中的保留指数进行定性鉴定，而不必用被测组分的纯物质。现以乙酸正丁酯在特定色谱条件下的保留指数(如图 4-10)为例，说明其计算过程。选正庚烷和正辛烷两个正构烷烃，乙酸正丁酯的峰在此两个正构烷烃之间。

例 4-1 在一色谱柱上，测得下列物质的保留时间为空气—1 min；正庚烷—9.2 min；正辛烷—17.3 min；乙酸正丁酯—15.5 min，计算乙酸正丁酯的保留指数。

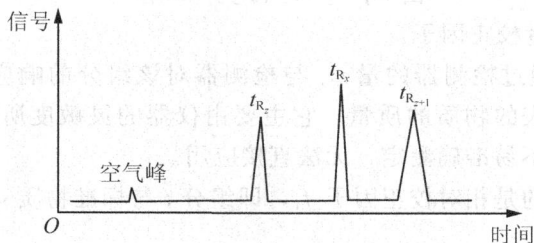

图 4-10 保留指数的测定

解

$$I=100\left(\frac{\lg t'_{R_i}-\lg t'_{R_z}}{\lg t'_{R_{z+1}}-\lg t'_{R_z}}+Z\right)=100\left[\frac{\lg(15.1-1)-\lg(9.2-1)}{\lg(17.3-1)-\lg(9.2-1)}+7\right]=782.88$$

(2)与其他方法结合定性

①与化学方法结合定性。未知物通过一些特殊试剂处理，发生物理或化学反应后，其色谱峰将会消失、减小或产生新峰，比较处理前后色谱图的差异，就可初步辨认试样中含有哪些官能团。

②与其他仪器结合进行定性。较复杂的混合物经色谱柱分离后，再利用红外光谱或质谱等仪器进行定性鉴定，是目前解决复杂未知物定性问题的最有效工具之一。尤其是色谱—质谱联用，既充分利用了色谱的高效分离能力，又利用了质谱的高鉴别能力，能准确知道未知物的相对分子质量和质谱图，再与标准质谱图进行比较可得出未知物的结构信息。

2. 定量分析

（1）定量分析的依据

在一定操作条件下，分析组分 i 的质量（m_i）或其在载气中的浓度与检测器的响应信号（峰高 h_i 或峰面积 A_i）成正比，即为色谱定量分析的依据。可用式（4-11）表示。

$$m_i = f'_i A_i \qquad (4\text{-}11)$$

式中：f'_i——定量校正因子。

由此可见，为了得到准确的定量分析结果，除了被测组分要获得良好的分离外，还必须准确地测量色谱峰的峰面积或峰高，确定峰面积（或峰高）与组分含量之间的关系，从而准确求出定量校正因子 f'_i；然后选用合适的定量计算方法，将测得组分的峰面积或峰高换算为所测组分在试样中的质量分数。

（2）定量校正因子

因同一检测器对不同的物质具有不同的响应值，所以即使两种物质的含量相等，在检测器上得到的峰面积或峰高却往往不相等，这样就不能用峰面积或峰高直接计算物质的量。需要对响应值进行校正，引入"定量校正因子"，其作用就是把混合物中不同组分的峰面积（或峰高）校正成相当于某一标准物质的峰面积（或峰高），以使峰面积（或峰高）能正确反映出物质的质量，进而计算各组分的质量分数。

$$\text{由 } m_i = f'_i A_i \text{ 得 } f'_i = m_i / A_i$$

式中：f'_i——绝对定量校正因子。

f'_i 是指某组分 i 通过检测器的量 m_i 与检测器对该组分的响应信号峰面积之比值，也即单位峰面积所代表的物质的质量。它主要由仪器的灵敏度所决定，并与分析的操作条件有密切关系，不易准确测定，无法直接应用。

在实际工作中用的是相对校正因子 f_i，即组分 i 与标准物质 s 的绝对校正因子之比值，如式（4-12）所示。

$$f_{is} = \frac{f'_i}{f'_s} \qquad (4\text{-}12)$$

由于被测组分 i 使用的计量单位不同，校正因子可分为质量校正因子（f_m）、摩尔校正因子（f_M）和体积校正因子（f_V）。

① 质量校正因子 f_m：是一种最常用的定量校正因子，表达式如式（4-13）所示。

$$f_m = \frac{f'_{i(m)}}{f'_{s(m)}} = \frac{A_s m_i}{A_i m_s} \qquad (4\text{-}13)$$

式中：A_i 和 A_s、m_i 和 m_s——被测组分和标准物质的峰面积及质量。

② 摩尔校正因子 f_M：如果以物质的量计量，则摩尔校正因子 f_M 的表达式如式（4-14）所示。

$$f_M = \frac{f'_{i(M)}}{f'_{s(M)}} = \frac{A_s m_i M_s}{A_i m_s M_i} = f_m \frac{M_s}{M_i} \qquad (4\text{-}14)$$

式中：M_i、M_s——被测组分和标准物质的摩尔质量。

③ 体积校正因子 f_V：对于气体组分，体积校正因子 f_V 在标准状态下等于摩尔校正因子，这是因为 1 moL 任何理想气体在标准状态下体积都是 22.4 L，如式（4-15）所示。

$$f_V = \frac{f'_{i(V)}}{f'_{s(V)}} = \frac{A_s m_i M_s \times 22.4}{A_i m_s M_i \times 22.4} = f_M \tag{4-15}$$

（3）定量计算方法

①归一化法。归一化法是一种常用的定量方法。适用于试样中所有组分都能流出色谱柱，都能在色谱图上显示出色谱峰。

假设试样中有 n 个组分，每个组分的质量分别为 m_1，m_2，…，m_n，各组分含量的总和为 m，其中组分 i 的百分含量可用式（4-16）表示。

$$w_i = \frac{m_i}{m} \times 100\% = \frac{m_i}{m_1 + m_2 + \cdots + m_i + \cdots + m_n} \times 100\%$$

$$= \frac{A_i f_i}{A_1 f_1 + A_2 f_2 + \cdots + A_i f_i + \cdots + A_n f_n} \times 100\% \tag{4-16}$$

式中：f_i——质量校正因子，可求得质量分数；若为摩尔校正因子，则得摩尔分数或体积分数。归一化法简便、准确。在允许的进样量范围内，进样量、流速等操作条件略有变化时，对分析结果影响较小。

②内标法。当混合物所有组分不能全部流出色谱柱或检测器不能对各组分均产生信号，或只要求对试样中某几个出现色谱峰的组分进行定量时，可以采用内标法。内标法是将一定量的纯物质作内标物，加入到准确称取的试样中，根据被测物和内标物的质量比及其相应的色谱峰面积之比，来计算被测组分含量的。

设 m_i、m_s 分别为被测物和内标物的质量，m 为试样总量，则 $m_i = f_i A_i$，$m_s = f_s A_s$，$\dfrac{m_i}{m_s} = \dfrac{A_i f_i}{A_s f_s}$，如式（4-17）所示。

$$m_i = \frac{A_i f_i}{A_s f_s} m_s = f_{i,s} \frac{A_i m_s}{A_s} \tag{4-17}$$

组分 i 在试样中百分含量，如式（4-18）所示。

$$w_i = \frac{m_i}{m} \times 100\% = \frac{A_i f_i m_s}{A_s f_s m} \times 100\% = f_{i,s} \frac{A_i m_s}{A_s m} \times 100\% \tag{4-18}$$

式中：A_s、A_i——内标物和被测组分 i 的峰面积；$f_{i,s}$——组分 i 与内标物 s 校正因子的比值。一般常以内标物为基准，则 $f_s = 1$，所以式（4-18）可简化如式（4-19）所示。

$$w_i = \frac{A_i f_i m_s}{A_s m} \times 100\% \tag{4-19}$$

选择内标物应遵循以下几点要求：a. 内标物是试样中不存在的纯物质；b. 内标物的加入量应接近于被测组分的含量；c. 内标物必须完全溶于试样中，并与试样中各组分的色谱峰能完全分离；d. 内标物的色谱峰应位于被测组分色谱峰附近，或几个被测组分的中间；e. 内标物与被测组分的物理及化学性质相近，如挥发度、化学结构、极性、溶解度等。

内标法定量较准确，应用广泛，且不像归一化法有使用上的限制。由于是通过测量内标物及被测组分的峰面积的相对值来进行计算的，因此在一定程度上消除了因操作条件等变化引起的误差。缺点是操作程序较为麻烦，每次分析都要准确称取试样和内标物的质量，有时难以找到合适的内标物，因此该法不适宜快速控制分析，适于只需测定样品中某一个或几个组分的定量分析。

③内标标准曲线法。为了减少内标法称量和计算数据的麻烦，可用内标标准曲线法进行定量测定。由式 $w_i = \dfrac{A_i f_i m_s}{A_s m} \times 100\%$ 可见，若每次都称取同样量的试样，加入恒定量的内标物，测其峰面积，则式中 $\dfrac{f_i m_s}{m} \times 100\%$ 为一常数，此时 $w_i = \dfrac{A_i}{A_s} \times$ 常数，可见被测组分的含量 w_i 与 A_i/A_s 成正比关系。以 w_i 对 A_i/A_s 作图将得一直线。

标准曲线的绘制程序是先用被测组分的纯物质配制成一系列不同浓度的标准溶液；取固定量的标准溶液和内标物混合进样分析，测出被测组分和内标物的峰面积，用 A_i/A_s 与标准溶液浓度作图，可得一条直线，即为标准曲线。

分析时应称取和制作标准曲线时相同量的试样和标准物，测其峰面积比，从标准曲线上查出被测试样的含量。该法不必测出校正因子，消除了某些操作条件的影响，也不必严格定量进样，适于液体试样的常规分析。

④外标法。外标法又称定量进样—标准曲线法，是用待测组分的纯物质来制作标准曲线的色谱定量分析方法。配制一系列不同浓度的标准试样，在一定的色谱条件下，分别定量进样，测定相应色谱图中待测组分的峰面积，以峰面积为纵坐标，标准溶液百分含量为横坐标绘制标准曲线。分析试样时，进样量与制作标准曲线时进样量一致，在相同的色谱条件下，测得试样中待测组分的峰面积，即可从标准曲线上查得其相应含量。该法操作简单，不需要校正因子，计算简便，但进样量要求十分准确，操作条件也需要严格控制。结果的准确度主要取决于进样量的重现性和操作条件的稳定性，适于大批量试样的快速分析。

例 4-2　用内标法测定一试样中的丙酸含量，称取此试样 1.055 g。以环己酮作为内标物，称取 0.1907 g 环己酮，加到试样中进行色谱分析，得到如下数据：丙酸峰面积为 42.4，环己酮峰面积为 133，已知丙酸和环己酮的相对质量校正因子分别为 0.94 和 1.00，计算丙酸的百分含量。

解　$w_i = \dfrac{m_i}{m} \times 100\% = \dfrac{A_i f_i m_s}{A_s f_s m} \times 100\% = \dfrac{42.4 \times 0.94 \times 0.1907}{133 \times 1 \times 1.055} \times 100\% = 5.42\%$

4.2.7　气相色谱—质谱联用技术及其应用

气相色谱和质谱联用可以充分发挥气相色谱的高效分离和质谱的高专属性，实现对复杂样品的分离和样品中目标组分的定性、定量分析。气相色谱—质谱联用技术是将混合物样品组分经气相色谱分离成单一组分后，各组分按照保留时间的顺序依次通过联用仪的接口进入质谱，经离子化后按照一定质核比(m/z)顺序通过质量分析器进入检测器，根据产生的信号进行定性和定量分析。气相色谱仪是质谱法的理想"进样器"，质谱仪是气相色谱法理想的"检测器"，GC-MS 适用于多组分混合物中未知组分的定性鉴定；可以判断化合物的分子结构，准确地测定未知组分的相对分子质量。

1. GC-MS 联用仪器结构

图 4-11 是气相色谱—质谱联用仪组成的方框示意图，GC-MS 主要由 3 部分组成：色谱部分、质谱部分和数据处理系统。

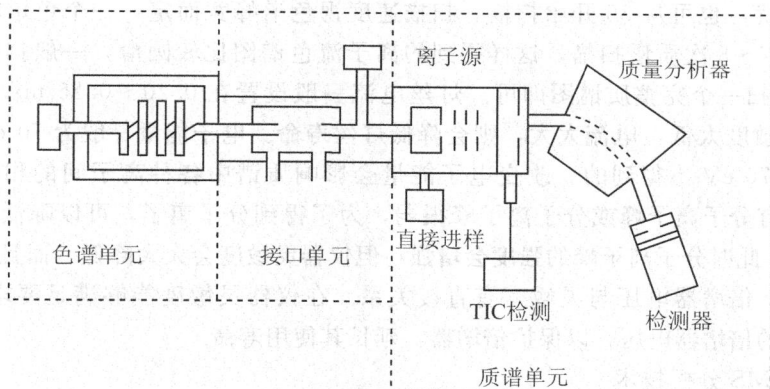

图 4-11 GC-MS 的示意图

色谱部分和一般的色谱仪基本相同,包括柱箱、气化室和载气系统,也带有分流/不分流进样系统,程序升温系统等。色谱仪是在常压下工作,而质谱仪才需要高真空。GC-MS 的质谱仪部分可以是四极杆质谱仪也可以是飞行时间质谱仪和离子阱。GC-MS 的另外一个组成部分就是计算机系统。由于计算机技术的提高,GC-MS 的主要操作都由计算机控制完成。

2. 工作原理

有机混合物以色谱柱分离后经接口进入离子源被电离成离子,离子再进入质谱的质量分析器,在离子源与质量分析器之间,有一个总离子流检测器,以截取部分离子流信号,总离子流强度与时间或扫描数变化曲线就是混合物的总离子流色谱图(TIC)。另一种获得总离子流图的方法是利用质谱仪自动重复扫描,由计算机收集,计算并再现出来,此时总离子流检测系统可省略。对 TIC 图中的每个峰,可同时给出对应的质谱图,由此可推测每个色谱峰的结构组成。各个峰的保留时间、峰高、峰面积可作为各峰的定量参数。一般 TIC 的灵敏度比 GC 的氢火焰离子化检测器高 $1\sim2$ 个数量级,它对所有的峰都有相近的响应值,是一种通用型检测器。在联用仪中一般用氦气作载气,其原因有:①He 的电离电位 24.6 eV,是气体中最高的(H_2,N_2 为 15.8 eV),它难于电离,不会因气流不稳定而影响色谱图的基线;②He 的相对分子质量只有 4,易于与其他组分分子分离;③He 的质谱峰很简单,主要在 m/z 4 处出现,不干扰后面的质谱峰。

3. GC-MS 联用法的实验技术

(1)GC-MS 分析条件的选择

GC-MS 分析条件要根据样品进行选择,在分析样品之前应尽量了解样品的情况。比如样品组分的多少、沸点范围、相对分子质量范围、化合物类型等,这些是选择分析条件的基础。有关 GC-MS 分析中的色谱条件与普通的气相色谱条件相同。质谱条件的选择包括扫描范围、扫描速度、灯丝电流、电子能量、倍增器电压等。扫描范围就是可以通过分析器的离子的质荷比范围,该值的设定取决于欲分析化合物的相对分子质量,应使化合物所有的离子都出现在设定的扫描范围之内,例如化合物最大相对分子质量为 350 左右,则扫描范围上限可设到 400 或 450,扫描下限一般从 15 开始,有时为了去掉水、氮、氧的干扰，也可从 35 开始扫描。扫描速度视色谱峰宽而定，一个色谱峰出峰时间内最好能有 7～8 次质谱扫描，这样得到的离子流色谱图比较圆滑，一般扫描速度可设在 0.5～2 s 扫一个完整质谱图即可。灯丝电流一般设置在 0.20～0.25 mA。灯丝电流小，仪器灵敏度太低，电流太大，则会降低灯丝寿命。电子能量一般为 70 eV，标准质谱图都是在 70 eV 下得到的。改变电子能量会影响质谱中各种离子间的相对强度。如果质谱中没有分子离子峰或分子离子峰很弱，为了得到分子离子，可以降低电子能量到 15 eV 左右，此时分子离子峰的强度会增强，但仪器灵敏度会大大降低，而且得到的不再是标准质谱。倍增器电压与灵敏度有直接关系。在仪器灵敏度能够满足要求的情况下，应使用较低的倍增器电压，以保护倍增器，延长其使用寿命。

（2）GC-MS 分析技术

GC-MS 分析的关键是设置合适的分析条件，使各组分能够得到满意的分离，得到很好的总离子流色谱图和质谱图，在此基础上才能得到满意的定性和定量分析结果。GC-MS 分析得到的 3 个主要信息：样品的总离子流色谱图或重建离子色谱图；样品中每一组分的质谱图；每个质谱图的检索结果。对于高分辨率质谱仪，还可以得到化合物的精确相对分子质量和分子式。

①总离子流色谱图。在一般 GC-MS 分析中，样品连续进入离子源并被连续电离。分析器每扫描一次，检测器就得到一个完整的质谱并送入计算机存储。由于样品浓度随时间变化，得到的质谱图也随时间变化。一个组分从色谱柱开始流出到完全流出需要 10 s 左右。计算机就会得到这个组分不同浓度下的质谱图 10 个。同时，计算机还可以把每个质谱的所有离子相加得到总离子流强度。这些随时间变化的总离子流强度所描绘的曲线就是样品总离子流色谱图或由质谱重建而成的重建离子色谱图。总离子流色谱图是由一个个质谱得到的，所以它包含了样品所有组分的质谱。其外形和由一般色谱仪得到的色谱图是一样的。只要所用色谱柱相同，样品出峰顺序就相同。

②质谱图。由总离子流色谱图可以得到任何一个组分的质谱图。一般情况下，为了提高信噪比，通常由色谱峰峰顶处得到相应的质谱图。但如果两个色谱峰有相互干扰，应尽量选择不发生干扰的位置得到质谱，或通过扣本底消除其他组分的影响。

③质量色谱图。总离子流色谱图是将每个质谱的所有离子加合得到的色谱图。同样，由质谱中任何一个质量的离子也可以得到色谱图，即质量色谱图。由于质量色谱图是由一个质量的离子得到的，因此，其质谱中不存在这种离子的化合物，也就不会出现色谱峰，一个样品只有几个甚至一个化合物出峰。利用这一特点可以识别具有某种特征的化合物，也可以通过选择不同质量的离子做离子质量色谱图，使正常色谱不能分开的两个峰实现分离。如图 4-12(1) 中总离子色谱图中 A，B 两组分未分开，不便定量。如果在 A 组分中选一特征质量 m/z91，

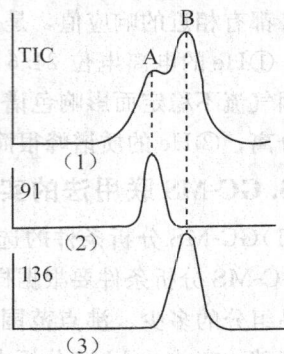

图 4-12 利用质量色谱图分开重叠峰
(1) 总离子流色谱图；
(2) 以 m/z91 作的质量色谱图；
(3) 以 m/z136 作的质量色谱图

在 B 组分中选一特征质量 $m/z136$，做 A 和 B 的质量色谱图，如图 4-12(2)、(3)，则 A，B 两组分可以得到很好地分离。

由于质量色谱图是采用一种质量的离子作色谱图，因此，进行定量分析时，也要使用同一种离子得到的质量色谱图进行标定或测定校正因子。质量色谱图是在总离子流色谱图的基础上提取出一种质量得到色谱图的，所以也称为提取离子色谱图。

(3)GC-MS 定性分析

得到质谱图后可以通过计算机检索对未知化合物进行定性。检索结果可以给出几个可能的化合物。并以匹配度大小顺序排列出这些化合物的名称、分子式、相对分子质量和结构式等。如果匹配度比较好，如在 90 以上，就可以认为这个化合物就是待求的未知化合物。在检索过程要注意几个问题：①要检索的化合物在谱库中不存在，计算机挑选了一些结构相近的化合物，匹配度可能都不太好，此时决不能选一个匹配度相对好的作为检索结果，这样会造成结果错误。②如果检索出几个匹配度都很好的几个化合物，说明这几个化合物可能结构相近。这时不能随便取一个作为结果，要利用其他辅助鉴定方法(如保留指数)进行进一步的判断。③由于本底或其他组分的影响，或质谱中弱峰未出现，可造成质谱质量不高，这时检索结果可能匹配度不高，也不易准确定性。这种情况下就需要尽量设法扣除本底，减少干扰，提高色谱和质谱的信噪比，以提高质谱图的质量，增加检索的可靠性。需要说明的是，检索结果只能被看作是一种可能性，匹配度大小只表示可能性的大小，不会是绝对正确的。为了分析结果的可靠，最好的办法是有了初步结果后，应根据这结果找来标准品进行核对。

(4)GC-MS 定量分析

类似于色谱定量分析，可以采用归一化法、内标法、外标法等进行。与色谱法定量不同的是，GC-MS 除了可以用总离子流色谱图进行定量外，还可以用质量色谱图进行定量。这样可以最大限度地去除其他组分的干扰。需要注意的是，质量色谱图是用一个质量的离子做出的，它的峰面积与总离子流色谱图有较大的差别，在进行定量分析中，峰面积和校正因子等都要用质量色谱图。

(5)选择离子检测技术

一般扫描方式是通过连续改变射频电压，使不同质荷比的离子顺序通过分析器到达检测器的过程。而选择离子检测(Select Ion Monitoring，SIM)则是对选定的离子进行跳跃式的扫描。采用这种扫描方式可以提高检测的灵敏度。由于这种方式灵敏度高，因此适用于量少且不易得到的样品分析。同时，通过适当选择离子，可以消除其他组分对待测组分的干扰。用选择的离子得到的色谱图进行定量分析，是 GC-MS 中进行微量成分定量分析常采用的方法。

4.3 高效液相色谱法

流动相为液体的色谱法称为液相色谱法。高效液相色谱法(High Performance Liquid Chromatography，HPLC)是在传统柱色谱的基础上发展起来的高效分离分析技术。其特点是高压、高速、高效和高灵敏度。与气相色谱法相比而言，其分离对象只要求试样能制成溶液，无需气化，不受试样挥发性的限制，高沸点、热稳定性差、相对分子质量大的有机物原则上都可以用高效液相色谱法进行分离分析，和气相色谱法互为补充。

4.3.1 高效液相色谱仪

1. 高效液相色谱仪结构及工作流程

高效液相色谱仪一般由 5 部分组成：高压输液系统、进样系统、分离系统、检测和记录系统。图 4-13 是高效液相色谱仪的结构示意图，其工作过程为：贮液器中的流动相经过滤和脱气处理后，由高压泵将它们送入色谱柱中，然后从检测器的出口流出，当待分离的试样从进样器进入时，流经进样器的流动相将其带入色谱柱中进行分离，然后按先后顺序进入检测器。记录仪将进入检测器的信号记录下来就得到了液相色谱图。最后流出液收集在废液瓶中。若欲收集各馏分作进一步分析时，可在色谱柱出口处将样品馏分收集起来。

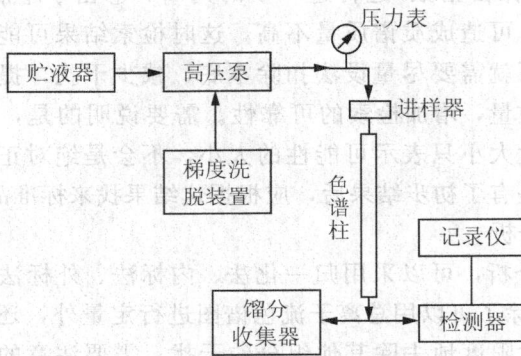

图 4-13 高效液相色谱仪的结构示意图

2. 高效液相色谱仪各部分功能

（1）高压输液系统

高压输液系统由储液罐、高压输液泵、过滤器等组成，高压输液泵是核心部件。在高效液相色谱中，为了得到高柱效所用的固定相的粒度均很小。液体流动相通过时，阻力很大，为了实现快速高效的分离，必须有很高的柱前压力才能获得高速的液流。而高压输液泵的工作压力为 $(1.5 \sim 3.5) \times 10^7$ Pa。因此，高压、高速就是高效液相色谱法的显著特点。

高压输液泵应具有压力平稳、脉冲小、流量稳定可调、耐腐蚀等特性。按其操作原理有恒流泵和恒压泵。恒流泵是在一定的操作条件下能都输出恒定流量的流动相，而与色谱柱引起的阻力变化无关。常用的有往复泵和注射泵。恒压泵则不同于恒流泵，它使输出的流动相能保持压力恒定，但是流量则随色谱系统阻力的变化发生改变，这致使保留时间的重现性差。目前，高效液相色谱中主要采用恒流泵，尤其以往复泵为主。

（2）进样系统

进样方式对柱效和重现性影响较大。常用的进样方式有：注射器进样和高压六通阀进样。注射器进样同气相色谱，试样用微量注射器穿过密封的弹性隔膜注入柱子，这种方法操作简便，并可获得较高的柱效，但是这种方法不能承受高压，只能在低压或停流状态使用，且容易造成漏液导致重现性差。而六通阀进样可以在高压下进行，直接向压力系统内进样不必停止流动相的流动，六通阀进样装置如图 4-14 所示。操作时应先将阀柄置于准备装样状态，此时进样口与定量管接通，使其处于常压状态。用液相用平头微量注射器注入试样分析时，试样停留在定量管中，多余的试样溶液从 6 处流出。将进样器阀柄转至进样工作位置时，流动相与定量管接通，定量管内试样被流动相带入色谱柱从而实现分离。进样体积由定量管体积严格控制，进样准确，重现性好。有时也可采用自动进样器实现全自动控制。

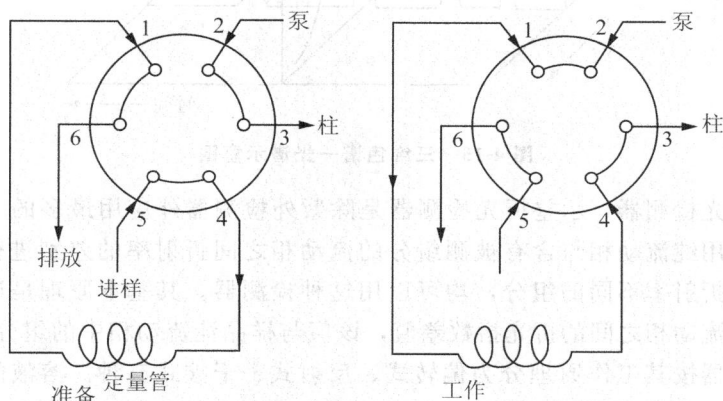

图 4-14　六通进样阀

（3）色谱柱

目前液相色谱法常用的标准柱型是内径为 4.6 mm 或 3.9 mm，长度为 15～30 cm 的直形不锈钢柱。填料颗粒度 5～10 μm，柱效以理论塔板数计为 7 000～10 000。

（4）检测器

液相色谱检测器应具有灵敏度高、响应快、线性范围宽、重现性好、死体积小、适用范围广、对温度和流动相流速变化不敏感等特性。常见的检测器有：紫外检测器、光电二极管阵列检测器、示差折光检测器、荧光检测器、电导检测器和蒸发光散射检测器等。

①紫外检测器。紫外检测器是液相色谱法广泛使用的检测器。它对流动相的脉冲波动和温度变化不敏感，宜于梯度洗脱。其作用原理是基于被分析试样组分对特定波长紫外光的选择性吸收，组分浓度与吸光度的关系遵循朗伯-比尔定律。用于测定在190～800 nm 波长范围内有吸收的组分，最小检测浓度可达 10^{-9} g/mL。

②光电二极管阵列检测器。光电二极管阵列检测器是紫外检测器的一个重要进展。采用计算机快速扫描采集数据，可以获得组分的三维色谱—光谱图（图 4-15），所得信息为吸收随保留时间和波长变化的三维图或轮廓图。光电二极管阵列检测器由 1 024 个

二极管组成，各接受一定波长的光谱。光源发射的光通过测量池时被组分吸收，透射光中包含了组分对各波长吸收的信息，分光后投射到二极管阵列上，因此不需要停流扫描就可获得色谱流出物各个瞬间的动态光谱吸收图。因此，可以利用色谱保留值规律及光谱特征吸收曲线综合进行定性分析。此外，在色谱分离时，还可以在每个色谱峰的指定位置实时记录吸收光谱图并进行比较，进而判别各个色谱峰的纯度及分离情况。

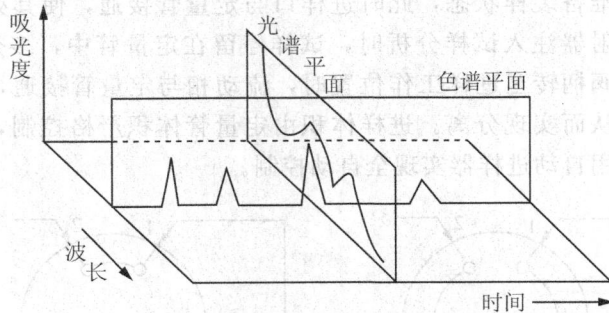

图 4-15 三维色谱—光谱示意图

③示差折光检测器。示差折光检测器是除紫外检测器外应用最多的一种通用型检测器。它是利用纯流动相与含有被测组分的流动相之间折射率的差别进行检测的，凡具有与流动相折射率不同的组分，均可以用这种检测器。其基本原理是连续检测参比池和样品池中流动相之间的折光指数差值，该值与样品池流动相中的组分浓度成正比。示差折光检测器按其工作原理分为偏转式、反射式、干涉式三种。溶液的折射率是纯溶剂(流动相)和纯溶质(试样)的折射率乘各物质的浓度之和。因此溶有试样的流动相和纯流动相之间折射率之差，表示试样在流动相中的浓度。当介质中的成分发生变化时，其折射会随之发生变化。如入射角不变(一般选 45°)，则光束的偏转角是介质(如流动相)中成分变化(如有试样流出)的函数。因此，利用测量折射角偏转值的大小，便可以测定试样的浓度。如图 4-16 是偏转式示差折光检测器的光路图。光源射出的光线由透镜聚焦后，可从遮光板的狭缝射出一条细窄光束，经反射镜反射后，由透镜汇聚两次，穿过工作池和参比池，被平面反射镜反射出来，成像于棱镜的棱口上，然后光束均匀被分解为两束，到达左右两个对称的光电管上。如果工作池和参比池都通过流动相，光束无偏转，左右两个光电管的信号相等，此时会输出平衡信号。如果工作池中有试样通过，由于折射率改变，造成了光束的偏转，从而使到达棱镜的光束偏离棱口，左右两个光电管所接受的光束能量不等，因此输出信号代表偏转角大小，也就是试样浓度的信号被检测出来了。红外隔热滤光片可以阻止那些容易引起流通池发热的红外光通过，可保证系统工作的热稳定性。平面细调透镜用来调整光路系统的不平衡。几乎每种物质都有各自不同的折射率，因此都可用示差折光检测器检测，灵敏度可达 10^{-7} g/mL。但其缺点在于它对温度变化很敏感，检测器的温度控制精度应为 $\pm 10^{-3}$ ℃，并且该检测器不能用于梯度洗脱。

④荧光检测器。荧光检测器(图 4-17)是一种高灵敏度和高选择性检测器，用于测

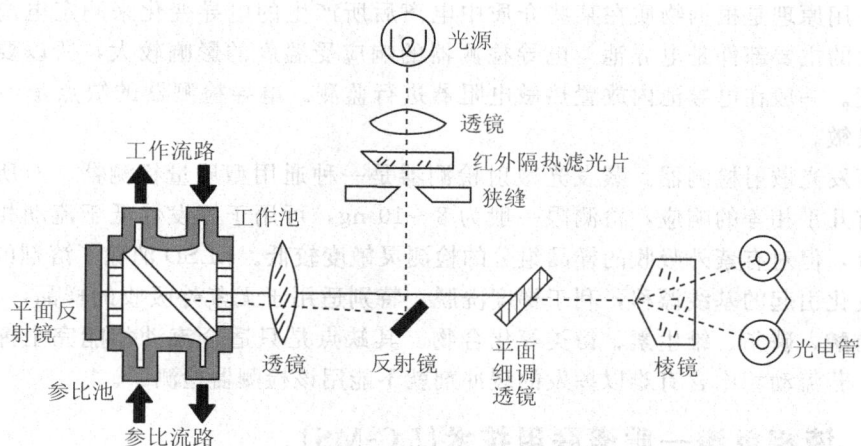

图 4-16 偏转式示差折光检测器的光路图

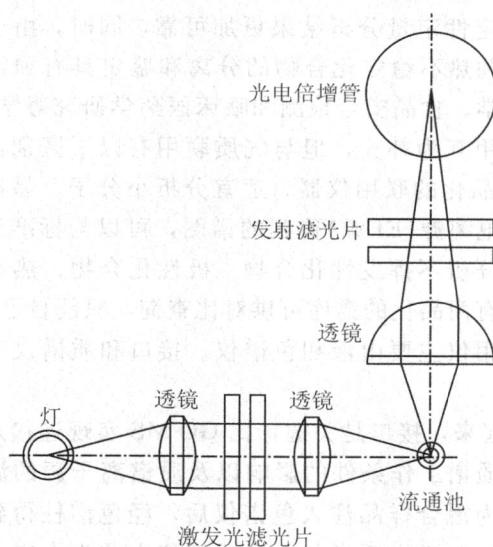

图 4-17 荧光检测器示意图

定能发出荧光的物质。其检测原理是，某些溶质在受紫外光激发后，能发射荧光，并且在一定条件下，荧光强度与流动相中物质浓度成正比。对于自身不能被激发而产生荧光的化合物经过荧光衍生化处理后能用荧光检测器检测，一些荧光较弱的化合物经荧光增强处理后也能进行荧光检测。这种检测器适合于多环芳烃、维生素 B、黄曲霉素、卟啉类化合物、甾族化合物、农药、氨基酸、蛋白类物质的测定。荧光检测器灵敏度高，检出限可达 10^{-12} g/mL，比紫外检测器高出 2~3 个数量级，但其线性范围仅为 10^3。荧光检测器对流动相脉冲不敏感，可用于梯度洗脱，缺点是仅对具有荧光特性的物质有响应。

⑤电导检测器。电导检测器是一种电化学检测器，是离子色谱中广泛使用的检测

器。其作用原理是根据物质在某些介质中电离后所产生的电导变化来测定电离物质含量的,它的主要部件是电导池。电导检测器的响应受温度的影响较大,所以要求严格控制温度。一般在电导池内放置热敏电阻器进行监测。电导检测器的缺点是当 pH＞7 时不够灵敏。

⑥蒸发光散射检测器。蒸发光散射检测器是一种通用型质量检测器,对所有固体物质均有几乎相等的响应,检测限一般为 8～10 ng,可用于挥发性低于流动相的任何样品组分,但对有紫外吸收的样品组分的检测灵敏度较低。ELSD 消除了溶剂的干扰和因温度变化引起的基线漂移,利于梯度洗脱,特别适用于无紫外吸收的样品,如糖类、高级脂肪酸、磷脂、维生素、甾类等化合物。其缺点是只适合流动相能完全挥发的色谱条件,若流动相中含有难以挥发的缓冲剂就不能用该检测器检测了。

4.3.2　液相色谱—质谱联用技术(LC-MS)

液相色谱—质谱联用技术是以质谱仪为检测手段,集 HPLC 高分离能力与 MS 高灵敏度和高选择性于一体的强有力的分离分析方法。随着电喷雾、大气压化学电离等软电离技术的成熟,其定性定量分析结果更加可靠,同时,由于液相色谱—质谱联用技术对高沸点、难挥发和热不稳定化合物的分离和鉴定具有独特的优势,它已成为中药制剂分析、药代动力学、食品安全检测和临床医药学研究等学科中不可缺少的手段。它与气相色谱—质谱联用互为补充,但与气质联用有以下区别:气相色谱—质谱联用仪器(GC-MS)是最早商品化的联用仪器,适宜分析小分子、易挥发、热稳定、能气化的化合物;用电子轰击电离源(EI 源)得到的谱图,可以与标准谱库对比分析。而液相色谱—质谱联用仪适于分析不挥发性化合物、极性化合物、热不稳定以及大分子质量化合物的分析测定。没有商品化的谱库可供对比查询,只能自己建库或者解析谱图。

液相色谱—质谱联用仪主要由液相色谱仪、接口和质谱仪三大部分组成。其示意图如 4-18 所示。

将 LC 和 MS 连接起来,接口是关键,比 GC-MS 实现连接难度大。需要解决的问题是液相色谱流动相对质谱工作条件的影响以及质谱离子源的温度对液相色谱分析试样的影响。其分离过程为混合样品注入色谱仪后,经色谱柱得到分离。从色谱仪流出的被分离组分依次通过接口进入质谱仪。在质谱仪中首先在离子源处被离子化,然后离子在加速电压作用下进入质量分析器进行质量分离,分离后的离子按照质量的大小,先后由收集器收集,并记录质谱图。根据质谱峰的位置和强度可对样品的成分和其结构进行分析。

LC-MS 中接口是关键。"接口"的作用是将溶剂及样品气化,分离掉大量的溶剂分子;完成对样品分子的电离。LC-MS 中接口方式主要有电喷雾电离(electrospray ionization,ESI)和大气压化学电离(atmospheric pressure chemical ionization,APCI)。常用的是 ESI。ESI 是比 APCI 软电离程度较小的电离方式,应用范围较 APCI 大,只有少部分有机分子 ESI 无法电离,可以用 APCI 辅助解决问题。一般 ESI 和 APCI 搭配使用,比 ESI 和 APCI 的应用范围更广一些。表 4-2 列出了 ESI 和 APCI 源的异同点。

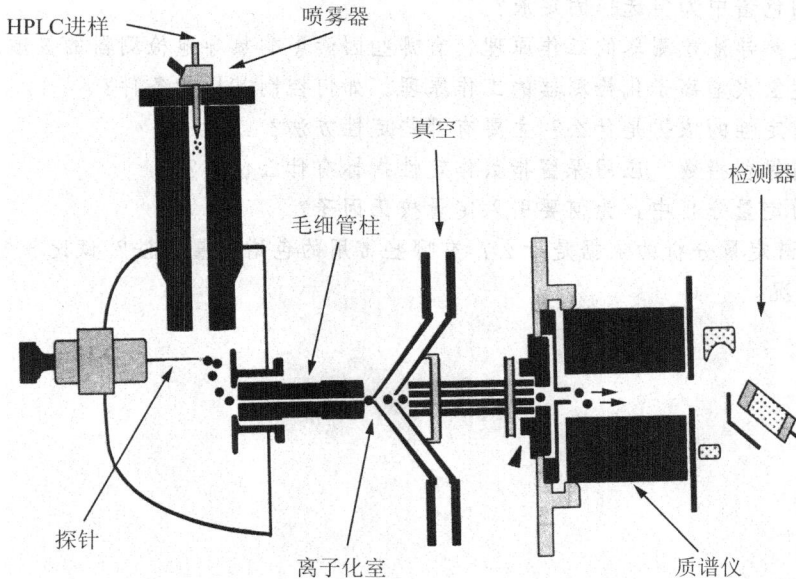

图 4-18 LC-MS 联用仪示意图

HPLC进样　喷雾器　真空　检测器　毛细管柱　探针　离子化室　质谱仪

表 4-2 ESI 和 APCI 源的异同点

项目　化学源	ESI	APCI
离子化过程	样品先带电再喷雾，带电液滴去溶剂化过程中形成带电离子，是液相离子化	样品先形成雾再被电离，是气相离子化
适合检测物质	极性大、分子量大、不稳定的分子	极性小的样品
产生离子	小分子产生单电荷离子，大分子产生多电荷离子	主要产生单电荷离子

ESI 和 APCI 通常产生$(M+H)^+$或$(M-H)^-$等准分子离子，源参数调整简单，容易使用，仪器灵敏度高。对 APCI 源来说，不足之处就是给出的结构信息有限，样品易发生热裂解，低质量时基线噪声大。ESI 通常只产生分子离子峰，可以直接测定混合物，并可以测定热不稳定的极性化合物。其易形成多电荷离子的特性可分析蛋白质和 DNA 等生物大分子。

复习思考题

1. 气相色谱法有哪些特点？
2. 气相色谱仪的组成包括哪几部分？各有什么作用？
3. 简述气相色谱的分离原理。

4. 气相色谱中如何选择固定液？

5. 试述热导池检测器的工作原理。有哪些因素影响热导池检测器的灵敏度？

6. 试述氢火焰离子化检测器的工作原理。如何控制其操作条件？

7. 色谱定性的依据是什么？主要有哪些定性方法？

8. 何谓保留指数？应用保留指数作定性指标有什么优点？

9. 色谱定量分析中，为何要引入定量校正因子？

10. 色谱定量分析的依据是什么？有哪些常用的色谱定量方法？试比较它们的优缺点及适用情况。

第 5 章　原子吸收光谱分析

原子吸收光谱分析又称原子吸收分光光度法，或简称原子吸收法，是基于物质所产生的原子蒸气对特定谱线的吸收作用来进行定量分析的一种方法，在农业、食品、化工、地质、环境保护、生物医药、材料科学等各个领域有着广泛的应用。

5.1　原子吸收光谱分析概述

5.1.1　原子吸收光谱法的发展阶段

1. 原子吸收现象的发现

1802 年，Wollaston 发现太阳光谱的暗线；1859 年，Kirchhoff 和 Bunson 解释了暗线产生的原因是由于大气层中的钠原子对太阳光选择性吸收的结果，这揭示了原子吸收现象的存在。

2. 空心阴极灯的发明

1955 年，澳大利亚物理学家 Walsh. A 发表了题为"原子吸收光谱在分析化学中的应用"论文，解决了原子吸收的光源问题，奠定了原子吸收光谱法的理论基础。20 世纪 50 年代末，PE 和 Varian 公司推出了原子吸收商品化仪器，原子吸收开始作为一种分析方法被使用。

3. 电热原子化技术的提出

1959 年，里沃夫提出电热原子化技术，此技术大大提高了原子化的效率和原子吸收的灵敏度。

5.1.2　原子吸收光谱法的特点

1. 灵敏度高

采用不同的原子化方法，对大部分元素的检出限可达 $10^{-12} \sim 10^{-9}$ g。

2. 分析精度好

火焰法原子化法测定中等和高含量元素的相对标准偏差可小于 1‰，石墨炉原子化法的分析精度一般为 3‰～5‰。

3. 选择性高

样品前期处理相对简单，可在同一溶液中直接测定多种元素，相互干扰小。

4. 应用范围广

可以测定 70 多种元素，是各种试样中金属元素含量测定的首选定量方法。此方法可以采用间接原子吸收法测定非金属元素和有机化合物。

5. 仪器简单，操作方便

分析速度较快，通常测定一种元素只需数分钟。

然而，原子吸收分析测定某种元素需要该元素的光源，因此，多种元素不能够同时测定。此方法对一些难熔元素、非金属元素测定的灵敏度和精密度都不够理想，有待于进一步改进和提高。

5.2 原子吸收光谱法

5.2.1 原子吸收光谱分析的基本原理

1. 原子吸收光谱的产生

原子吸收光谱法是基于从光源辐射出具有待测元素特征谱线的光，通过试样蒸气时被蒸气中待测元素基态原子所吸收，根据辐射特征谱线光被减弱的程度来测定试样中待测元素含量的一种方法。

原子可具有多种能级状态，当原子受到外界能量激发时，其最外层电子可能跃迁到不同等级，因此可能有不同的激发态。电子从基态跃迁到第一激发态所产生的吸收谱线，称为共振吸收线（简称共振线）。各种元素的原子结构及外层电子排布不同，其共振吸收线各有其特征，因此，共振线是元素的特征谱线。这种从基态到第一激发态间的跃迁最容易发生，所以对大多数元素来说，共振线是元素的灵敏线。原子吸收就是测定原子蒸气对共振线的吸收来分析的。

当辐射光通过待测物质产生的基态原子蒸气时（图 5-1），若入射光的能量等于原子中的电子由基态跃迁到激发态的能量，则该入射光可能被基态原子吸收，使电子跃迁到激发态。将不同频率的光（强度为 I_{0v}）通过原子蒸气，有一部分光将被吸收，其透过光（或吸收光）的强度与原子蒸气的宽度有关，若原子蒸气中原子密度一定，则透过光（或吸收光）的强度与原子蒸气的宽度成正比关系，服从朗伯-比尔（Lambert）定律，如式（5-1）所示。

$$I_v = I_{0v} e^{-K_v L} \tag{5-1}$$

式中：I_{0v}——入射光强度；I_v——透过光强度；L——原子蒸气的宽度；K_v——原子蒸气对频率 v 的光的吸收系数。

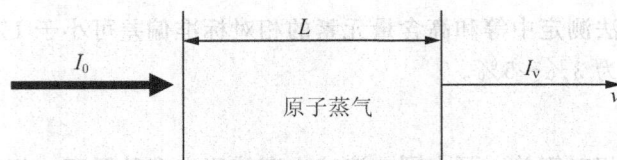

图 5-1 原子吸收示意图

因物质的原子对光的吸收具有选择性，对不同频率的光，原子对光的吸收也不同，故透过光的强度，会随着光的频率不同而有所变化，其变化规律如图 5-2 所示，在频率 ν_0 处透过的光最少，即吸收最大，我们把这种情况称为原子吸收在特征频率 ν_0 处有吸收线。由此可见，原子群从基态跃迁到激发态所吸收的谱线（吸收线）并不是绝对单色的几何线，而是具有一定宽度的，通常称为谱线轮廓。图 5-3 为吸收系数 K_ν 随频率 ν 变化的关系。

综上所述，表征吸收线轮廓特征的值是中心频率 ν_0 和半宽度 $\Delta\nu$，前者由原子的能级分布特征决定，后者除谱线本身具有的自然宽度外，还受多普勒变宽、劳伦兹变宽、场致变宽、自吸效应等多种因素的影响。但是不论哪种因素引起的谱线变宽，都将导致原子吸收分析灵敏度的下降。

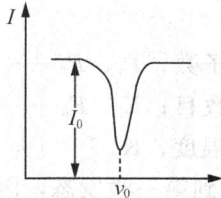

图 5-2　I_ν 和 ν 的关系　　图 5-3　吸收线轮廓与半宽度

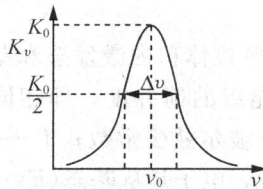

2. 积分吸收和峰值吸收

对于原子吸收线，若以通常在分光光度分析（分子吸收光谱）中所使用的连续光源（氢灯或钨灯）来进行吸收测量存在很大困难，图 5-4 表明了这一关系。

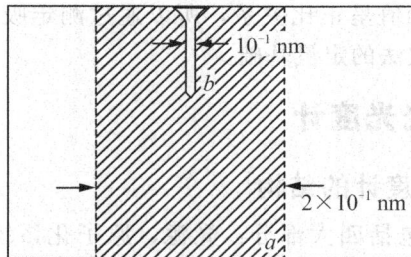

图 5-4　连续光源(a)与原子吸收线(b)的通带宽度示意图

图 5-4 中 a 阴影部分为连续光源经单色器及狭缝后分离所得的入射光谱带，对于常用的原子吸收分光光度计来说，当将狭缝调至最小时(0.1 nm)，其通带宽度或光谱通带约为 0.2 nm。图 5-4 中 b 为原子的吸收线，其半宽度约为 10^{-3} nm。可见若以具有宽通带的光源对窄的吸收线进行测量时，由待测原子吸收线引起的吸收值仅相当于总入射光强度 a 的 0.5%($0.001/0.2 \times 100\% = 0.5\%$)，即吸收前后在通带宽度范围内，原子吸收只占很小的部分，测定灵敏度极差。

在原子吸收分析中，将原子蒸气所吸收的全部能量称为积分吸收。如果能测得积分吸收值，即可计算出待测元素的原子密度。但是由于原子吸收线的半宽度很小，要测量这样一条半宽度很小的吸收线的积分吸收值，就需要有分辨率高达 50 万的单色器，这在目前的技术情况下还难以做到。因此，在 1955 年瓦尔西（Walsh A）提出采用锐线光源测量谱线的峰值吸收来解决上述难题。

3. 原子吸收法的定量基础

在原子化过程中，待测元素吸收了能量，由分子离解成了原子，此时的原子大部分都是基态原子，有一小部分可能被激发，成为激发态原子。而原子吸收法是利用待测元素的原子蒸气中的基态原子对该元素的共振线吸收来测定的，所以原子蒸气中基态原子与待测原子总数之间的关系即分布情况如何，直接关系到原子吸收效果。

在一定温度下，达到热平衡时，处在激发态和基态的原子数的比值遵循玻尔兹曼（Boltzmann）分布，如式（5-2）所示。

$$\frac{N_j}{N_0} = \frac{P_j}{P_0} e^{-\frac{E_j - E_0}{KT}} \tag{5-2}$$

式中：N_j、N_0——单位体积内激发态和基态的原子数；P_j、P_0——激发态和基态能级的统计权重，表示能级的简并度，即相同能级的数目；E_j、E_0——激发态和基态原子能级的能量；K——玻尔兹曼常数；T——热力学温度，K。

对于共振线来说，电子是从基态（$E=0$），跃迁到第一激发态，因此，对于一定波长的谱线，P_j/P_0 以及 E_j 都是已知值。因此，只要火焰温度 T 确定，就可求得 N_j/N_0。常用的热激发温度一般低于 3 000 K，大多数共振线波长都小于 600 nm，因此，对于大多数元素来说，N_j/N_0 值都很小（$<1\%$），即热激发过程中，激发态原子数远远小于基态原子数，因此可以用基态原子数 N_0 代表吸收辐射的原子总数。

再结合图 5-1 的朗伯-比尔定律，因此，在一定浓度范围和一定火焰宽度的情况下，待测元素的浓度与吸光值呈正比关系，所以通过测定吸光值就可以计算出待测元素的含量。这就是原子吸收法的定量基础。

5.2.2 原子吸收分光光度计

1. 原子吸收分光光度计的结构

原子吸收分光光度计包括四大部分：光源、原子化系统、分光系统、检测系统。目前常用的有单光束型和双光束型。其构造原理如图 5-5 所示。

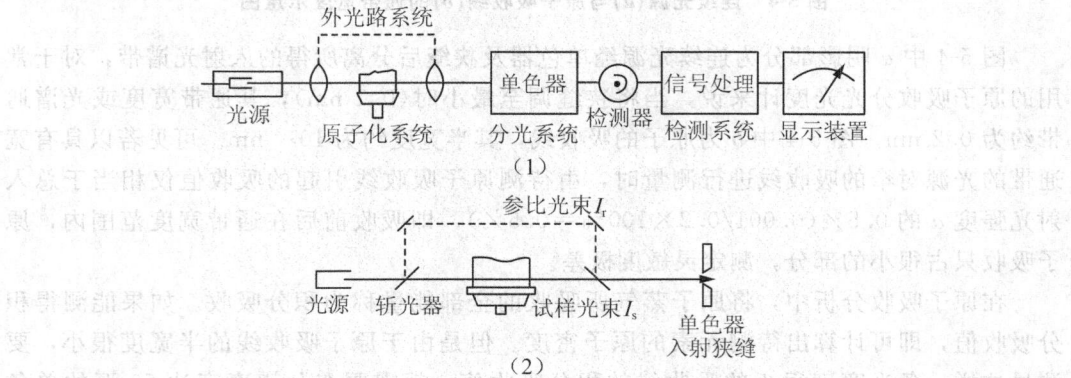

图 5-5 原子吸收分光光度计基本构造示意图
（1）单光束型；（2）双光束型

（1）光源

光源的作用是辐射待测元素的特征光谱，以供测量使用。如前所述，为了测出待测元素的峰值吸收，必须使用锐线光源，即能发射出谱线宽度很窄的发射线的光源。为了获得较高的灵敏度和准确度，所使用的光源应满足下述要求。

①能辐射锐线，即发射线的半宽度要远远小于吸收线的半宽度。

②能辐射待测元素的共振线，并且具有足够的强度，以保证有足够的信噪比。

③辐射的光强度必须稳定且背景小，而光强度的稳定性又与供电系统的稳定性有关。

空心阴极灯是符合上述要求的理想光源，应用最为广泛。普通空心阴极灯是一种气体放电管，它包括一个阳极（钨棒）和一个空心圆筒形阴极（由用以发射所需谱线的金属或合金等制成阴极衬套，空穴内再衬入或熔入所需金属）。两电极密封于充有低压惰性气体的带有石英窗（或玻璃窗）的玻璃壳中，其结构如图 5-6 所示。

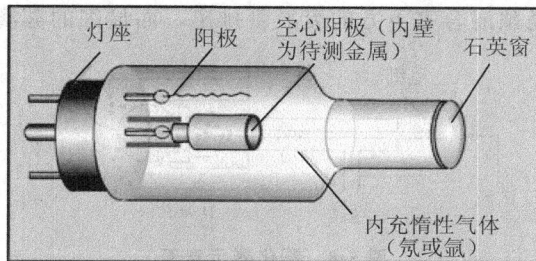

图 5-6　空心阴极灯示意图

空心阴极灯的光强度与灯的工作电流有关。增大灯的工作电流，可以增加发射强度。但工作电流过大，会导致一些不良现象，如引起灯本身的自蚀现象、灯的寿命缩短、阴极物质熔化、放电不正常等。但若工作电流过低，又会使灯光强度减弱，造成稳定性、信噪比下降。因此使用空心阴极灯时必须选择适当的灯电流。

空心阴极灯在使用前应先预热，使灯的发射强度稳定，预热时间的长短根据灯的类型和元素的不同而不同，一般在 5～20 min。

（2）原子化系统

原子化系统是原子吸收光谱仪的核心，其作用是提供能量，将试样中的待测元素转变为基态原子蒸气，该过程称为原子化。目前，使试样原子化的方法有火焰原子化法和无火焰原子化法。前者操作简单、快速，且对多数元素都有较高的灵敏度和检测极限，使用极为广泛。无火焰原子化技术由于具有更高的原子化效率、较好的灵敏度和检测极限，因而发展很快。

①火焰原子化装置。火焰原子化器中常用的是预混合型火焰原子化装置，由雾化器、雾化室和燃烧器三部分组成，如图 5-7 所示。

雾化器的作用是将试液雾化，其性能对测定精密度和化学干扰等会产生显著影响。因此要求喷雾稳定，雾滴微小、均匀且雾化效率高。图 5-8 所示为一种雾化器的示意图。在毛细管外壁与喷嘴口构成的环形间隙中，由于高压助燃气以高速通过，会造成

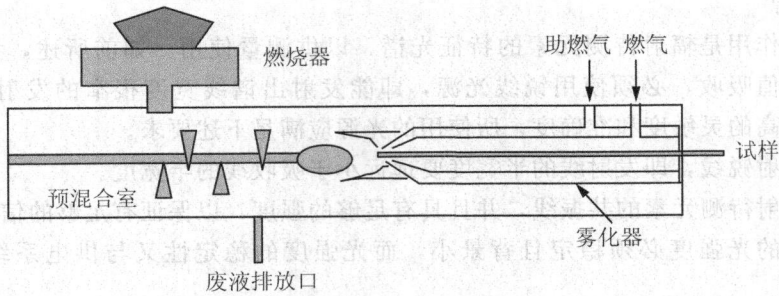

图 5-7　预混合型火焰原子化装置

负压区，从而将试液沿毛细管吸入，并被高速气流分散成雾滴。为了减小雾滴的粒度，在雾化器前几毫米处放置撞击球，喷出的雾滴经节流管碰在撞击球上，能进一步分散成细雾。试液雾化后进入雾化室（也叫预混合室），与燃气在室内充分混合，其中较大的雾滴凝结在壁上，经预混合室下方的废液管排出，而最细的雾滴则进入火焰中。

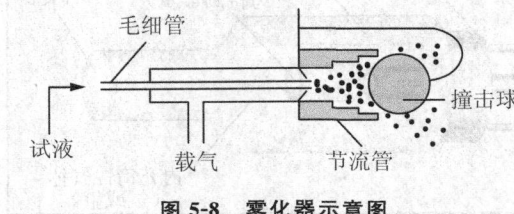

图 5-8　雾化器示意图

表 5-1 列出了几种常用火焰的种类及温度。

表 5-1　火焰的种类、温度及燃烧速度

燃料气体	助燃气	最高温度/K	燃烧速度/(cm/s)
煤气	空气	2 110	55
丙烷	空气	2 195	82
氢气	空气	2 320	320
乙炔	空气	2 570	160
氢气	氧气	2 970	900
乙炔	氧气	3 330	1 130
乙炔	氧化亚氮	3 365	180

火焰的温度取决于燃烧气和助燃气的种类，也和二者的流量（比例）有关。因此，按照燃烧气与助燃气的比例不同，火焰又分为贫燃火焰、富燃火焰和化学计量火焰。火焰的组成会影响测定的灵敏度、稳定性和干扰等，因此对不同的元素应选择不同的、恰当的火焰。

常用的火焰有空气—乙炔、氧化亚氮—乙炔等。

a. 空气—乙炔火焰。该火焰最高温度约 2 300 K，燃烧速度稳定，重复性好，噪声低，能用于测定 35 种以上的元素，是用途最广的一种火焰。但测定易形成但难离解的氧化物的元素（如 Al、Ta、Ti、Zr 等）时灵敏度很低，不宜使用。这种火焰在短波长范围内对紫外光吸收较强，易使信噪比变坏，因此应根据不同的分析要求，选择不同特性的火焰。

b. 氧化亚氮—乙炔火焰。该火焰温度高达 3 300 K，具有强还原性，能使较难离解的元素氧化物原子化，原子化效率高。由于火焰温度高，可消除在空气—乙炔火焰或其他火焰中存在的某些化学干扰物。因氧化亚氮—乙炔火焰容易爆炸，因此在操作过程中必须严格遵守操作规程。

c. 氧屏蔽空气—乙炔火焰。这是一种新型的高温火焰，温度可达 2 900K，它为用原子吸收法测定铝和其他一些易生成但难离解氧化物的元素，提供了一种新的可能性。这是一种用氧气流将空气—乙炔焰与大气隔开的火焰。由于它具有较高的温度和较强的还原性，氧气又较氧化亚氮价廉而易得，因此受到重视。

②无火焰原子化装置。火焰原子化方法由于重现性好、易于操作，已成为原子吸收分析的标准方法。但它的主要缺点是仅有约 10% 的试液能被原子化，而约 90% 的试液会由废液管排出。这样低的原子化效率成为了提高灵敏度的主要障碍。无火焰原子化装置可以提高原子化效率，使灵敏度增加 10～200 倍，因此得到了较多的应用。

无火焰原子化装置有多种：电热高温石墨管、石墨坩埚、石墨棒、钳舟、高频感应加热炉、空心阴极溅射、等离子喷焰、激光等。

a. 电热高温石墨炉原子化。这种原子化器是将一个石墨管安装在两个电极之间的装置，管的两端开口，安装时使其长轴与原子吸收分析光束通路重合。如图 5-9 所示。石墨管的中心有一进样口，试样由此注入。为防止试样及石墨管氧化，在分析过程中需要不断通入惰性气体。此时石墨管被加热至高温（3 000 K）而使试样原子化。测定时分干燥、灰化、原子化、净化四步程序升温（图 5-10）。

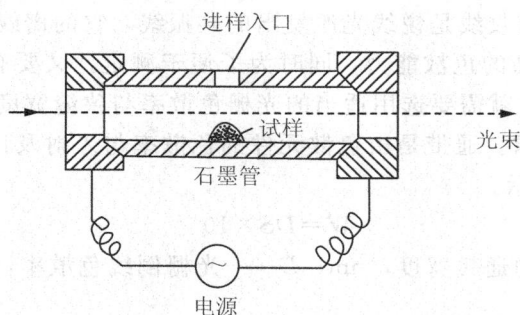

图 5-9　电热高温石墨管示意图

干燥的目的是在低温（通常为 105℃）下蒸发去除试样的溶剂，以免溶剂出现灰化或在原子化过程中飞溅；灰化的作用是在较高温度（350～1 200℃）下进一步去除有机物或低沸点无机物，以减少基体组分对待测元素的干扰；原子化温度随被测元素而异（2 400～3 000℃）；净化的作用是将温度升至最大允许值，以去除残余物，消除由此产生的记忆效应。

石墨炉原子化方法的最大优点是注入的试样几乎可以全部原子化。特别是那些易

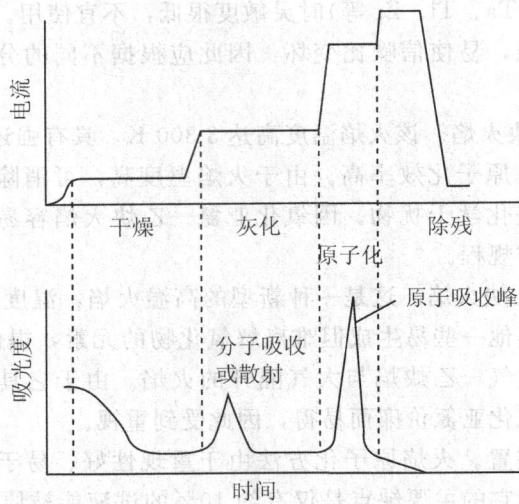

图 5-10　电热高温石墨管程序升温过程示意图

形成耐熔氧化物的元素，能够得到更高的原子化效率。当试样含量很低，或只能提供很少量的试样又需要测定痕量元素时，这种方法也可以进行正常分析。

b. 其他原子化方法。对于砷、硒、汞以及其他一些特殊元素，可以利用某些化学反应来使它们原子化。如砷元素，可采用氢化物原子化法、汞可采用冷原子化法。

（3）光学系统

原子吸收分光光度计的分光系统又叫单色器，其作用是将待测元素的共振线与邻近谱线分开。单色器由色散元件（棱镜或光栅）、反射镜、狭缝组成，单色器安排在火焰和检测器之间，避免了火焰对检测器的影响。

原子吸收所用的吸收线是锐线光源发出的共振线，它的谱线比较简单，因此对仪器并不要求其具有很高的色散能力，同时为了便于测定，又要有一定的出射光强度。因此若光源强度一定，就需要选用适当的光栅色散率与狭缝宽度配合，构成适于测定的通带来满足上述要求。通带是由色散元件的色散率与入射及出射狭缝宽度决定的，其表示式如式（5-3）所示。

$$W = DS \times 10^{-3} \tag{5-3}$$

式中：W——单色器的通带宽度，nm；D——光栅倒线色散率，nm/mm；S——狭缝宽度，mm。

由此可见，当光栅色散率一定时，单色器的通带可通过选择狭缝宽度来确定。当狭缝宽度增加，则出射光强度增加，但同时出射光包含的波长范围也相应加宽，使单色器的分辨率降低，从而导致测得的吸收值偏低，使工作曲线弯曲，产生误差。反之，调窄狭缝，可以改善实际分辨率，但出射光强度会降低，这相应地要求提高光源的工作电流，这样又将引起谱线变宽和噪声增加。因此，实际测定工作中应根据需要选择合适的狭缝宽度。

（4）检测系统

检测系统主要由检测器、放大器、对数变换器、显示装置组成。在原子吸收分光光度计中常用光电倍增管作检测器，把经过单色器分光后的微弱光信号转换成电信号，再经过放大器放大后，在读数装置上显示出来。

原子吸收分光光度计按分光系统可分为单光束型和双光束型。前者仪器构造简单，灵敏度较高，能满足一般的分析需要，应用广泛，但受光源强度变化的影响会导致基线漂移。双光束型则可以克服基线漂移，其灵敏度和准确度较单光束型好。

5.2.3　原子吸收定量分析方法

1. 标准曲线法

配制一组浓度为合适梯度的标准溶液，由低浓度到高浓度，依次喷入火焰，分别测定其吸光度 A。以测得的吸光度为纵坐标，待测元素的含量或浓度 c 为横坐标，绘制 $A-c$ 标准曲线。在相同的实验条件下，喷入待测试样溶液，根据测得的吸光度，由标准曲线求出试样中待测元素的含量。

在实际分析中，要注意以下几点。

①所配制的标准溶液的浓度，应在吸光度与浓度呈直线关系的范围内；

②标准溶液与试样溶液都应用相同的试剂处理；

③应该扣除空白值；

④在整个分析过程中操作条件应保持不变；

⑤由于喷雾效率和火焰状态经常变动，标准曲线的斜率也随之变动，因此，每次测定前应用标准溶液对吸光度进行检查和校正。

该标准曲线法简便、快速，但仅适用于组成简单、组分间互不干扰的试样分析。

2. 标准加入法

如待测试样组成复杂，其确切组成不完全确知，或组分间互相干扰明显，这时可采用标准加入法。具体做法如下所述。

取若干份（例如四份）体积相同的试样溶液，放入 4 个容量相同的容量瓶中。第一份为试样溶液，定容，设浓度为 c_x，第二份，试样加一份标准溶液，定容，设浓度为 c_x+c_0，第三份，试样加两份标准溶液，定容，设浓度为 c_x+2c_0，第四份，试样加四份标准溶液，定容，设浓度为 c_x+4c_0，分别测定吸光值 A，对应浓度作图，如图 5-11 所示。这时曲线并不通过原

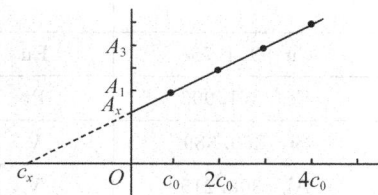

图 5-11　标准加入法

点。显然，相应的截距所反映的吸收值正是试样中待测元素所引起的效应。如果外延此曲线使其与横坐标相交，相应于原点与交点的距离，即为所求的试样中待测元素的浓度 c_x。

使用标准加入法时应注意：①待测元素的浓度与其对应的吸光度应呈线性关系；②为了得到较为精确的外推结果，最少应采用 4 个点（包括试样溶液本身）来做外推曲线。

5.2.4　干扰因素及消除方法

原子吸收分析的干扰主要有光谱干扰、物理干扰、化学干扰。

1. 光谱干扰

光谱干扰主要来自光源和原子化器。

(1)与光源有关的干扰

①分析线附近存在其他的谱线。

a. 与分析线邻近的是待测元素的谱线。这种情况常见于多谱线元素，如：在 Ni 的分析线 232.0 nm 附近还存在多条镍的发射线，因这些发射线不被镍吸收，故造成灵敏度下降，工作曲线弯曲。减小狭缝宽度可以改善或消除这种影响。

b. 与分析线相邻的是非待测元素的谱线。如果此谱线是该元素的非吸收线，同样会使欲测元素的灵敏度下降，工作曲线弯曲；如果此谱线是该元素的吸收线，而当试样中又含有此元素时，将产生"假吸收"，从而得到不正确的结果，产生误差。

②空心阴极灯种由连续背景发射。这种情况通常也引起测定灵敏度降低，工作曲线弯曲。灯的连续背景发射是由于灯的制作不良或长期不使用而引起的。可通过将灯反接，并用大电流空点，纯化灯内气体来改善，或更换新灯。

(2)光谱线重叠干扰

在原子吸收分析中谱线重叠的概率是较小的。但个别仍有可能产生谱线重叠而引致干扰。表 5-2 列举了由于共振线重叠而引起干扰的一些例子。由于大部分元素都具有好几条分析线，因此大都可选用其他谱线来避免干涉，或者用分离干扰元素的方法来解决。

表 5-2　共存元素共振线重叠引起干扰

被测元素共振线/nm	干扰元素共振线/nm	信号相等时干扰元素浓度 与被测元素浓度之比	火焰
Cu　324.754	Eu　324.753	500∶1	乙炔—氧化亚氮
Fe　271.903	Pt　271.904	500∶1	同上
Si　250.689	V　250.690	8∶1	同上
Al　308.215	V　308.211	200∶1	同上
Hg　253.652	Co　253.649	8∶1	乙炔—空气
Mn　403.307	Ga　403.298	20∶1	乙炔—氧化亚氮
Ga　403.298	Mn　403.307	3∶1	乙炔—空气

(3)来自原子化器的干扰

①原子化器的发射。来自火焰本身或原子蒸气中待测元素的发射。当仪器采用调制方式工作时，这一影响可以得到减免。比如通过机械斩光器进行调制，或对光源的电源进行调制。

②背景吸收。背景吸收是由原子化器中存在的气体分子产生的吸收以及高浓度盐

的固体微粒对光的散射引起的干扰。主要包括以下几个方面。

　　a. 火焰成分对光的吸收：波长越短，火焰成分的吸收越严重。可通过改用其他火焰来减免。

　　b. 金属卤化物、氧化物、氢氧化物及部分硫酸盐、磷酸盐分子对光的吸收：在低温火焰中，影响更明显，可以通过调整火焰温度来控制干扰。

　　c. 固体颗粒对光的散射：在进行低含量或痕量分析时，大量基体成分进入原子化器，其在原子化过程中形成的烟雾或固体微粒在光路中阻挡光束可发生散射现象，引起干扰。

　　校正上述背景吸收，可采用如下几种办法。

　　a. 邻近线校正法：可以测量与分析线邻近的非吸收线的吸收（背景吸收），再从总吸收中扣除非吸收线的吸收；

　　b. 用与试样溶液有相似组成的标准溶液来校正；

　　c. 用分离基体的办法来消除影响；

　　d. 氘灯背景校正：在原子吸收光谱仪中，分别使用空心阴极灯（锐线光源）和氘灯（连续光源）作为光源。采用连续光源测量时，待测元素的共振线吸收相对于总入射光强度来说可以忽略不计。因此可以合理的认为氘灯作为光源，测得的吸收值是背景吸收。先用锐线光源测定共振线的原子吸收和背景吸收的总和。再用氘灯在同一波长测定背景吸收，计算两次测定吸光度之差，即为原子的吸光度；

　　e. 塞曼效应背景校正法：塞曼效应是指在磁场作用下简并的谱线发生分裂的现象。可以通过在原子化器上施加恒定磁场或交变磁场调制的方式进行校正。

2. 物理干扰（基体效应）

　　物理干扰是指试样在转移、蒸发和原子化过程中任何物理因素变化而引起的干扰效应。对于火焰原子化法而言，它主要影响试样喷入火焰的速度、雾化效率、雾滴大小及其分布、溶剂与固体微粒的蒸发等。属于这类干扰的因素有：试液的黏度、表面张力、溶剂的蒸气压、雾化气体的压力等。这些因素最终都影响进入火焰中的待测元素的原子数量，进而影响吸光度的测定。

　　配制与待测试样具有相似组成的标准溶液，是消除基体干扰的常用而有效的方法。若待测元素含量不太低，应用简单的稀释试液的方法将其减少以至消除干扰。也可以使用标准加入法来消除这种干扰。

3. 化学干扰

　　化学干扰是指待测元素与其他组分之间的化学作用所引起的干扰效应，它主要影响待测元素的原子化效率。这类干扰具有选择性，它对试样中各种元素的影响是各不相同的，并随火焰温度、火焰状态和部位、其他组分的存在、雾滴的大小等条件而变化。化学干扰是原子吸收分光光度法中的主要干扰来源。不同元素、不同的外界条件产生的化学干扰不同，因此，消除干扰应根据具体情况不同而采取相应的措施。通常，在标准溶液和试样溶液中均加入以下试剂，常可控制化学干扰。

　　(1)消电离剂

　　可通过加入大量的易电离元素，如钠、钾、铯等。这些易电离元素在火焰中强烈电离而消耗能量，就抑制、减少了待测元素基态原子的电离，使测定结果得到改善。有研究在使用火焰原子吸收法对特殊医学用途配方食品中钾钠的测定中发现，检测过程干扰严重，测定结果偏高。当加入 0.15％消电离剂氯化铯或 0.05％氯化锶后，对钾钠的测定准确度均显著提高。

（2）释放剂

加入一种过量的金属元素，与干扰元素形成更稳定或更难挥发的化合物，从而使待测元素释放出来。有研究报道，在对乳粉前处理后的消解液中加入镧溶液和锶溶液作为释放剂，有效提高了乳粉中金属镁检测的准确度。

（3）保护剂

这些试剂的加入，使待测元素不与干扰元素生成难挥发化合物，例如为了消除磷酸盐对钙的干扰，可以加入 EDTA 络合剂，此时钙转化为 EDTA—钙络合物，后者在火焰中易于原子化，这样也可消除磷酸盐的干扰。

（4）缓冲剂

于试样及标准溶液中均加入超过缓冲量（即干扰不再变化的最低限量）的干扰元素，如在用乙炔—氧化亚氮火焰测钛时，可在试样和标准溶液中均加入质量分数为 2×10^{-4} 以上的铝，使铝对钛的干扰趋于稳定。

除加入上述试剂以控制化学干扰外，还可用标准加入法来控制化学干扰，这是一种简便而有效的方法。如果用这些方法都不能控制化学干扰，可考虑采用沉淀法、离子交换、溶剂萃取等分离方法，将干扰组分与待测元素分离。

5.2.5　分析测定条件的选择

原子吸收分析中，测定条件的选择，对测定的灵敏度、准确度和干扰情况等有很大的影响，应根据实际情况选择最佳测定条件。

1. 分析线的选择

通常选择元素的共振线作分析线，因为这样可使测定具有较高的灵敏度。而 As、Se、Hg 等的共振线处于远紫外区，此时火焰的吸收很强烈，因此不宜选择这些元素的共振线作分析线。另外，在分析较高浓度的试样时，为了得到适度的吸收值，有时也选择灵敏度较低的谱线。但对于微量元素的鉴定，就必须选用最强的吸收线。

2. 空心阴极灯电流

空心阴极灯的发射特性取决于工作电流，一般商品空心阴极灯均标有允许使用的最大工作电流值与可使用的电流范围。但仍需要通过实验，即通过测定吸收值随灯电流的变化而选定最适宜的工作电流。选用时应在保证稳定和合适光强输出的情况下，尽量选用最低的工作电流。

3. 火焰

火焰的选择和调节是保证高原子化效率的关键之一。选择什么样的火焰，取决于具体任务。不同火焰对不同波长辐射的透射性能是各不相同的。乙炔火焰在 220 nm 以下的短波区有明显的吸收，因此对于分析线处于这一波段区的元素，是否选用乙炔火焰就应考虑这一因素。现在，我们知道不同火焰所能产生的最高温度是有很大差别的。显然，对于易生成难离解化合物的元素，应选择温度高的乙炔—空气，以及乙炔—氧化亚氮火焰；反之，对于易电离元素，高温火焰常引起严重的电离干扰，是不宜选用的。选定火焰类型后，应通过实验进一步确定燃气与助燃气流量的合适比例。

4. 燃烧器高度

对于不同元素，自由原子浓度随火焰高度的分布是不同的。在测定时必须仔细调节燃烧器的高度，使测量光束从自由原子浓度最大的火焰区通过，以得到最佳的灵敏度和稳定性。

5. 狭缝宽度

狭缝宽度的选择与一系列因素有关，首先与单色器的分辨能力有关。当单色器的分辨能力大时，可以使用较宽的狭缝。在光源辐射较弱或共振线吸收较弱时，必须使用较宽的狭缝。但当火焰的背景发射很强，在吸收线附近有干扰谱线与非吸收光存在时，就应使用较窄的狭缝。合适的狭缝宽度同样应通过实验确定。

对于石墨炉原子化法，显然应根据方法特点予以考虑，如合理选择干燥、灰化、原子化及净化阶段的温度及时间等。

5.2.6　原子吸收光谱法在食品分析检测中的应用

在测定食品试样中各种微量及常量金属元素的含量时，原子吸收法往往是一种首选的定量方法。

中华人民共和国国家标准 GB 5009.12—2017《食品安全国家标准　食品中铅的测定》、GB 5009.13—2017《食品安全国家标准　食品中铜的测定》、GB 5009.14—2017《食品安全国家标准　食品中锌的测定》、GB 5009.15—2014《食品安全国家标准　食品中镉的测定》、GB 5009.17—2014《食品安全国家标准　食品中总汞及有机汞的测定》、GB 5009.90—2016《食品安全国家标准—食品中铁的测定》、GB 5009.241—2017《食品安全国家标准　食品中镁的测定》、GB 5009.242—2017《食品安全国家标准　食品中锰的测定》等都采用了原子吸收光谱法。

分析实例：火焰原子吸收光谱法测定虾皮中锌元素，依据 GB 5009.14—2017。

1. 分析原理

试样经消解处理后，导入原子吸收分光光度计中，经火焰原子化，在 213.9 nm 处测定吸光度。在一定浓度范围内锌的吸光度值与锌含量成正比，与标准系列比较定量。

2. 操作步骤

(1)样品前处理

可采用湿法消解、干法灰化、微波消解等方式进行前处理。

①湿法消解。准确称取虾皮试样 0.2~3 g(精确至 0.001 g)于带刻度消化管中，加入 10 mL 硝酸、0.5 mL 高氯酸，在可调式电热炉上消解(参考条件：120℃/0.5~1 h；升至 180℃/2~4 h；升至 200~220℃)。若消化液呈棕褐色，再加少量硝酸，消解至冒白烟，消化液呈无色透明或略带黄色，取出消化管，冷却后用水定容至 25 mL 或 50 mL，混

匀备用。同时做试剂空白实验。亦可采用锥形瓶，于可调式电热板上，按上述操作方法进行湿法消解。

②干法灰化。准确称取虾皮试样 0.5～5 g(精确至 0.001 g)于坩埚中，小火加热，炭化至无烟，转移至马弗炉中，于 550℃灰化 3～4 h。冷却，取出，对于灰化不彻底的试样，加数滴硝酸，小火加热，小心蒸干，再转入 550℃马弗炉中，继续灰化 1～2 h，至试样呈白灰状，冷却，取出，用适量硝酸溶液(1＋1)溶解并用水定容至 25 mL 或 50 mL。同时做试剂空白实验。

(2)标准溶液配制

①锌标准储备液(1 000 mg/L)。准确称取 1.2447 g(精确至 0.0001 g)氧化锌(ZnO，CAS 号：1314－13－2，纯度＞99.99%)，加少量硝酸溶液(1＋1)，加热溶解，冷却后移入 1 000 mL 容量瓶，加水至刻度，混匀。

②锌标准中间液(10.0 mg/L)。准确吸取锌标准储备液(1 000 mg/L)1.00 mL 于 100 mL 容量瓶中，加硝酸溶液(5＋95)至刻度，混匀。

③锌标准系列溶液。分别准确吸取锌标准中间液 0、1.00、2.00、4.00、8.00 和 10.0 mL 于 100 mL 容量瓶中，加硝酸溶液(5＋95)至刻度，混匀。此锌标准系列溶液的质量浓度分别为 0、0.100、0.200、0.400、0.800 和 1.00 mg/L。

(3)进样检测

采用原子吸收光谱仪，配火焰原子化器，附锌空心阴极灯。将仪器性能调至最佳状态(如表 5-3 仪器参考条件)。

表 5-3　原子吸收分析参考条件

元素	波长/nm	狭缝/nm	灯电流/mA	燃烧头高度/mm	空气流量/(L/min)	乙炔流量/(L/min)
锌	213.9	0.2	3～5	3	9	2

①标准曲线的制作。将锌标准系列溶液按质量浓度由低到高的顺序分别导入火焰原子化器，原子化后测其吸光度值，以质量浓度为横坐标，吸光度值为纵坐标，制作标准曲线。

②试样测定。在与测定标准溶液相同的实验条件下，将空白溶液和试样溶液分别导入火焰原子化器，原子化后测其吸光度值，与标准系列比较定量。

3. 结果计算

结合标准曲线和计算公式(5-2)进行结果计算：

$$X=\frac{(\rho-\rho_0)\times V}{m} \tag{5-2}$$

式中：X——试样中锌的含量，mg/kg 或 mg/L；ρ——试样溶液中锌的质量浓度，mg/L；ρ_0——空白溶液中锌的质量浓度，mg/L；V——试样消化液的定容体积，mL；m——试样称样量或移取体积，g 或 mL。

当锌含量≥10.0 mg/kg(或 mg/L)时，计算结果保留三位有效数字；当锌含量＜10.0 mg/kg(或 mg/L)时，计算结果保留两位有效数字。

本方法适用于食品中锌的测定，当称样量为 0.5 g（或 0.5 mL），定容体积为 25 mL 时，方法的检出限为 1 mg/kg（或 1 mg/L），定量限为 3 mg/kg（或 3 mg/L）。

5.3　原子荧光光谱法

5.3.1　原子荧光光谱法概述

1964 年，Winefordner 和 Vickers 首先提出将原子荧光光谱法作为一种分析化学方法。原子荧光光谱法发展于原子发射光谱法和原子吸收光谱法基础上，在兼具二者优点的同时，也摒弃了二者的不足，具有灵敏度高、检出限低、谱线简单、线性范围宽、多元素可同时测定等诸多优点，是一种性能优异的痕量分析检测技术。原子荧光光谱分析技术近年来得到很大的发展，已广泛应用于冶金、地质、石油、农业、食品、生物医学、环境科学等诸多领域。尤其是氢化物发生—原子荧光光谱分析技术的发展，使已成为食品卫生、饮用水、矿泉水中重金属检测的国家标准方法。

原子荧光光谱法的基本原理是待测物质在原子化器中变为基态原子蒸气，基态原子蒸气吸收光源的特征辐射后激发到高能态，然后在返回基态的过程中发射出与原激发波长相同或不同的原子荧光，各种元素都有其特征的原子荧光光谱，最后根据荧光强度来确定待测元素含量。原子荧光光谱法和原子吸收光谱法的基本原理有相同之处，即荧光强度、吸收强度与元素性质、谱线特征，及外界条件间的依赖关系基本类似。但二者间也存在根本区别，表 5-4 从检出限、精密度、样品消耗量等多方面比较二者的优缺点。

表 5-4　原子吸收法与原子荧光法的性能比较

比较项目	原子吸收光谱法		原子荧光光谱法	
	火焰法	石墨炉法	火焰法	石墨炉法
检出限	好	很好	好	很好
精密度	很好	较差	好	较差
准确度	很好	差	好	差
样品消耗量	多	极少	多	极少
多元素同时测定能力	差	差	尚好	尚好
校正曲线线性范围	较窄	较窄	较宽	较宽
操作简便性	简单	较简单	简单	较简单
设备费用	较低	较高	较低	较高

5.3.2　原子荧光光谱法在食品分析中的应用

原子荧光光谱仪与原子吸收光谱仪在一些组件上是相同的。但是为了避免激发光源发射的谱线对原子荧光检测信号的影响，原子荧光光度计的光源、原子化器和分光系统不在一条直线上，而是呈直角排列。该仪器结构简单、性能较好、成本较低，具有重要的实用价值。

原子荧光光谱法最开始是应用于冶金工业和地质分析领域。近年来，随着人们生活水平的提高和对生态环境的日益重视，原子荧光光谱法逐渐在食品安全和环境检测方面得到较多应用，在样品消解技术、干扰消除技术、装置和检测方法的简化技术等方面的研究也取得了较大的进展。

中华人民共和国国家标准 GB 5009.11—2014《食品安全国家标准　食品中总砷及无机砷的测定》、GB 5009.16—2014《食品安全国家标准　食品中锡的测定》、GB 5009.17—2014《食品安全国家标准　食品中总汞及有机汞的测定》、GB 5009.93—2017《食品安全国家标准　食品中硒的测定》、GB 5009.137—2016《食品安全国家标准　食品中锑的测定》等都采用了原子荧光光谱法。

分析实例：氢化物原子荧光光谱法测定罐头食品中锡元素，依据 GB 5009.16—2014。

1. 分析原理

试样经消化后，在硼氢化钠的作用下生成锡的氢化物（SnH_4），并由载气带入原子化器中进行原子化，在锡空心阴极灯的照射下，基态锡原子被激发至高能态，在去活化回到基态时，发射出特征波长的荧光，其荧光强度与锡含量成正比，与标准系列溶液比较定量。

2. 操作步骤

（1）样品处理及制备

罐头食品全量取可食内容物制成匀浆或者均匀粉末。

①试样消化。称取试样 1.0～5.0 g 于锥形瓶中，加入 20.0 mL 硝酸与高氯酸混合溶液（4＋1），加 1.0 mL 硫酸，3 粒玻璃珠，放置过夜。次日置电热板上加热消化，如酸液过少，可适当补加硝酸，继续消化至冒白烟，待液体体积近 1 mL 时取下冷却。用水将消化试样转入 50 mL 容量瓶中，加水定容至刻度，摇匀备用。同时做空白实验（如试样液中锡含量超出标准曲线范围，则用水进行稀释，并补加硫酸，可使最终定容后的硫酸浓度与标准系列溶液相同）。

②取定容后的上述试样 10 mL 于 25 mL 比色管中，加入 3.0 mL 硫酸溶液（1＋9），加入 2.0 mL 硫脲（150 g/L）＋抗坏血酸（150 g/L）混合溶液，再用水定容至 25 mL 摇匀。

（2）标准溶液配置

①锡标准溶液（1.0 mg/mL）。准确称取 0.1 g（精确到 0.0001 g）金属锡标准品（纯度为 99.99%或经国家认证并授予标准物质证书的标准物质），置于小烧杯中，加入 10.0 mL 硫酸，盖上表面皿，加热至锡完全溶解，移去表面皿，继续加热至发生浓白烟，冷却，慢慢加入 50 mL 水，移入至 100 mL 容量瓶中，用硫酸溶液（1＋9）多次洗涤烧杯，洗液并入容量瓶中，并稀释至刻度，混匀。

②锡标准使用液（1.0 μg/mL）。

准确吸取锡标准溶液 1.0 mL 于 100 mL 容量瓶中，用硫酸溶液（1＋9）定容至刻度。

此溶液浓度为 10.0 μg/mL。准确吸取该溶液 10.0 mL 于 100 mL 容量瓶中，用硫酸溶液(1+9)定容至刻度。

③标准系列溶液的配制—标准曲线。分别吸取锡标准使用液 0.00、0.50、2.00、3.00、4.00、5.00 mL 于 25 mL 比色管中，分别加入硫酸溶液(1+9)5.00、4.50、3.00、2.00、1.00、0.00 mL，加入 2.0 mL 硫脲(150 g/L)+抗坏血酸(150 g/L)混合溶液，再用水定容至 25 mL。该标准系列溶液浓度为 0、20、80、120、160、200 ng/mL。

(3)进样检测

设定好仪器测量最佳条件，根据所用仪器的型号和工作站设置相应的参数，点火并对仪器进行预热，预热 30 min 后分别进行标准曲线及试样溶液的测定。

原子荧光光谱仪分析参考条件：负高压：380 V；灯电流：70 mA；原子化温度：850℃；炉高：10 mm；屏蔽气流量：1 200 mL/min；载气流量：500 mL/min；测量方式：标准曲线法；读数方式：峰面积；延迟时间：1 s；读数时间：15 s；加液时间：8 s；进样体积：2.0 mL。

3. 结果计算

结合标准曲线及公式(5-3)进行结果计算：

$$X = \frac{(c_1 - c_0) \times V_1 \times V_3}{m \times V_2 \times 1\,000} \tag{5-3}$$

式中：X——试样中锡含量，mg/kg；c_1——试样消化液测定浓度，ng/mL；c_0——试样空白消化液浓度，ng/mL；V_1——试样消化液定容体积，mL；V_3——测定用溶液定容体积，mL；m——试样质量，g；V_2——测定用所取试样消化液的体积，mL；1 000——换算系数。

当计算结果小于 10 mg/kg 时保留小数点后两位数字，大于 10 mg/kg 时保留两位有效数字。当取样量为 1.0 g 时，本方法定量限为 2.510 mg/kg。

复习思考题

1. 原子吸收光谱法，采用峰值吸收进行定量的条件和依据是什么？

2. 何为锐线光源？在原子吸收光谱分析中为什么要采用锐线光源？

3. 与火焰原子化相比，石墨炉原子化有哪些优缺点？

4. 原子吸收光谱的定量分析方法有哪些？各有什么优缺点？

5. 如何保证和提高原子吸收光谱分析的灵敏度和准确度？怎样选择最佳分析条件？

6. 原子荧光光谱法和原子吸收光谱法的异同点？

第6章 分子吸收光谱分析

　　光谱分析方法具有快速、准确、适合于进行微量甚至痕量分析，且大部分为非破坏性实验的特点，可为食品成分分析、食品质量与安全控制提供丰富的组成和结构信息，现已成为食品生产、科研和检验等领域中强有力的分析工具。

　　本章主要介绍紫外—可见光谱及红外吸收光谱法。当不同能量的电磁波照射物质时，物质的分子或原子吸收一定波长的电磁波后从基态跃迁到激发态，然后这些激发态通过在各个方向上以相同的或较低的频率发射出所吸收的辐射，或者通过"无辐射"弛豫释放能量，一般在 10^{-8} s 左右回到基态，这将引起物质不同运动状态的变化，并在连续电磁波谱上出现吸收信号，其中红外光导致分子的振动和转动状态的变化，紫外—可见光将引起价电子能级跃迁。与此对应的光谱分别是红外光谱、紫外—可见光谱，他们从不同的角度给出了分子的结构信息。

6.1 紫外—可见吸收光谱法

6.1.1 紫外—可见吸收光谱法概述

　　分子的紫外—可见吸收光谱法是基于分子内电子跃迁产生的吸收光谱进行分析的一种常用的光谱分析法。分子在紫外—可见区的吸收与其电子结构紧密相关。紫外光谱的研究对象大多是具有共轭双键结构的分子。紫外—可见以及近红外光谱区域的详细划分如图 6-1 所示。紫外—可见光区一般用波长（nm）表示。其研究对象大多在 200～380 nm 的近紫外光区和/或 380～780 nm 的可见光区有吸收。紫外—可见吸收测定的灵敏度取决于产生光吸收分子的摩尔吸光系数。该法仪器设备简单，应用十分广泛。如医院的常规化验中，95％的定量分析都用紫外—可见分光光度法。在化学研究中，如平衡常数的测定、求算主—客体结合常数等都离不开紫外—可见吸收光谱。

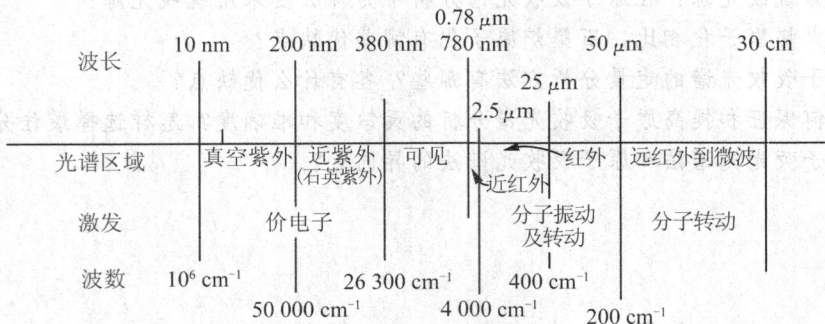

图 6-1 紫外可见区域

1. 分子结构与吸收光谱

(1)电子能级和跃迁

从化学键性质考虑，与有机物分子紫外—可见吸收光谱有关的电子是：形成单键的 σ 电子，形成双键的 π 电子以及未共享的或称为非键的 n 电子。有机物分子内各种电子的能级高低次序如图 6-2 所示，$\sigma^* > \pi^* > n > \pi > \sigma$。标有 * 者为反键电子。

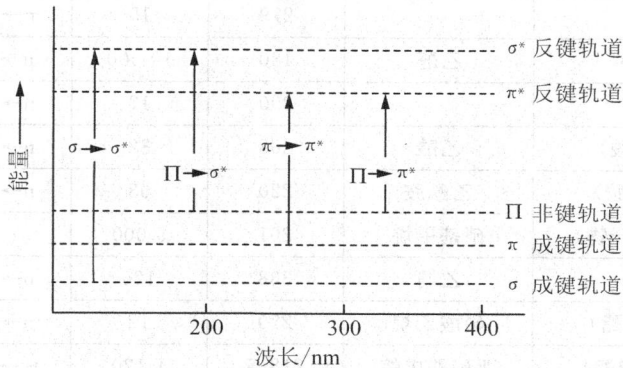

图 6-2　电子能级及电子跃迁示意图

可见，$\sigma \rightarrow \sigma^*$ 跃迁所需能量最大，$\lambda_{max} < 170$ nm，位于远紫外区或真空紫外区。一般紫外—可见分光光度计不能用来研究远紫外吸收光谱。如甲烷，$\lambda_{max} = 125$ nm。饱和有机化合物的电子跃迁在远紫外区。

(2)生色团

$\pi \rightarrow \pi^*$ 所需能量较少，并且随双键共轭程度的增加，所需能量在降低。若两个以上的双键被单键隔开，则所呈现的吸收是所有双键吸收的叠加；若双键共轭，则吸收大大增强，波长红移，λ_{max} 和 ε_{max} 均增加。如单个双键，一般 λ_{max} 为 150~200 nm，乙烯的 $\lambda_{max} = 185$ nm；而共轭双键如丁二烯 $\lambda_{max} = 217$ nm，己三烯 $\lambda_{max} = 258$ nm。

$n \rightarrow \pi^*$ 所需能量最低，在近紫外区，有时在可见区。但 $\pi \rightarrow \pi^*$ 跃迁概率大，是强吸收带；而 $n \rightarrow \pi^*$ 跃迁概率小，是弱吸收带，一般 $\varepsilon_{max} < 500$。许多化合物既有 π 电子又有 n 电子，在外来辐射作用下，既有 $\pi \rightarrow \pi^*$ 又有 $n \rightarrow \pi^*$ 跃迁。如—COOR 基团，$\pi \rightarrow \pi^*$ 跃迁 $\lambda_{max} = 165$ nm，$\varepsilon_{max} = 4\,000$；而 $n \rightarrow \pi^*$ 跃迁 $\lambda_{max} = 205$ nm，$\varepsilon_{max} = 50$。$\pi \rightarrow \pi^*$ 和 $n \rightarrow \pi^*$ 跃迁都要求有机化合物分子中含有不饱和基团，以提供 π 轨道。含有 π 键的不饱和基团引入饱和化合物中，使饱和化合物的最大吸收波长移入紫外—可见区。这类能产生紫外—可见吸收的官能团，如一个或几个不饱和键，$C=C$、$C=O$、$N=N$、$N=O$ 等称为生色团(chromophore)。某些生色团的吸收特性见表 6-1。

表 6-1　某些生色团及相应化合物的吸收特性

生色团	化合物	λ_{max}/nm	ε_{max}	跃迁类型	溶剂
R—CH=CH—R′(烯)	乙烯	165	15 000	$\pi \rightarrow \pi^*$	气体
		193	10 000	$\pi \rightarrow \pi^*$	气体

续表

生色团	化合物	λ_{max}/nm	ε_{max}	跃迁类型	溶剂
R—C≡C—R′(炔)	辛炔-2	195	21 000	$\pi \rightarrow \pi^*$	庚烷
		223	160		庚烷
R—CO—R′(酮)	丙酮	189	900	$n \rightarrow \sigma^*$	正己烷
		279	15	$n \rightarrow \pi^*$	正己烷
R—CHO(醛)	乙醛	180	10 000	$n \rightarrow \sigma^*$	气体
		290	17	$n \rightarrow \pi^*$	正己烷
R—COOH(羧酸)	乙酸	208	32	$n \rightarrow \pi^*$	95%乙醇
R—CONH$_2$(酰胺)	乙酰胺	220	63	$n \rightarrow \pi^*$	水
R—NO$_2$(硝基化合物)	硝基甲烷	201	5 000		甲醇
R—CN(腈)	乙腈	338	126	$n \rightarrow \pi^*$	四氯乙烷
R—ONO$_2$(硝酸酯)	硝酸乙烷	270	12	$n \rightarrow \pi^*$	二氧六环
R—ONO(亚硝酸酯)	亚硝酸戊烷	218.5	1 120	$\pi \rightarrow \pi^*$	石油醚
R—NO(亚硝基化合物)	亚硝基丁烷	300	100		乙醇
R—N=N—R′(重氮化合物)	重氮甲烷	338	4	$\pi \rightarrow \pi^*$	95%乙醇
R—SO—R′(亚砜)	环己基甲基亚砜	210	1 500		乙醇
R—SO$_2$—R′(砜)	二甲基砜	<180			

有些基团本身在 200 nm 以上不产生吸收,但这些基团的存在能增强生色团的生色能力(改变分子的吸收位置和增加吸收强度),这类基团称为助色团(auxochrome)。一般助色团为具有孤对电子的基团,如—OH、—NH$_2$、—SH 等。

含有生色团或生色团与助色团的分子在紫外光区有吸收并伴随分子本身电子能级的跃迁,不同官能团吸收不同波长的光。作波长扫描,记录吸光度对波长的变化曲线,就能得到该物质的紫外—可见吸收光谱。

6.1.2 影响紫外—可见吸收光谱的因素

1. 各种因素对吸收谱带的影响

各种因素对吸收谱带的影响表现为谱带位移、谱带强度的变化、谱带精细结构的出现或消失等对吸收谱带的影响。谱带位移包括蓝移(或紫移,hypsochromic shift or blue shift)和红移(bathochromic shift or red shift)。蓝移(或紫移)指吸收峰向短波长移动,红移指吸收峰向长波长移动。吸收峰强度变化包括增色效应(hyperchromic effect)和减色效应(hypochromic effect)。前者指吸收强度增加,后者指吸收强度减小。各种因素对吸收谱带的影响结果如图 6-3 所示。

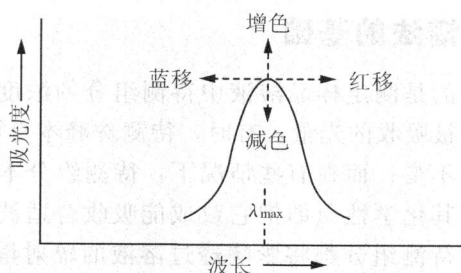

图 6-3　蓝移、红移、增色、减色示意图

2. 取代基的影响

在光的作用下，有机化合物都有发生极化的趋向，即能转变为激发态。当共轭双键的两端有容易使电子流动的基团（给电子基或吸电子基）时，极化现象显著增加。给电子基为带有未共用电子对的原子的基团。如—NH_2、—OH 等。未共用电子对的流动性很大，能够和共轭体系中的电子相互作用引起永久性的电荷转移，形成 $p-p$ 共轭，降低了能量，l_{max} 红移。吸电子基是指易吸引电子而使电子容易流动的基团。如：

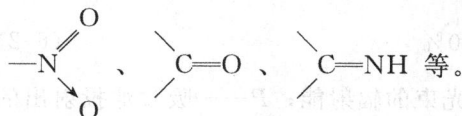

$$—N\begin{matrix}O\\\\O\end{matrix}\quad、\quad C=O\quad、\quad C=NH\ 等。$$

共轭体系中引入吸电子基团，也产生 p 电子的永久性转移，l_{max} 红移。电子流动性增加，吸收光子的吸收分数增加，吸收强度即增加。给电子基与吸电子基同时存在时，可产生分子内电荷转移吸收，l_{max} 红移，e_{max} 增加。

给电子基的给电子能力顺序为：

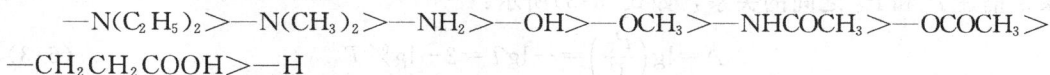

—$N(C_2H_5)_2$＞—$N(CH_3)_2$＞—NH_2＞—OH＞—OCH_3＞—$NHCOCH_3$＞—$OCOCH_3$＞—CH_2CH_2COOH＞—H

吸电子基的作用强度顺序是：

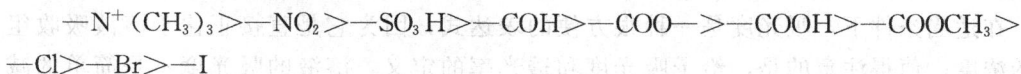

—$N^+(CH_3)_3$＞—NO_2＞—SO_3H＞—COH＞—COO—＞—$COOH$＞—$COOCH_3$＞—Cl＞—Br＞—I

3. 溶剂的影响

一般溶剂极性增大，$p→p^*$ 跃迁吸收带红移，$n→p^*$ 跃迁吸收带蓝移。分子吸光后，成键轨道上的电子会跃迁至反键轨道形成激发态。一般情况下分子的激发态极性大于基态。溶剂极性越大，分子与溶剂的静电作用越强，使激发态稳定，能量降低。即 p^* 轨道能量降低大于轨道能量降低，因此波长红移。而产生 $n→p^*$ 跃迁的 n 电子由于与极性溶剂形成氢键，基态 n 轨道能量降低大，$n→p^*$ 跃迁能量增大，吸收带蓝移。

4. 质子性溶剂的影响

质子性溶剂容易与吸光分子形成氢键。当生色团为质子受体时吸收峰蓝移，生色团为质子给体时吸收峰红移。

6.1.3 定量吸收光谱法的基础

定量吸收光谱法的目的是测定样品溶液中待测组分的浓度。分析的依据是测定一束参照光穿过样品溶液而被吸收的光量。有时，待测珠峰本身可吸收紫外可见光辐射，在分析过程中其化学性质不变；而在有些情况下，待测组分本身并不吸收紫外可见光辐射，必须在分析中改变其化学性质即把它改成能吸收合适波长辐射的物质。在这两种情况下，样品溶液中的待测组分都将影响透过溶液的辐射量，这样，样品溶液的相对透光率或吸光度可作为样品溶液中待测组分浓度的测定指标。

在实际应用中，将载有样品溶液的比色池置于一个选定波长的光路中，以参比样为空白，测定透过样品溶液的光量，透过样品溶液的相对光量就可用于确定待测组分的浓度。吸收池的入射光 P_0 大大地高于池另一面的透射光 P，光束透过溶液后辐射能的损失是由于吸收介质捕获光子造成的。入射光与透射光能量之间的关系可以用溶液的透光率和吸光度来表示。溶液的透光率（T）可根据式（6-1）用 P_0 和 P 来确定，透光率也可用式（6-2）以百分率表示。

$$T = \frac{P}{P_0} \tag{6-1}$$

$$\%T = \frac{P}{P_0} \times 100\% \tag{6-2}$$

式中：T——透光率；P_0——入射在吸收池上的光束的辐射能；P——吸收池投射出的光束的辐射能；$\%T$——透光率。

必须注意的是，当用 T 和 $\%T$ 表示溶液对入射光的吸收时，T 和 $\%T$ 并不直接正比于样品溶液中有吸收的待测组分浓度，由于分析人员通常对待测组分的浓度感兴趣，用透光率与浓度间的非线性关系来表示就显得不方便，于是就用吸光度（A）与 T 的关系来描述 P 和 P_0 之间的关系，如式（6-3）所示：

$$A = \lg\left(\frac{P_0}{P}\right) = -\lg T = 2 - \lg\%T \tag{6-3}$$

式中：A——吸光度；T 和 $\%T$——由式（6-1）和式（6-2）表示。

在适当条件下，吸光度是一种很方便的表达式，因为它是直接正比于溶液吸收组分的浓度。值得注意的是，给予吸光度和透光率的定义，溶液的吸光度不是简单的减去透光率就能得到的。在定量光谱法中，单色光中没有透过的部分（$1-\%T$），并不等于溶液的吸光度（A）。

溶液的吸光度与吸收组分的浓度之间的关系可根据比尔定律，由式（6-4）表示：

$$A = abc \tag{6-4}$$

式中：A——吸光度；c——吸收组分的浓度；b——透过溶液的光程，cm；a——吸收系数。

6.1.4 常见紫外—可见光谱法的仪器构成

紫外分光光度计是利用物质对光的选择吸收现象，进行物质的定性和定量分析的光电式分析仪器，也是一种光谱仪器。根据电磁辐射原理，不同的物质具有不同的选择吸收，也即具有不同的吸收光谱。通过对吸收光谱的分析可方便地判断物质的内部结构和化学组成。随着工业生产和科学技术的不断发展，以及人们对物质认识的不断深化，迫切要求发展新的先进的分析技术和仪器，分光光度计就是在这种历史条件下问世和发展的。

分光光度计是分光仪器和光度计的一种组合。按工作光谱原理的不同，分光光度计可分为研究物质分子吸收光谱的分光光度计、研究物质中原子吸收的原子吸收分光光度计、研究物质分子荧光发射的荧光分光光度计和研究物质原子荧光发射的原子荧光分光光度计、研究分子喇曼散射光谱的喇曼光谱仪等。由于分光光度法具有分析精度高、测量范围广、分析速度快、样品用量少等优点，分光光度计已成为探索自然、改造自然、发展科学技术和生产的强有力的工具，是现代化分析实验室必备的常规仪器之一。其基本组成包括以下几方面。

1. 光源

光源指一种可以发射出供溶液或吸收物质选择性吸收的光。光源应在一定光谱区域内发射出连续光谱，并有足够的强度和良好的稳定性，在整个光谱区域内光的强度不应随波长有明显的变化。实际上许多光源的强度都随波长变化而变化。为了解决这一问题，在分光光度计内装有光强度补偿装置，使不同波长下的光强度达到一致。

可见光分光光度计常用光源是钨灯，能发射出 $350\sim2\,500$ nm 波长范围的连续光谱，适用范围是 $360\sim1\,000$ nm。现在常用光源是卤钨灯，其特点是发光效率大大提高，灯的使用寿命也大大延长。

紫外光光度计常用氢灯作为光源，其发射波长的范围为 $150\sim400$ nm。因为玻璃吸收紫外光而石英不吸收紫外光，因此氢灯灯壳用石英制成。为了使光源稳定，分光光度计均配有稳压装置。

2. 单色器

将来自光源的复合光分散为单色光的装置称为分光系统或单色器。单色器可分成滤光片、棱镜和光栅。滤光片能让某一波长的光透过，而其他波长的光被吸收，滤光片可分成吸收滤光片、截止滤光片、复合滤光片和干涉滤光片。棱镜是用玻璃或石英材料制成的一种分光装置，其原理是利用光从一种介质进入另一种介质时，光的波长不同在棱镜内的传播速度不同、其折射率不同而将不同波长的光分开的，玻璃棱镜色散能力大，分光性能好，能吸收紫外线而用于可见光分光光度计，石英棱镜可用于可见光和紫外光分光光度计。光栅是分光光度计常用的一种分光装置，其特点是波长范围宽，可用于紫外、可见和近红外光区，而且分光能力强，光谱中各谱线的宽度均匀一致。

3. 比色杯

比色杯又称为吸收池或比色皿。比色杯常用无色透明、耐腐蚀和耐酸碱的玻璃或石英材料做成，用于盛放待比色溶液的一种装置。玻璃比色杯用于可见光区，而石英比色杯用于紫外光区，比色杯的光径为 $0.1\sim10$ cm，一般为 1 cm。同一台分光光度计上的比色杯，其透光度应一致，在同一波长和相同溶液下，比色杯间的透光度误差应小于 0.5%。使用时应对比色杯进行校准。

4. 检测器

检测器是将透过溶液的光信号转换为电信号，并将电信号放大的装置。常用的检测器为光电管和光电倍增管。

5. 显示器

显示器是将光电管或光电倍增管放大的电流通过仪表显示出来的装置。常用的显示器有检流计、微安表、记录器和数字显示器。检流计和微安表可显示透光度($T\%$)和吸光度(A)。数字显示器可显示%T、A 和 c(浓度)。

6.1.5　紫外—可见光谱技术的应用

1. 定性分析

(1)判断异构体

紫外吸收光谱的重要应用在于测定共轭分子。共轭体系越大，吸收强度越大，波长红移。如：　　　　　和　　　　　。

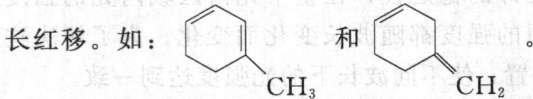

前者有紫外吸收，后者的 $l_{max}<200$ nm。同样，$CH_3COCH_2CH_2COCH_3$ 的最大吸收波长要短于 $CH_3CH_2CO—COCH_2CH_3$。下面两个酮式和烯醇式异构体中，烯醇式结构的摩尔吸光系数要远大于酮式，也是由于烯醇式结构中有双键共轭之故。

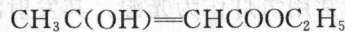

$$CH_2COCH_2COOC_2H_5 \qquad\qquad CH_3C(OH)=CHCOOC_2H_5$$

酮式($l_{max}=275$ nm，$e=100$)　　　烯醇式($l_{max}=245$ nm，$e=18\ 000$)

(2)判断共轭状态

可以判断共轭生色团的所有原子是否共平面等。如二苯乙烯(ph—CH=CH—ph)顺式比反式不易共平面，因此，反式结构的最大吸收波长及摩尔吸光系数要大于顺式。

顺式：$l_{max}=280$ nm，$e=13\ 500$；反式：$l_{max}=295$ nm，$e=27\ 000$

(3)已知化合物的验证

与标准谱图比对，紫外—可见吸收光谱可以作为有机化合物结构测定的一种辅助手段。

2. 定量分析

紫外—可见吸收光谱是进行定量分析最广泛使用的、最有效的手段之一。尤其在医院的常规化验中，95%的定量分析都用此法。其用于定量分析的优点如下所述。

①可用于无机及有机体系。

②一般可检测 $10^{-5}\sim10^{-4}$ mol/L 的微量组分，通过某些特殊方法(如胶束增溶)可检测 $10^{-7}\sim10^{-6}$ mol/L 的组分。

③准确度高，一般相对误差 1%~3%，有时可降至百分之零点几。

3. 分析条件的选择

(1)溶剂的选择

所选择的溶剂应易于溶解样品并不与样品作用，且在测定波长区间内吸收小，不易挥发。表 6-2 为某些常见溶剂，可用于测定的最短波长。

表 6-2　常见溶剂可用于测定的最短波长

可用于测定的最短波长/nm	常见溶剂
200	蒸馏水，乙腈，环己烷
220	甲醇，乙醇，异丙醇，醚
250	二氧六环，氯仿，醋酸
270	N，N-二甲基甲酰胺(DMF)，乙酸乙酯，四氯化碳（275）
290	苯，甲苯，二甲苯
335	丙酮，甲乙酮，吡啶，二硫化碳(380)

(2)测定浓度的选择

溶液吸光度值在 $0.2 \sim 0.8$ 误差小($A = 0.434$ 时误差最小)，因此可根据样品的摩尔吸光系数确定最佳浓度。

(3)测定波长的选择

一般选择最大吸收波长以获得高的灵敏度及测定精度。但所选择的测定波长下其他组分不应有吸收，否则需选择其他吸收峰。

4. 定量分析方法

(1)标准曲线法

配制不同浓度的标准溶液，由低浓度至高浓度依次测定其吸收光谱，作一定波长下浓度与吸光度的关系曲线，在一定范围内应得到通过原点的直线，即标准曲线。通过标准曲线可求得未知样品的浓度。那些符合比尔定律的体系用线性标准曲线表示，有些分析项目则用非线性标准曲线，但因线性关系的数据处理比较容易，所以通常应优先考虑。非线性标准曲线则是由于体系中与浓度有关的化学变化，或者是由于测定的仪器固有的限制造成的，如图 6-4 所示。

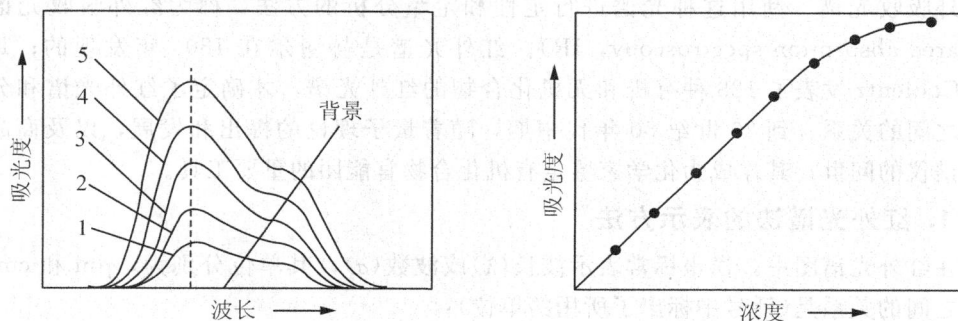

图 6-4　标准曲线法示意图

(2)标准加入法

样品组成比较复杂，难于制备组成匹配的标样时用标准加入法。将待测试样分成若干等份，分别加入不同已知量 0，c_1，c_2，$\cdots$，c_n 的待测组分配制成溶液。加入待测试样浓度由低至高依次测定上述溶液的吸收光谱，可作一定波长下浓度与吸光度的关系曲线，以得到一条直线。若直线通过原点，则样品中不含待测组分；若不通过原点，将直线在纵轴上的截距延长与横轴相交，交点离开原点的距离为样品中待测组分的浓度，如图 6-5 所示。

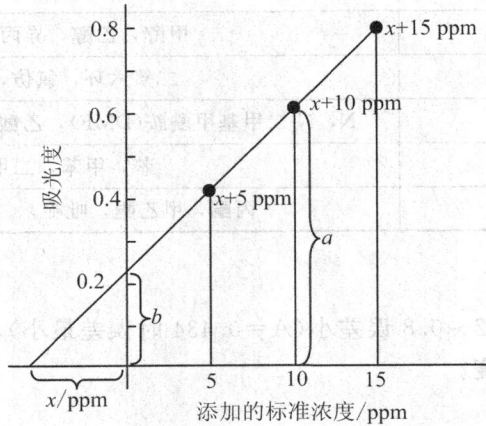

图 6-5　标准加入法示意图

6.2　红外吸收光谱法

6.2.1　概述

用波长连续变化的红外辐射照射物质的分子时，若红外辐射恰好具有使分子振动能级产生跃迁所需要的能量，分子则会吸收这一频率的红外光，由基态振动跃迁到较高的振动能级（伴随有转动能级的跃迁），产生与其结构相对应的振动——转动光谱，即红外吸收光谱。利用这种光谱进行定性和定量分析的方法，称为红外吸收光谱法（infrared absorption spectroscopy，IR）。红外光谱是赫谢尔在 1800 年发现的；1905 年，Coblentz 发表了 128 种有机和无机化合物的红外光谱，才确定了红外光谱和分子结构之间的关系。到 20 世纪 50 年代中期，随着量子理论的提出和发展，以及商品红外光谱仪的问世，其才成为化学家鉴定有机化合物官能团的重要工具。

1. 红外光谱法的表示方法

在红外光谱图中，横坐标常表示波长（λ）或波数（σ），其单位分别为，μm 和 cm^{-1}，它们之间的关系是（话号中标出了所用的单位）：

$$\sigma(cm^{-1}) = \frac{1}{\lambda(cm)} = \frac{10^4}{\lambda(\mu m)} \tag{6-5}$$

纵坐标一般表示百分透光度($T\%$)。

2. 特点

红外光的波长范围 0.8～1 000 μm。通常又将其划分为近红外(0.8～2.5 μm)、中红外(2.5～15 μm)和远红外(15～100 μm)三个区域，如表 6-3 所示。由于绝大多数有机化合物和无机离子的基频吸收带都出现在中红外区，因此中红外吸收光谱对研究化合物的分子结构和化学组成十分重要，其是红外光谱中应用最广泛的部分。

表 6-3　红外光谱区域

区域	$\lambda/\mu m$	σ/cm^{-1}	能级跃迁类型
近红外(泛频区)	0.75～2.5	4 000～13 300	O—H、N—H 及 C—H 键的倍频吸收
中红外(基频区)	2.5～25	400～4 000	分子中原子的振动和分子的转动
远红外(转动区)	25～1 000	10～400	分子转动、晶格振动

红外吸收光谱法与紫外—可见光谱法比较，具有以下特点

①紫外—可见光谱涉及的主要是电子能级跃迁，研究的主要对象是具有共轭体系的不饱和化合物。红外光谱法最重要的应用是有机化合物的鉴定和分子结构的测定。它的特点首先是应用面广，能对分子结构提供较多的、特征性的信息。除单原子分子和同核双原子分子(如 He、Ne、O_2、N_2 等)之外，几乎所有的有机化合物在红外光区均有吸收；并且除光学异构体外，理论上没有两种化合物的吸收方式完全相同，因此，红外光谱有"分子指纹"之称。

②无论固体、液体或气体样品都能通过不同的操作技术进行测定。

③分析速度快，样品用量少，属于非破坏分析。加之该方法还可以与色谱法、核磁共振法和质谱法等联用，可使它成为现代结构化学、分析化学中最常用的、不可缺少的分析测试手段。

④红外吸收光谱法可用于定量分析，但由于红外辐射能量较小，分析时需要较宽的光谱通带，而物质的红外吸收峰又较多，故难以找到不受干扰的监测峰。因此，红外吸收光谱法很少用于定量分析。

由于近红外区和远红外区的开拓，红外吸收光谱研究的对象已从有机化合物扩展到金属有机化合物、无机化合物和配合物。

6.2.2　红外吸收光谱法基本原理

1. 分子吸收红外辐射的条件

当分子的振动使分子中电荷的分布发生改变，即偶极矩发生有规则的变化时，便产生了一个可以与红外辐射电磁场相互作用的交变电磁场。当红外辐射的频率与分子振动能级能量差所对应的辐射频率相匹配时，两个交变电磁场就会因相互作用(振动偶合)而发生能量交换，从而使分子振动的振幅加大，即吸收红外辐射，发生振动能级的跃迁。因此，仅有偶极矩发生变化的振动才能吸收红外辐射，产生相应的红外吸收光谱。这种振动称为红外活性振动。而非极性的同核双原子分子发生振动和转动时，没

有偶极矩的变化，因此不吸收红外辐射。这种振动方式是非红外活性的。故在实际工作中不必考虑空气中 O_2 和 N_2 的影响。

2. 分子振动

如果分子振动时，其电荷分布也就是电荷偶极矩会发生变化，分子就能吸收红外辐射。尽管多原子的分子有许多可能的振动形式，其中造成偶极矩改变的最重要的震动是伸缩振动和弯曲（剪式）振动（如图 6-6 所示）。①伸缩振动（ν）。原子沿着价键方向做周期性的振动，改变键长而键角不变，这种振动方式称为伸缩振动。它又分为对称伸缩振动（ν_s）和反对称伸缩振动（ν_{as}）两种。对同一基团而言，后者的振动频率稍高于前者。②弯曲（剪式）振动（δ）。这种振动发生在与价键垂直的方向上，以周期性地改变键角而键长不变为特征。水分子的这些振动示例如图（6-6）所示。需要指出的是，伸缩振动比剪式振动的振动频率更高，这意味着需要更多的能量。

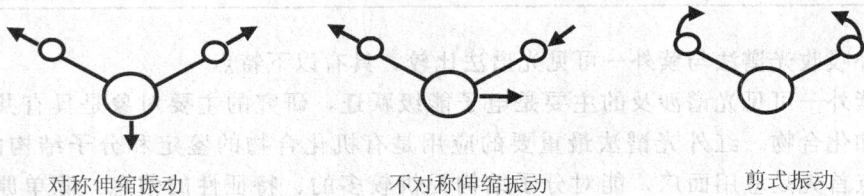

对称伸缩振动　　　　　　不对称伸缩振动　　　　　　剪式振动

图 6-6　水分子的振动方式

在通常状况下，分子大都位于振动基态。分子吸收红外辐射后主要发生由基态（$\nu=0$）向第一激发态（$\nu=1$）的跃迁，造成这种跃迁发生的辐射频率就等于其振动的初始频率，这一频率就是基础吸收频率，其相应的吸收谱带称为基频吸收带（强带），是进行分析的基础。分子由基态向第二、第三……激发态（$\nu=2,3,\cdots$）的跃迁，这些跃迁吸收的辐射频率是基础频率的 $2\sim3$ 倍，这些吸收就成为谐波，所产生的吸收带称为倍频带。这些跃迁的概率极小，其吸收强度比反基础吸收强度低。结果是分子中的每个官能团以特征的波长带而不以连续光谱形式吸收红外辐射。

忽略分子的转动，可将双原子分子中的两个原子视质量（g）为 m_1 和 m_2 的小球，连结两原子的化学键看成是质量可以忽略不计的弹簧。则分子中的原子沿着键轴方向在平衡位置附近的伸缩振动近似于简谐振动，其振动频率若用波数 $\sigma(cm^{-1})$ 表示（在红外光谱中频率常用波数表示），由虎克定律可以导出如公式（6-6）所示。

$$\sigma=\frac{1}{2\pi c}\sqrt{\frac{k}{\mu}} \tag{6-6}$$

式中：c——光速，3.0×10^{10} cm/s；k——键力常数，N/cm；μ——原子的折合质量，g：

$$\mu=\frac{m_1 m_2}{m_1+m_2} \tag{6-7}$$

如果分别用 M_1 和 M_2 表示两原子的摩尔质量，则式（6-7）的可以写为

$$\mu=\frac{M_1 M_2}{M_1+M_2}\cdot\frac{1}{N} \tag{6-8}$$

式中：N——阿伏伽德罗常数（6.023×10^{23}）。

式(6-6)称为分子振动方程式，σ 对应于分子由基态向第一激发态跃迁时所吸收的红外辐射波数。

将式(6-8)和各常数值代入式(6-6)中，化简后得式(6-9)。

$$\sigma = 1\,300 \sqrt{\frac{k(M_1 + M_2)}{M_1 M_2}} \tag{6-9}$$

根据红外谱图中谱带的吸收波数，再经式(6-9)便可以计算各种类型化学键的力的常数值。对于大多数单键，k 的平均值约为 5 N/cm，双键和三键的 k 值分别约为单键的 2 倍或 3 倍。利用这些 k 值和式(6-6)亦可估算各种键型基频吸收带的波数。k 值越大，μ 越小，振动吸收出现的波数越高。

6.2.3　红外吸收光谱与分子结构的关系

1. 基团特征频率和特征吸收谱带

在红外光谱图中，吸收带的位置和强度与分子中各基团的振动形式和所处的化学环境有关。研究了大量化合物的红外光谱后发现，不同化合物中的同种基团都在一定的波长范围内显示其特征吸收，受分子其余部分的影响较小。例如，羰基的伸缩振动吸收出现在 $1\,600 \sim 1\,900$ cm^{-1} 内。通常将这种出现在一定位置，能代表某种基团的存在且具有较高强度的吸收谱带称为基团的特征吸收谱带，其吸收最大值对应的波数位置称为基团特征频率。

2. 基团特征频率和红外光谱区域的关系

通常将中红外区分为 $1\,300 \sim 4\,000$ cm^{-1} 和 $600 \sim 1\,300$ cm^{-1} 两个区域。前一区域称为基团频率区。有机化合物在此区域内的吸收带有较明确的基团和频率的对应关系。吸收带一般由伸缩振动产生，振动频率较高，受分子其余部分的影响较小，是确定某些基团存在与否的主要依据。

不同的分子在 $600 \sim 1\,300$ cm^{-1} 区域内具有各自特有的吸收谱带。由于分子结构稍有不同，在该区的吸收就有细微差异，犹如人的指纹各有区别一样，因此这一区域称为指纹区。除某些单键的伸缩振动外，该区还包括 C—H 等键的变形振动产生的吸收带。

对于大多数的化合物来说，其红外光谱和结构的关系实际上只能通过经验积累，即在比较大量已知化合物的红外光谱的基础上，总结出各种基团的吸收规律，并将其编集成基团特征频率表。依据这些图表和化合物的红外光谱，我们可以较方便地推断出分子中可能存在的某些基团。此类图表在红外定性分析的初步工作中是很有用的。

(1)氢伸缩区($2\,500 \sim 4\,000$ cm^{-1})

这一区域主要包括由 O—H、N—H、C—H 和 S—H 键伸缩振动产生的吸收谱带。

在醇和酚的非极性溶剂稀溶液中，可以观察到游离态羟基的吸收带，它出现在 $3\,580 \sim 3\,650$ cm^{-1}，峰形尖锐，易于识别。随着溶液浓度的增加，氢键的形成使吸收频率移向低波数方向($3\,200 \sim 3\,550$ cm^{-1})，谱带的形状变宽且吸收较强。

羧酸中游离 O—H 键伸缩振动的吸收带在 $3\,550$ cm^{-1} 附近。由于分子间氢键的形成，羧酸通常以二聚体的形式存在，因此 O—H 键伸缩振动频率移至 $2\,500\sim3\,000\ \mathrm{cm^{-1}}$ 内，其谱带较醇和酚的谱带宽，是羧酸存在的重要标志之一。

在胺和酰胺等化合物分子中有 N—H 键时，因其伸缩振动频率在 $3\,300\sim3\,500\ \mathrm{cm^{-1}}$。在此范围内，一级胺或酰胺呈现了两个吸收峰，这是因—$\mathrm{NH_2}$ 基的对称与反对称伸缩振动引起的；二级胺或酰胺仅有一个 N—H 伸缩吸收带，而三级胺或酰胺分子中没有 N—H 键，故无此特征吸收。

酰胺也可以形成分子间氢键，但氨基形成的氢键没有羟基的强。

大多数有机化合物中都含有 C—H 键，其伸缩振动吸收谱带的特征性不强。通常饱和烃的 C—H 伸缩振动吸收出现在 $3\,000\ \mathrm{cm^{-1}}$ 以下；不饱和烃（烯烃、炔烃和芳香烃）的则出现在 $3\,000\ \mathrm{cm^{-1}}$ 以上。故 $3\,000\ \mathrm{cm^{-1}}$ 是区分饱和烃和不饱和烃的分界线。

（2）三键和积累双键区（$1\,900\sim2\,500\ \mathrm{cm^{-1}}$）

该区域内谱带较少，主要包括—C≡C—、—C≡N 等三键的伸缩振动和—C＝C＝C—等积累双键的反对称伸缩振动等引起的吸收带。

（3）双键伸缩振动区（$1\,200\sim1\,900\ \mathrm{cm^{-1}}$）

该区域的吸收谱带主要包括 C＝O、C＝C、C＝N 和 N＝O 等的伸缩振动、苯环的骨架振动产生的吸收带和芳香族化合物的倍频吸收带。

醛、酮、羧酸、酯、酰卤和酸酐等都是含羰基的化合物。它们在 $1\,600\sim1\,900\ \mathrm{cm^{-1}}$ 范围内有吸收很强的谱带，干扰很少而易于识别，这是由羰基的伸缩振动引起的。因为这种谱带的吸收位置受到与 C＝O 相连接的基团的影响，所以对判断羰基化合物的类型很有价值。

由 C＝C 伸缩振动在 $1\,620\sim1\,680\ \mathrm{cm^{-1}}$ 产生的吸收强度一般较弱。单核芳烃的 C＝C 伸缩振动吸收带出现在 $1\,600\ \mathrm{cm^{-1}}$（较弱）和 $1\,500\ \mathrm{cm^{-1}}$（较强）是鉴别分子中有无芳环存在的重要标志之一。

（4）单键伸缩和变形区（$600\sim1\,300\ \mathrm{cm^{-1}}$）

这一区域主要包括 C—H 和 N—H 键的变形振动，C—O、C—N 和 C—X（卤素原子）等键的伸缩振动以及 C—C 骨架振动等产生的吸收带。由于该区域内吸收谱带密集，并对分子结构上的变化十分敏感，分子结构的细微差异将引起该区吸收光谱的明显变化。因此，除极少数较强的特征吸收带外，一般难以确定吸收带的具体归属，可将其视为表示了整个分子的特征，对确认有机化合物十分有用。

甲基的对称变形振动在 $1\,370\sim1\,380\ \mathrm{cm^{-1}}$ 出现的吸收带很少受取代基的影响，干扰也较少，这是判断甲基是否存在的依据。如果在同一个碳原子上连接有两个或两个以上的甲基时，甲基对称变形振动之间的偶合可以引起谱带的分裂，出现两个吸收峰，由此可以判断异丙基或叔丁基的存在；当次甲基以直链方式连接时（$n\geqslant4$），其面内摇摆振动吸收出现在 $722\ \mathrm{cm^{-1}}$。随着分子中—$\mathrm{CH_2}$ 的数目减少，吸收谱带移向高波数方向，可以用来推测分子中直链的长短；烯烃的 C—H 面外摇摆振动在 $650\sim1\,000\ \mathrm{cm^{-1}}$ 可引起吸收，这个特性可以用来鉴别烯烃的取代类型。例如，反式构型的吸收位置出现在 $960\sim970\ \mathrm{cm^{-1}}$；而顺式构型的相应值出现在 $690\ \mathrm{cm^{-1}}$ 附近；苯环的 C—H 面外变形振动产生的较强的吸收，可在 $600\sim900\ \mathrm{cm^{-1}}$ 被观察到。再结合它在 $1\,667\sim2\,000\ \mathrm{cm^{-1}}$

区域的倍频或组合频吸收谱带，可以确定苯环的取代类型；C—O 伸缩振动往往会引起该区域中最强的吸收谱带，较易识别。但由于能和其他的振动产生偶合，因此吸收位置变动较大($1\,000\sim1\,300\ cm^{-1}$)；醇的 C—O 伸缩振动吸收带出现在 $1\,000\sim1\,200\ cm^{-1}$，吸收较强。在没有其他基团干扰的情况下，一级醇、二级醇和三级醇的吸收带分别位于 $1\,050$、$1\,100$、$1\,150\ cm^{-1}$附近，可对它们进行鉴别；酚的 C—O 伸缩振动吸收带位于 $1\,200\sim1\,300\ cm^{-1}$；酯的 C—O 反对称伸缩振动产生的吸收很强，峰形宽，在 $1\,150\sim1\,300\ cm^{-1}$，可以用来确定酯的存在。更为详细的基团特征频率表或各类有机化合物的特征吸收谱带可参看有关教材或专著。

6.2.4　红外分光光度计的组成

与紫外可见分光光度计相似，红外分光光度计也是由光源、单色器、吸收池、检测器和记录显示系统等部分组成的。

1. 光源

红外辐射光源通常为一惰性固体，用电加热可使其产生高强度的连续红外辐射。常用的有能斯特灯和硅碳棒。

能斯特灯是以锆、钇和钍的氧化物等烧结而成的空心或实心棒，工作温度在 $1\,700\,℃$左右。它具有负的电阻温度系数，在常温下不导电，因此在工作之前必须将其预热至 $700\,℃$以上才能成为导体。能斯特灯的使用寿命较长，稳定性较好，不需水冷却，且在短波范围内辐射效率高于硅碳棒。但其机械性能较差，价格较贵，操作不如硅碳棒方便。

硅碳棒由碳化硅烧结而成，工作温度为 $1\,300\,℃$左右。其特点是发光面积大。坚固，操作方便，价格便宜，在长波范围内辐射效率高于能斯特灯。但使用时需用水冷却电极接触点。

2. 单色器

色散元件包括棱镜和光栅。早期的红外分光光度计主要采用棱镜作色散元件，可以根据所需的工作波长范围，选择不同的透光材料制作。目前则广泛采用复制闪耀光栅作色散元件，它的分辨率高，色散性能几乎不随波长而变，还可以扩大测定波长的范围。

3. 吸收池

液体吸收池的透光窗片常用 NaCl 或 KBr 晶体制成。由于溶剂有吸收辐射的倾向，因此红外吸收池的厚度一般很薄($0.1\sim1\ mm$)。其中可拆池带有垫片，可以用来改变光程的长度，常用于定性分析。还有用微调螺丝连续改变厚度的可变池。固定池的厚度一定，可以用干涉法求得，用注射器填充试液或抽空后，在定量分析中使用。

4. 检测器

红外分光光度计的检测器主要有高真空热电偶、测辐射热计和高莱池（Golay cell）等，其原理是利用照射在检测器上的红外辐射产生热效应，转变为电讯号进行测量的。目前，在大多数仪器中采用的高真空热电偶，是将热电偶密封在高真空的玻璃容器内。当红外辐射从红外透光窗射入时，涂黑的金属箔会接受其能量产生热效应，使热电偶的热接点温度升高，并与其冷接点之间产生温差电势，于是在闭合回路中就有电流通过了。电流的大小可随红外辐射的强弱而变化。

此外，还有光电导池和热释电检测器，由于其灵敏度高且响应快，被用作傅立叶变换红外分光光度计中的检测器。

6.2.5　中红外分光光度计

中红外光谱法是测定样品对 $2.5 \sim 15 \ \mu m (400 \sim 650 \ cm^{-1})$ 区域的光的吸收能力，在这一区域中主要集中的是基础吸收。一般采用两种类型的光谱仪：散射仪和傅立叶变换仪进行测定，而傅立叶变换仪是应用较多的仪器。

1. 色散型红外光谱仪

色散型红外光谱仪大多数都是双光束型，其基本组成部件包括光源、单色器、样品池、放大器、检测器和记录器。光束红外分光光度计的工作原理如图 6-7 所示。由光源发出的红外辐射被分为强度相等的两光束。一束通过样品池，称为样品光束。另一束通过参比池，称为参比光束。它们随减光器的调制交替进入单色器，再进入检测器。当样品的吸收使两束光的强度不再相等时，就有信号从检测器里输出，驱动减光器进入参比光路，衰减参比光束的强度直至与样品光束的强度相等为止。显然被衰减的能量就是样品吸收的辐射能。如果记录笔与减光器同步运动，就可以直接记录下在不同波数范围内样品的透光度。

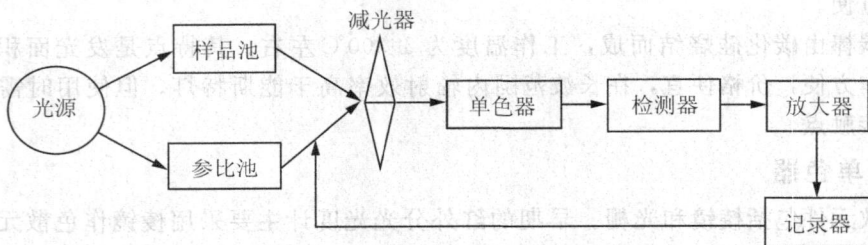

图 6-7　双光束红外分光光度计原理图

2. 傅立叶变换仪

傅立叶变换红外光谱仪是 20 世纪 70 年代出现的。主要是由光学检测系统和计算机系统两大部分组成的。由光源发出的红外辐射经干涉计（迈克尔逊干涉仪，如 6-8 所示）变成干涉图，再经过样品吸收后就可到具有样品信息的干涉图。由于这种干涉图与人们熟悉和沿用的红外光谱图完全不同，故信号经放大和记录后输入电子计算机作傅立叶变换，傅立叶变换仪将其转换成通常的透光度随波数（波长）变化的红外光谱图，并由记录仪绘出。

由于傅立叶变换仪不再采用狭缝装置，光能利用率大为提高，输出能量大，具有下列突出的优点。

①扫描速度快，是色散型仪器的数百倍，不仅可用于瞬时化学反应的研究，也使

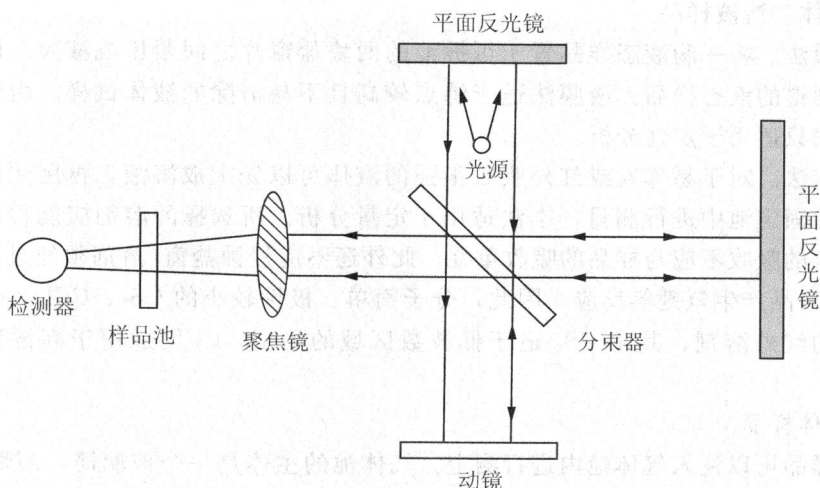

图 6-8 迈克尔逊干涉仪结构示意图

得色谱—红外联机的使用得以实现。

②灵敏度高，检出限达 $10^{-12} \sim 10^{-9}$ g。

③分辨率高，波数精度可达 0.01 cm^{-1}。

④测定范围宽，从 $10 \sim 10\,000$ cm^{-1}。

3. 试样的制备

气体、液体和固体样品均能通过不同的操作技术进行红外分析。在测定时，样品的浓度或测试厚度要适当，应使谱图中大部分吸收峰的百分透光度在 20%～80%。其次，样品要纯净，必要时可预先分离。此外试样中还不能含水，水在红外区一有吸收带，还会腐蚀吸收池的盐窗。

（1）固体试样的制备

①KBr 压片法。将均匀研细的 $1 \sim 2$ mg 试样与 $100 \sim 200$ mg 共同在玛瑙研钵中研磨均匀，然后在模具中经油压机压成透明薄片，即可制成可置于光路中进行测量的固体试样。由于纯 KBr 在 $400 \sim 4\,000$ cm^{-1} 无吸收，因此可获得样品的全部红外光谱。KBr 极易吸水，故须进行干燥处理。该法是测定团体样品时常采用的一种方法。

②研糊法。研糊法制备固体试样是将 1 mg 左右研细的试样与 $1 \sim 2$ 滴石蜡油于玛瑙研体中充分混合研成糊状，将糊状样品置于两块盐窗片之间压成透明薄膜，再进行测定。石蜡油的红外光谱比较简单，用作悬浮剂可以减少试样微粒对光的散射损失，但不宜用来测定饱和碳氢化合物（此时可用六氯丁二烯代替）。由于固体微粒在石蜡油中很难分散得非常均匀等原因，该法不适于定量分析。

③薄膜法。薄膜法主要用于高分子化合物的测定。可将它们直接加热熔融后涂制或压制成膜。也可将试样溶解在低沸点的易挥发溶剂中，溶在盐片上，待溶剂挥发后成膜测定。还可以将固体样品溶于适当溶剂后再注入波池中进行测定。

（2）液体和溶液样品

①液膜法。将一滴液态样品置于可拆池的两块盐窗片之间紧压成液膜。即可得到用液膜法制得的液态样品。液膜法适于沸点较高且不易清除的液体试样。由于光程不固定，该法只适用于定性分析。

②溶液法。对于易挥发或红外吸收很强的液体可以先配成溶液，再用注射器注入不同厚度的固定池中进行测量，本法适用于定量分析。所选择的溶剂应能很好地溶解样品且自身的吸收不应与样品的吸收重叠；此外还不应侵蚀盐窗（溶剂须经过严格的干燥），不与样品产生氢键等反应。因此，分子简单、极性较小的 CS_2、CCl_4、$CHCl_3$ 等是最常用的红外溶剂，其中 CS_2 适于低波数区域的测定，CCl_4 适用于高波数区域的测定。

（3）气体样品

气体样品可以注入气体池内进行测定。气体池的主体是一个玻璃筒，两端有 NaCl 或 KBr 盐片窗，分析前先将其抽成真空。

4. 中红外吸收光谱法的应用

作为分子的指纹。红外吸收光谱广泛应用于化合物官能团的鉴定和结构分析中。进行分析时，首先应根据试样的来源、性质和测定目的选择适宜的制样方法和光谱测量条件，绘制出所需的红外光谱图。对混合物则需进行分离后再行测定。

（1）有机官能团的吸收谱带

有机化合物的各种官能团在红外光谱的特定区域中会出现对应的吸收谱带，其位置大致固定。虽然受化学结构和外部条件的影响，吸收谱带会发生位移，但因有综合吸收峰位置、谱带强度、谱带形状及相关峰的存在，仍可以从谱带信息中反映出各种官能团的存在与否。

（2）红外光谱的表征

红外光谱通常是以波数或波长为 x 轴，透射率（T）或吸光度（A）为 y 轴绘图的。图 6-9 是聚苯乙烯的红外光谱图，通常是红外光谱表征方法的一个典型代表。在 $3\ 000\ cm^{-1}$ 以上和 $1\ 600\ cm^{-1}$ 处吸收，表示分子中有芳香环的存在，而存在于 $3\ 000\ cm^{-1}$ 以下的 —CH键振动峰则表示有饱和碳氢烃的存在。

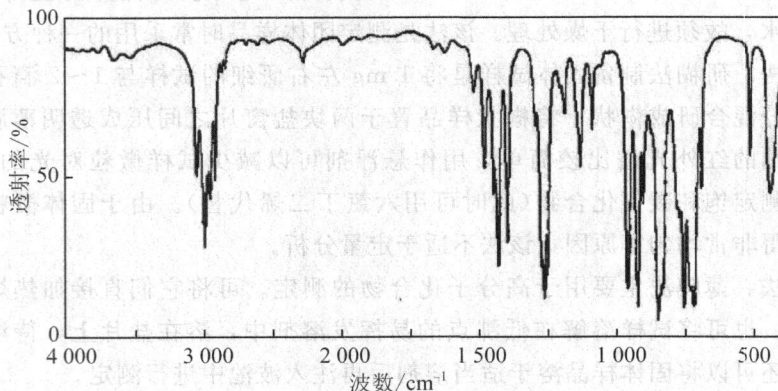

图 6-9　聚苯乙烯的红外光谱图

（3）定性分析

①已知化合物的验证。在相同的条件下，绘制被鉴定化合物和已知纯物质的红外光谱并进行对照，亦可查阅标准红外光谱图集。当两张谱图中各吸收谱带的位置、谱带的数目和形状以及相对强度都完全一致时，即可认为样品就是此种已知物。

②未知化合物结构的测定。

第一步：根据样品的元素分析值、分子质量、熔点和沸点等物理常数可初步估计化合物的类型。由元素分析值并结合分子质量可以推算化合物的经验式或化学式。

第二步：计算化合物的不饱和度，其经验公式如式（6-10）所示。

$$U(不饱和度)=1+n_4+\frac{1}{2}(n_3-n_1) \tag{6-10}$$

式中：n_4、n_3 和 n_1——四价、三价和一价原子的数目。

双键（$C=C$、$C=N$ 和 $C=O$ 等）和饱和环状结构的 $U=1$；三键（$C\equiv C$ 和 $C\equiv N$ 等）的 $U=2$；苯环的 $U=4$。

第三步：推断分子的结构。首先从基团频率区着手，根据特征吸收谱带的位置、强度和形状判断未知物分子中可能含有的基团和结构单元，并结合指纹区的吸收情况作进一步的验证。例如，在样品的谱图中，出现在 1 720 cm^{-1} 附近的强吸收带是由羰基的伸缩动引起的。但要区分化合物的类别，还必须结合其相关峰来考虑。如果与此同时，在 2 700 cm^{-1} 和 2 800 cm^{-1} 出现两个特征吸收带，这是由于醛的 C—H 伸缩振动产生的吸收，因此判断该化合物是醛。若除了 $C=O$ 伸缩振动之外，样品的谱图还在 1 200 cm^{-1} 附近呈现强而宽的吸收带，这是由于 C—O 伸缩振动产生的特征吸收，这说明该化合物是酯。在此基础上，再结合前面所获得的各种数据，可推断未知物分子可能的结构。

对于结构复杂或单凭红外光谱尚难以区分的化合物，还需结合其紫外、可见吸收光谱、核磁共振谱或质谱等测试手段，综合分析来考虑。

第四步：验证分子的结构，按照以上步骤所推断的分子结构，查找其红外光谱图。当两图上所有吸收谱带的位置。相对强度和形状均能一一对应时，可以验证推断的分子结构正确。上述整个过程称为谱图的解析。

在与标准谱图进行对照时，试样的物理状态和制样方法等均应与获得标准谱图时的情形相同。如果与标准样品进行对照，则应在相同的实验条件下测试和记录。

试样中微量的水和大气中的 CO_2 均可以引起吸收。前者出现在 3 400、1 640、650 cm^{-1}；后者的吸收在 2 350，667 cm^{-1}，应注意判别。

③有机化合物结构分析举例。

例 6-1　化合物的分子式为 C_8H_8O，其红外光谱如图 6-10，试解析其结构。

解　由分子式计算其不饱和度

$$U=1+8+\frac{1}{2}(0-8)=5$$

计算结果表明分子中可能存在 1 个苯环和 1 个双键。谱图中 3 050 cm^{-1} 和 2 950 cm^{-1} 的吸收带分别由苯环和—CH$_3$ 的 C—H 伸缩振动所引起。位于 1 600、1 580、1 450 cm^{-1} 的三个峰是苯环的 $C=C$ 骨架伸缩振动吸收带，结合谱图中 2 000～1 600 cm^{-1} 范围内

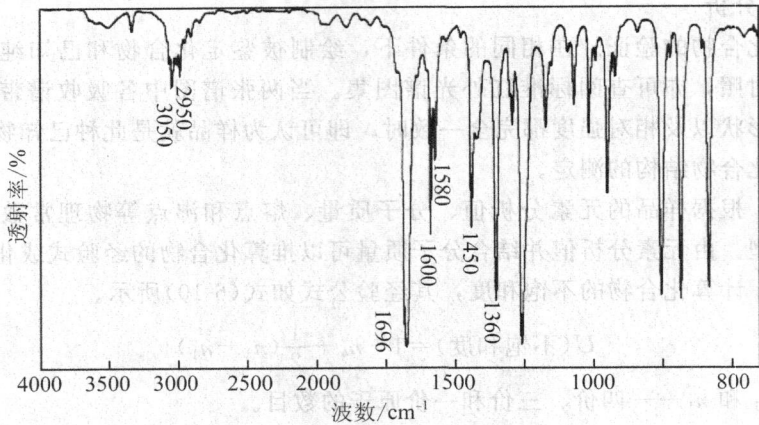

图 6-10 化合物 C_8H_8O 的红外光谱图

弱的特征吸收群（倍频）和 760 cm^{-1}、690 cm^{-1} 处的两个吸收峰（由苯环的 C—H 面外变形振动产生的吸收），可说明该化合物是一单取代苯。在 1 696 cm^{-1} 处的强吸收带是由 C═O（Ar—CO—）的伸缩振动引起的，结合以上分析，推测化合物很可能是芳香酮。这与不饱和度的计算结果也是一致的。此外，1 360 cm^{-1} 和 1 430 cm^{-1} 的吸收带分别由—CH_3 的 C—H 对称与反对称弯曲振动所引起，且 1 360 cm^{-1} 是甲基酮基 [—C(O)—CH_3] 特有的振动吸收波数，综上所述，可推断此化合物的结构可能是

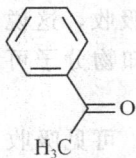

H_3C——C(═O)——苯基，进一步比较化合物的红外光谱和苯乙酮的标准红外谱图，结果完全一致。由此可证明上述推断正确。

例 6-2 石蜡油的红外光谱图如图 6-11，说明了产生各种吸收的基团振动形式。

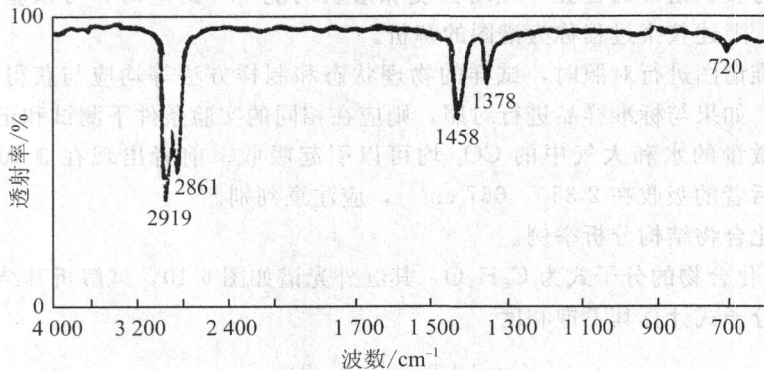

图 6-11 石蜡油的红外光谱图

解 图中，2 919 cm^{-1} 和 2 861 cm^{-1} 是饱和 C—H 键的伸缩振动吸收带；而 1 458 cm^{-1} 和 1 378 cm^{-1} 的吸收带是由 C—H 键的变形振动引起的。分子中具有—(CH_2)—链节，

由于 $n \geqslant 4$，在 $720 \ cm^{-1}$ 产生一弱吸收带，是由 $>CH_2$ 的面内摇摆振动所引起的。

(4)定量分析

红外光谱测定同样遵循比尔定律，虽然红外吸收谱带相对较窄，检测灵敏度相对较低，误差比紫外—可见光谱大，但是仍然可以成功地对样品进行定量测定，且样品不用分离，分析过程也不受样品状态的限制。特别是对于一些气相色谱法测定有困难的物质，如异构体、脂肪氧化产生的过氧化物和高分子化合物的定量分析具有独特的优越性。其在食品分析的应用中十分广泛。

牛乳中脂肪、蛋白质和乳糖含量的测定：首先将牛乳均质后用泵将牛乳泵入红外牛乳分析仪的流动池中，就可以同时测定牛乳中的脂肪、蛋白质和乳糖的含量了。其中脂肪的羰基吸收在 $1\ 742\ cm^{-1}$，蛋白质酰胺基的吸收在 $1\ 348\ cm^{-1}$。乳糖的羰基吸收在 $1\ 046\ cm^{-1}$。现在可以采用傅立叶红外仪同时测定所有波长的吸光度，然后用多重线性回归方程式根据各选定波长下的吸光值来预测各组分的浓度。此外，红外光谱还常用于乳化肉制品脂肪含量以及脂肪和油中不饱和度及顺、反异构体含量的测定。

6.2.6 近红外分光光度计

相较于中红外光区来说，近红外光区($0.7 \sim 2.5 \ \mu m$ 相当于 $700 \sim 2\ 500 \ nm$)可更广泛地应用于食品定量分析。近红外光谱的主要优点是它能够利用漫反射技术直接测定固体样品的结构。

1. 漫反射率测定的原理

但光照射到固体或者颗粒状材料的表面时，部分光从样品的表面能够反射出去，这类似于镜子的反射即镜面反射，这样说能得到的样品信息非常有限。大多数的镜面反射光直接回光源，而另外一部分光将透过样品表面进入了样品内部，并经过样品颗粒反射返回到样品表面，称为漫反射。这种漫反射光以杂乱的角度从样品表面射出。其中样品的每一次相互作用，样品中的化学组分都能吸收一部分光，于是漫反射光就携带了有关样品组分和化学反应的信息，以特定波长下的能量的吸收值来表示。

样品表面进入和发射出去的光量会受样品颗粒大小和形状影响，因此，在使用近红外反射光谱分析之前，通常采用研磨机将固体或者粉状样品进行制备以得到分布均匀的细小颗粒。常常使用研磨机并配备 $1 \ mm$ 的筛网，可用于制备粉状谷类以满足近红外反射分析的要求。

2. 近红外区的吸收谱带

近红外光区看到的谱带主要是谐波，所以吸收强度变得很弱。此近红外光区中能产生可观察强度吸收谱带的主要是那些与 C、N 和 O 连接 H 原子的官能团，而这些官能团常是食品中的主要组成成分，如水、脂肪、蛋白质和碳水化合的基团，因此，这种方法具有很好的分析优势。一些重要的吸收谱带如表 6-4 所示。

表 6-4　多种食品组成的近红外吸收谱带

组成	吸收	波长/nm
水	—OH 伸展/变形组合	920～1 950
	—OH 伸展	1 400～1 450
蛋白质—肽	—NH 变形	2 080～2 220 和 1 560～1 670
脂肪	甲基—CH 伸展	2 300～2 350
	—CH$_2$ 和—CH$_3$ 伸展	1 680～1 760
碳水化合物	C—O，O—H 伸展组合	2 060～2 150

3. 仪器

近红外光谱仪(NIR)的设计光路与紫外—可见光谱仪(UV-Vis)相似，早期采用紫外—可见光谱仪附加近红外检测器，或设计为 UV-Vis-NIR 分光光度计。20 世纪后期，相继研究出专用的近红外光谱仪和 FT-NIR 光谱仪。商业近红外光谱仪的示意图如图 6-12 所示。大多数近红外光谱仪的辐射源是一个钨—卤素石英灯，发射的辐射在可见和近红外区范围内。检测器大多数是采用半导体，其中硅检测器用于近红外短波区(700～1 100 nm)，硫化铅检测器用于近红外长波区(1 100～2 500 nm)。在线分析中常常选用砷化镓铟(InGaAs)检测器，但仅限制在 800～1 700 nm 的波长范围内。

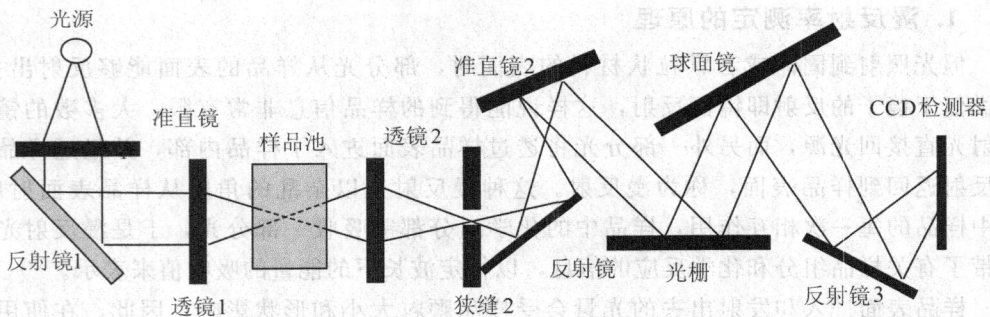

图 6-12　近红外光谱仪示意图

近红外光谱根据样品的不同类型可以分别测定反射率和透光率。其中反射方式主要用于固体或粉末样品的测定，即测定携带样品信息的漫反射。

大多数食品样品的制备是将其紧密填充在样品池中的石英窗上，这样就提供了一个可发生反射的光滑、均匀的表面。在每一波长下，将样品反射光的强度与无吸收的参比物(如碳氟材料)的反射强度作对比，反射率(R)按照式(6-11)计算：

$$R = \frac{I}{I_0} \tag{6-11}$$

式中：I——设定波长下待测样品的反射光强度；I_0——参比物在相同波长下的反射光强度。

在 NIR 区液体样品通常采用透射法进行测定。将液体样品放置于石英比色皿中，并在所要求的波长下测定吸光度。有时固体样品也可以用投射发测定，但应用范围通常为 700～1 100 nm，在此范围内，吸收谱带较高而谐波非常弱，辐射光可穿透几毫米的固体样品。

4. 定性分析

NIR 光谱定性分析是采用判别分析技术，比较未知样品的 NIR 光谱信息与标准样品 NIR 光谱的差异，然后将样品归类于光谱最相似的官能团。该技术在化学、制药工业和食品分析中应用广泛，例如可用于原材料的鉴别，包括不同热处理水平的脱脂乳粉的分类、不同地区橙汁样品的鉴定以及水果、肉类、茶叶等来源的鉴别。

5. 定量分析

近红外光谱法可用于视频或者农产品中多种组分的分析，但由于 NIR 光谱谱峰较宽，实际样品中各种成分的吸收重叠严重，因此，定量时每种成分需测定 2 个或者 2 个以上的波长才可靠。然后利用公式(6-12)由光谱测定值推导出食品成分的含量。

$$组分含量(\%) = Z + a\lg\left(\frac{1}{R_1}\right) + b\lg\left(\frac{1}{R_2}\right) + c\lg\left(\frac{1}{R_3}\right) + \cdots \tag{6-12}$$

在公式中每一项表示在不同波长下，用相应的系数经过多次测定得到的光谱测定值。每一个系数和截距(Z)采用多元回归方程来确定。吸光度或反射率的推导值也可以用 $\lg(1/R)$ 来表示。在某些情况下，反射率的推导值可以提供重要的结果，特别是对那些不能得到均一颗粒的样品。另外，也可以利用数学的方法对非均一颗粒样品的反射率进行校正。化学计量学在 NIR 光谱分析数据的处理和预测中起着非常重要的作用，常用的化学计量学方法有多元线性回归(MLR)、偏最小二乘法(PLS)和人工神经网络法。它们的原理不同，都各自具有各自的特点，因此，需要根据被研究对象的特点合理运用。

6. NIR 光谱分析在食品分析中的应用

NIR 光谱分析技术已经广泛应用于谷物、乳制品、水果、蔬菜、饮料和其他食品的加工与保藏过程的质量控制、食品安全和在线分析。①许多国家已将 NIR 光谱技术用于谷物小麦、稻谷和玉米采收时的在线测定和分级技术。例如，美国谷物化学家联合会已将 NIR 反射测定技术作为法定分析方法，用于大麦、燕麦裸麦和小麦中蛋白质的测定等中。②此外，NIR 光谱技术也被大量用于其他食品样品的包括鲜肉和加工肉制品、家禽和鱼类制品中水分、蛋白质和脂肪的测定分析中，例如，奶油和人造奶油中水分和脂肪的测定，脱水鸡蛋中水分、脂肪和蛋白质含量的测定，以及乳酪中总固形物、成熟度及感官评定、产地、货架期的分析等。③NIR 还可用于食品中糖类和有机酸的测定，例如水果、蔬菜和饮料中测定总糖、葡萄糖、果糖、蔗糖和可溶性固形物及有机酸的组成，以及甜玉米中糖含量的监控和巧克力中蔗糖、乳糖等的定量分析等。

复习思考题

1. 电子跃迁有哪几种类型？哪些类型的跃迁能在紫外及可见光区吸收光谱中反映出来？

2. 朗伯-比尔定律的物理意义是什么？偏离朗伯-比尔定律的原因主要有哪些？

3. 吸光度与透射率有什么关系？物质溶液的颜色与光的吸收有什么关系？

4. 什么是发色团及助色团？举例说明。

5. 为什么紫外可见分光光度法定量时常用吸光度而不是透光率？

6. 试描述分子的基础吸收与谐波吸收有什么关系？

7. 试描述傅立叶变换红外光谱仪的基本组件及其功能，与散射式红外光谱仪相比，傅立叶转换红外光谱仪有何优点？

8. 叙述固体或颗粒材料的反射辐射，并解释为什么反射辐射通常用作近红外光谱中固体样品的定量测定。

第 7 章　食品的感官检验

7.1　概述

7.1.1　食品感官检验的定义

食品感官检验就是借助于人体本身的感觉器官（眼、鼻、口、手等）对食品的质量状况做出客观的评定，对食品的色、香、味和外观形态进行全面的评定以获得客观真实的数据，并在此基础上利用数理统计的手段，对食品的感官质量进行综合性的评定。

食品感官检验包括所有感官的活动，是人的感觉器官对接触食品时各种刺激的感知，而且还有对这些刺激的记忆、对比、综合分析等理解过程。所以，感官检验需要生理学、心理学等方面的知识。评价员的个体感官数据存在很大的变异性，要获得令人信服的感官检验结果，就必须以统计学的原理作为保证。

食品感官检验常包括四种活动：组织、测量、分析和解释。

1. 组织

组织是指包括评价员的组织、评定程序的建立、评定方法的设计和评定时的外部环境的保障。其目的在于感官检验应在一定的控制条件下制备和处理样品，在规定的程序下进行实验，从而使各种偏见和外部因素对结果的影响降到最低。

2. 测量

测量是指评价员通过视觉、嗅觉、味觉、听觉和触觉的行为反应采集数据，在产品性质和人的感知之间建立一种联系，从而表达产品的定性、定量的关系。

3. 分析

合理的数据分析是感官检验的重要部分，采用统计学的方法对来自评价员的数据进行分析统计，可借助计算机的一些软件来完成数据分析。一个好的实验设计必须要有合适的统计分析方法，只有这样才能在各种影响因素都被考虑到的情况下得到合理的结论。

4. 解释

在基于数据、分析和实验结果的基础上进行合理判断，包括所采用的方法、实验的局限性和可靠性等，并能够根据数据对实验提出一些相应的合理措施。感官分析专家应该最清楚如何对结果进行合理的解释、得到一定的结论以及所得到的结果对于某种产品来说意味着什么，同时，评价员也应该清楚该评定过程存在哪些局限性等。

7.1.2　食品感官检验的意义

食品感官检验是在食品理化分析的基础上，集心理学、生理学、统计学的知识共同发展起来的一门学科，该学科不仅实用性强、灵敏度高、结果可靠，而且还解决了一般理化分析所不能解决的复杂生理感受问题。食品感官检验不仅能直接发现食品感官性状在宏观上出现的异常现象，而且当食品感官性状发生微观变化时，人体能够直观地评定出来，而不需要再进行其他的检验分析。尤其重要的是，当食品的感官性状只发生微小变化，甚至这种变化轻微到有些仪器都难以准确发现时，可通过人的感觉器官，如嗅觉器官、味觉器官等都能给予相应的评定。可见，食品的感官质量评定有着理化分析和微生物检验方法所不能替代的优越性。食品感官检验在世界上许多发达国家已普遍采用，是从事食品生产、营销管理、产品开发工作以及广大消费者所必须掌握的一门知识。另外，某些用感官感知的产品性状，目前尚无合适的仪器与理化分析方法可以替代感官检验，感官检验成为判断优劣的唯一手段。感官检验可以为产品提供直接的、可靠的、便利的信息，可以协助人们更好地把握市场方向、指导生产，其作用是独特的、不可替代的。

7.2 食品感官检验常用方法

7.2.1 按应用目的分类

食品感官检验是建立在人的感官感觉基础上的统计分析方法，随着科学技术的发展与进步，感官检验技术也不断地成熟与完善，在食品生产中的应用也越来越广泛，其目的是评价食品可接受性和鉴别食品的质量。食品感官检验的方法较多，按应用的目的可分为分析型和偏爱型。

1. 分析型感官检验

分析型感官检验也称为Ⅰ型或 A 型感官评价，是以人的感觉器官作为一种分析仪器，来测定物品的质量或鉴别物品之间的差异的。例如，原材料质量检验、食品品质鉴定等都属于这种类型。

2. 偏爱型感官检验

偏爱型感官检验也称Ⅱ型或 B 型感官评价，它不像分析型感官检验那样需要统一的评价标准，而是依赖人们生理和心理上的综合感觉，即以人的感觉程度和主观判断来评价是否喜爱或接受所实验的产品，及喜爱和接受的程度。偏爱型感官评价的分析结果受生活环境、生活习惯、审美观点等多方面因素的影响，因此其结果经常与时间、地点和参评人员有密切的关系。在新产品开发过程中对产品的感官评价及市场调查中的感官检查，都属于偏爱型感官评价。

7.2.2 按检验方法的性质分类

按照检验方法的性质食品感官检验可可分为差别检验法、类别检验法、分级检验法及描述性分析检验法。

1. 差别检验法

差别检验要求评价员对两个或两个以上的样品，做出是否存在感官差异的结论（或偏爱其一）。差别检验的结果，是以做出不同结论的评价员的数量及检验次数为基础，进行的概率统计分析。常用方法有：两点检验法、三点检验法、二—三点检验法、"A"—"非 A"检验法、五中取二检验法等。

（1）两点检验法

两点检验法也称配对检验法，以随机顺序同时出示两个样品给品评员，要求其对这两个样品进行比较，来判定整个样品或某些特征强度顺序的一种评价方法。即把 A，B 两个样品进行比较，判断两者之间是否存在差别。样品提出形式为 AB、BA、AA 或BB。每次实验中，每个样品猜测性（有差别或无差别）的概率为 1/2。如果增加实验次数至 n 次，那么这种猜测性的概率将降低至 1/2。因此，应尽可能增加实验次数。

（2）三点检验法

三点检验法是用于确定两种样品之间是否有可觉察的差别，这种差异可能涉及一个或多个感官性质的差异。但三点检验法不能辨别有差异的产品在哪些感官性质上有差异，也不能评价差异的程度。具体检验为将 A，B 两种样品组合成 AAB、ABA、BAA、ABB、BAB 或 BBA 等形式，让检验员判断每种形式中哪一个为奇数样品（如AAB 中的 B）。在每次实验中，每个样品猜测性的概率为 1/3。为降低其猜测性，也应做数次重复实验。

（3）二—三点检验法

二—三点检验法是首先提供参照样，接着提供两个样品，其中一个与参照样相同，要求评价员识别出此样品的一种差别检验，此方法的目的是区分两个同样样品是否存在感官差异，但差异的方向不能被检验指明。当实验目的是确定两种样品之间是否存在感官上的差别时，常常应用这种方法。

（4）A—"非 A"检验法

以随机的顺序分发给评价员一系列样品，其中有的是样品"A"，有的是"非 A"，所有的"非 A"样品所比较的主要特性指标应相同，但在外观等非主要特性指标上可以稍有差异。此方法主要用于评价那些具有各种不同外观或留有持久后味的样品，特别适用于无法取得完全一样的样品的差别检验。

（5）五中取二检验法

五中取二检验法是以随机顺序提供给评价员五个样品，其中两个是同一类型，其他三个是另一种类型，要求评价员按类型将这些样品分成两组。此方法一般只用于视觉、听觉、触觉方面的检验，进行味道检验的比较少。因其从五个样品中选出 2 个，易受感官疲劳和记忆效果的影响。

2. 类别检验法

类别检验法是对两个以上的样品进行评价，判定出哪个样品好、哪个样品差，它们之间的差异大小和差异方向如何，从而得出样品间差异的排序和大小（或者样品应归属的类别或等级）的方法。常用的方法有分类检验法、评估检验法、排序检验法等。

（1）分类检验法

分类检验法是把样品以随机的顺序出示给评价员，要求评价员在对样品进行评价后，划出样品应属的预先定义的类别，这种检验方法称为分类检验法。当给样品打分有困难时，可用分类法评价出样品的好坏差别，得出样品的优劣、级别，也可以鉴别出样品的缺陷等。

（2）评估检验法

评估检验法是随机地提供一个或多个样品，由评价员在一个或多个指标的基础上进行分类、排序，以评价样品的一个或多个指标的强度，或对产品的偏爱程度的方法。也可进一步根据各项指标对产品质量的重要程度，确定其加权数，然后对各指标的评价结果加权平均，从而得出整个样品的评估结果。

（3）排序检验法

比较数个食品样品，按某一指定质量特征由强度或嗜好程度将样品排出顺序的方法为排序实验法。该法只排出样品的次序，不评价样品间差异的大小。可用于进行消费者接受性调查及确定消费者嗜好顺序，可用于选择或筛选产品，确定由于不同原料、加工工艺、包装等环节造成的对产品感官特性的影响，也可用于更精细的感官检验前的初步筛选。

3. 分级检验法

分级实验法是指按照特定的分级尺度，对试样进行评判，并给以适当的级数值的方法。分级检验法主要包括评分法、成对比较检验法、加权评分检验法、阈值检验法和模糊数学法等。

（1）评分检验法

评分检验法是要求品评员把样品的品质特性以数字标度形式来品评的检验，可用于品评一种或多种产品的一个或多个指标的强度及其差异，特别适用于品评新产品。在使用此方法时应确定所使用的标度类型，使品评员对每一个评分点所代表的意义有共同的认识。样品的出示顺序可利用拉丁法随机排列。

（2）成对比较检验法

当试样数 n 很大时，一次把所有的试样进行比较是比较困难的，成对比较检验法一般将 n 个试样 2 个一组地加以比较，根据其结果，最后对整体进行综合性的相对评价，判断全体的优劣，从而得出数个样品相对结果的评价方法。

（3）加权评分检验法

加权评分法是在普通评分法基础上综合考虑各项指标对质量的权重后求平均分数或总分的方法。加权平均法一般以 10 分或 100 分为满分进行评价。加权平分法比评分法更加客观、公正。此方法可用于品评样品的一个或多个指标的强度及对产品的嗜好程度。然后对各指标的品评结果加权平均，得出整个样品的评分结果。

（4）阈值检验法

阈值是人类感官功能被测量的最早特性之一。阈值的影响因素主要有年龄和性别、吸烟、饮食和睡眠、疾病、温度等，感觉阈值在测定时往往出现的情况是对同一组样品评价员反映转变的水平不同，或经过多次实验，单元评价员的反映转变也会出现变化，因此出现了定义阈值的一般经验法则，如将检测到的 50% 次数的水平定义为阈值。

阈值检验测定的是一个范围，而不是单一的点。阈值的大小依赖于人感官的敏感性，也依赖于测量条件。如随着稀释液纯度的增加，味阈会降低。同时阈值的测定也受到样品温度等诸多因素的影响。

（5）模糊数学法

模糊数学是研究和处理模糊现象的一种数学理论和方法，是在加权评分检验的基础上，应用模糊数学中的模糊关系对食品感官检验的结果进行综合评判的方法。此方法从整体上把握事物的系统整体和系统要素之间的各种关联，是模糊数学提供的一种解决多因素、多指标评估问题的数学模型。将研究对象视为一个集合，通常建立指标体系和评语体系为两个子集合。其中指标体系是一组反映质量结构特征的隶属函数，它包含一组指标集和权重级。评语体系是一组表示研究对象质量好坏的隶属函数，包含一组评语集和评价分数。将两组隶属函数结合起来可对研究对象作综合性评价。

4. 描述性分析检验法

描述性分析检验是一种可以为产品提供量化描述的感官方法，是感官检验中最复杂的一种方法。其描述范围覆盖了产品所有可感知的感觉，是一种全面的感官描述。它要求评价产品的所有感官特性，因此要求评价员除具备人体感知食品品质特性和次序的能力外，还要具备用适当和准确的词语来描述食品品质特性及其在食品中的实质含义的能力，以及总体印象或总体风味强度和总体差异的分析能力。主要应用在定义新产品开发中目标产品的感官特征；追踪产品储存期、包装等有关感官特征随时间变化而改变的规律及描绘产品与仪器、化学或物理特性相关的产品可察觉的感官特征等。描述性分析检验法主要包括风味剖面法、质地剖面法、定量描述检验法和自由剖面法等。

（1）风味剖面法

风味剖面法是最早的定性描述分析检验法，本法用于描述产品的词汇和对产品本身的评价，可通过评价小组成员达成一致意见后获得。风味剖面法考虑了一个食品系统中所有的风味，以及其中个人可检测到的风味部分。这个剖面描述了所有的风味特征，并评估了这些特征的强度和整体的综合印象。本法可用于识别或描述某一特定样品或多个样品的特性指标，或将感受到的特性指标建立一个序列中，常用于质量控制、产品在储存期间的变化或用于描述已经确定的差异检测，也可用于培训评价员。

（2）质地剖面法

质地剖面法是通过系统分类、描述产品所有的质地特性以建立产品的质地剖面的方法。此方法可在再现的过程中评价样品的各种不同特性，并用适宜的标度刻画特性强度。此法可单独或全面评价气味、风味、外貌和质地。适用于食品或非食品类产品，且特别适用于固体食品。

（3）定量描述分析法

定量描述法是评价员对构成样品质量特征的各个指标的强度，进行完整、准确的评价的方法。可在简单描述实验中所确定的词汇中选择适当的词汇，可单独或结合地用于鉴定气味、风味、外观和质地。此方法对质量控制、质量分析、确定产品之间差异的性质、新产品研制、产品品质的改良等最为有效，并且可以提供与仪器检验数据对比的感官参考数据。

（4）自由选择剖面法

自由选择剖面法是由未经培训或略经培训的评价员用各自的一组描述词汇来评价产品的一种描述方法。由 Willianms 和 Langron 于 1984 年创立。此方法是对样品的多种特性进行评价并尽力表征和区分它们的方法，由评价小组的每一位人员产生各自独特的描述词词汇表，然后每个评价员用各自的词汇构建常规描述评估词汇以完成对样品的评价。其最显著的优点是可以免去评价小组的训练，使实验加快操作速度，并且花费更少。

复习思考题

1. 名词解释

三点检验法，二—三点检验法，A—"非 A"检验法，五中取二检验法。

2. 食品感官检验的方法有哪些？

3. 简述三点检验法的适用范围。

4. 评分检验法的适用范围有哪些？

5. 简述成对比较检验法的概念和分类。

第 8 章　食品的物理检验

8.1　概述

食品物性学是关于研究食品物理性质的一门科学。随着农业生产和食品工业的发展，无论是从加工、流通领域，还是从人们的消费倾向来看，对食品及其原料品质的评价，已不再仅仅是营养成分和卫生的要求，而且对其物理性质的研究和控制也越来越重要，如确定成分含量、鉴定食品组成；指导生产、保证质量；判断纯度与品质；方便市场管理等。

食品物性学所研究的物理性质主要是指食品的力学性质、光学性质、热学性质和电学性质等。食品生产过程中，食品的物理性质（如相对密度、折射率、旋光度等）对食品的品质有重要的影响，通过测定某一食品物理性质的变化可以判断食品的质量指标。在食品检验中，根据食品的相对密度、折射率、旋光度、压力和比体积等物理常数与食品组分含量之间的关系进行检验，这种方法称为物理检验法。

8.2　物理检测方法

8.2.1　食品相对密度的测定

1. 测定食品相对密度的意义

各种液态食品都有其一定的相对密度，当其组成成分及其浓度发生改变时，其相对密度也发生了改变，故测定液态食品的相对密度可以检验食品的纯度和浓度并可判断食品的质量。相对密度是食品生产过程中常用的工艺控制指标和质量控制指标，通过测定相对密度，可初步判断食品是否正常以及其纯净程度。

正常的液态食品，其相对密度都在一定范围内。通过测定食品的密度就可以判断出该食品是否正常。如全脂牛乳的相对密度正常值在 $1.028\sim1.032$，植物油相对密度（压榨法）为 $0.909\,0\sim0.929\,5$。当因掺杂、变质等原因引起这些液体食品的组成成分发生变化时，均可出现相对密度的变化，如牛乳的相对密度与其脂肪含量、总乳固体含量有关，脱脂乳相对密度升高，掺水乳相对密度即下降。油脂的相对密度与其脂肪酸的组成有关，不饱和脂肪酸含量越高，脂肪酸不饱和程度越高，脂肪的相对密度就越高；游离脂肪酸含量越高、相对密度就越低；酸败的油脂相对密度就升高。

2. 关于密度的概念

(1)密度

密度是指物质在一定温度下单位体积的质量，以符号 ρ 表示，其单位为 (g/cm^3)。

（2）相对密度

相对密度是指某一温度下物质的质量与同体积某一温度下水的质量之比，无量纲，以符号 d 表示。

$$d_{t_2}^{t_1} = \frac{t_1\ \text{温度下物质的密度}}{t_2\ \text{温度下水的密度}} \tag{8-1}$$

因为物质具有热胀冷缩的性质，所以密度和相对密度的值都随温度的改变而改变。故密度应标示出测定时物质的温度，表示为 ρt。而相对密度应标示出测定时物质的温度及水的温度，表示为 $d_{t_2}^{t_1}$，其中 t_1 表示物质的温度，t_2 表示水的温度，如 d_4^{20}、d_{15}^{15}。

3. 测定相对密度的方法

测定液态食品相对密度比较常用方法有密度瓶法、密度计法。其中密度瓶法测定结果准确，但耗时较长，而密度计法简单方便，但测定结果的准确度较差。另外还有密度天平法。

（1）密度瓶法

①仪器：密度瓶是测定液体相对密度的专用精密仪器，是容积固定的玻璃称量瓶，其种类和规格有多种。常用的有带温度计的精密度瓶和带毛细管的普通密度瓶，见图 8-1。密度瓶的规格有 20、25、50 和 100 mL 四种，其中常用的是 25 和 50 mL。

②测定原理：利用密度瓶法测密的原理为，密度瓶具有一定的容积，在规定温度 20℃下，用同一密度瓶分别称量样品溶液和蒸馏水的质量，两者之比即为该样品溶液的相对密度。

③测定方法：先把密度瓶洗干净，再依次用乙醇、乙醚洗涤，烘干并冷却后，精密称重。装满样液盖上瓶盖，置 20℃水浴内浸 0.5 h，使内容物的温度达到 20℃，用滤纸来吸去支管标线上的样液，盖上侧管帽后取出。用滤纸把瓶外擦干，置天平室内 30 min 后称重。将样液倾出，洗净密度瓶，装入煮沸 30 min 并冷却到 20℃以下的蒸馏水，按上法操作。测出同体积 20℃蒸馏水的质量。

④计算结果，如式（8-2）（8-3）所示。

$$d_{20}^{20} = \frac{m_2 - m_0}{m_1 - m_0} \tag{8-2}$$

$$d_4^{20} = d_{20}^{20} \times 0.99823 \tag{8-3}$$

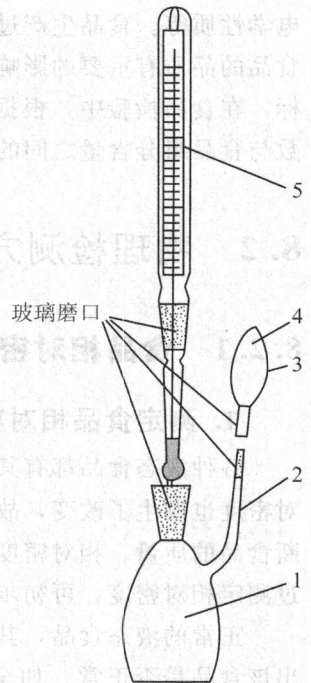

图 8-1 密度瓶
1. 密度瓶主体；2. 侧管；
3. 侧孔；4. 罩；5. 温度计

式中：m_0——空密度瓶质量，g；m_1——密度瓶和水的质量，g；m_2——密度瓶和样品的质量，g；0.99823——20℃时水的密度，g/cm³。

⑤方法说明。

a. 本法适用于测定各种液体食品的相对密度，特别适合于样品量较少的场合，对挥发性样品也适用，结果准确，但操作较烦琐。

　　b. 测定较黏稠样液时，宜使用具有毛细管的密度瓶。

　　c. 水及样品必须装满密度瓶，瓶内不得有气泡。

　　d. 拿取已达恒温的密度瓶时，不得用手直接接触密度瓶球部，以免液体受热流出。应戴隔热手套取拿瓶颈或用工具夹取。

　　e. 水浴中的水必须清洁无油污，以防止瓶外壁被污染。

　　f. 天平室温度不得高于 20℃，以免液体膨胀流出。

　　(2)密度计法

　　密度计是根据阿基米德原理制成的，其种类很多，但结构和形式基本相同，都是由玻璃外壳制成的。密度计由三部分组成，头部呈球形或圆锥形，里面灌有铅珠、水银或其他重金属，使其能立于溶液中，中部是胖肚空腔，内有空气，尾部是一细长管，内附有刻度标记，刻度是利用各种不同密度的液体进行标度的。食品工业中常用的密度计按其标度方法的不同，可分为普通密度计、锤度计、酒精计、乳稠计、波美计等，见图 8-2。

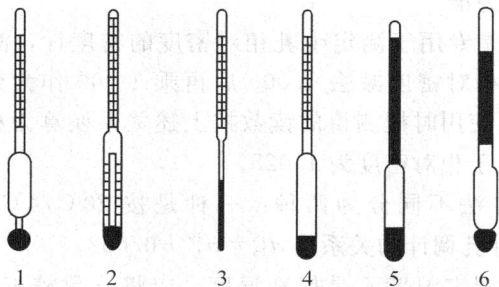

图 8-2　各式密度计

1. 普通密度计；2. 附有温度计的锤度计；3、4. 波美计；5. 酒精计；6. 乳稠计

　　①普通密度计：普通密度计是直接以 20℃ 时的密度值为刻度的。一套通常由几支组成，每支的刻度范围不同，刻度值大于 1 的(1.000～2.000)称为重表，用来测量比水重的液体；刻度值<1 的(0.700～1.000)称为轻表，用于测量比水轻的液体。

　　②糖锤度计：糖锤度计是专用于测定糖液浓度的密度计，又称勃力克斯(Brix)，以符号°Bx 表示。它是以蔗糖溶液重量百分浓度为刻度的，其刻度方法是以 20℃ 为标准温度，在蒸馏水中为 0°Bx，在 1‰ 蔗糖溶液中为 1°Bx(即 100 g 蔗糖溶液中含 1 g 蔗糖)，依此类推。锤度计的刻度范围有多种，常用的有：0～6°Bx、5～11°Bx、10～16°Bx、15～21°Bx 等。若测定温度不在标准温度(20℃)，应进行温度校正。当测定温度高于 20℃，因糖液体积膨胀导致相对密度减小，即锤度降低，故应加上相应的温度校正值，反之，则应减去相应的温度校正值。

　　③波美计：波美计是以波美度(°Bé)来表示液体浓度大小的。按标度方法的不同分为多种类型，常用的波美计的刻度方法是以 20℃ 为标准，在蒸馏水中为 0°Bé，在 15% 氯化钠溶液中为 15°Bé，在纯硫酸(相对密度为 1.8427)中为 66°Bé，其余刻度等分。

　　波美计分为轻表和重表两种，分别用于测定相对密度大于 1 的和相对密度小于 1 的液体。波美度与相对密度之间存在下列关系。

$$轻表:°Bé=\frac{145}{d_{20}^{20}}-145 \quad 重表:°Bé=145-\frac{145}{d_{20}^{20}}$$

④酒精计:酒精计是用于测量酒精浓度的密度计,它是根据已知浓度的纯酒精溶液来标定其刻度的。刻度标度方法:以 20℃时在蒸馏水中为 0,在 1%(体积分数)的酒精溶液中为 1,因此,从酒精计上可以直接读取样品溶液中酒精的体积分数。如果温度不在 20℃,需要根据酒精温度浓度校正表来进行校正。

测定方法为将混合均匀的被测样液沿筒壁徐徐注入适当容积的清洁量筒中,注意避免起泡沫。将密度计洗净擦干,缓缓放入样液中,待其静止后,再轻轻按下少许,然后待其自然上升,静止并无气泡冒出后,从水平位置读取与液平面相交处的刻度值。同时,用温度计测量样液的温度,如测得温度不是标准温度,应对测得值加以校正。

该法操作简便迅速,但准确性差,需要样液量多,且不适用于极易挥发的样品;另外,操作时应注意不要让密度计接触量筒的壁及底部,待测液中不得有气泡;读数时应以密度计与液体形成的弯月面的下缘为准。若液体颜色较深,不易看清弯月面下缘时,则以弯月面上缘为准。

⑤乳稠计:乳稠计是专用于测定牛乳相对密度的密度计,测量相对密度的范围为1.015~1.045。它是用相对密度减去 1.000 后再乘 1 000 作为刻度的,以度(°)表示,其刻度范围为 15~45。使用时把测得的读数按上述关系换算为相对密度值。如测得乳稠计读数为 25,则相当于相对密度为 1.025。

乳稠计按其标度方法不同分为两种:一种是按 20℃/4℃ 标定的,另一种是按 15℃/15℃标定的。两种乳稠计的关系是 $d_{15}^{15}=d_4^{20}+0.002$。

使用乳稠计时,若测定温度不是标准温度,应将读数校正为标准温度下的读数。对于 20℃/4℃乳稠计,在 10~25℃,温度每升高 1℃,乳稠计读数平均下降 0.2,即相当于相对密度值平均减小 0.0002。故当乳温高于标准温度 20℃时,每升高 1℃应在得出的乳稠计读数上加 0.2,乳温低于 20℃时,每降低 1℃应减去 0.2。

例 8-1 16℃时 20℃/4℃乳稠计读数为 31,若换算为标准温度 20℃相对密度应为多少?

解   31-(20-16)×0.2=31-0.8=30.2

即牛乳的相对密度 $d_4^{20}=30.2/1\,000+1=1.030\,2$。

换算为 $d_{15}^{15}=1.030\,2+0.002=1.032\,2$。

例 8-2 25℃时 20℃/4℃乳稠计读数为 29.8,换算为 20℃相对密度应为多少?

解   29.8+(25-20)×0.2=29.8+1=30.8

则牛乳的相对密度 $d_4^{20}=30.8/1\,000+1=1.030\,8$。

而 $d_{15}^{15}=1.030\,8+0.002=1.032\,8$。

若用 15℃/15℃乳稠计,其温度校正可查牛乳相对密度换算表(附录一)进行换算。

(3)韦氏相对密度天平

韦氏相对密度天平是根据阿基米德定律,一定体积的物体(如比重秤的玻璃锤),在不同液体中所受的浮力与该液体的相对密度成正比的原理来测定密度的。如图 8-3 所示。

测定方法为将玻璃筒中水倾出,玻璃筒及浮锤先用乙醇、再用乙醚洗涤数次,吹

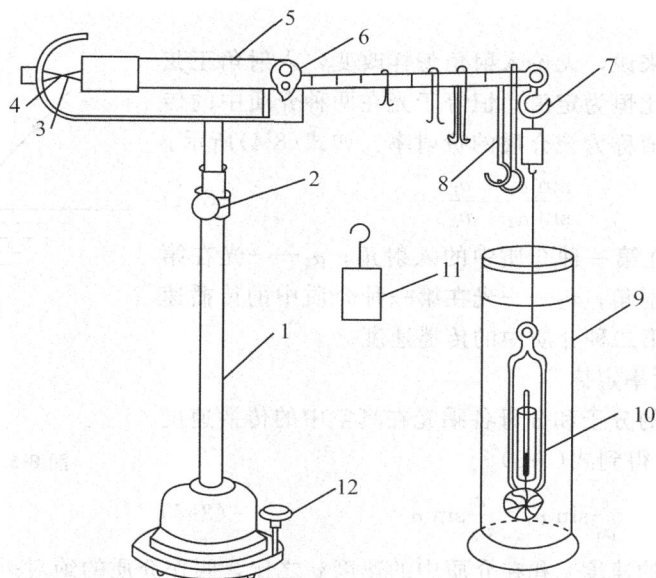

图 8-3　韦氏相对密度天平

1. 支架；2. 升降调节旋钮；3、4. 指针；5. 横梁；6. 刀口；7. 挂钩；

8. 游码；9. 玻璃圆筒；10. 玻锤；11. 砝码；12. 调零旋钮

干。注入预先调整至 20℃的样品，同样置于 20℃的恒温水浴中。调节游码都放在刻度上，如果在同一刻度上，需要放两个游码，则将小的游码挂在大游码的脚钩上。如果样品的相对密度大于 1，则单位游码挂在小钩上，待天平保持平衡，记录读数。

由于采用 20℃±0.1℃的恒温水浴，测得的为 d_{20}^{20} 值，予以计算

$$d_4^{20} = d_{20}^{20} \times 0.998\ 23$$

8.2.2　食品折射率的测定

通过测量物质的折光率来鉴别物质的组成，确定物质的纯度、浓度及判断物质的品质的分析方法称为折光法。

1. 基本概念

（1）光的反射现象与反射定律

一束光线照射在两种介质的分界面上时，要改变它的传播方向，但仍在原介质上传播，这种现象叫光的反射，见图 8-4。光的反射遵守以下定律：

①入射线、反射线和法线总是在同一平面内，入射线和反射线分居于法线的两侧。

②入射角等于反射角。

（2）折射率的定义

光线从一种介质（如空气）射到另一种介质（如水）时，除了一部分光线反射回第一种介质外，另一部分进入第二种介质中并会改变它的传播方向，这种现象叫光的折射，

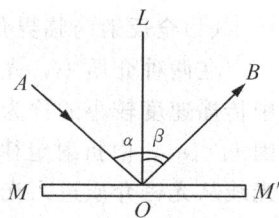

图 8-4　光的反射

如图 8-5 所示。

对某种介质来说，无论入射角怎样改变，入射角正弦与折射角正弦之比恒为定值，恒等于光在两种介质中的传播速度之比，此值称为该介质的折射率。如式(8-4)所示。

$$\frac{\sin \alpha_1}{\sin \alpha_2} = \frac{v_1}{v_2} \qquad (8-4)$$

式中：α_1——光在第一种介质中的入射角；α_2——光在第二种介质中的折射角；v_1——光在第一种介质中的传播速度；v_2——光在第二种介质中的传播速度。

(3)光的折射率定律

将上式左边的分子和分母各乘光在真空中的传播速度 c，经变换后可以得到式(8-5)

$$\frac{c}{v_1}\sin \alpha_1 = \frac{c}{v_2}\sin \alpha_2 \qquad (8-5)$$

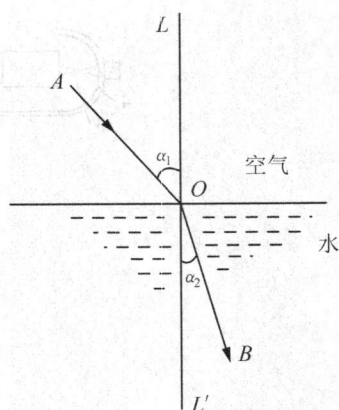

图 8-5 光的折射

光在真空中的速度 c 和在介质中的速度 v 之比，叫作介质的绝对折射率(即折射率，折光率)，以 n 表示，如式(8-6)所示。

$$n = \frac{c}{v} \qquad (8-6)$$

那么在第一种介质中的绝对折射率，如式(8-7)所示。

$$n_1 = \frac{c}{v_1} \qquad (8-7)$$

在第二种介质中的绝对折射率，如式(8-8)所示。

$$n_2 = \frac{c}{v_2} \qquad (8-8)$$

由此折射定律可表示为式(8-9)。

$$\frac{n_1}{n_2} = \frac{\sin \alpha_2}{\sin \alpha_1} \qquad (8-9)$$

(4)全反射与临界角

在两种介质中，光在其中传播速度较大的称为光疏介质，其折射率较小，光在其中传播速度较小的称为光密介质，其折射率较大。当光线从光疏介质进入光密介质时，因 $n_1 < n_2$，由折射定律可知入射角 α_1 恒大于折射角 α_2，即折射线靠近法线；反之，当光线从光密介质进入光疏介质时，因 $n_1 > n_2$，折射角恒大于入射角，即折射线偏离法线。因此，在后一种情况下如果逐渐增大入射角，折射线会进一步偏离法线，当入射角增加到某一角度时，折射角恰好在临界面上，此时折射线不再进入光疏介质而是沿两介质的接界面平行射出，这种现象称为全反射。发生全反射的入射角为临界角。

发生全反射时折射角为 90°，如式(8-10)、式(8-11)所示。

$$\frac{n_2}{n_1} = \frac{\sin \alpha_1}{\sin \alpha_2} = \frac{\sin 90°}{\sin \alpha_2} \qquad (8-10)$$

即 $n_1 = n_2 \sin \alpha_2$ \qquad (8-11)

其中 n_2/n_1 为棱镜的折射率，是已知的。因此，只要测临界角 α_2 就可求出被测样品液的折射率。

2. 测定物质折射率的意义

折射率是物质的一种物理性质。它是食品生产中常用的工艺控制指标，通过测定液态食品的折射率，可以鉴别食品的组成，确定食品的浓度，判断食品的纯净程度及品质。

折射率是物质的特征常数之一，每一种均匀液体物质都有其固定的折射率。折射率的大小取决于入射光的波长、介质的温度和溶液的浓度，对于同一种物质，其浓度不同时，折射率也不相同，因此根据折射率即可确定物质的浓度。蔗糖溶液的折射率随浓度增大而升高。通过测定折射率可以确定糖液的浓度及饮料、糖水罐头等食品的糖度，还可以测定以糖为主要成分的果汁、蜂蜜等食品的可溶性固形物的含量。各种油脂具有其一定的脂肪酸构成，每种脂肪酸均有其特定的折射率。含碳原子数目相同时，不饱和脂肪酸的折射率比饱和脂肪酸的折射率大得多；不饱和脂肪酸分子质量越大，折射率也越大；酸度高的油脂折射率低。因此，测定折射率可以鉴别油脂的组成和品质。

正常情况下，某些液态食品的折射率有一定的范围，如正常牛乳乳清的折射率在1.341 99～1.342 75，当这些液态食品因掺杂、浓度改变或品种改变等原因而引起食品的品质变化时，折射率常常会发生变化。所以，测定折射率可以初步判断某些食品是否正常。如牛乳掺水，其乳清折射率降低，故测定牛乳乳清的折射率即可了解乳糖的含量，判断牛乳是否掺水。

3. 测定方法

常用的测定物质折射率的仪器有阿贝折光仪和手持式折光仪。

(1)阿贝折光仪

①结构和原理。阿贝折光仪的结构如图 8-6 所示。其光学系统由观测系统和读数系统两部分组成。分别有测量镜筒和读数镜筒可进行观察。属于双镜筒折射仪。

如图 8-7 所示，观测系统光线由反光镜 1 反射，经进光棱镜 2、折射棱镜 3 及其间的样液薄层折射后射出。再经色散补偿器 4 消除由折射棱镜及被测样品所产生的色散，然后由物镜 5 将明暗分界线成像于分划板 6 上，经目镜 7、8 放大后成像于观测者眼中。

读数系统：光线由小反光镜 14 反射，经毛玻璃 13 射到刻度盘 12 上，经转向棱镜 11 及物镜 10 将刻度成像于分划板 9 上，通过目镜 7、8 放大后成像观测者眼中。当旋动旋钮 2 时，使棱镜摆动，视野内明暗分界线通过十字交叉点，这表示光线从棱镜入射角达到了临界角。当测定样液浓度不同时，折射率也不同，故临界角的数值亦有不同。在读数镜筒中即可读取折射率，或糖液浓度，或固形物的含量。

②使用方法

a. 将阿贝折光仪靠窗口的桌上或白炽灯前，但避免阳光直射，用超级恒温槽通入所需温度的恒温水于两棱镜夹套中，棱镜上的温度计应指示所需温度，否则应重新调节恒温槽的温度。

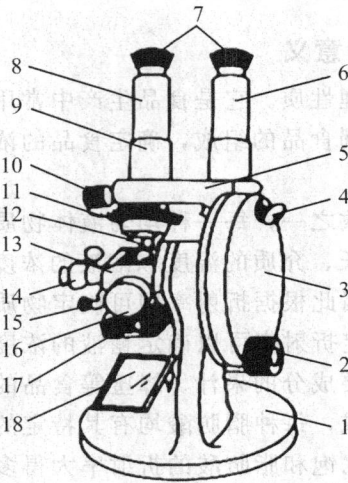

图 8-6　阿贝折光仪

1. 底座；2. 棱镜转动轮；3. 圆盘组（内有刻度板）；4. 小反光镜；5. 支架；
6. 读数镜筒；7. 目镜；8. 观察镜筒；9. 分界线调节旋钮；10. 色散棱镜手轮；
11. 色散刻度尺；12. 棱镜锁紧扳手；13. 棱镜组；14. 温度计插座；
15. 恒温器接头；16. 保护罩；17. 主轴；18. 反光镜

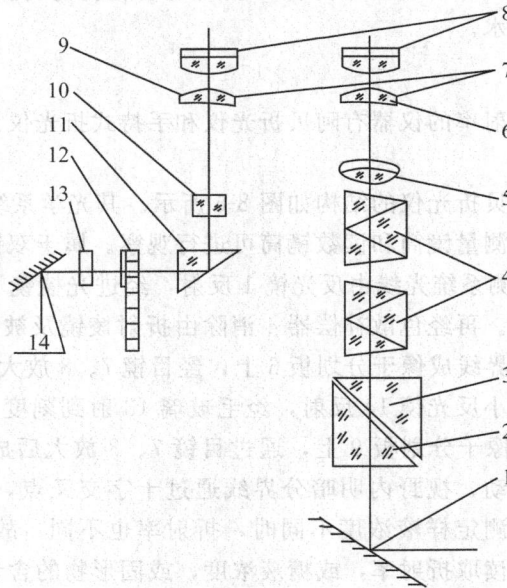

图 8-7　阿贝折光仪的光学系统

b. 松开锁钮，打开棱镜，滴 1～2 滴丙酮在玻璃面上，合上两棱镜，待镜面全部被丙酮湿润后再打开，用擦镜纸将其轻擦干净。

c. 校正用重蒸蒸馏水校正。打开棱镜，滴 1 滴蒸馏水于下面镜面上，在保持下面镜面水平情况下关闭棱镜，转动刻度。盘罩外手柄（棱镜被转动），使刻度盘上的读数等于蒸馏水的折光率（$n_{20}D = 1.332\ 99$，$n_{25}D = 1.332\ 5$），调节反射镜，使入射光进入棱镜组，并从测量望远镜中观察，使视场最明亮，调节测量镜（目镜），使视场十字线交点最清晰。

转动消色调节器，消除色散，得到清晰的明暗界线，然后用仪器附带的小旋棒旋动位于镜筒外壁中部的螺丝，可使明暗线对准十字交点，校正即完毕。

d. 测定。用丙酮清洗镜面后，滴加 1～2 滴样液于毛玻璃面上，闭合两棱镜，旋紧锁钮。如样品很易挥发，可用滴管从棱镜间小凹槽中滴入。

转动刻度盘罩外手柄，使刻度盘上的读数为最小，调节反射镜可使光进入棱镜组，并从测量望远镜中观察，使视场最明亮，再调节目镜，使视场十字线交点最清晰。

再次转动罩外手柄，使刻度盘上的读数逐渐增大，直到观察到视场中出现半明半暗现象，并在交界处有彩色光带，这时转动消散手柄，使彩色光带消失，可得到清晰的明暗界线，继续转动罩外手柄，使明暗界线正好与目镜中的十字线交点重合。从刻度盘上直接读取折光指数或固形物含量。

（2）手持折射仪

手持式折射仪是一种常用于测量蔗糖浓度的专用折射仪，所测得的蔗糖浓度也称为折射锤度。

手提式折射仪的结构如图 8-8 所示，它由一个棱镜（P）、一个盖板（D）及一个观测镜筒（OK）组成，利用反射光测定。其光学原理与阿贝折光仪相同。该仪器操作简单，便于携带，常用于生产，使用时打开棱镜盖板 D，用擦镜纸仔细将折光棱镜 P 擦干净，糖液置于棱镜 P 上，将溶液均布于棱镜表面，合上盖板 D，将光窗对准光源，调节目镜视度圈 OK，使现场内分划线清晰可见，视场中明暗分界线相应读数即为溶液中糖的质量分数。手提折光计的测定范围通常为 0～90%，其刻度标准温度为 20℃，若测量时在非标准温度下，则需进行温度校正。

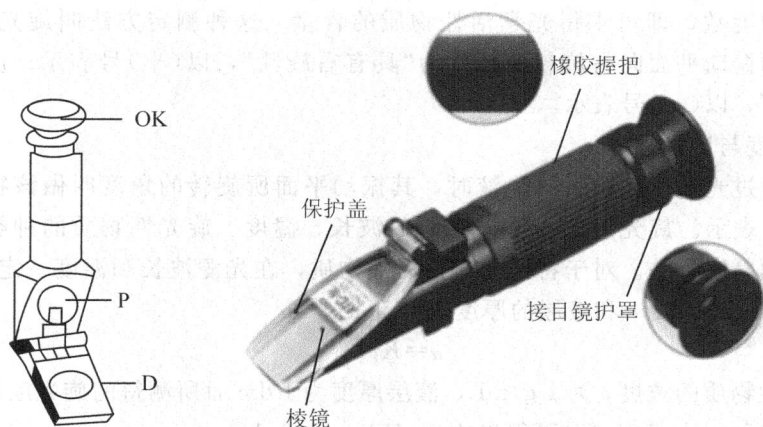

图 8-8　手持折射仪（糖度计）

8.2.3 旋光度的测定

1. 概念

(1)自然光与偏振光

光是一种电磁波，即光波的振动方向与其前进方向互相垂直。自然光有无数个与光的前进方向互相垂直的光波振动面。若使自然光通过尼科尔棱镜，因振动面与尼科尔棱镜的光轴平行的光波才能通过尼科尔棱镜，所以通过尼科尔棱镜的光，只限制在一个平面上振动，这种仅在一个平面上振动的光叫偏振光，偏振光的振动平面叫偏振面，如图8-9所示。

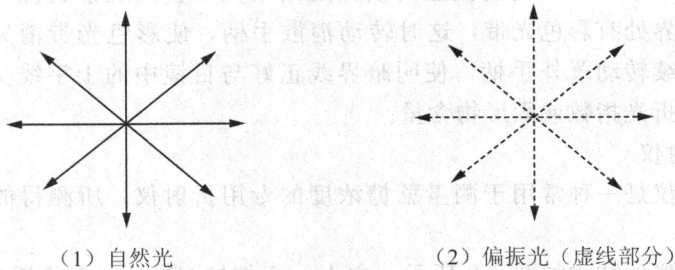

(1) 自然光   (2) 偏振光（虚线部分）

图8-9 自然光与偏振光

(2)旋光法

分子结构中有不对称的碳原子，能把偏振光的偏振面旋转一定角度的物质称为光学活性物质。许多食品成分都具有光学活性，如单糖、低聚糖、淀粉以及大多数的氨基酸和羟酸等。具有光学活性的物质，它的分子和镜像不能重合。当偏振光通过这一类化合物时，偏振面旋转了一个角度，利用专门的仪器（旋光仪）测量偏振面向左或向右的旋转角的度数，即可求得光学活性物质的含量。这种测定方法叫旋光法。其中，能把偏振光的振动平面向右旋转的，称为"具有右旋性"，以（＋）号表示；反之，称为"具有左旋性"，以（－）号表示。

(3)旋光度与比旋光度

偏振光通过光学活性物质的溶液时，其振动平面所旋转的角度叫做该物质溶液的旋光度，以 α 表示。旋光度的大小与光源的波长、温度、旋光性物质的种类、溶液的浓度及液层的厚度有关。对于特定的光学活性物质，在光源波长和温度一定的情况下，其旋光度与溶液的浓度 c 和液层的厚度 L 成正比。

$$\alpha = KcL \tag{8-12}$$

当旋光性物质的浓度 c 为 1 g/mL，液层厚度为 1 dm 时所测得的旋光度称为比旋光度，以 $[\alpha]_\lambda^t$ 表示。由式(8-12)可得出式(8-13)、式(8-14)。

$$[\alpha]_\lambda^t = K \times 1 \times 1 = K \tag{8-13}$$

即

$$[\alpha]_\lambda^t = \frac{\alpha}{cL} \tag{8-14}$$

式中：$[\alpha]_\lambda^t$——比旋光度，(°)；t——温度，℃；λ——光源波长，nm；α——旋光度，

度；L——液层厚度或旋光管长度，dm；c——溶液浓度，g/mL。

比旋光度与光的波长及测定温度有关。通常规定用钠光 D 线（波长 589.3 nm）在 20℃时测定，在此条件下，比旋光度用 α_D^{20} 表示。主要糖类的比旋光度如表 8-1 所示。

表 8-1　糖类的比旋光度

糖类	比旋光度	糖类	比旋光度
葡萄糖	＋52.5	乳糖	＋53.3
果糖	－92.5	麦芽糖	＋138.5
转化糖	－20.0	糊精	＋194.8
蔗糖	＋66.5	淀粉	＋196.4

因在一定条件下比旋光度 $[\alpha]_\lambda^t$ 是已知的，L 为一定，故测得了旋光度就可计算出旋光质溶液中的浓度 c。

（4）变旋光作用

有光学活性的物质（如葡萄糖、果糖、麦芽糖和乳糖等）溶解后，其旋光度起初迅速发生变化，然后逐渐变得较缓慢，最后达到恒定值，这种现象称为变旋光作用。发生此作用的原因为有些糖存在两种异构体，即 α 型和 β 型，它们的比旋光度不同，两种环型结构及中间的开链结构在构成一个平衡体系过程中，即显示出变旋光作用。

对于蜂蜜、商品葡萄糖等会产生变旋光的产品，应用旋光法测定时，样品配制成溶液后宜放置过夜再进行读数。如需要立即测定，可将中性溶液加热至沸，或加入几滴 NH_4OH 后再稀释定容；如果溶液已经稀释定容，则可加入干燥的碳酸钠，直至对石蕊试纸恰好呈现明显的碱性为止。在碱性溶液中，变旋光作用迅速，很快能达到平衡。为了解变旋光作用是否完成，应每隔 15~30 min 进行一次旋光度测量读数，直到读数恒定为止。

2. 旋光仪结构原理

旋光仪是测定物质旋光度的仪器，通过对样品旋光度的测定，可以分析确定物质的浓度、含量和纯度等。广泛应用于医药、食品、有机化工等各个领域。

旋光仪采用钠光灯作为光源，由小孔光阑和物镜组成一个简单的点光源平行光管，平行光经偏振镜（一）变为平面光，当偏振光经过有法拉第效应的磁旋光圈时，其振动平面可产生 50 Hz 的 β 角往复摆动，光线再经偏振镜（二）投射到光电倍增管上，产生交变的电讯号，即可测出所检测物质的旋光度。

3. 测定方法

（1）试样准备

对于香料，如有必要需对试样进行干燥，应按 GB/T 14454.1—2008 的规定进行处理。

当测定比旋度时，应按有关香料产品标准中规定的浓度和溶剂配制该香料产品的溶液。

（2）所用试剂

试剂均为分析纯试剂，水为蒸馏水或纯度相当的水。

溶剂(仅在测定香料的比旋度时使用)：最好使用 95%(体积分数)的乙醇。使用前应先检查所使用的溶剂的旋光度，应为 0。

(3)仪器

①旋光仪：精确度至少为±0.5 mral(±0.03°)，用水调整到 0°和 180°。旋光仪应该用已知旋光度的石英片进行校验。如果没有石英片，就用每 100 mL 中含 26.00 g 无水纯净蔗糖的水溶液来检验。此溶液在 20℃，厚度为 200 mm 时的比旋度应为+604 mral(+34.62°)。

②光源：波长为 589.3 nm+0.3 nm 的光源均可使用，最好是钠蒸气灯泡。

③旋光管：通常长度为 100 mm±0.5 mm。

在 20℃或其他规定的温度下测定，应使用配有温度计的双壁管，以确保水在所需温度下的循环。对于常温测定，可使用上述旋光管，也可使用其他任何类型的旋光管。

④温度计：测量范围在 10～30℃，具有 0.2℃或 0.1℃的分刻度。

⑤恒温控制器：将试样的温度控制在 20℃±0.2℃或其他规定的温度。

(4)测定

①校正仪器。接通光源，待其至充分亮度。如有必要，可将试样的温度调至 20℃±1℃或其他规定的温度，然后将试样注入同等温度的适当的旋光管中。在恒温控制下，开始水循环，使旋光管在测试过程中保持在规定的温度(±0.2℃)。

②测定样品。将试样注满旋光管，确保管中无气泡。然后将旋光管放入旋光仪，根据仪器上的刻度读出香料右旋(+)或左旋(-)旋光度。

同一试样至少测定三次。取三次读数的平均值即为所测结果，三次测定的值相互之差不得大于 1.4 mral(0.08°)。

③计算结果。根据式(8-15)计算旋光度 α_D^t，用毫弧度和/或角的度数表示：

$$\alpha_D^t = \frac{A}{l} \tag{8-15}$$

式中：α_D^t——香料溶液的旋光度；A——偏转角的值，毫弧度和/或角的度数；l——旋光管的长度，mm。

注意：右旋用(+)，左旋用(-)表示。当不具备水循环双壁旋光管时，应对被测香料使用合适的校正系数加以校正。其中校正系数在有关香料的产品标准中给出。

8.2.4 食品中压力的测定

在某些瓶装或罐装食品中，容器内气体的分压常常是产品的重要质量指标。如罐头生产中，要求罐头要有一定的真空度，即罐内气体分压与罐外气压差应小于零，为负压。这是罐头产品必须具备的一个质量指标，而且对于不同罐型、不同的内容物、不同的工艺条件，要求达到的真空度不同。瓶装含气饮料，如碳酸饮料、啤酒等，其 CO_2 含量是产品的一个重要理化指标。

1. 罐头真空度的测定

测定罐头真空度通常用罐头真空表测定。它是一种下头带有针尖的圆盘状表，表面上刻有真空度数字，静止时指针指向零。表的基部是一带有尖锐针头的空心管，空心管与表身连接部分有金属套保护，下面一段由厚橡皮座包裹(图 8-10)。

测定罐头真空度时，使真空表针尖刺入盖内，罐内分压与大气压差使表内隔膜移动，从而连带表面针头转动，即可读出真空度，记录数据。

图 8-10　罐头真空度测定

2. 测定碳酸饮料中的 CO_2

将碳酸饮料样品瓶(罐)用测压器上的针头刺入盖内，旋开放气阀排气，待指针回复零位后，立即关闭排气阀，将样品瓶(罐)往复剧烈振摇 40 s，待压力稳定后，记下压力表读数。旋开排气阀，随即打开瓶(罐)盖，用温度计测量容器内饮料的温度。

根据测得的压力和温度，查碳酸气吸收系数表，即可得到 CO_2 含气量的体积倍数，记录数据。

3. 啤酒 CO_2 的测定

泡沫是啤酒的重要特征之一，啤酒也是唯一以泡沫作为主要质量指标的酒类。

根据亨利定律，在 25℃时用二氧化碳测定仪测出试样的总压、瓶颈空气体积和瓶颈空容体积，然后计算出啤酒中二氧化碳的含量。测定步骤如下所述。

(1)准备仪器

将二氧化碳测定仪的三个组成部分之间用胶管(或塑料管)接好，在碱液水准瓶和刻度吸管中装入 NaOH 溶液，用水或 NaOH 溶液(也可以使用瓶装酒)完全顶出连接刻度吸收管与穿孔装置之间胶管中的空气。

(2)准备试样

取瓶(或听)装酒样置于 25℃水浴中恒温 30 min。

(3)测表压

将试样酒瓶(或听)置于穿孔装置下穿孔。用手摇动酒瓶(或听)直至压力表指针达到最大恒定值，记录读数(即表压)。

(4)测瓶颈空气

慢慢打开穿孔装置的出口阀，让瓶(或听)内气体缓缓流入吸收管，当压力表指示降至零时，立即关闭出口阀，倾斜摇动吸收管，直至气体体积达到最小恒定值。调整水准瓶，使之静压相等，从刻度吸收管上读取气体的体积。

(5)测瓶颈空容

在测定之前，先在酒的瓶壁上用玻璃铅笔标记出酒的液面。测定后，用水将酒瓶装满至标记处，用 100 mL 量筒量取 100 mL 水后倒入试样瓶至满瓶口，读取从量筒倒出水的体积。

(6)测定与计算听(铝易开盖两片罐)装酒"听顶空容"

在测定前，先称量整听酒的质量(m_3)，精确至 0.1 g；穿刺，测定听装酒的表压，将听内啤酒倒出，用水洗净，空干，称量"听＋拉盖"的质量(m_4)，精确至 0.1 g；再用水充满空听，称量"听＋拉盖＋水"的质量(m_5)，精确至 0.1 g。

听装酒的"听顶空容"按式(8-16)计算：

$$R=\frac{m_5-m_4}{0.99823}-\frac{m_3-m_4}{\rho} \tag{8-16}$$

式中：R——听装酒的"听顶空容"，mL；m_5——"听＋拉盖＋水"的质量，g；m_4——"听＋拉盖"的质量，g；0.99823——水在 20℃下的密度，g/mL；m_3——"酒＋听"的质量，g；ρ——试样的密度，g/mL。

(7)计算结果

试样的二氧化碳含量按式(8-17)计算：

$$X_4=\left(P-0.101\times\frac{V_8}{V_7}\right)\times1.40 \tag{8-17}$$

式中：X_4——试样的二氧化碳质量分数，％；P——绝对压力（表压＋0.101），MPa；V_8——瓶颈空气体积，mL；V_7——瓶颈空容（听顶空容）体积，mL；1.40——25℃、1 MPa压力时，100 g试样中溶解的二氧化碳克数，g。

注：1 个大气压＝0.101 MPa。

8.2.5 固态食品的比体积测定

固态食品如固体饮料、麦乳精、面包、饼干、冰激凌等，其表观的体积与质量之间的关系，即比体积是其很重要的一项物理指标。

比体积是指单位质量的固态食品所具有的体积(mL/100 g 或 mL/g)。还有与此相关的类似指标，如固体饮料的颗粒度(％)、饼干的块数(块/kg)、冰激凌的膨胀率(％)等。这些指标都将直接影响产品的感官质量，也是其生产工艺过程质量控制的重要参数。

1. 麦乳精的比体积测定

麦乳精的比体积反映了其颗粒的密度，也影响其溶解度。比体积过小，密度大，体积达不到要求，而比体积过大，密度小，质量达不到要求，严重影响其外观质量。

(1)比体积测定步骤

称取颗粒饮料 100 g±0.1 g，倒入 250 mL 量筒中。抹平后记下固体的体积(mL)，即为固体饮料的比体积。

(2)颗粒度测定步骤

称取颗料饮料 100 g±0.1 g 于 40 目标准筛上，圆周运动 50 次，将未过筛的试样称量。结果计算如式(8-18)所示。

$$\omega=\frac{m_1}{m_2}\times100\% \tag{8-18}$$

式中：ω——颗粒度，％；m_1——未过筛被测样品质量，g；m_2——被测样品总质量，g。

2. 面包比体积测定

面包比体积过小，内部组织不均匀，风味不好；比体积过大，体积膨胀过分，内部组织粗糙，面包质量下降。

面包比体积测定采用面包比容测定仪测定。将待测面包称量（精确至 0.1 g）。当待测面包体积不大于 400 mL 时，先把底箱盖好，打开顶箱盖子和插板，从顶箱放入填充物至标尺零线，盖好顶盖后反复颠倒几次，调整填充物加入量到标尺零线。测量时，先把填充物倒置于顶箱，关闭插板开关，打开底箱盖，放入待测面包，盖好底盖，拉开插板使填充物自然落下。在标尺上读出填充物的刻度，即为面包的实测体积。当待测面包体积大于 400 mL 时，先把底箱打开，放入 400 mL 的标准模块，盖好底箱，打开顶箱盖子和插板，从顶箱放入填充物至标尺零线，盖好顶盖后，反复颠倒几次，消除死角空隙，调整填充物加入量到标尺零线；测量时，先把填充物倒置于顶箱，关闭插

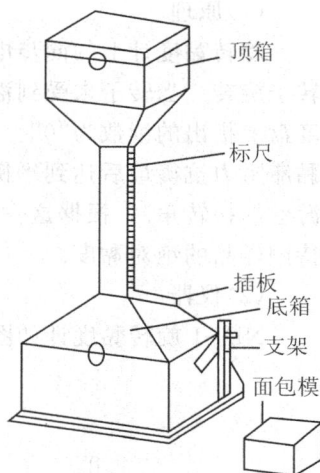

图 8-11　面包比容测定仪

板开关，打开底箱盖，取出标准模块，放入待测面包，盖好底盖，拉开插板使填充物自然落下，在标尺上读出填充物的刻度，即为面包的实测体积。结果计算如式（8-19）所示。

$$P = \frac{V}{m} \tag{8-19}$$

式中：P——面包的比容，mL/g；V——面包体积，mL；m——面包质量，g。

8.2.6　食品黏度的测定

液体的黏稠程度称为黏度，指液体在外力作用下发生流动时，分子间所产生的内摩擦力。黏度的大小是判断液态食品品质的一项重要物理常数。黏度的大小随温度的变化而变化。温度越高，黏度越小。纯水在 20℃时的绝对黏度为 10^{-3} Pa·s。测定液体黏度可以了解样品的稳定性，亦可揭示干物质的量与其相应的浓度。

黏度有绝对黏度、运动黏度、条件黏度和相对黏度之分。

绝对黏度也叫动力黏度，它是液体以 1 cm/s 的流速流动时，在 1 cm² 液面上所需切向力的大小，单位为"Pa·s"。

运动黏度是指在相同温度下液体的绝对黏度与其密度的比值，单位为"m²/s"。

条件黏度是在规定温度下，在指定的黏度计中，一定量液体流出的时间（s），或此时间与规定温度下同体积水流出时间之比。

相对黏度是在一定温度时液体的绝对黏度与另一液体的绝对黏度之比，用以比较的液体通常是水或适当的液体。

测定液体食品的黏度时，要根据测定目的和待测对象的性质选择测定仪器。食品中常见的测定方法有毛细管测定法、圆筒回转式黏度计测定法和锥板回转式黏度计测定法等。这里仅介绍食品物性分析中转子旋转黏度计法和毛细管黏度计法。

1. 旋转黏度计法

（1）原理

旋转黏度计上的同步电机以稳定的速度带动刻度盘旋转，再通过游丝和转轴带动转子旋转。当转子未受到液体的阻力时，游丝、指针与刻度圆盘同速旋转，指针在刻度盘上指出的读数为"0"。反之，如果转子受到液体的黏滞阻力，则游丝产生扭矩，与黏滞阻力抗衡最后达到平衡，这时与游丝连接的指针在刻度圆盘上指示一定的读数（即游丝的扭转角），根据这一读数，结合所用的转子号数及转速对照换算系数表，计算出待测样品的绝对黏度。

（2）仪器

NDJ-1旋转黏度计如图8-12所示。

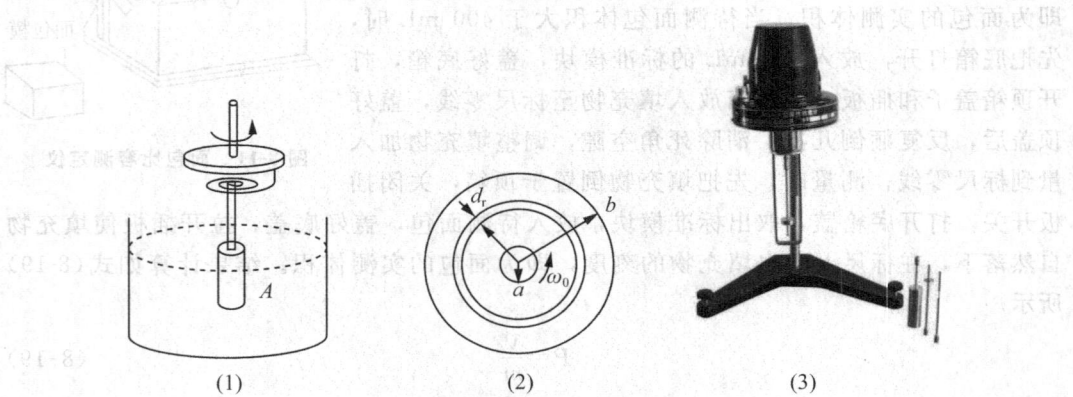

图 8-12　旋转黏度计及其构造原理
1. 结构示意侧面图；2. 结构示意俯视图；3. 黏度计实物图

（3）适用范围

旋转黏度计主要用来测试样品的黏稠度，在食品分析中主要用于牛奶及制品、果汁及食用油等各种食品流体的动力黏度的测定。

（4）操作步骤

调节仪器的水平调节螺丝，使仪器处于水平状态。根据检测容器的高低，转动仪器的升降夹头旋钮，使仪器升降至合适的高度，然后用六角螺纹扳手紧固升降夹头。水平调节完毕后根据预估的被测样的最大黏度值，结合量程表选择合适的转子（表8-2），并小心安装上仪器的连接螺杆。把样品倾入直径不小于70 mm的烧杯或试筒（仪器自备）中，使转子尽量置于容器中心部位并浸入样液直至液面达到转子的标志刻度为止。选择合适的转速，接通电源开始检测。待转子在样液中转动一定时间，指针趋于稳定时，压下操作杆，同时中断电源，使指针停留在刻度盘上，读取刻度盘中指针所指示的数值。当读数过高或过低时，可通过调整测定转速或转子型号，使刻度读数值落在30～90刻度量程中。

表 8-2　不同转子在不同转速下可测的最大黏度值　　　　　　单位：Pa·s

转子号	转速/(r/min)			
	60	30	12	6
0	0.01	0.02	0.05	0.1
1	0.1	0.2	0.5	1
2	0.5	1	2.5	5
3	2	4	10	20
4	10	20	50	100

结果计算：

$$\eta = K \times S \tag{8-20}$$

式中：η——样品的绝对黏度，mPa·s；K——转换系数（表 8-3）；S——圆盘中指针所指读数。

表 8-3　不同转子在不同转速时的换算系数

转子号	转速/(r/min)			
	60	30	12	6
0	0.1	0.2	0.5	1.0
1	1	2	5	10
2	5	10	25	50
3	20	40	100	200
4	100	200	500	1 000

（5）注意事项及说明

①安装转子时可用左手固定连接螺杆，避免刻度指针大幅度左右摆动，同时用右手慢慢将转子旋入连接螺杆，注意不要使转子横向受力，以免转子弯曲。

②需选用仪器配备的试筒检测样品。安装转子后，用套筒固定螺丝把固定套筒装于黏度计刻度盘下方，把一定量样品倒入测试筒，然后将装有样品的测试筒垂直向上套入固定套筒，通过螺丝使之与固定套筒相连接，即可进行黏度测定。

③黏度测定量程、系数、转子及转速的选择。通常可先估计被测液体的黏度范围，然后根据量程表选择适当的转子和转速。当估算不出被测液体的大致黏度时，假定有较高的黏度，试用由小到大的转子和由慢到快的转速，原则是高黏度的液体选用小转子和慢转速，低黏度的液体选用大转子和快转速。

④黏度测定时应保证液体的均匀性，测定前转子应有足够长的时间浸于被测液体中，使其和被测液体温度一致，以保证结果的准确性。

⑤装上"0"号转子，不得在无液体的情况下"旋转"，以免损坏轴尖。

⑥每次使用完毕应及时清洗转子（注意不得在仪器上清洗），清洁后要妥善安放于转子架中。

⑦不得随意拆动调整仪器的零件，不要自行加注润滑油。

2. 毛细管黏度计法

(1)毛细管黏度计的种类

毛细管黏度计的种类很多，下面介绍常用的两种毛细管黏度计，即奥氏黏度计[图 8-13(1)]和乌氏黏度计[图 8-13(2)、图 8-13(3)]。

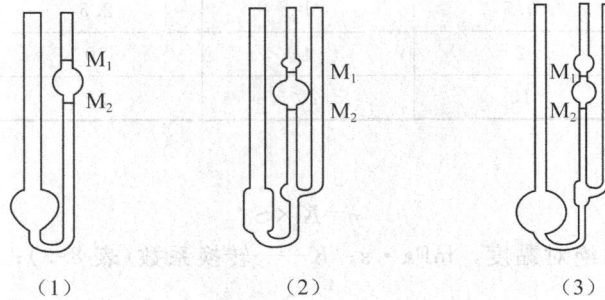

图 8-13 毛细管黏度计
(1)奥氏黏度计；(2)非稀释型乌氏黏度计；(3)稀释型乌氏黏度计

①奥氏黏度计：奥氏黏度计由导管、毛细管和球泡组成。毛细管的孔径和长度有一定的规格和精度要求。球泡两端导管上都有刻度线(如 M_1、M_2 等)，刻度线之间导管和球泡的容积也有一定规格和较高的精度。测定时，先把一定量(或一定体积)的液体注入左边导管，然后将乳胶管与右边导管的上部开口处连接，把注入的液体抽吸到右管，直到上液面超过刻度线 M_1。这时，使黏度计垂直竖立，再去掉上部乳胶管，使液体因自重向下向左管回流。注意测定液面通过 M_1 至 M_2 之间所需的时间，即一定量液体通过毛细管的时间。测定多次，取平均值。根据对标准液和试样液通过时间的测定，就可求出液体黏度。

②乌氏黏度计：乌氏黏度计的结构与奥氏黏度计的不同之处是它由三根竖管组成，其中右边的管与中间球泡管的下部旁通。即在球泡管下部有一个小球泡与右管连通。这一结构可以在测量时使流经毛细管的液体形成一个气悬液柱，减少了因左边导管液面升高对毛细管中液流压力差带来的影响。测定方法是，首先向左管注入液体，然后堵住右管，由中间管吸上液体，直至充满上面的球泡。这时，同时打开中间管和右管，使液体自由流下，测定液面由 M_1 到 M_2 的时间。

③其他形式的毛细管黏度计：与奥氏黏度计相似的黏度计还有很多，如双球形奥氏黏度计[图 8-14(1)]、凯芬式黏度计[图 8-14(2)]、倒流式黏度计[图 8-14(3)]、品氏黏度计、伏氏黏度计等。

(2)测定原理

溶液的黏度与溶液的浓度有关，为了消除黏度对浓度的依赖性，定义了一种特性黏度$[\eta]$，即

$$[\eta] = \lim_{c \to 0} \frac{\eta_{sp}}{c} = \lim_{c \to 0} \frac{\ln \eta_r}{c} \tag{8-21}$$

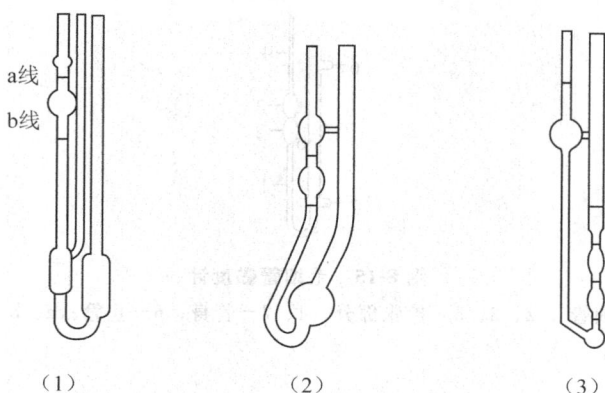

图 8-14　其他常见的毛细管黏度计

(1)双球形奥氏黏度计；(2)凯芬式黏度计；(3)倒流式黏度计

式中：η_{sp}——增比黏；η_r——相对黏度；c——浓度。

　　特性黏度为极限黏度值，与浓度无关，其量纲也是浓度的倒数。特性黏度与聚合物的相对分子质量和结构、溶液的温度和溶剂的特性有关。当温度和溶剂一定时，对于同种聚合物而言，其特性黏度与其相对分子质量有关。只要测定一系列不同浓度下的黏度后，对浓度作图，并外推到浓度为 0 时，得到的黏度属于特性黏度。

　　(3)测定步骤

　　①将选用的黏度计用石油醚或汽油清洗干净。若黏度计沾有污垢，就用铬酸溶液、自来水、蒸馏水和乙醇依次洗涤，然后放入烘箱中烘干。

　　②在毛细管黏度计只管 6(图 8-15)上套上橡皮管，并用手指堵住管身 7(图 8-15)的管口，同时倒置黏度计，将管身插入样液中，用洗耳球从只管的橡皮管中将样液吸到标线 a 处，注意不要使管身扩张部分 3(图 8-15)中的样液出现气泡或裂隙，迅速提起黏度计并使其恢复至常态，同时擦掉管身的管端外壁所黏附的多余样液，并从只管 6(图 8-15)取下橡皮管套在管身 4(图 8-15)的管端上。

　　③把盛有样液的黏度计浸入预先准备好的(20±0.1)℃恒温水浴中，使其扩张部分 2 和部分 3(图 8-15)完全浸没在水浴中，将其垂直固定在支架上。

　　④恒温 10min 后，用吸耳球从管身 4 的橡皮管中将样液吸起、吹下以搅拌样液，然后吸起样液使充满扩张部分 3(图 8-15)，使下液面稍高于标线 a。

　　⑤取下吸耳球，观察样液的流动情况。当液面正好到达上标线 a 时，立即按下秒表计时，待样液继续流下至下标线 b 时，再按下秒表停止计时。

　　⑥重复操作 4～6 次，记录每次样液流经上、下标线所需的时间。

　　(4)计算如式(8-22)所示。

$$V_{20} = Kt_{20} \tag{8-22}$$

式中：V_{20}——20℃时样液的运动黏度，cm^2/s；K——黏度计常数，cm^2/s^2；t_{20}——样液平均流出时间，s。

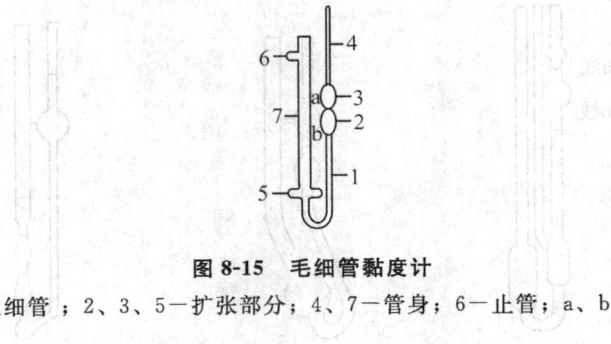

图 8-15 毛细管黏度计

1—毛细管；2、3、5—扩张部分；4、7—管身；6—止管；a、b—标线

（5）说明

粮食黏度的测定也多采用毛细管黏度计法。方法是将粉碎的试样在微沸状态下充分糊化，过滤后在 50℃ 条件下测定糊化液的黏度。

复习思考题

1. 名词解释

相对密度，变旋光作用，折光法，相对黏度，绝对黏度，条件黏度。

2. 使用密度瓶测定液体食品的相对密度时，所用的蒸馏水为什么要预先煮沸30 min？

3. 黏度的测定方法有哪几种？各有什么特点？

4. 简述折光仪的基本原理。

5. 简述密度瓶法测定样液相对密度的基本原理。

6. 简述采用密度计法测定样液相对密度时的主要事项。

第9章 水分和水分活度的测定

9.1 概述

水对于人类和动植物体来说具有十分重要的意义，在绝大多数生物体内，水是重要的组成部分，承载了重要的生理功能。它是身体中体温的重要调节剂，是营养成分和废物的载体，还是一种反应介质、润滑剂、增塑剂和生物大分子构象的稳定剂等，这些水由三个来源供给：液态食物、固态食物和代谢水。

我们日常所消费的食品也离不开水，其含量的多少，影响着食品的感官性状、结构以及对腐败的敏感性。如食品水分含量增加时，脱水蔬菜的非酶褐变会随之增加；水分含量的减少亦可导致蛋白质的变性、糖和盐的结晶；另外，食品的腐败变质与其中的水分含量也有一定的关系。所以，控制食品中的水分含量，对于保持食品良好的感官性状、维持食品中其他组分的平衡关系及保证食品具备一定的保存期均起着重要作用。

由于食品中水分的重要作用，在食品分析中，水分的测定是一个很重要的项目，它对于计算生产中的物料平衡、实行工艺监督以及质量保证等方面都具有很重要意义。

不同食品的水分含量差异很大，如表9-1所示。根据水在食品中所处的状态不同以及与非水组分结合强弱的不同，可把食品中的水划分为以下两大类。

表 9-1 部分食品的水分含量

食品类别	食品名称	水分含量/%	食品类别	食品名称	水分含量/%
蔬菜	白菜、番茄、西蓝花	90~95	肉类	猪肉	53~60
	甜菜、胡萝卜、马铃薯	80~85		火腿、香肠	56~65
水果	香蕉、柿子	75~80		鱼	70~80
	荔枝、金橘、苹果	80~85	乳及乳制品	牛奶	89
	菠萝、梨、芒果	85~90		奶油	18
	草莓、西瓜	90~95		全脂奶粉	2.3
蛋类	鲜蛋	74	干豆及豆制品	黄豆	10.2
	干蛋	5		豆腐、豆浆	82~96
谷类及制品	面粉、粗燕麦粉、挂面	10~13		千张、香干	52~69
	全粒谷物	10~12	其他	果汁	86~88
	方便面、饼干	3.6~8		蜂蜜及其他糖浆	20~40
	面包	35~45		果冻、果酱	≤35
	西式糕点	25		绿茶	4

1. 自由水

通常指没有被非水物质化学结合的水，是以溶液状态存在的水分，它保持着水本身的物理性质，在被截留的区域内可以自由流动。其特点是，自由水在低温下容易结冰；可作为胶体的分散剂和盐的溶剂；一些能使食品发生的质变反应及微生物活动可在其中进行。在高水分含量的食品中，自由水含量可以达到总含水量的 90% 以上。

2. 结合水

通常指存在于溶质或者其他非水组分附近的、与溶质分子之间通过化学键结合的水。如葡萄糖、麦芽糖、乳糖的结晶水以及与食品中的蛋白质、淀粉、纤维素、果胶物质中的羧基、氨基、羟基、疏基通过氢键结合的水，很难用蒸发的方法排除出去；结合水的冰点为 $-40℃$；在食品内部不能作为溶剂；微生物及其孢子也不能利用它来进行繁殖和发芽。

食品中水分的划分是相对的。食品中所说的水分的含量，一般指在常压下，105℃左右直接干燥情况下，所失去物质的总量。在食品中，以自由水形态存在的水分在加热时容易蒸发，而结合水的蒸发却不如前者来得容易，若对其进行长时间的加热，非但不能将其去除，反而会使食品发生质变，影响分析结果。所以，水分测定要在一定的温度、时间和规定的操作条件下进行，方能得到满意的结果。

9.2　水分的测定

食品分析中水分测定的方法有多种，可以总结为两大类：直接测定法和间接测定法。

①直接测定法：利用水分本身的物理性质和化学性质去掉样品中的水分，再对其进行定量的方法称作直接测定法，如烘干法、化学干燥法、蒸馏法和卡尔·费休法。

②间接测定法：利用食品的密度、折射率、电导率、介电常数等物理性质测定水分，间接测定法不需要除去样品中的水分。

相比较而言，直接测定法精确度高、重复性好，但花费时间较多，且主要靠人工操作，广泛应用于实验室内。间接测定法所得结果的准确度一般比直接法低，而且往往需要进行较正，但间接法测定速度快，能够自动连续测量，可用于食品工业生产过程中水分含量的自动控制。在实际应用时，水分测定的方法要根据食品性质和测定目的而选定。

9.2.1　干燥法

在一定的温度和压力下，通过加热方式将样品中的水分蒸发完全并根据样品加热前后的质量差来计算水分含量的方法，称为干燥法。它包括直接干燥法和减压干燥法。测定所需主要设备为烘箱，其水分含量测定值的大小与所用烘箱的类型、箱内条件、干燥温度和干燥时间密切相关。这种测定方法虽费时较长，但操作简便、应用范围较广，有以下注意事项。

应用干燥法测定水分的样品应当符合下述 3 个条件：

①水分是样品中唯一的挥发物质。因为食品中挥发组分的损失会造成测量误差，

例如乙酸、丙酸、丁酸、醇、酯和醛等。

②可以较彻底地去除水分。如果食品中含有较多的胶态物质，就很难通过直接干燥法来排除水分。

③在加热过程中，如果样品中其他组分之间发生化学反应，由此而引起的质量变化可以忽略不计。在分析过程中，样品中的水分含量与干燥温度和持续的时间有关，但当干燥时间太长、温度太高时，食品中其他的组分就会发生分解。水分检测存在的主要问题仍在于如何蒸发要去除的水，同时又不能因为其他成分分解释放出的水分而使得结果偏高；同样，食品中有的成分的化学反应（如蔗糖的水解）却要利用食品中的水分，这会使其测得的水分含量偏低。所以，如果当这些变化产生的影响很小时，可考虑使用烘箱干燥法。

在使用干燥法进行水分测定时，操作条件的选择显得相当重要，主要包括：称量瓶的选择、称样量、干燥设备和干燥条件等。

①称量瓶的选择：用于水分测定的称量瓶有各种不同的形状，从材料看有玻璃称量瓶和铝制称量瓶两种。玻璃称量瓶能够耐酸碱，因此不受样品性质的限制，而铝制称量瓶质量轻，导热性强，但对酸性食品不大适宜，常用于减压干燥法。称量瓶的盖子对防止样品因逸散而造成的损失有着重要意义，在蒸发水分时，盖子需斜靠在一边，这样可避免加热时样品溢出而造成的损失。如果使用的是一次性的称量皿，可选择使用玻璃纤维做的盖子。这种盖子既可防止液体的飞溅，同时又不阻碍表面的透气，能有效提高水分蒸发的效果。

称量瓶在使用之前需要进行预处理操作，而且在移动称量瓶时应该使用钳子，因为指纹也会对称量的结果产生影响。称量瓶的预处理可用 100℃烘箱进行重复干燥，以使其达到恒重。所谓恒重，是指两次烘烤后称量的质量差不超过规定的质量，一般不超过 2 mg。预处理后的称量瓶需要存放在干燥器中。玻璃纤维盖子在使用前不需要干燥。

②称样量：样品的称取量一般以其干燥后的残留质量保持在 1.5～3 g 为宜。对于水分含量较低的固态、浓稠态样品，称样量应控制在 3～5 g；而对于水分含量较高的果汁、牛乳等液态食品，通常每份样品的称样量应在 15～20 g 为宜。

③干燥设备：在进行烘箱干燥时，除了使用特定的温度和时间条件外，还应考虑由于不同类型的烘箱而引起的温差变化。在对流型、强力通风型、真空烘箱中，温差最大的是对流型，这是因为它没有安装风扇，空气循环缓慢，烘箱中的称量瓶会进一步阻碍空气的流动。当烘箱门关闭后，温度上升通常比较慢，其温差最大可达 10℃。若要得到较高准确度和精密度的数据，对流烘箱就显得不适用。

强力通风型烘箱的温差是所有烘箱中最小的，通常不超过 1℃，其箱内空气由风扇强制在烘箱内作循环运动，这也使其具有了更多的优点，如：在空气沿水平方向通过支架时，无论上面是否装满称量瓶，测得的结果都是一致的。

真空干燥烘箱有两个特点：其一是因为装有耐热钢化玻璃窗，通过它可以观察干燥进程；其二是空气进入烘箱的方式不同，如果空气进出口安排在烘箱的两侧，那么空气就会直接穿过整个箱体。部分新型真空烘箱在其底部和顶部开有进口和出口，空气可以先从前面向上运动，再返回至出口排出，其优点是最大限度地减少了"冷点"的存在，从而使内部空气中的水分完全蒸发。

④干燥条件：它包含两个因素即温度和时间。温度一般控制在 95～105℃，对热稳定的样品如谷类，可提高到 120～130℃范围内进行干燥；而对含糖量高的食品应先用低温(50～60℃)干燥 0.5 h，再用 95～105℃进行干燥。干燥时间的确定有两种方式：一种是干燥到恒重，另一种是规定一定的干燥时间。前者基本能保证水分完全蒸发；而后者则需根据测定对象的不同而规定不同的干燥时间，准确度不如前者，一般只适用于对水分测定结果的准确度要求不高的样品。

在干燥过程中，一些食品原料可能易形成硬皮或结块，从而造成不稳定或错误的水分测量结果。为了避免这个情况，可以使用清洁干燥的海砂和样品一起搅拌均匀，再将样品加热干燥直至恒重。加入海砂的作用有两个：一是防止表面硬皮的形成；二是可以使样品分散，减少样品水分蒸发的障碍。海砂的用量依样品量而定，一般每 3 g 样品加入 20～30 g 的海砂，就可以使其充分地分散。除了海砂之外，也可使用其他类似海砂的对热稳定的惰性物质，如硅藻土等。

在对干燥法有一个大致的了解之后，接下来我们将具体介绍直接干燥法和减压干燥法的操作情况。

1. 直接干燥法

(1)原理

利用食品中水分的物理性质，在 101.3 kPa(一个大气压)，温度 101～105℃下采用挥发方法测定样品中因干燥减失的重量，包括吸湿水、部分结晶水和该条件下能挥发的物质，再通过干燥前后的称量数值计算出水分的含量。

(2)适用范围

直接干燥法适用于在 101～105℃下，不含或含其他挥发性物质甚微且对热稳定的食品。

(3)样品制备及测定方法

①一次干燥法：

a. 仪器设备：扁形铝制或玻璃制称量瓶、电热恒温干燥箱、干燥器(内附有效干燥剂)、天平(感量为 0.1 mg)。

b. 样品制备及测定：根据食品种类及存在状态的不同，样品的制备方法也不同。一般情况下，食品以固态、半固态或液态存在，制备方法如下所述。

固体样品：取洁净铝制或玻璃制的扁形称量瓶，置于 101～105℃烘箱中，瓶盖斜支在瓶边，加热 1.0 h，取出盖好，置干燥器内冷却 0.5 h，称量，重复干燥直至恒重。将混合均匀的试样迅速磨细至颗粒小于 2 mm，不易研磨的样品应尽可能切碎，称取 2～10 g 试样(精确至 0.0001 g)，放入此称量瓶中，试样厚度不超过 5 mm，如为疏松试样，厚度不超过 10 mm，加盖，精密称量后，置于 101～105℃干燥箱中，瓶盖斜支在瓶边，干燥 2～4 h 后，盖好取出，放入干燥器内冷却 0.5 h 后称量。然后再放入 101～105℃干燥箱中干燥 1 h 左右，取出，放入干燥器内冷却 0.5 h 后再称量。并重复以上操作至前后两次质量差不超过 2 mg，即为恒重。

注：两次恒重值在最后计算中，取质量较小的一次称量值。

半固体或液体样品：液体样品若直接在高温下加热，会因沸腾而造成样品损失，所以需低温浓缩后再进行高温干燥。取洁净的称量瓶，内加 10 g 海砂(实验过程中可根据需要适当增加海砂的质量)及一根小玻棒，置于 101～105℃ 干燥箱中，干燥 1.0 h 后取出，放入干燥器内冷却 0.5 h 后称量，并重复干燥至恒重。然后称取 5～10 g 试样(精确至 0.0001 g)，置于称量瓶中，用小玻棒搅匀放在沸水浴上蒸干，并随时搅拌，擦去瓶底的水滴，置于 101～105℃ 干燥箱中干燥 4 h 后盖好取出，放入干燥器内冷却 0.5 h 后称量。然后再放入 101～105℃ 干燥箱中干燥 1 h 左右，取出，放入干燥器内冷却 0.5 h 后再称量。并重复以上操作至前后两次质量差不超过 2 mg，即为恒重。

c. 水分含量的计算：经过上述测量，样品中的水分含量如式(9-1)所示。

$$X = \frac{m_1 - m_2}{m_1 - m_3} \times 100 \tag{9-1}$$

式中：X——样品中的水分含量，g/100 g；m_1——称量瓶(加海砂、玻棒)和样品的质量，g；m_2——称量瓶(加海砂、玻棒)和样品干燥后的质量，g；m_3——称量瓶(加海砂、玻棒)的质量，g。

②二步干燥法：对于水分含量在 16% 以上的样品，为避免长时间热处理，需要进行二次干燥，如面包之类的谷类食品，先将样品称出总质量后，切成厚为 2～3 mm 的薄片，在自然条件下风干 15～20 h，使其与大气湿度大致平衡，然后再次称量，并将样品粉碎、过筛、混匀，放于洁净干燥的称量瓶中以直接干燥法测定水分，测量时按上述固体样品的程序进行。分析结果按式(9-2)计算：

$$X = \frac{m_1 - m_2 + m_2 \left(\dfrac{m_3 - m_4}{m_3 - m_5} \right)}{m_1} \times 100\% \tag{9-2}$$

式中：m_1——新鲜样品总质量，g；m_2——风干后样品的质量，g；m_3——干燥前样品与称量瓶的质量，g；m_4——干燥后样品与称量瓶的质量，g；m_5——称量瓶质量，g。

二步干燥法所得分析结果的准确度比直接用一步干燥法高，但费时更长。

高温干燥：对于热稳定性较好的食品，如有些谷物，可采用 120～130℃ 甚至更高的温度进行干燥，因而大大缩短了干燥时间，这样的干燥方法称为高温干燥。

(4)方法说明和注意事项

①直接干燥法的设备和操作都比较简单，但是因直接干燥法不能完全排出食品中的结合水，所以它不可能测定出食品中的真实水分含量。

②直接干燥法耗时较长，且不适宜胶态、高脂肪、高糖食品及含有较多的高温易氧化、易挥发物质的食品，用这种方法测得的水分含量中包含了所有在 100℃ 下失去的挥发物的质量，如微量的芳香油、醇、有机酸等挥发性物质的质量；含有较多氨基酸、蛋白质及羰基化合物的样品，长时间加热则会发生羰氨反应析出水分而导致误差，宜采用其他方法测定水分含量；测定水分之后的样品，可以用来测定脂肪、灰分的含量。

③经加热干燥的称量瓶要迅速放到干燥器中冷却。干燥器内一般采用硅胶作为干燥剂，当其颜色由蓝色减退或变成红色时，应及时更换，于 135℃ 条件下烘干 2～3 h 后再重新使用；硅胶若吸附油脂后，除湿能力也会大大降低。

④使用直接干燥法时，要观察水分是否蒸发干净，没有一个直观的指标，只能依靠是否达到恒重来判断。

⑤直接干燥法的最低检出限量为 0.002 g，当取样量为 2 g 时，方法检出限为 0.10 g/100 g，方法相对误差≤5%。

2. 减压干燥法

(1)原理

利用食品中水分的物理性质，在达到 40～53 kPa 压力后加热至 60℃±5℃，采用减压烘干方法去除试样中的水分，再通过烘干前后的称量数值计算出水分的含量。

(2)适用范围

减压干燥法的操作压力较低，水的沸点相应降低，因而可以在较低温度下将水分蒸发完全，样品中的水分可以在 3～6 h 内完全去除，而其他组分可以保持不分解。它适用于在 100℃ 以上加热容易变质及含有不易除去的结合水的食品，如淀粉制品、豆制品、罐头食品、糖浆、蜂蜜、蔬菜、水果、味精、油脂等。由于采用较低的蒸发温度，可以防止含脂肪高的样品在高温下的脂肪氧化；可防止含糖高的样品在高温下的脱水炭化；也可防止含高温易分解成分的样品在高温下分解等。

(3)样品制备及测定方法

①仪器和设备：扁形铝制或玻璃制称量瓶、真空干燥箱、干燥器(内附有效干燥剂)、天平(感量为 0.1 mg)。

②样品制备：粉末和结晶试样直接称取；较大块试样经研钵粉碎，混匀备用。

③方法概述：取已恒重的称量瓶称取 2～10 g(精确至 0.0001 g)试样，放入真空干燥箱内，将真空干燥箱连接真空泵，抽出真空干燥箱内空气(所需压力一般为 40～53 kPa)，并同时加热至所需温度 60℃±5℃。关闭真空泵上的活塞，停止抽气，使真空干燥箱内保持一定的温度和压力，经 4 h 后，打开活塞，使空气经干燥装置缓缓通入至真空干燥箱内，待压力恢复正常后再打开。取出称量瓶，放入干燥器中 0.5 h 后称量，并重复以上操作至恒重。

(4)水分含量的计算

本方法关于水分含量的计算与直接干燥法相同。

(5)方法说明及注意事项

①减压干燥法选择条件一般为 40～53 kPa，60℃±5℃，但实际应用时，取决于样品种类，可根据样品性质及干燥箱耐压能力的不同而调整压力和温度，如 AOAC 法中咖啡的干燥条件为：3.3 kPa 和 98～100℃；乳粉：13.3 kPa 和 100℃；干果：13.3 kPa 和 70℃；坚果和坚果制品：13.3 kPa 和 95～100℃；糖和蜂蜜：6.7 kPa 和 60℃。

②减压干燥时，自干燥箱内部压力降至规定真空度时起计算干燥时间，一般每次烘干时间为 2 h，但有的样品需 5 h；恒重一般以减量不超过 0.5 mg 时为标准，但对受热后易分解的样品则可以以不超过 1～3 mg 的减量值为恒重标准。

③如果被测样品中含有大量的挥发物质，应考虑使用校正因子来弥补挥发量。

④在真空条件下热量传导不是很好，因此称量瓶应该直接置放于金属架上以确保良好的热传导。

⑤蒸发是一个吸热过程，要注意由于多个样品放在同一烘箱中使箱内温度降低的现象，冷却会影响蒸发。但不能通过升温来弥补冷却效应，否则样品在最后干燥阶段可能会产生过热现象。

⑥干燥时间取决于样品的总水分含量、样品的性质、单位质量的表面积、是否使用海砂以及是否含有较强持水能力和易分解的糖类和其他化合物等因素。

9.2.2 蒸馏法

1. 原理

蒸馏法采用与水互不相溶的高沸点有机溶剂与样品中的水分共沸蒸馏，收集馏分于接收管内，从所得的水分的容量求出样品中的水分含量。本方法适用于含较多其他挥发性物质的食品，如香辛料等。

蒸馏法目前所用的有两种方法：直接蒸馏和回流蒸馏，并使用多种溶剂，如在直接蒸馏中，使用沸点比水高且与水互不相溶的溶剂，样品用矿物油或沸点比水高的液体在远高于水沸点的温度下加热，而回流蒸馏则可使用沸点仅比水略高的溶剂如甲苯、二甲苯和苯，其性质见表 9-2。其中采用甲苯进行的回流蒸馏是应用最广泛的蒸馏方法。

表 9-2 蒸馏法常用有机溶剂的物理常数

有机溶剂	沸点/℃	相对密度	共沸混合物		水在有机溶剂中溶解度/(g/100 g)
			沸点/℃	水分含量/%	
苯	80.2	0.88	69.25	8.8	0.05
甲苯	110.7	0.86	84.1	19.6	0.05
二甲苯	140	0.86			0.04
四氯化碳	76.8	1.59	66.0	4.1	0.01
四氯(代)乙烯	120.8	1.63			0.03
偏四氯乙烯	146.4	1.60			0.11

2. 适用范围

蒸馏法采用了一种有效的热交换方式，水分可被迅速移去，食品组分所发生的化学变化如氧化、分解等作用，都较直接干燥法小。这种方法最初是作为水分测定的快速分析法被提出来的，设备简单经济、管理方便，准确度能够满足常规分析的要求。对于谷类、干果、油类、香料等样品，分析结果准确，特别是对于香料，蒸馏法是唯一的、公认的水分测定法。

3. 样品制备及测定方法

（1）仪器及试剂

蒸馏式水分测定仪（图 9-1）；精制甲苯或二甲苯：取甲苯或二甲苯，先以水饱和后，分去水层，进行蒸馏，收集馏出液备用；天平（感量为 0.1 mg）。

（2）方法概述

准确称取适量试样（应使最终蒸出的水在 2～5 mL，但最多取样量不得超过蒸馏瓶的 2/3），放入 250 mL 蒸馏瓶中，加入新蒸馏的甲苯（或二甲苯）75 mL，连接冷凝管与水分接收管，从冷凝管顶端注入甲苯，装满水分接收管。同时做甲苯（或二甲苯）的试剂空白。

加热慢慢蒸馏，使每秒的馏出液为 2 滴，待大部分水分蒸出后，加速蒸馏，约每秒 4 滴，当水分全部蒸出后，接收管内的水分体积不再增加时，从冷凝管顶端加入甲苯冲洗。如冷凝管壁附有水滴，可用附有小橡皮头的铜丝擦去，再蒸馏片刻至接收管上部及冷凝管壁无水滴附着，接收管水平面保持 10 min 不变为蒸馏终点，读取接收管水层的容积。

（3）水分含量的计算如式（9-3）所示。

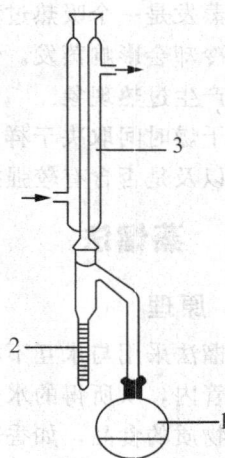

$$X(\%) = \frac{V - V_0}{m} \times 100 \qquad (9\text{-}3)$$

图 9-1　蒸馏式水分测定仪
1. 250 mL 蒸馏瓶；2. 水分接收管，有刻度；3. 冷凝管

式中：X——样品中的水分含量，mL/100 g；V——接收管内水的体积，mL；V_0——试剂空白时，接收管内水的体积，mL；m——样品的质量，g。

（4）方法说明和注意事项

①蒸馏法避免了挥发性物质减少质量以及脂肪氧化对水分测定造成的误差。

②此方法对于有机溶剂的选择，需要考虑如能否完全湿润样品以及样品的性质等因素，样品的性质是选择溶剂的重要依据。对热不稳定的食品，一般不采用二甲苯，因为它的沸点高，因此常选用低沸点的，如苯、甲苯或甲苯—二甲苯的混合液；对于一些含有糖分、可分解析出水分的样品，如脱水洋葱和脱水大蒜，宜选用苯作为溶剂。对于比水重的溶剂，其特点是样品会浮在上面，不易过热及炭化，又安全防火。但是，它也存在一些缺点，如这种溶剂被馏出冷凝后，会穿过水面进入接收管下方，增加了形成乳浊液的机会。

③蒸馏法测量误差产生的原因有很多，如样品中水分没有完全蒸发出来；水分附集在冷凝器和连接管内壁；水分溶解在有机溶剂中；生成了乳浊液；馏出了水溶性的成分等。

④在加热时一般要使用石棉网，如果样品含糖量高，用油浴加热较好。样品为粉状或半流体时，先将瓶底铺满干净的海砂，再加样品及甲苯。

⑤所用甲苯必须无水，也可将甲苯经过氯化钙或无水硫酸钠吸水，过滤蒸馏，弃去最初馏液，收集澄清透明溶液即为无水甲苯。

⑥为防止出现乳浊液，可以添加少量戊醇、异丁醇。最后，为了避免接收管和冷凝管附着水珠，使用的仪器必须清洗干净。

⑦在蒸馏时应尽可能消除三个可能造成误差的地方。

a. 乳浊液形成后不破坏，这通常可通过在蒸馏全部完成之后或在读数之前，再用冷却的方法来控制。

b. 水滴附壁会腐蚀仪器，因此清洗玻璃仪器是必需的，且必须使用滴管刷以除去冷凝壁上的水滴。

c. 蒸馏出水时样品的分解，这主要是因为碳水化合物等可分解。

9.2.3　卡尔·费休法

卡尔·费休法(Karl-Fischer)简称费休法或 K-F 法，是一种迅速而又准确的水分测定法，它属于碘量法。此法被广泛应用于多种化工产品的水分测定。该方法快速准确且不需加热，在很多场合，也常被作为水分特别是微量水分的标准分析方法，用于校正其他分析方法。

1. 原理

卡尔·费休滴定法是在 1853 年由 Bunsen 发现的在基本反应的基础上建立起来的，即有水存在时碘和二氧化硫会发生氧化还原反应，但此反应是可逆的。

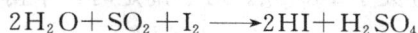

$$2H_2O+SO_2+I_2 \longrightarrow 2HI+H_2SO_4$$

后来改为碘能与水和二氧化硫发生化学反应，在有吡啶和甲醇共存时，1 mol 碘只与 1 mol 水作用，反应式如下：

$$C_5H_5N \cdot I_2+C_5H_5N \cdot SO_2+C_5H_5N+H_2O+CH_3OH \longrightarrow 2C_5H_5N \cdot HI+C_5H_6N[SO_4CH_3]$$

卡尔·费休水分测定法又分为库仑法和容量法。其中，库仑法测定的碘是通过化学反应产生的，只要电解液中存在水，所产生的碘就会和水以 1:1 的关系按照化学反应式进行反应。当所有的水都参与了化学反应，过量的碘就会在电极的阳极区域形成，反应终止。容量法测定的碘是作为滴定剂加入的，滴定剂中碘的浓度是已知的，根据消耗滴定剂的体积，计算消耗碘的量，从而计量出被测物质中水的含量。

由此反应式可知 1 mol 水需要与 1 mol 碘、1 mol 二氧化硫、3 mol 吡啶和 1 mol 甲醇反应，而产生 2 mol 吡啶碘和 1 mol 吡啶硫酸。反应完毕后多余的游离碘呈现红棕色，即可确定是否达到了终点。现在所用的卡尔·费休水分测定仪采用"时间滞留"法作为终点判断准则，并有声光报警指示，如 ZKF-1 型容量滴定卡尔·费休水分测定仪。

2. 适用范围

卡尔·费休法可适用于含有 1‰ 或更多水分的样品，如砂糖、可可粉、糖蜜、茶叶、乳粉、炼乳及香料等食品中的水分测定。其测定准确性比直接干燥法要高，它也是测定脂肪和油类物品中微量水分的理想方法。

3. 样品制备及测定方法

(1)仪器与试剂

ZKF-1 型容量滴定卡尔·费休水分测定仪或类似装置。

卡氏试剂：配制可参阅 GB/T 22428.2—2008 或 ISO 5381—1983《淀粉水解产品含水量测定》中的试剂配制或分析手册中的方法；无水甲醇(CH_4O)：优级纯；天平(感量为 0.1 mg)。

卡尔·费休试剂的标定：在反应瓶中加一定体积(浸没铂电极)的甲醇，在搅拌下用卡尔·费休试剂滴定至终点。加入 10 mg 水(精确至 0.0001 g)，滴定至终点并记录卡尔·费休试剂的用量(V)。卡尔·费休试剂的滴定度 $T(mg/mL)$ 按式(9-4)计算：

$$T = \frac{m}{V} \tag{9-4}$$

式中：T——卡尔·费休试剂的滴定度，mg/mL；m——水的质量，mg；V——滴定水消耗的卡尔·费休试剂的用量，mL。

(2)试样前处理

可粉碎的固体试样要尽量粉碎，使之均匀；不易粉碎的试样可切碎。

(3)试样中水分的测定

于反应瓶中加一定体积的甲醇或卡尔·费休测定仪中规定的溶剂浸没铂电极，在搅拌下用卡尔·费休试剂滴定至终点。迅速将易溶于甲醇或卡尔·费休测定仪中规定的溶剂的试样直接加入滴定杯中；对于不易溶解的试样，应采用对滴定杯进行加热或加入已测定水分的其他溶剂辅助溶解后，用卡尔·费休试剂滴定至终点。建议采用容量法测定试样中的含水量应大于 $100~\mu g$。对于滴定时，平衡时间较长且引起漂移的试样，需要扣除其漂移量。

漂移量的测定：在滴定杯中加入与测定样品一致的溶剂，并滴定至终点，放置不少于 $10~min$ 后再滴定至终点，两次滴定之间的单位时间内的体积变化即为漂移量(D)。

(4)结果计算

固体试样中水分的含量按式(9-5)，液体试样中水分的含量按式(9-6)进行计算：

$$X(\%) = \frac{(V_1 - D \times t) \times T}{m} \times 100 \tag{9-5}$$

$$X(\%) = \frac{(V_1 - D \times t) \times T}{V_2 \rho} \times 100 \tag{9-6}$$

式中：X——试样中水分的含量，$g/100~g$；V_1——滴定样品时卡尔·费休试剂体积，mL；D——漂移量，mL/min；t——滴定时所消耗的时间，min；T——卡尔·费休试剂的滴定度，g/mL；m——样品质量，g；V_2——液体样品体积，mL；ρ——液体样品的密度，g/mL。

(5)说明及注意事项

①该方法适合于测定低水分含量的食品，如砂糖、可可粉、蜂蜜、茶叶、乳粉、炼乳及香料等。其测定准确性比直接干燥法更高，它也是测定脂肪和油类物品中微量水分的理想方法。

②在使用卡尔·费休法时，若要水分萃取完全，样品的颗粒大小非常重要。通常样品细度约为 40 目，宜用粉碎机处理，不要用研磨机以防水分损失，在粉碎样品中还要保证其含水量的均匀性。

③卡尔·费休法是测定食品中微量水分的方法，如果食品中含有氧化剂、还原剂、碱性氧化物、氢氧化物、碳酸盐、硼酸等，都会与卡尔·费休试剂所含组分起反应，干扰测定。含有强还原性物质的物料(如抗坏血酸)会与卡尔·费休试剂产生反应，使水分含量测定值偏高；羰基化合物则与甲醇发生缩醛反应生成水，从而使水分含量测定值偏高，而且这个反应也会使终点消失；不饱和脂肪酸和碘的反应也会使水分含量测定值偏高。

④样品溶剂可用甲醇或吡啶，这些无水试剂应该加入无水硫酸钠保存。此法中所用的玻璃器皿都必须充分干燥，外界的空气也不允许进到反应室中。

⑤目前已经用其他的胺类来替代吡啶溶解碘和二氧化硫。已发现某些脂肪胺和其他的杂环化合物比较适宜。在这些新的胺盐的基础上，分别制备了单组分试剂（溶剂和滴定组分合在一起）和双组分的试剂（溶剂和滴定组分是分开的），单组分使用较方便，而双组分更适合于大量试剂的储存。

⑥在卡尔·费休滴定法中，主要的难点和误差来源有：水分的萃取不完全；空气的湿度、壁上吸附水分、食品组分的干扰，如抗坏血酸被 KFR 试剂氧化成脱氢抗坏血酸，使结果偏高。

9.2.4　其他常见方法

1. 电导率法

电导率法的原理是基于样品中水分含量变化时，可导致其电流传导性随之变化，因此通过测量样品的电阻，从而成为一种具有中等精确度的快速分析方法。根据欧姆定律：电流强度等于电压与电阻之比。例如：含水量为 13％ 的小麦的电阻是含水量为 14％ 的小麦电阻的 7 倍，是含水量为 15％ 的小麦电阻的 50 倍。

在用电导率法测定样品时，必须要保持温度的恒定，而且每个样品的测定时间必须恒定为 1 min。

2. 红外吸收光谱法

红外线是一种电磁波，一般指波长为 $0.75 \sim 1\,000\ \mu m$ 的光，红外波段的范围又进一步分为 3 部分：①红外区：$0.75 \sim 2.5\ \mu m$；②中红外区：$2.5 \sim 25\ \mu m$；③远红外区：$25 \sim 1\,000\ \mu m$。其中，中红外区是研究、应用最多的区域。水分子对 3 个区域的光波均具有选择吸收作用。

红外吸收光谱法测定的是食品中的分子对中、近红外辐射的吸收，即频率不同的红外辐射被食品分子中不同的官能团所吸收，这与紫外可见光谱中的紫外光或可见光的应用相似。

根据水分对某一波长的红外光的吸收强度与其在样品中的含量存在一定的关系建立了红外吸收光谱测水分法。此法是一种快速测定水分的方法，广泛应用于食品生产领域及实验室中。每个样品用红外光谱分析前都必须进行校正，且分析样品必须为无序分散的。

日本、美国和加拿大等国已将近红外吸收光谱法应用于谷物、咖啡、可可、核桃、花生、肉制品、牛乳、马铃薯等样品的水分测定。中红外法需要通过计算机处理才能分析水分和固形物含量，因为测定中红外光谱的仪器不能检出水分的波长。有人将中红外光谱法用于面粉、脱脂乳粉及面包中水分的测定，其结果与卡尔·费休法、近红外光谱法及减压干燥法一致。远红外光谱法可测出样品中大约 0.05％ 的水分含量。总之，红外吸收光谱法准确、快速、方便，存在着深远的研究意义和广阔的应用前景。

3. 折光法

通过测量物质的折射率来鉴别物质的组成，确定物质的纯度、浓度及判断物质的品质的分析方法称为折光法。

折射率是物质的一种物理性质，因此油、糖浆或其他液体的折射率可用来表示食品的性质，通过测定液体食品的折射率，可以鉴别食品的组成，确定食品的浓度，判断食品的纯净程度和品质。如果操作正确且样品中无明显固体粒子存在时，折光法分析速度最快且准确性也非常高。折光法现已广泛应用于水果及水果类产品中可溶性固形物的测定。测定食品固形物的方法，也就是间接测定水分的方法。

折光法不仅仅简单地应用在实验室，它还能安装在生产线上以监测产品的波美度，如碳酸饮料、橘汁及牛乳中的固形物含量。

当一光束先后通过两密度不同的介质时，光束会被弯曲或折射。此光线弯曲的程度与介质及在设定的温度、压力下的入射角和折射角的正弦函数有关，该函数值是一个常数。折射率(η)(RI)是角度的正弦比值，如式(9-7)所示。

$$折射率\ \eta = \sin(入射角)/\sin(折射角) \tag{9-7}$$

所有的化学化合物都有一定的折射度指标。因而，此测定方法得到的 RI 值可与文献值进行对照，从而能对未知化合物进行定性鉴定。折射率(RI)随化合物的浓度、温度、光的波长的改变而改变。折光仪在一特定波长的光束经玻璃棱镜进入液体样品时可得到一读数值。

4. 介电容量法

介电容量法是根据样品的介电常数与含水率有关，以含水食品作为测量电极间的充填介质，通过电容的变化达到对食品水分含量的测定。用该方法测定水分含量的仪器需要使用已知水分含量的样品(标准方法测定)来进行校准。为了控制分析结果的可靠性和重现性，需要考虑样品的密度、样品的温度等重要因素。其中，温度对电容值的影响是很大的，水分仪上都装有一个或两个温度传感器，可对测定结果进行温度补偿。

因为水的介电常数(80.37，20℃)比其他大部分溶剂都要高，所以可用介电容量法来进行水分的测定。例如，介电容量法常用于谷物中水分含量的测定，这是根据水的介电常数是 80.37，而蛋白质和淀粉的介电常数只有 10。在检测样品时，可以根据仪器的读数从预先制作好的标准曲线上得到水分含量的测定值。

介电容量法的测量速度快，对于需要进行质量控制而要连续测定的加工过程非常有效，但该方法不太适用于检测水分含量低于 30%～35%的食品。

5. 微波烘箱干燥法

微波是指频率范围为 $10^3 \sim 10^5$ MHz 的电磁波。微波加热是靠电磁波把能量传播到被加热物体的内部，这种加热方法具有很多特点。

(1)加热速度快

它利用被加热物体本身作为发热体而进行内部加热，不靠热传导的作用，可以令物体内部温度迅速升高。

(2)加热均匀性好

因为它是内部加热，往往具有自动平衡的性能，所以与外部加热相比较，容易达到均匀加热的目的。

（3）加热易于瞬时控制

微波热惯性小，可以立即发热和升温，易于控制。

（4）选择性吸收

某些成分非常容易吸收微波，另一些成分则不易，这种微波加热的吸收性有利于产品质量的提高。如食品中的水分吸收微波能量要比干物质多得多，温度也高得多，这有利于水分的蒸发。干物质吸收微波能少，温度低，不过热，而且加热时间又短，因此能够保持食品的色、香、味等。

（5）加热效率高

因加热作用来于物料本身，而且基本上不会辐射热能，所以热效率较高。

在食品工业中，部分食品在被包装之前可利用微波烘箱干燥法快速测定食品在生产过程中的水分含量，并可据此进行调整。例如，在加工乳酪时，在原料倒入容器之前，可分析其组分，并在搅拌之前调整成分，在以后的几个月内都可应用微波烘箱干燥法来有效地控制水分。

上述方法也有一些需要解决的问题，除非样品必须要放置在中央，并且是均匀分布，否则微波的热量会导致其中某一点已经燃烧，而其他地方却还加热不足。新型的仪器已经使这类问题在最大程度上得以消除。

6. 其他方法

（1）化学干燥法

化学干燥法就是将某种对于水蒸气具有强烈吸附作用的化学药品与含水样品一同装入一个干燥容器，如普通玻璃干燥器或真空干燥器中，通过等温扩散及吸附作用而使样品达到干燥恒重，然后根据干燥前后样品的质量差计算出其中的水分含量。但此法的缺点是时间比较长，需要数天、数周甚至数月时间。用于干燥（吸收水蒸气）的化学样品叫干燥剂，主要包括五氧化二磷、氧化钡、高氯酸镁、氢氧化钾（熔融）、氧化铝、硅胶、硫酸（100%）、氧化镁、氢氧化钠（熔融）、氧化钙、无水氯化钙、硫酸（95%）等，它们的干燥效率依次降低。其中，浓硫酸、固体氢氧化钠、硅胶、活性氧化铝、无水氯化钙等最为常用。该法适用于对热不稳定及含有易挥发组分的样品，如茶叶、香料等。

（2）红外线干燥法

红外线干燥法是一种快速测定水分的方法，它以红外线发热管为热源，通过红外线的辐射热和直接热加热样品，高效迅速地使水分蒸发，根据干燥前后样品的质量差可以得出其水分含量。与采用热传导和对流方式的普通烘箱相比，热渗透至样品中蒸发水分所需的干燥时间能显著缩短至 10～25 min。但比较起来，其精密度较差，可作为简易法用于测定 2～3 份样品的大致水分，或快速检验在一定允许偏差范围内的样品水分含量。

9.3　水分活度值的测定

9.3.1　水分活度值的测定意义

许多研究表明，食物的易腐性与含水量有密切关系。一般情况下，含水量高的食品比含水量低的食品容易腐败变质。但是，单纯的水分含量并不是表示食品稳定性的可靠指标。因为食品在存放过程中，腐败程度并不与其成正相关，如某些高水分含量的食品很稳定，另一些低水分含量食品不稳定，而相同含水量的食品却有不同的腐败变质现象。这些现象在一定程度上是由水分与食品中的其他成分结合强度的不同造成的。

为了更好地定量说明食品中的水分状态，更好地阐明水分含量与食品保藏性能的关系，引入了水分活度（water activity）这个概念。

根据平衡热力学定律，水分活度可定义为：溶液中水的逸度（fugacity）与纯水逸度的比值，如式（9-8）所示。

$$A_w = \frac{f}{f_0} \tag{9-8}$$

式中：A_w——水分活度；f——溶剂（水）的逸度（逸度是溶剂从溶液中逃脱的趋势）；f_0——纯溶剂（水）的逸度。

在低压（如室温）时，f/f_0 与 p/p_0 之间的差别小于 1%。要求两者相等是有前提条件的，即体系是理想溶液并且存在热力学平衡，但食品体系一般不符合上述 2 个条件。因此，水分活度可近似地表示为溶液中水蒸气分压与纯水蒸气压之比：

$$A_w \approx \frac{p}{p_0} = \frac{ERH}{100} \tag{9-9}$$

式中：p——溶液或食品中的水分蒸气分压；p_0——为纯水的蒸气压。

一般说来，p 随食品中易蒸发的自由水含量的增多而加大。ERH 是平衡相对湿度，它是指食品中水分蒸发达到平衡时，即单位时间内脱离食品的水的物质的量等于返回食品的水的物质的量的时候，食品上方恒定的水蒸气分压与在此温度下水的饱和蒸气压的比值。

水分含量、水分活度值、相对湿度是不同的 3 个概念。水分含量是指食品中水的总含量，即一定量的食品中水的质量分数。水分活度反映了食品中水分的存在状态，即水分与其他非水组分的结合程度或游离程度。结合程度越高，则水分活度值越低；结合程度越低，则水分活度值越高。在同种食品中一般水分含量越高，其水分活度值越大，但不同种食品即使水分含量相同，水分活度往往也不同。相对湿度指的却是食品周围的空气状态。

测定食品的水分活度往往有着重要的意义，主要从以下两方面来考虑。

①水分活度影响着食品的色、香、味和组织结构等品质。食品中的各种化学、生物化学变化对水分活度都有一定的要求。例如，酶促褐变反应对于食品的质量有着重

要意义，它是由于酚氧化酶催化酚类物质形成的黑色素所引起的。随着水分活度的减少，酚氧化酶的活性逐步降低。同样，食品内的绝大多数酶，如淀粉酶、过氧化物酶等，在水分活度低于 0.85 的环境中，催化活性便明显地减弱，但脂酶除外，它在 A_w 为 0.3 甚至 0.1 时还可保留活性；非酶促褐变反应—美拉德反应也与水分活度有着密切的关系，当水分活度在 0.6～0.7 时，反应达到最大值；维生素 B_1 的降解在中高水分活度条件下也表现出了最高的反应速度。另外，水分活度对脂肪的非酶氧化反应也有较复杂的影响。这些例子都说明了水分活度值对食品品质有着重要的影响，见图 9-2。

②水分活度影响着食品的保藏稳定性。微生物的生长繁殖是导致食品腐败变质的重要因素，而它们的生长繁殖与水分活度有密不可分的关系（见表 9-3）。在各类微生物中，细菌对水分活度的要求最高，$A_w>0.9$ 时才能生长；其次是酵母菌，A_w 的阈值是 0.87；再次是霉菌，大多数霉菌在 A_w 为 0.8 时就开始繁殖。在食品中，微生物赖以生存的水分主要是自由水，食品内自由水含量越高，水分活度越大，从而使食品更容易受微生物的污染，保藏稳定性也就越差，见图 9-2。

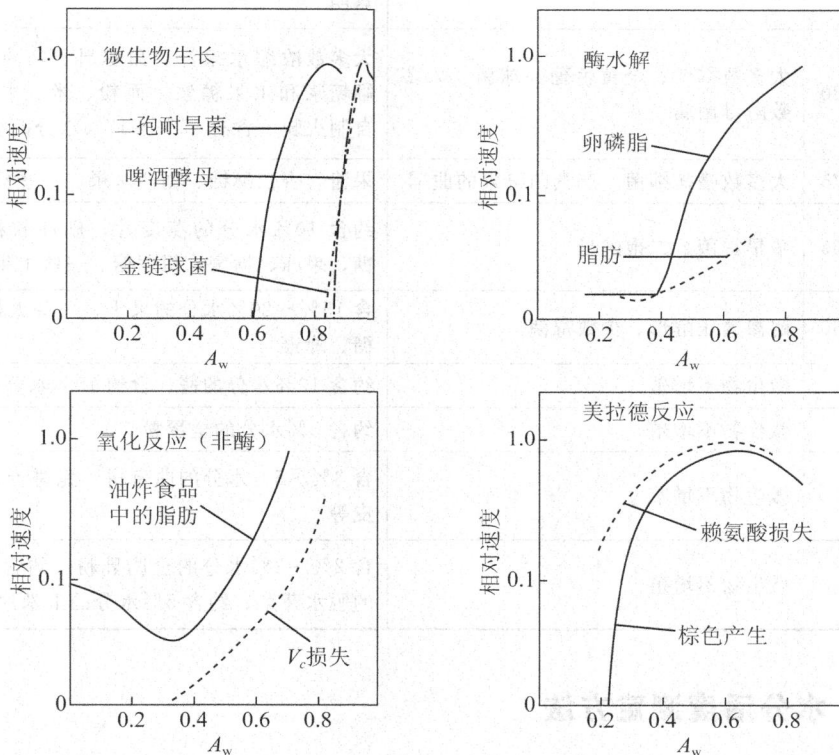

图 9-2 A_w 与食品稳定性的关系

利用食品的水分活度原理，控制其中的水分活度，就可以提高产品质量、延长食品的保藏期。例如，为了保持饼干、爆米花和薯片的脆性，为了避免颗粒蔗糖、乳粉和速溶咖啡的结块，必须使这些产品的水分活度保持在适当低的条件下；水果软糖中的琼脂、主食面包中添加的乳化剂、糕点生产中添加的甘油等不仅调整了食品的水分活度，而且也改善了食品的质构、口感并延长了保质期。所以，在食品检验中水分活度的测定是一个重要的项目，如表9-3所示。

表9-3 食品中水分活度与微生物生长

A_w	在此范围最低 A_w 所抑制的微生物	A_w 范围内的食品
1.00～0.95	假单胞菌、大肠杆菌变性杆菌、志贺菌属、克雷伯氏菌、芽孢杆菌、产气荚膜梭状芽孢杆菌、一些酵母	极易腐败变质(新鲜)食品、罐头水果、蔬菜、肉、鱼以及牛乳，熟香肠和面包，含有40％(质量分数)蔗糖或7％氯化钠的食品
0.95～0.91	沙门菌属、溶副血红蛋白弧菌、肉毒梭状芽孢杆菌、沙雷军、乳酸杆菌属、足球菌、一些霉菌、酵母	一些干酪、腌制肉、一些水果汁浓缩物、含有55％(质量分数)蔗糖或12％氯化钠的食品
0.91～0.87	许多酵母菌、微球菌属	发酵香肠、松蛋糕、干的干酪、人造奶油、含有65％(质量分数)蔗糖或15％氯化钠的食品
0.87～0.80	大多数霉菌、金黄色葡萄球菌、大多数酵母菌属	大多数浓缩水果汁、甜炼乳、巧克力糖浆、翻糖浆和水果糖浆、面粉、米、水果蛋糕、自制火腿、含有15％～17％水分的豆制品
0.80～0.75	大多数嗜盐细菌、产真菌毒素的曲霉	果酱、杏仁酥糖、糖渍水果、一些棉花糖
0.75～0.65	嗜旱霉菌、二孢酵母	约含10％水分的燕麦片、砂性软糖、棉花糖、果冻、糖蜜、粗蔗糖、一些干果、坚果
0.65～0.60	耐渗透压酵母、少数霉菌	含15％～20％水分的果干、一些太妃糖与焦糖、蜂蜜
0.50	微生物不增殖	约含12％水分的酱、含约10％水分的调味料
0.40	微生物不增殖	约含5％水分的全蛋粉
0.30	微生物不增殖	含3％～5％水分的曲奇饼、脆饼干、面包硬皮等
0.20	微生物不增殖	含2％～3％水分的全脂乳粉、约含5％水分的脱水蔬菜、约含5％水分的玉米片等

9.3.2 水分活度测定方法

在食品工业中对于水分活度的测定方法很多，如蒸气压力法、电湿度计法、溶剂萃取法、近似计算法和水分活度测定仪等，下面介绍几种常用的测定方法。

1. 康卫氏皿扩散法

(1)原理

样品在康卫式皿的密封和恒温条件下，分别在 A_w 较高和较低的标准饱和溶液中扩散平衡后，根据样品质量的增加（在 A_w 较高的标准溶液中平衡）和减少（在 A_w 较低的标准溶液中平衡），以质量的增减为纵坐标，各个标准试剂的水分活度为横坐标，计算样品的水分活度值。该法适用于中等及高水分活度（$A_w > 0.5$）的样品。

（2）主要仪器和试剂

①康卫式皿（带磨砂玻璃盖）：构造见图 9-3。

②称量皿：直径 35 mm，高 10 mm。

③天平：感量 0.000 1 g 和 0.1 g。

④恒温培养箱：精度 ±1℃。

⑤电热恒温鼓风干燥箱。

⑥主要试剂：标准水分活度试剂，见表 9-4。

试剂配制参考 GB 5009.238—2016。

（3）操作方法

在测定 A_w 之前，需要对样品进行预处理。固体、液体或流动的浓稠状样品，可直接取样进行称量；如果是瓶装固体、液体混合样品可取液体部分；若为组成复杂的混合样品，则应取有代表性的混合均匀的样品。

测定操作方法如下所述。

①样品预测定。将盛有试样的密闭容器、康卫氏皿及称量皿置于恒温培养箱内，于 25℃ ± 1℃ 条件下，恒温 30 min。取出后立即使用并测定。

图 9-3　康卫氏皿

l_1. 外室外直径，100 mm；

l_2. 外室内直径，92 mm；

l_3. 内室外直径，53 mm；

l_4. 内室内直径，45 mm；

h_1. 内室高度，10 mm；

h_2. 外室高度，25mm。

分别取 12.0 mL 溴化锂饱和溶液、氯化镁饱和溶液、氯化钴饱和溶液、硫酸钾饱和溶液于 4 只康卫氏皿的外室，用经恒温的称量皿，在预先干燥并称量的称量皿中，迅速称取与标准饱和盐溶液相等份数的同一试样约 1.5 g，放入盛有标准饱和盐溶液的康卫氏皿的内室。沿康卫氏皿上口平行移动盖好涂有凡士林的磨砂玻璃片，放入 25℃±1℃ 的恒温培养箱内，恒温 24 h。取出盛有试样的称量皿，立即称量，以上称量值均精确至 0.0001 g。

②预测定结果计算。试样质量的增减量按式（9-10）计算：

$$X = \frac{m_1 - m}{m - m_0} \tag{9-10}$$

式中：X——试样质量的增减量，g/g；m_1——25℃ 扩散平衡后，试样和称量皿的质量，g；m——25℃ 扩散平衡前，试样和称量皿的质量，g；m_0——称量皿的质量，g。

绘制二维直线图：以所选饱和盐溶液（25℃）的水分活度（A_w）数值为横坐标，对应标准饱和盐溶液的试样的质量增减数值为纵坐标，绘制二维直线图。取横坐标截距值，

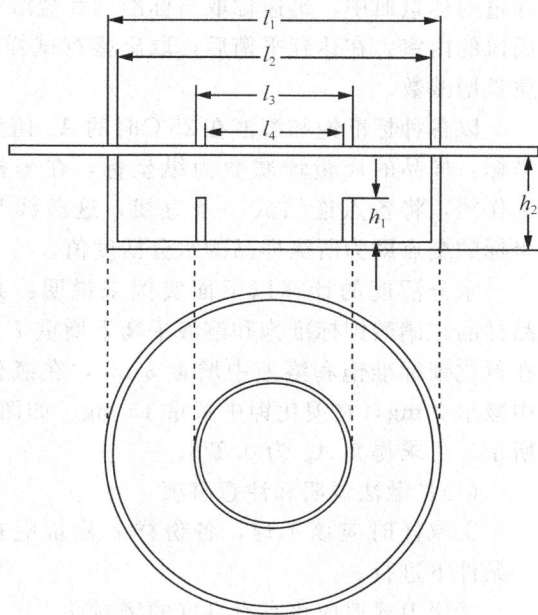

即为该样品的水分活度预测值。

③试样的测定。依据上述预测定结果，分别选用水分活度数值大于和小于试样预测结果数值的饱和盐溶液各3种，各取12.0 mL，注入康卫氏皿的外室，在预先恒重并称量的称量皿中，迅速称取与标准饱和盐溶液相等份数的同一试样约1.5 g，放入康卫氏皿的内室。在达到平衡后，取出盛有试样的称量皿，立即称量，分别计算各样品的质量增减数。

以各种标准饱和溶液在25℃时的A_w值为横坐标，样品的质量增减数为纵坐标，在坐标纸上作图，将各点连结成一条直线，这条线与横坐标的交点即为所测样品的水分活度值。

水分活度的计算以下面实例来说明：某食品样品在硝酸钾标准饱和溶液平衡下增重7 mg，在氯化钡标准饱和溶液中增重3 mg，在氯化钾中减重9 mg，在溴化钾中减重15 mg。如图9-4所示，可求得其A_w为0.878。

(4)扩散法说明和注意事项

①取样时应该迅速，各份样品称量应在同一条件下进行。

②康卫式皿应该具有良好的密封性。

③试样的大小、形状对测定结果影响不大，取试样的固体部分或液体部分都可以，样品平衡后其测定结果没有差异。

④绝大多数样品在2 h后可测得A_w。但有的样品如米饭类、油脂类、油浸烟熏类则需4 d左右时间才能测定。为此，需加入样品量0.2%的山梨酸作防腐剂，并以其水溶液作空白。

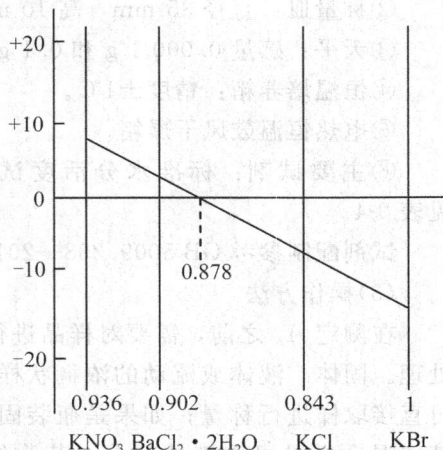

图 9-4 A_w 值测定图解

表 9-4 标准水分活度试剂及其在 25℃ 时的 A_w 值

试剂名称	A_w	试剂名称	A_w
硫酸钾饱和溶液(K_2SO_4)	0.973	氯化锶饱和溶液($SrCl_2 \cdot 6H_2O$)	0.709
硝酸钾饱和溶液(KNO_3)	0.936	氯化钴饱和溶液($CoCl_2 \cdot 6H_2O$)	0.649
氯化钡饱和溶液($BaCl_2 \cdot 2H_2O$)	0.902	溴化钠饱和溶液($NaBr \cdot 2H_2O$)	0.576
硝酸锶饱和溶液[$Sr(NO_3)_2$]	0.851	硝酸镁饱和溶液[$Mg(NO_3)_2 \cdot 6H_2O$]	0.529
氯化钾饱和溶液(KCl)	0.843	碳酸钾饱和溶液(K_2CO_3)	0.432
硫酸铵饱和溶液($(NH_4)_2SO_4$)	0.810	氯化镁饱和溶液($MgCl_2 \cdot 6H_2O$)	0.328
溴化钾饱和溶液(KBr)	0.809	氯化锂饱和溶液($LiCl \cdot H_2O$)	0.113
氯化钠饱和溶液($NaCl$)	0.753	溴化锂饱和溶液($LiBr \cdot 2H_2O$)	0.064
硝酸钠饱和溶液($NaNO_3$)	0.743	—	—

2. 水分活度仪扩散法

（1）原理

在一定的温度下，用标准饱和溶液校正 A_w 测定仪的 A_w 值，在同一条件下测定样品，利用测定仪上的传感器，根据食品中的蒸气压力的变化，从仪器上的表头上读出指示的水分活度。

（2）仪器与试剂

A_w 测定仪、天平（感量 0.01 g）、样品皿、饱和盐溶液等。

（3）操作方法

①仪器校正：在室温 18～25℃，湿度 50%～80% 的条件下，用饱和盐溶液校正水分活度仪。

②样品测定：样品的预处理同康卫氏皿扩散法。称取约 1 g 试样，迅速放入样品皿中，封闭测量仓，在温度 20～25℃、相对湿度 50%～80% 的条件下测定。每间隔 5 min 记录水分活度仪的响应值。当相邻两次响应值之差小于 $0.005A_w$ 时，即为测定值。仪器充分平衡后，同一样品重复测定 3 次。

（4）说明及注意事项

①所用的玻璃器皿应该清洁干燥，否则会影响测量结果。

②仪器在常规测量时一般 0.5 d 校准一次。当要求测量结果准确度较高时，则每次测量前必须进行校正。

无论是对于食品生产者还是食品消费者，食品中的水分含量都具有非常重要的意义，从而对水分的测定也就成了一项十分重要的工作。从本章我们可以看出，分析水分含量的方法主要包括两大类：一类是从样品中分离出水分，再以质量或体积来定量测定；另一类是不通过分离，而是利用水的某些物理或化学性质来测定。这些方法的目的都是要除去或测定样品中的水分，但在此过程中由于食品的分解或其他成分的干扰，往往不能获得最佳的结果。所以对于每一种分析方法来说，都必须采取一些有效的措施加以预防和控制，这样可保证得到最佳的分析结果。同时，在测定时，样品的采集和处理显得极其重要。分析方法的选择，常常取决于食品中预估计的水分含量的大小、其他组分的特性、仪器的性能、对检测速度、精确度和可靠程度的要求以及水分含量的用途等因素。

复习思考题

1. 根据学习本章所掌握的测定水分的知识，指出下列各类食品水分测定的操作方法及要点：乳粉、淀粉、香料、谷类、干酪、肉类、果酱、糖果、笋、南瓜、面包和油脂。

2. 在下列情况下，水分测定的结果是偏高还是偏低？为什么？

①烘箱干燥法：样品粉碎不充分；样品中含较多挥发性成分；脂肪的氧化；样品的吸湿性较强；美拉德反应；样品表面结了硬皮；装有样品的干燥器未密封好；干燥器中硅胶已受潮。

②蒸馏法：样品中的水分和溶剂间形成的乳浊液没有分离；冷凝器中残留有水滴；馏出了水溶性成分。

③卡尔·费休法：玻璃器皿不够干燥；样品颗粒较大；样品中含有还原性物质如维生素C；样品中富含不饱和脂肪酸。

3. 阐述水分活度值的概念以及它在食品工业生产中的重要意义。

第10章 灰分及几种重要矿物元素含量的测定

10.1 灰分的测定

10.1.1 概述

食品的组成十分复杂，经高温灼烧时，将发生一系列物理和化学变化，最后有机成分挥发逃散，而无机成分（主要是无机盐和氧化物）则残留下来，这些残留物称为灰分。灰分是标示食品中无机成分总量的一项指标。

食品组成不同，灼烧条件不同，残留物亦各不同。食品的灰分与食品中原来存在的无机成分在数量和组成上并不完全相同，因此，严格说应该把灼烧后的残留物称为粗灰分，这是因为在灰化时，一些易挥发的元素，如氯、碘、铅等，会挥发散失，磷、硫等也能以含氧酸的形式挥发散失，所以，这部分无机物减少了。另一方面，某些金属氧化物会吸收有机物分解产生的二氧化碳而形成碳酸盐，又使无机成分增多了。

食品的灰分常称为总灰分（粗灰分）。在总灰分中，按其溶解性还可分为水溶性灰分、水不溶性灰分和酸不溶性灰分。其中水溶性灰分反映的是可溶性的钾、钠、钙、镁等氧化物和盐类含量。水不溶性灰分反映的是污染的泥砂和铁、铝等氧化物及碱土金属的碱式磷酸盐含量。酸不溶性灰分反映的是环境污染混入产品中的泥砂及样品组织中的微量氧化硅含量。

测定灰分具有十分重要的意义。

①评判食品品质。无机盐的含量是正确评价某食品营养价值的一个重要指标。

②评判食品加工精度。如面粉的加工精度，在面粉加工中，常以总灰分含量评定面粉等级，全麦粉为 1.2%～2.0%，标准粉为 0.6%～0.9%，富强粉为 0.3%～0.5%。

③评判食品受污染程度。食品的灰分常在一定范围内，如果灰分含量超过了正常范围，说明食品生产过程中，使用了不合乎卫生标准的原料或食品添加剂，或食品在生产、加工、储藏过程中受到了污染。

④评判组织状态。测定植物性原料的灰分可以反映植物生长的成熟度和自然条件对其的影响，测定动物性原料的灰分可以反映动物品种、饲料组分对其的影响。

大部分新鲜食品的灰分含量不高于5%。纯净的油类和脂的灰分一般很少或不含灰分；肉、家禽和海产品类含有 0.7%～1.3% 的灰分，腌熏腊肉制品含有 6% 的灰分，干牛肉含有高于 11.6% 的灰分（按湿基计算）；牛乳制品含有 0.5%～5.1% 的灰分；水果、水果汁和西瓜含有 0.2%～0.6% 的灰分；而干果含有较高的灰分 2.4%～3.5%；面粉类和麦片类含有 0.3%～4.3% 的灰分，纯淀粉含有 0.3% 的灰分，小麦胚芽含有 4.3% 的灰分，含糠的谷物及其制品比无糠的谷物及其制品灰分含量高。要获得可靠的分析结果，就必须掌握各种灰分测定方法的特点。

10.1.2　总灰分的测定

1. 干法灰化

目前 GB 5009.4—2016《食品中灰分的测定》中使用该法测定食品中的灰分含量，也是最常用的方法。

（1）原理

将一定量的样品经炭化后置于 500～600℃高温炉内灼烧，食品中的水分及挥发物质以气态放出，有机物质中的碳、氢、氮等元素与有机物质本身的氧及空气中的氧生成二氧化碳、氮的氧化物及水分等形式而散失。无机物质以硫酸盐、磷酸盐、碳酸盐、氯化物等无机盐和金属氧化物的形式残留下来，这些残留物即为灰分，称量残留物的质量即可计算出样品中总灰分的含量。

（2）灰化容器

测定灰分通常以坩埚作为灰化容器。坩埚分素烧瓷坩埚、铂坩埚、石英坩埚等多种，其中最常用的是素烧瓷坩埚。它具有耐高温（1200℃）、内壁光滑、耐稀酸、价格低廉等优点，但耐碱性能较差。但当灰化碱性食品（如水果、蔬菜、豆类）时，瓷坩埚内壁的釉层会部分溶解，反复多次使用后，往往难以保持恒重。另外当温度骤变时，易发生破裂，因此要注意使用。铂坩埚具有耐高温（1773℃），能抗碱金属碳酸盐及氟化氢的腐蚀，导热性能好，吸湿性小等优点，但价格昂贵，故使用时应特别注意其性能和使用规则。另外，使用不当时会被腐蚀和发脆。

灰化容器的大小要根据试样性状来选用，需前处理的液态样品、加热膨胀的样品及灰分含量低、取样量大的样品，需选用稍大些的坩埚。

（3）取样量

测定灰分时，取样量的多少应根据试样种类和性状来决定，同时应考虑到称量误差。一般以灼烧后得到的灰分量为 10～100 mg 来决定取样量。通常情况下，乳粉、麦乳精、大豆粉、调味料、鱼类及海产品等取 1～2 g；谷物及其制品、肉及其制品、糕点、牛乳等取 3～5 g；蔬菜及其制品、砂糖及其制品、蜂蜜、奶油等取 5～10 g；水果及其制品取 20 g；油脂取 50 g，具体参数如表 10-1 所示。

（4）灰化温度

灰化温度的高低对灰分测定结果影响很大，由于各种食品中的无机成分组成性质及含量各不相同，灰化温度也应有所不同，一般为 525～600℃。其中，只有黄油规定在 500℃以下，这是因为用溶剂除去脂类后，残渣加以干燥，由灰化减量算出酪蛋白，以残渣作为灰分，还要在灰化后定量食盐，所以采用抑制氯的挥发温度。其他食品全是 525、550、600 及 700℃。700℃仅适合于添加乙酸镁的快速法。

灰化温度选定在此范围，是因为灰化温度过高，将引起锂、钠、氯等元素的挥发损失，而且磷酸盐、硅酸盐类也会熔融，将碳粒包藏起来，使碳粒无法氧化；灰化温度过低，则灰化速度慢，时间长，不易灰化完全，也不利于除去过剩的碱（碱性食品）吸收的二氧化碳。

此外，加热速度也不可太快，以防急剧干馏时灼热物的局部会产生大量气体而使微粒飞失——爆燃。

表 10-1　AOAC 官方分析法规定不同食品灰分测定温度与质量

食品名称	测定条件	试样量
谷物及其制品	550℃ 或 700℃	3～5 g
通心粉、鸡蛋面条及其制品	550℃	3～5 g
淀粉制品、淀粉、甜食粉	525℃	5～10 g
大豆粉	600℃	2 g
肉及其制品	525℃	3～5 g
乳及其制品	≤550℃	3～5 g
鱼类及海产品	≤525℃	2 g
水果及其制品	≤525℃	25 g
蔬菜及其制品	525℃	5～10 g
砂糖及其制品	525℃	3～5 g
糖蜜	525℃	5 g
醋	525℃	25 mL
啤酒	525℃	50 mL
蒸馏酒	525℃	25～100 mL
茶叶	525℃	5～10 g

（5）灰化时间

一般以灼烧至灰分呈白色或浅灰色，无碳粒存在并达到恒重为止。灰化至达到恒重的时间因试样不同而异，一般需 2～5 h。通常根据经验灰化一定时间后，观察一次残灰的颜色，以确定第一次取出时间。取出后进行冷却，称重，然后再置入马弗炉中灼烧，直至达恒重为止。应该指出，对有些样品，即使灰化完全，残灰也不一定呈白色或浅灰色。如铁含量高的食品，残灰呈褐色；锰、铜含量高的食品，残灰呈蓝绿色。有时即使灰的表面呈白色，内部仍残留有碳块，所以应根据样品的组成、性状来观察残灰的颜色，正确判断灰化程度。

（6）加速灰化的方法

对于难以灰化的样品，可改变操作方法来加速灰化。

①样品经初步灼烧后，取出冷却，从灰化容器边缘慢慢加入（不可直接洒在残灰上，以防残灰飞扬）少量无离子水，使水溶性盐类溶解，被包住的碳粒暴露出来，在水浴上蒸发至干，置于 120～130℃烘箱中充分干燥，再灼烧到恒重。

②添加硝酸、乙醇、碳酸铵、过氧化氢，这些物质经灼烧后完全消失，不增加残灰的质量。样品经初步灼烧后，加入上述物质如硝酸（1∶1）或过氧化氢 4～5 滴，蒸干后再灼烧到恒重，利用它们的氧化作用来加速碳粒灰化。也可加入 10％碳酸铵等疏松剂，在灼烧时分解为气体逸出，使灰分呈现松散状态，促进未灰化的碳粒灰化。

③硫酸灰化法：对于糖类制品如白糖、绵白糖、葡萄糖、饴糖等制品，以钾等为主的阳离子过剩，灰化后的残灰为碳酸盐，通过添加硫酸可使阳离子全部以硫酸盐形式成为一定组分。采用硫酸的强氧化性加速灰化，结果用硫酸灰分来表示。在添加浓硫酸时应注意，如有部分残灰溶液和二氧化碳气体呈雾状扬起，要边用表面玻璃将灰化容器盖住边加硫酸，待不起泡后，用少量去离子水将表面玻璃上的附着物洗入灰化容器中。

④加入乙酸镁、硝酸镁等助灰化剂。谷物及其制品中，磷酸一般过剩于阳离子，随着灰化进行，磷酸将以磷酸二氢钾的形式存在，容易形成在比较低的温度下熔融的无机物，因而包住未灰化的碳造成供氧不足，难以完全灰化。因此采用添加灰化辅助剂，如乙酸镁或硝酸镁（通常用醇溶液）等，使灰化容易进行。这些镁盐随着灰化进行而分解，与过剩的磷酸结合，残灰不熔融，成白色松散状态，避免碳粒被包裹，可大大缩短灰化时间。此法应做空白实验，以校正加入的镁盐灼烧后分解产生 MgO 的量。

(7)具体测定方法

①瓷坩埚的准备：对含磷量较高的食品和其他食品，取大小适宜的瓷坩埚置高温炉中，在 550℃±25℃下灼烧 30 min，冷却至 200℃左右，取出，放入干燥器中冷却 30 min，准确称量，重复灼烧至前后两次称量相差不超过 0.5 mg 为恒重。对于含淀粉类食品，先用沸腾的稀盐酸洗涤，再用大量自来水洗涤，最后用蒸馏水冲洗。将洗净的坩埚置于高温炉内，在 900℃±25℃下灼烧 30 min，并在干燥器内冷却至室温，称重。

②样品预处理

a. 谷物、豆类等水分含量较少的固体样品。先粉碎成均匀的试样，取适量于已知质量的坩埚中进行炭化。

b. 果汁、牛乳等液体试样。准确称取适量试样于已知质量的瓷坩埚中，于水浴上蒸发至近干，再进行炭化。这类样品若直接炭化，液体沸腾，易造成溅失。

c. 果蔬、动物组织等含水分较多的试样。先制备成均匀的试样，再准确称取适量试样于已知质量坩埚中，置烘箱中干燥，再进行炭化。也可取测定水分后的干燥试样直接进行炭化。

d. 脂肪含量高的样品。把试样制备均匀，准确称取一定量试样，先提取脂肪，再将残留物移入已知质量的坩埚中，进行炭化。

③炭化。试样经上述预处理后，在灼烧前要先进行炭化处理，否则在灼烧时，因温度高，试样中的水分急剧蒸发使试样飞溅。糖、蛋白质、淀粉等易发泡膨胀的物质在高温下发泡膨胀而溢出坩埚。且不经炭化而直接灰化，碳粒易被包住，灰化不完全。

炭化操作一般在电炉或煤气灯上进行，半盖坩埚盖，小心加热使试样在通气情况下逐渐炭化，直到无烟产生。容易膨胀发泡的试样，可先于试样中加数滴辛醇或纯植物油，再进行炭化。

④灰化。炭化后，把坩埚移入已达规定温度的高温炉，在 550℃±25℃灼烧 4 h，冷却至 200℃左右，取出，放入干燥器中冷却 30 min，称量前如发现灼烧残渣有炭粒时，应向试样中滴入少许水湿润，使结块松散，蒸干水分再次灼烧至无炭粒即表示灰化完全，方可称量。重复灼烧至前后两次称量相差不超过 0.5 mg 为恒重。

(8)计算结果如式(10-1)所示。

$$灰分(\%) = \frac{m_3 - m_1}{m_2 - m_1} \times 100 \qquad (10\text{-}1)$$

式中：m_1——空坩埚质量，g；m_2——样品加空坩埚质量，g；m_3——残灰加空坩埚质量，g。

(9)说明及注意事项

①试样粉碎细度不宜过细，且样品在坩埚内不要放得过于紧密，炭化要缓慢进行，温度要逐渐升高，以免氧化不足或试样被气体吹走，引起结果偏差。

②样品炭化时要注意热源强度，防止产生大量泡沫溢出坩埚。

③把坩埚放入高温炉或从炉中取出时，要在炉口停留片刻，使坩埚预热或冷却，防止因温度剧变而使坩埚破裂。

④灼烧后的坩埚应冷却到 200℃以下再移入干燥器中，否则因热的对流作用，易造成残灰飞散，冷却速度慢，冷却后干燥器内形成较大真空，盖子不易打开。

⑤用过的坩埚经初步洗刷后，可用粗盐酸或废盐酸浸泡 10～20 min，再用水冲刷洗净。

目前，测定食品中灰分含量的国标法采用的是干法灰化法。在这种灰化方法中，一些元素如铁、硒、铅和汞可被部分挥发，因此，如样品灰化后要用于特殊元素分析时，必须选择其他方法。

2. 湿法灰化

(1)原理

湿法灰化也称湿法氧化或湿法分解，即向样品中加入强氧化剂，并加热消煮，使样品中的有机物质完全分解、氧化，呈气态逸出，待测成分转化为无机物状态存在于消化液中，供测试用。它主要用于矿物质分析和有毒元素分析的样品预处理。常用的强氧化剂有浓硫酸、浓硝酸、高氯酸、高锰酸钾和过氧化氢等。

(2)方法概述

以下是用硝酸—高氯酸进行湿法氧化的操作步骤：将 1 g 干燥研碎的样品，放入 15 mL 的烧杯中，加 10 mL 硝酸，浸泡。如果是高脂样品可以浸泡过夜。加入 3 mL 60％的高氯酸，放在电炉上缓慢加热至 350℃，直到起泡结束和硝酸基本挥发干为止。继续加热至高氯酸产生大量烟雾，然后在烧杯上放置观测玻片，观察溶液颜色至无色或浅黄色，液体不能烧干。移去烧杯，冷却。用尽量少的蒸馏水洗涤观测玻片，然后再入 10 mL 5％的盐酸，移入容量瓶中定容。

(3)说明与讨论

与干法灰化法相比，湿法灰化对挥发性物质的损失较干法灰化小，且分解速度快，所需时间短，回收率相对较高。但取样量较小，操作较复杂，操作者需要时常观测，使用试剂量较大，产生大量的有害气体，空白值相对较大。

3. 微波灰化

(1)原理

微波热效应的原理为物质的离子、极性分子及因电场作用而产生的极化分子在迅速交变的微波场中交替排列，高速振荡、摩擦和碰撞而瞬间产生的。

（2）方法概述

如硝酸—盐酸消解：称取 1～2 g 干试样置于消解罐中，加入 10 mL 硝酸和 5 mL 盐酸，旋紧罐盖，静置一夜以防加热反应过分激烈。然后，按下列步骤在微波炉中进行处理：30％全功率 4 min—50％全功率 4 min—100％全功率 4 min。而后将样品罐静置冷却至室温，开盖浓缩至 2 mL，在 25 mL 容量瓶中用去离子水定容。

（3）说明与讨论

①该法与干法灰化相比，微波灰化法的主要优点为升温速度快且易控制，无须炭化直接灰化，效率高，可防止元素的挥发、污染和毒害。但是，该法的主要缺点为能处理的样品数量有限。

②有机样品应限制在≤0.5～2 g 物质/容器（取决于样品有机物含量的高低，对于某些有机质含量高的物质，不能超过 0.5g）。陌生样品从 0.1～0.2 g 开始逐渐增加到 0.5g，防止样品消解过程中过量气体副产物的积累。无机样品量应限制在 10 g 物质/容器。典型的限制因素是消解/萃取品所需酸的量。对于有机—无机混合样，如果样品中含有 5％以上的有机物时，需要把此样品视为有机物，并依据有机物的处理方式来消化整个样品。

4. 低温等离子灰化

（1）原理

低温等离子灰化法是在低温下（一般为 100～300℃）利用高能态活性氧原子氧化有机物。当电场加到低压的氧气中，电场使空间中自由电子运动加速，而低压使分子间相互碰撞概率减少，从而易于获得高动能。高速电子碰撞氧分子，可使外层电子电离。这些电离出的电子又被加速，发生连锁反应，产生大量电子。这些高能级的电子与氧分子相撞，使氧分子获得高能量而解离，形成含有化学活性极高的氧原子的氧等离子体。

（2）方法概述

将干燥后经准确称量的样品放在石英烧杯中，引入氧化室，密闭灰化室，开启真空装置。在维持一个特定的低真空状态的同时，通入小流量的氧气或空气，频率发生器在略小于 14 MHz 频率的条件下开启，通过调节其功率（50～200 W）来控制和调整灰化速度，可透过灰化室来观察灰化速度。用氧等离子体低温灰化使呈白色粉末状为灰化终点，灰化后的其他操作步骤同高温灰化。

（3）说明与讨论

①低温等离子灰化法是干法灰化的一种变通方法。与干法灰化相比，该方法的主要优点是损失的微量元素少，使用的低温（<150℃）通常使细微的晶体结构保持不变。但是，样品容量小和设备的损耗大。然而，在某些情况下，特别是在灰化易挥发性盐样品时，它可能是首选的方法。

②由于该法灰化是从试样表面进行的，因此为加速氧化过程，试样必须尽量地粉碎，而且应该用底部面积大的舟样容器，将试样薄薄地铺在上面以增加表面积。

③一般低温灰化装置，氧化的样品厚度，只能达到 2～3 mm。在样品中加搅拌等

操作可以防止表面层的形成，有利于加速氧化速度和深度。

10.1.3　水溶性灰分和水不溶性灰分的测定

1. 原理

用热水提取总灰分，经无灰滤纸过滤、灼烧、称量残留物，测得水不溶性灰分，由总灰分和水不溶性灰分的质量之差计算水溶性灰分。

2. 方法概述

用约 25 mL 热蒸馏水，分次将总灰分从坩埚中洗入 100 mL 烧杯中，盖上表面皿，用小火加热至微沸，防止溶液溅出。趁热用无灰滤纸过滤，并用热蒸馏水分次洗涤杯中残渣，直至滤液和洗涤体积约达 150 mL 为止，将滤纸连同残渣移入原坩埚内，放在沸水浴锅上小心地蒸去水分，然后将坩埚烘干并移入高温炉内，以 550℃±25℃灼烧至无炭粒(约 1 h)。待炉温降至 200℃时，放入干燥器内，冷却至室温，称重。再放入高温炉内，以 550℃±25℃灼烧 30 min，如前冷却并称重。如此重复操作，直至连续两次称重之差不超过 0.5 mg 为止，记下最低质量，水不溶性灰分计算如式(10-2)所示。

$$X_1(\%) = \frac{m_1 - m_2}{m_3 - m_2} \times 100 \tag{10-2}$$

式中：X_1——水不溶性灰分的含量，g/100 g；m_1——坩埚和水不溶性灰分的质量，g；m_2——坩埚的质量，g；m_3——坩埚和试样的质量，g。

最后计算水溶性灰分含量，即水溶性灰分(%)＝总灰分(%)—水不溶性灰分(%)

10.1.4　酸不溶性灰分的测定

1. 原理

用一定浓度的盐酸处理总灰分以除去可溶部分，然后将不溶解的残余物灼烧并称量。

2. 方法概述

用 25 mL 10%盐酸溶液将总灰分分次洗入 100 mL 烧杯中，盖上表面皿，在沸水浴上小心加热，至溶液由浑浊变为透明时，继续加热 5 min，趁热用无灰滤纸过滤，用沸蒸馏水少量反复洗涤烧杯和滤纸上的残留物，直至中性为止。以下操作同水不溶性灰分的测定，按式(10-3)计算酸不溶性灰分含量：

$$X_1(\%) = \frac{m_1 - m_2}{m_3 - m_2} \times 100 \tag{10-3}$$

式中：X_1——酸不溶性灰分的含量，g/100 g；m_1——坩埚和酸不溶性灰分的质量，g；m_2——坩埚的质量，g；m_3——坩埚和试样的质量，g。

10.2　几种重要矿物元素的测定

10.2.1　概述

食品中所含的矿物元素在维持体液的渗透压、维持机体的酸碱平衡、酶的活化剂、构成人体组织等方面，起着十分重要的作用。一般情况下，除特殊人群外，食物中的矿物质能满足人体需要，不易引起缺乏，但矿物质摄入过量时又会成为机体的有害因素，并且有些还对人体具有一定的毒性。因此，研究食品中的矿物质，测定食品中某些矿物元素含量，对于评价食品的营养价值，开发和生产强化食品，为人体提供一个最佳健康需求浓度或安全浓度范围，建立合理膳食结构，具有十分重要的意义。

考察一种食品的营养质量时，不仅要考虑其中营养素的含量，而且还要考虑这些成分被生物机体利用的实际可能性，即生物有效性尤为重要。前者主要用测定含量多少来表示，后者则要考虑矿物元素的存在形式，与其他营养成分的相互作用等。一般来说，动物性食品中矿物元素的生物有效性高于植物性食品。

矿物元素的测定方法很多，常用的有化学分析法、比色法、原子吸收分光光度法。此外，电感耦合等离子体发射光谱法、电感耦合等离子体质谱法等也有应用。本节介绍其中 Ca、Fe、I、P 等元素的测定方法。

10.2.2　钙的测定

食品中含钙较多的是豆、豆制品、蛋、酥鱼、排骨、虾皮等。机体对食品中钙的吸收受多种因素的影响，蛋白质、氨基酸、乳糖、维生素有利于钙的吸收；脂肪太多或含镁量过多不利于钙的吸收；草酸、植酸或脂肪酸的阴离子能与钙生成不溶性沉淀，会影响钙的吸收；菠菜、韭菜、苋菜等蔬菜中含草酸量较高，不但其本身所含钙不能被吸收，而且还影响其他食物中钙的吸收，使有效钙量为负值。如式(10-4)所示。

有效钙量＝(钙重/钙相对分子质量－草酸重/草酸相对分子质量)×钙相对分子质量。

$$(10-4)$$

为此，对含草酸多的蔬菜，有时不仅要测定钙的量，还要同时测定草酸的量。

经典的钙测定方法是用草酸铵使钙生成草酸钙沉淀，然后用重量法或容量法测定，例如高锰酸钾滴定法，此法虽有较高的精确度，但需经沉淀、过滤、洗涤等步骤，费时费力，现在较为少用。目前，应用最广泛的是 EDTA 络合滴定法和原子吸收分光光度法。

1. 高锰酸钾滴定法

样品经灰化后，在酸性溶液中，钙与草酸生成草酸钙沉淀，沉淀经洗涤后，加入硫酸溶解，把草酸游离出来，用高锰酸钾标准溶液滴定。根据高锰酸钾标准溶液消耗量，可计算出食品中 Ca 的含量。如式(10-5)所示。反应式如下：

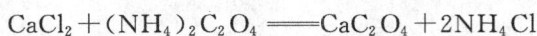

$$CaCl_2 + (NH_4)_2C_2O_4 \Longrightarrow CaC_2O_4 + 2NH_4Cl$$

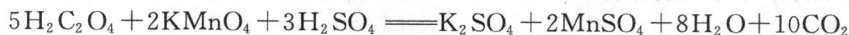

$$CaC_2O_4 + H_2SO_4 = CaSO_4 + H_2C_2O_4$$

$$5H_2C_2O_4 + 2KMnO_4 + 3H_2SO_4 = K_2SO_4 + 2MnSO_4 + 8H_2O + 10CO_2$$

根据以上反应式推算 $2KMnO_4$ 相当于 $5H_2C_2O_4$，相当于 $5CaC_2O_4$，相当于 $5Ca^+$。

$$食品中钙的质量 = \frac{2.5(cV) \times 40.08 \times 1\,000}{m} \times 100\% \ (mg/100\ g) \qquad (10\text{-}5)$$

式中：c——$KMnO_4$ 标准溶液浓度，mol/L；V——滴定时消耗 $KMnO_4$ 的体积，L；m——样品的质量，g。

2. EDTA 滴定法

（1）原理

EDTA（乙二胺四乙酸二钠盐）滴定法测定钙含量，基于 EDTA 与样品消化液中的钙能形成比钙红指示剂与钙所形成的络合物更加稳定的 EDTA—Ca 络合物。在适当的 pH 范围内，钙与 EDTA 形成金属络合物。以 EDTA 滴定，在达到当量点时，溶液呈现游离指示剂的颜色。根据 EDTA 用量，计算钙的含量。

（2）样品制备

依照 GB 5009.92—2016 的规定进行样品消解。

（3）方法概述

①滴定度的测定。吸取 0.500 mL 钙标准储备液（100.0 mg/L）于试管中，加 1 滴硫化钠溶液（10 g/L）和 0.1 mL 柠檬酸钠溶液（0.05 mol/L），加 1.5 mL 氢氧化钾溶液（1.25 mol/L），加 3 滴钙红指示剂，立即以稀释 10 倍的 EDTA 溶液滴定，至指示剂由紫红色变蓝色为止，记录所消耗的稀释 10 倍的 EDTA 溶液的体积。根据滴定结果计算出每毫升稀释 10 倍的 EDTA 溶液相当于钙的毫克数，即滴定度（T）。

②试样及空白滴定。分别吸取 0.100～1.00 mL（根据钙的含量而定）试样消化液及空白液于试管中，加 1 滴硫化钠溶液（10 g/L）和 0.1 mL 柠檬酸钠溶液（0.05 mol/L），加 1.5 mL 氢氧化钾溶液（1.25 mol/L），加 3 滴钙红指示剂，立即以稀释 10 倍的 EDTA 溶液滴定，至指示剂由紫红色变蓝色为止，记录所消耗的稀释 10 倍的 EDTA 溶液的体积。

③结果计算，如式（10-6）所示。

$$X = \frac{T \times (V_1 - V_0) \times V_2 \times 1\,000}{m \times V_3} \qquad (10\text{-}6)$$

式中：X——试样中钙的含量，mg/kg 或 mg/L；T——EDTA 滴定度，mg/mL；V_1——滴定试样溶液时所消耗的稀释 10 倍的 EDTA 溶液的体积，mL；V_0——滴定空白溶液时所消耗的稀释 10 倍的 EDTA 溶液的体积，mL；V_2——试样消化液的定容体积，mL；m——试样质量或移取体积，g 或 mL；V_3——滴定用试样待测液的体积，mL。

（4）说明及注意事项

①滴定用的样品量随钙含量而定，最适合的范围是 5～50 μg。

②加钙红指示剂后，不能放置过久，否则终点发灰，不明显。

③滴定时 pH 应为 12～14，过高过低指示剂变红，滴不出终点。

3. 火焰原子吸收光谱法

（1）原理

样品经消解处理，将有机物彻底分解后，加入镧溶液作为释放剂，经原子吸收火焰原子化，在 422.7 nm 处测定的吸光度值在一定浓度范围内与钙含量成正比，与标准系列比较定量。

（2）主要仪器设备及试剂

原子吸收光谱仪：配火焰原子化器，钙空心阴极灯；镧溶液（20 g/L）；碳酸钙标准品：纯度＞99.99%。

（3）方法概述

①标准曲线的制作。将钙标准系列溶液按浓度由低到高的顺序分别导入火焰原子化器，测定吸光度值，以标准系列溶液中钙的质量浓度为横坐标，相应的吸光度值为纵坐标，制作标准曲线。

②试样溶液的测定。在与测定标准溶液相同的实验条件下，将空白溶液和试样待测液分别导入原子化器，测定相应的吸光度值，与标准系列比较定量。

10.2.3 铁的测定

铁是人体必需的微量元素。它是人体内血红蛋白和肌红蛋白的组成成分，参与血液中氧的运输作用，又能促进脂肪氧化，所以人体每日都必须摄入一定量的铁。食品中的肉、肝脏和蛋类中均含有丰富的铁质，且某些食品若在储存过程中污染了大量铁而产生金属味，色泽加深并导致食品中脂肪氧化和维生素 D 分解，会造成食品品质降低，影响食品风味，所以食品中铁的测定不仅具有营养学意义而且具有卫生意义。

食品中铁含量测定方法有火焰原子吸收光谱法、电感耦合等离子体发射光谱法和电感耦合等离子体质谱法。

1. 火焰原子吸收光谱法

（1）原理

试样消解后，经原子吸收火焰原子化，在 248.3 nm 处测定吸光度值。在一定浓度范围内铁的吸光度值与铁含量成正比，与标准系列比较定量。

（2）主要仪器设备及试剂

原子吸收光谱仪：配火焰原子化器，铁空心阴极灯；硫酸铁铵标准品：纯度＞99.99%。

（3）方法概述

同火焰原子吸收光谱法钙的测定。此法灵敏、快速。

2. 电感耦合等离子体质谱法

（1）原理

试样经消解后，由电感耦合等离子体质谱仪测定，以元素特定质量数（质荷比，m/z）定性，采用外标法，以待测元素质谱信号与内标元素质谱信号的强度比与待测元素的浓度成正比进行定量分析。

（2）主要仪器设备及试剂

电感耦合等离子体质谱仪（ICP-MS）；汞标准稳定剂；元素储备液；内标元素贮备液。

（3）方法概述

①标准曲线的制作。将标准溶液注入电感耦合等离子体质谱仪中，测定待测元素和内标元素的信号响应值，以待测元素的浓度为横坐标，待测元素与所选内标元素响应信号值的比值为纵坐标，绘制标准曲线。

②试样溶液的测定。将空白溶液和试样溶液分别注入电感耦合等离子体质谱仪中，测定待测元素和内标元素的信号响应值，根据标准曲线得到消解液中待测元素的浓度。

3. 电感耦合等离子体发射光谱法

（1）原理

样品消解后，由电感耦合等离子体发射光谱仪测定，以元素的特征谱线波长定性，待测元素谱线信号强度与元素浓度成正比进行定量分析。

（2）主要仪器设备及试剂

电感耦合等离子体发射光谱仪；元素贮备液。

（3）方法概述

①标准曲线的制作。将标准溶液注入电感耦合等离子体质谱仪中，测定待测元素和内标元素的信号响应值，以待测元素的浓度为横坐标，待测元素与所选内标元素响应信号值的比值为纵坐标，绘制标准曲线。

②试样溶液的测定。将空白溶液和试样溶液分别注入电感耦合等离子体质谱仪中，测定待测元素和内标元素的信号响应值，根据标准曲线得到消解液中待测元素的浓度。

10.2.4　碘的测定

碘是人体必需的微量元素之一，是人体内甲状腺球蛋白、甲状腺素的重要组成成分。人体对碘的日需要量为 $100\sim150\ \mu g$，身体缺碘时，会发生甲状腺肿大，甲状腺素的合成减少甚至缺乏，可使人产生呆小症。人体需要的碘主要来源于饮水和食品，食品中碘含量最丰富的是海产品，食品中碘的测定方法主要有以下几个：

①氧化还原滴定法，适用于海带、紫菜、裙带菜等藻类及其制品中碘的测定。

②砷铈催化分光光度法，适用于粮食、蔬菜、水果、豆类及其制品、乳及其制品、肉类、鱼类、蛋类等食品中碘的测定。

③气相色谱法，适用于婴幼儿食品和乳品中碘的测定。

1. 氧化还原滴定法

（1）原理

样品经炭化、灰化后，将有机碘转化为无机碘离子，在酸性介质中，用溴水将碘离子氧化成碘酸根离子，生成的碘酸根离子在碘化钾的酸性溶液中被还原析出碘，用硫代硫酸钠溶液滴定反应析出碘。反应原理如下：

$$I^- + 3Br_2 + 3H_2O \longrightarrow IO_3^- + 6H^+ + 6Br^-$$

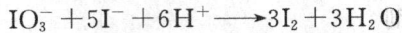

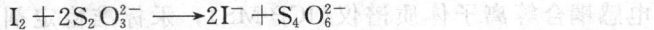

$$IO_3^- + 5I^- + 6H^+ \longrightarrow 3I_2 + 3H_2O$$
$$I_2 + 2S_2O_3^{2-} \longrightarrow 2I^- + S_4O_6^{2-}$$

(2)方法概述

取一定量样品进行炭化、灰化后用无离子水洗入碘量瓶中，在碘量瓶中加入 2～3 滴甲基橙溶液，用 1 mol/L 硫酸溶液调至红色，在通风橱内加入 5 mL 饱和溴水，加热煮沸至黄色消失。稍冷后加入 5 mL 甲酸钠溶液，在电炉上加热煮沸 2 min，取下，用水浴冷却至 30℃以下，再加入 5 mL 3 mol/L 硫酸溶液，5 mL 碘化钾溶液，盖上瓶盖，放置 10 min，用硫代硫酸钠标准溶液滴定至溶液呈浅黄色，加入 1 mL 淀粉溶液，继续滴定至蓝色恰好消失。同时做空白实验，分别记录消耗的硫代硫酸钠标准溶液体积 V、V_0。

(3)结果计算

试样中碘的含量按式(10-7)计算：

$$X_1 = \frac{(V - V_0) \times c \times 21.15 \times V_1}{m_1 \times V_2} \times 1\,000 \tag{10-7}$$

式中：X_1——试样中碘的含量，mg/kg；V——滴定样液消耗硫代硫酸钠标准溶液的体积，mL；V_0——滴定试剂空白消耗硫代硫酸钠标准溶液的体积，mL；c——硫代硫酸钠标准溶液的浓度，mol/L；21.15——与 1.00 mL 硫代硫酸钠标准滴定溶液相当的碘的质量，mg；V_1——碘含量较高样液的定容体积，mL；V_2——移取碘含量较高滤液的体积，mL；m_1——样品的质量，g。

2. 砷铈催化分光光度法

(1)原理

采用碱灰化处理试样，使用碘催化砷铈反应，反应速度与碘含量成定量关系。

$$H_3AsO_3 + 2Ce^{4+} + H_2O \longrightarrow H_3AsO_4 + 2Ce^{3+} + 2H^+$$

反应体系中，Ce^{4+} 为黄色，Ce^{3+} 为无色，用分光光度计测定剩余 Ce^{4+} 的吸光度值，碘含量与吸光度值的对数呈线性关系，计算试样中碘的含量。

(2)方法概述

①试样前处理。将碘标准系列和炭化后的试样加盖置于马弗炉中，调节温度至 600℃灰化 4 h，待炉温降至 200℃后取出。灰化好的试样应呈现均匀的白色或浅灰白色。

②标准曲线的制作及试样溶液的测定。向灰化后的坩埚中各加入 8 mL 水，静置 1 h，使烧结在坩埚上的灰分充分浸润，搅拌溶解盐类物质，再静置至少 1 h 使灰分沉淀完全。小心吸取上清液 2.0 mL 于试管中。碘标准系列溶液按照从高浓度到低浓度的顺序排列，向各管加入 1.5 mL 亚砷酸溶液，用涡旋混合器充分混匀，使气体放出，然后置于 30℃±0.2℃恒温水浴箱中温浴 15 min。

使用秒表计时，每管间隔时间相同，依顺序向各管准确加入 0.5 mL 硫酸铈铵溶液，立即用涡旋混合器混匀，放回水浴中。自第一管加入硫酸铈铵溶液后准确反应 30 min 时，依顺序每管间隔相同时间，用 1 cm 比色杯于 405 nm 波长处，用水作参比，测定各管的吸光度值。以吸光度值的对数值为横坐标，以碘质量为纵坐标，绘制标准曲线。

根据标准曲线计算试样中碘的质量 m_2。

3. 气相色谱法

（1）原理

试样中的碘在硫酸条件下与丁酮反应生成丁酮与碘的衍生物，经气相色谱分离，电子捕获检测器检测，外标法定量。

（2）方法概述

①标准曲线的制作。将碘标准系列溶液分别注入气相色谱仪中得到相应的峰面积。以碘标准系列溶液中碘的质量为横坐标，以相应的峰面积为纵坐标，制作标准曲线。

②试样溶液的测定。将试样测定液注入气相色谱仪中得到峰面积，从标准曲线中获得试样中碘的质量。

10.2.5　磷的测定

磷广泛存在于动植物组织中，与蛋白质或脂肪结合成核蛋白、磷蛋白、磷脂等，还有少量以无机磷化合物的形式存在。除植酸形式的磷不能被机体充分吸收利用外，其他大部分磷的化合物都能被消化吸收。人体内的磷参与各种生理活动和新陈代谢，同时磷是骨骼的重要成分，含磷的食品能补充脑磷脂，特别是在幼儿时期补磷显得尤为重要。因此，测定食品中的磷具有重要意义。如果测定食品中总磷后，再减去植酸磷，则可算出可利用磷的量。磷的测定方法主要有分光光度法和电感耦合等离子体发射光谱法。其中分光光度计法适用于各类食品中磷的测定，电感耦合等离子体发射光谱法适用于婴幼儿食品和乳品中磷的测定。

1. 钼蓝分光光度法

食品样品中的磷经灰化或消化后以磷酸根形式进入样品溶液，在酸性条件下与钼酸铵作用生成淡黄色的磷钼酸铵，其中高价的钼具有氧化性，可被对苯二酚、亚硫酸钠、氯化亚锡、硫酸肼还原成蓝色化合物——钼蓝，在 660 nm 下有最大吸收值，其吸光度与磷浓度成正比，即可定量分析磷含量。

2. 钒钼黄分光光度法

试样经消解，磷在酸性条件下与钒钼酸铵生成黄色络合物钒钼黄。钒钼黄的吸光度值与磷的浓度成正比。在 440 nm 测定试样溶液中，钒钼黄的吸光度值与标准系列比较定量。

3. 电感耦合等离子体发射光谱法

参照铁的测定中第三法。

复习思考题

1. 食品的灰分与食品中原有的无机成分在数量与组成上是否完全相同？
2. 测定食品灰分的意义何在？
3. 加速食品灰化的方法有哪些？

4. 为什么说添加乙酸镁或硝酸镁的醇溶液可以加速灰化？

5. 为什么食品样品在高温灼烧前要进行炭化处理？

6. 如何判断样品是否完全灰化？

7. 对糖分、蛋白质较高的样品，炭化时如何防止其发泡溢出？

第 11 章　蛋白质和氨基酸的测定

11.1　概述

　　蛋白质是生命的物质基础，是构成生物体细胞组织的重要成分，是生物体发育及修补组织的原料，一切有生命的活体都含有不同类型的蛋白质。人体内的酸碱平衡及水平衡的维持，遗传信息的传递，物质代谢及转运都与蛋白质有关。人及动物需要从食物中得到蛋白质及其分解产物，来补充自身的蛋白质，故蛋白质是人体重要的营养物质，也是食品中重要的营养成分。

　　蛋白质在食品中含量的变化范围很宽。动物蛋白和豆类蛋白是优良的蛋白质资源。部分食品的蛋白质含量如表 11-1 所示。

表 11-1　常见食物中的蛋白质含量

食品种类	蛋白质含量/（g/100 g 食物）	食品种类	蛋白质含量/（g/100 g 食物）
燕麦	15.6	核桃	15.4
莲子	16.6	牛肉（瘦）	20.3
黄豆	36.3	羊肉（瘦）	17.3
蚕豆	28.2	鲢鱼	17.0
猪肉（瘦）	16.7	兔肉	21.2
猪心	19.1	鸡肉	21.5
猪肝	21.3	鸡肝	18.2
豆腐皮	50.5	鸭肉	16.5
猪肾	15.5	海参（干）	76.5
花生	26.2	鸡蛋	14.7
猪血	18.9	龙虾	16.4

　　蛋白质是标志食品营养价值的重要成分，对食品进行总蛋白质含量、氨基酸组成、非蛋白氮、混合物中特定蛋白质的含量等分析是食品营养成分测定的主要项目，也是评估食品质量及其等级的重要依据。

　　除营养特性外，不同种类的食品蛋白质都有其独特的功能性质，如蛋清蛋白具有起泡性质、小麦蛋白能形成面团等。蛋白质的功能特性对食品的品质及风味起着重要作用，是开发和利用蛋白质资源的重要依据。测定食品中蛋白质的含量和功能性质，对于合理开发利用食品资源、优化食品配方、提高产品质量等具有重要意义。此外，具有生物活性的蛋白质是生物体的重要组成部分，如活性蛋白和活性肽，有些酶与抗营养因子，如蛋白水解酶、肉嫩化剂以及胰蛋白酶抑制因子等都与食品科学和营养学密切相关。

因此，蛋白质分析在测定总蛋白质含量，及在测定混合物中某一特定蛋白质含量，测定蛋白质在分离纯化过程中蛋白质含量变化、氨基酸组成、蛋白质的营养价值评价等过程中都是必不可少的。

蛋白质是复杂的含氮有机化合物，相对分子质量大，大部分高达数万至数百万，分子的长轴则长达 1～100 nm，它们由 20 种氨基酸通过酰胺键以一定的方式结合起来，并具有一定的空间结构，所含的主要化学元素为 C、H、O、N，在某些蛋白质中还含有微量的 P、Cu、Fe、I 等元素，但含氮则是蛋白质区别于其他有机化合物的主要标志。

不同的蛋白质，其氨基酸构成比例及方式不同，故各种不同的蛋白质其含氮量也不同。一般蛋白质含氮量为 16%，即 1 份氮相当于 6.25 份蛋白质，此数值（6.25）称为蛋白质换算系数。不同种类食品的蛋白质系数有所不同，如玉米、荞麦、青豆、鸡蛋等为 6.25，花生为 5.46，大米为 5.95，大豆及其制品 5.71，小麦粉为 5.70、牛乳及其制品为 6.38。

11.2　蛋白质的测定

测定蛋白质含量的方法很多，一类方法是基于蛋白质的共性，如利用含氮量、肽键、染料结合能力、紫外吸收和光散射特性等测定蛋白质含量；另一类方法是利用蛋白质中某些特定氨基酸残基如酸性、碱性基团以及芳香基团等测定蛋白质含量。由于食品种类繁多、食品中蛋白质含量各异、组成复杂，特别是其他主要成分，如碳水化合物、脂肪等干扰很多，因此在测定时应综合考虑灵敏度、准确性、分析时间、成本等多种因素，选择合适的测定方法。下面结合 GB 5009.5—2016 对几种常用的蛋白质测定方法予以介绍。

11.2.1　凯氏定氮法

凯氏定氮法由 Kieldhl 于 1833 年提出，是直接测定元素氮的方法。它既可测定动、植物食品中蛋白质的氮含量，也可测定样品中常含有的核酸、生物碱、含氮类脂、卟啉和含氮色素等非蛋白质的氮含量。这种方法经长期改进，迄今已发展成常量法、微量法、自动定氮仪法、半微量法和改良凯氏法等多种方法，至今仍被作为标准测定方法。此法是 GB 5009.5—2016《食品中蛋白质的测定》中规定的第一法。下面仅以第一种方法为例予以介绍。

1. 原理

样品用浓硫酸消化，使蛋白质分解，其中碳和氢被氧化成二氧化碳和水逸出，而样品中的有机氮则转化为氨与硫酸结合成硫酸铵。然后，加碱蒸馏，使氨气蒸出，用硼酸吸收后，再以标准盐酸或硫酸溶液滴定。

根据标准酸消耗量，可计算出样品中氮含量，再根据蛋白质中氮的含量通常在16%左右，进而换算出蛋白质的含量。

（1）样品消化

消化反应方程式为：

$$2NH_2(CH_2)_2COOH + 13H_2SO_4 == (NH_4)_2SO_4 + 6CO_2\uparrow + 12SO_2\uparrow + 16H_2O$$

浓硫酸具有脱水性，使有机物脱水后被炭化为碳、氢、氮。浓硫酸又有氧化性，可将有机物炭化后的碳氧化为二氧化碳，硫酸则被还原成二氧化硫。

$$2H_2SO_4 + C == 2SO_2 + 2H_2O + CO_2\uparrow$$

二氧化硫将氮还原为氨，本身被氧化为三氧化硫，生成的氨则与硫酸作用生成硫酸铵留在酸性溶液中。

$$H_2SO_4 + NH_3 == (NH_4)_2SO_4$$

在消化反应中，为加速蛋白质的分解，缩短消化时间，常加入硫酸钾、硫酸铜。硫酸钾的作用是：提高溶液的沸点，加快有机物分解。因它与硫酸作用生成硫酸氢钾可提高反应温度，一般纯硫酸的沸点在340℃左右，而添加硫酸钾后，可使温度提高至400℃以上，原因主要在于随着消化过程中硫酸不断地被分解，水分会不断逸出而使硫酸钾浓度增大，故沸点升高。其反应式如下：

$$K_2SO_4 + H_2SO_4 == 2KHSO_4$$

$$2KHSO_4 == K_2SO_4 + H_2O + SO_3\uparrow$$

但是硫酸钾加入量不能太大，否则消化体系温度过高，会引起已生成的铵盐发生热分解放出氨造成损失：

$$(NH_4)_2SO_4 \longrightarrow NH_3\uparrow + NH_4HSO_4$$

$$NH_4HSO_4 \longrightarrow NH_3\uparrow + SO_3\uparrow + H_2O$$

硫酸铜则是起催化剂的作用，有助于蛋白质的分解，缩短消化时间。此外，还可以加入少量过氧化氢、次氯酸钾等氧化剂以加速有机物氧化。硫酸铜作为催化剂的机理如下：

$$2CuSO_4 \longrightarrow Cu_2SO_4 + SO_2\uparrow + O_2\uparrow$$

$$C + 2CuSO_4 \longrightarrow Cu_2SO_4 + SO_2\uparrow + CO_2\uparrow$$

$$Cu_2SO_4 + 2H_2SO_4 \longrightarrow 2CuSO_4 + 2H_2O + SO_2\uparrow$$

此反应不断进行，待有机物全部被消化完后，不再有硫酸亚铜（Cu_2SO_4）生成，溶液会呈现出清澈的蓝绿色。因此，硫酸铜除起催化剂的作用外，还可以指示消化终点，以及下一步蒸馏时碱性反应的指示剂。

（2）蒸馏

在消化完的样品溶液中加入浓氢氧化钠使呈碱性，加热蒸馏，即可释放出氨气，反应方程式如下：

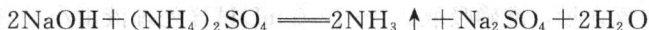

$$2NaOH + (NH_4)_2SO_4 == 2NH_3\uparrow + Na_2SO_4 + 2H_2O$$

（3）吸收与滴定

加热蒸馏所释放出的氨，可用硼酸溶液进行吸收，待吸收完全后，再用盐酸标准溶液滴定，因硼酸呈微弱酸性（$Ka = 5.8 \times 10^{-10}$），用酸滴定不影响指示剂的变色反应，但它有吸收氨的作用，吸收滴定反应方程式如下：

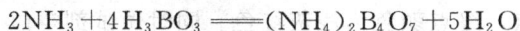

$$2NH_3 + 4H_3BO_3 == (NH_4)_2B_4O_7 + 5H_2O$$

$$(NH_4)_2B_4O_7+5H_2O+2HCl \Longrightarrow 2NH_4CI+4H_3BO_3$$

2. 试剂和仪器

浓硫酸、硫酸铜、硫酸钾、40%氢氧化钠溶液、4%硼酸溶液、0.0100 mol/L 标准盐酸溶液、甲基红－溴甲酚绿混合液指示剂（5 份 0.2%溴甲酚绿 95%乙醇溶液与 1 份 0.2%甲基红乙醇溶液混合均匀）、凯氏烧瓶、凯氏定氮蒸馏装置。

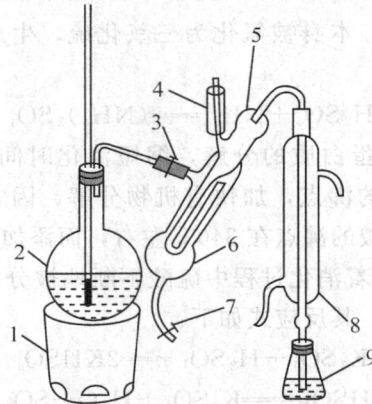

图 11-1　凯氏定氮蒸馏装置图

1. 电炉；2. 水蒸气发生器（2L 烧瓶）；3. 螺旋夹；4. 小玻杯及棒状玻塞；5. 反应室；
6. 反应室外层；7. 橡皮管及螺旋夹；8. 冷凝管；9. 蒸馏液接收瓶

3. 操作步骤

试样处理：称取充分混匀的固体试样 0.2～2 g、半固体试样 2～5 g 或液体试样 10～25 g（相当于 30～40 mg 氮），精确至 0.001 g，移入干燥的 100、250 或 500 mL 定氮瓶中，加入 0.4 g 硫酸铜、6 g 硫酸钾及 20 mL 硫酸，轻摇后于瓶口放一小漏斗，将瓶以 45°角斜支于有小孔的石棉网上。小心加热，待内容物全部炭化，泡沫完全停止后，加强火力，并保持瓶内液体微沸，至液体呈蓝绿色并澄清透明后，再继续加热 0.5～1 h。取下放冷，小心加入 20 mL 水，放冷后，移入 100 mL 容量瓶中，并用少量水洗定氮瓶，洗液并入容量瓶中，再加水至刻度，混匀备用。同时做试剂空白实验。

测定：按图 11-1 装好定氮蒸馏装置，向水蒸气发生器内装水至 2/3 处，加入数粒玻璃珠，加甲基红乙醇溶液数滴及数毫升硫酸，以保持水呈酸性，加热煮沸水蒸气发生器内的水并保持沸腾。

向接受瓶内加入 10.0 mL 硼酸溶液及 1～2 滴混合指示剂，并使冷凝管的下端插入液面下，根据试样中氮含量，准确吸取 2.0～10.0 mL 试样处理液由小玻杯注入反应室，以 10 mL 水洗涤小玻杯并使之流入反应室内，随后塞紧棒状玻塞。将 10.0 mL 氢氧化钠溶液倒入小玻杯，提起玻塞使其缓缓流入反应室，立即将玻塞盖紧，并水封。夹紧螺旋夹，开始蒸馏。蒸馏 10 min 后移动蒸馏液接收瓶，液面离开冷凝管下端，再蒸馏 1 min。然后用少量水冲洗冷凝管下端外部，取下蒸馏液接收瓶。尽快以硫酸或盐酸标准滴定溶液滴定至终点，终点颜色为浅灰红色。同时做试剂空白。

4. 结果计算

$$粗蛋白(\%) = \frac{c \times (V_1 - V_2) \times M_氮}{1\,000} \times F \times \frac{100\%}{m} \tag{11-1}$$

式中：c——标准盐酸溶液的浓度，mol/L；V_1——滴定样品时用去标准盐酸溶液的体积，mL；V_2——滴定空白时用去标准盐酸溶液的体积，mL；m——蒸馏时样品的质量，g；$M_氮$——氮的摩尔质量，14.01 g/mol；F——氮换算为蛋白质的系数，常用 6.25 即 16% 的倒数。

5. 注意事项

①此法是蛋白质含量测定最常用的经典方法，也是国内外蛋白质测定的标准方法。由于样品中常含有核酸、生物碱等非蛋白质的含氮化合物，故本法测定的结果为粗蛋白质含量。

②此法的突出缺点是消化时间太长，因消化过程中会产生有毒有害气体，所以必须在通风橱中进行，且所有试剂都有腐蚀性等。

③消化是样品处理的关键。消化时硫酸应过量，防止氨损失，如取样量较大，可按照每克试样 5 mL 的比例添加硫酸用量。消化开始时不要用强火，应保持平缓沸腾，以免黏附在凯氏瓶内壁上的含氮化合物在无浓硫酸存在的条件下未消化完全而造成氮损失，同时消化要充分。对于高脂肪含量(>10%)的样品，硫酸铵常规量加入可能酸量不足，应在后期补加硫酸 5 mL，消化时间也应相应延长；消化过程中若产生大量泡沫，为防止泡沫逸出瓶外，在开始消化时应用小火加热，并不时摇动，或者加入少量辛醇或者液体石蜡或者硅油等消泡剂，同时注意控制热源强度；对于一些含钙盐较多的样品，为避免消化液中出现浑浊难溶的硫酸钙，可选择盐酸与过氧化氢混合液为消化剂。当液体消化液不容易澄清时，可将凯氏烧瓶冷却，加入 2~3 mL 30% 过氧化氢后继续加热消化。

④蒸馏装置不能漏气，同时加碱量要充足，若加碱量不足，氨不能完全蒸出，直接影响分析结果。蒸馏完毕后，应先将接收瓶液面离开冷凝管下端，并放在其下方，冷凝液清洗管口内壁，再蒸 1 min 后关掉热源，否则会造成吸收液倒吸。硼酸吸收液的温度不应超过 40℃，否则对氮的吸收作用减弱而造成损失，此时可置于冷水浴中使用。

⑤不同种类蛋白质含氮量会有差异，要根据样品种类选择适当的 F 值。例如，小麦粉是 5.71，全麦为 5.83，稻米是 5.95，肉、青豆、鸡蛋和玉米是 6.25，牛乳及其制品为 6.38。

11.2.2　双缩脲法

1. 原理

在碱性溶液中，Cu^{2+} 可与肽键中失去质子的氮原子结合成紫红色的络合物，在 560 nm 处有最大吸收，且其颜色深浅与蛋白质含量成正比，与蛋白质的氨基酸组成及相对分子质量无关。据此可用分光光度法测定蛋白质的含量。

2. 试剂

(1)碱性硫酸铜溶液

①以甘油为稳定剂，将 10 mL 10 mol/L 氢氧化钾和 3 mL 甘油加到 937 mL 水中，剧烈搅拌，同时慢慢加入 50 mL 4％硫酸铜溶液。

②以酒石酸钾钠为稳定剂：将 10 mL 10 mol/L 氢氧化钾和 20 mL 25％酒石酸钾钠溶液加到 930 mL 水中，剧烈搅拌，同时慢慢加入 40 mL 4％硫酸铜溶液。

注：配制试剂加入硫酸铜溶液时，必须剧烈搅拌，否则将生成氢氧化铜沉淀。

(2)四氯化碳(CCl_4)

3. 操作步骤

(1)样品制备

以新鲜植物材料(如绿豆芽)为例：直接称取 2 g 放入研钵中，固体样品(如稻米和黄豆)先磨细，取 0.5～2 g 放入研钵中，再加少量蒸馏水(或稀酸、稀碱、醇，视蛋白质溶解性而定)研磨成匀浆，转移到离心管中，再用少量蒸馏水分次洗涤研钵，洗涤液收集于同一离心管中，放置 0.5～1 h 以充分提取，然后以 4 000 r/min 离心 20 min，弃去沉淀，上清液转入 25 mL 容量瓶，并以蒸馏水定容至刻度，即得待测样品提取液。

液体样品直接或稀释后即可测定。

(2)标准曲线的绘制

以采用凯氏定氮法测出蛋白质含量的样品作为标准蛋白样。按蛋白质含量 40、50、60、70、80、90、100 和 110 mg 分别称取混合均匀的标准蛋白样于 8 支 50 mL 比色管中，然后各加入 1 mL 四氯化碳进行脱脂，再用碱性硫酸铜溶液准确稀释至 50 mL，振摇 10 min，静置 1 h，取上层清液离心 5～10 min，取离心分离后的透明液于比色皿中，在 560 mn 波长下以试剂空白为参比测定各标准样品的吸光度 A，以蛋白质的含量为横坐标，吸光度 A 为纵坐标绘制标准曲线。

(3)样品的测定

准确称取样品适量(使蛋白质含量在 40～110 mg)于 50 mL 比色管中，加 1 mL 四氯化碳，按上述步骤显色后，在相同条件下测其吸光度值 A。用测得的 A 值在标准曲线上即可查得蛋白质毫克数，进而由此求得样品中的蛋白质含量。

4. 结果计算

计算公式如式(11-2)所示。

$$蛋白质含量 = \frac{m \times 100\%}{m_1}(mg/100\ g) \tag{11-2}$$

式中：m——由标准曲线上查得的蛋白质质量，mg；m_1——样品质量，g。

5. 注意事项

①此法灵敏度不高，但操作简单快速，常用作粮食作物的例行分析方法；标准曲线制作完整后，无需每次再作标准曲线。

②含 2 个及以上肽键的肽类均可以发生此反应，故测定结果也包含这部分肽类。

③含脂肪高的样品应预先脱脂。

④样品中有不溶性成分存在时，会给比色测定带来困难，此时可预先将蛋白质抽出后再进行测定。

⑤当样品中有脯氨酸与低聚糖共存时，会影响显色效果，使测定值偏低。蛋白质种类不同，对发色程度影响不大。

11.2.3 福林—酚比色法

1. 原理

蛋白质与福林—酚试剂反应，产生蓝色复合物。作用机理主要是蛋白质中的肽与碱性铜盐发生双缩脲反应，同时也由于蛋白质中存在的酪氨酸及色氨酸同磷钼酸-磷钨酸试剂反应产生蓝色，呈色强度与蛋白质含量成正比。

2. 酚试剂的制备

福林—酚试剂甲：使用前将 A 与 B 按照 50：1 体积比混合，现配现用，此试剂只能用一天。

溶液 A：4% Na_2CO_3 溶液和 0.2 mol/L NaOH 溶液（使用前等体积混合）

溶液 B：1% $CuSO_4$ 溶液和 2%酒石酸钾钠溶液（使用前等体积混合）

福林—酚试剂乙：取 $Na_2WO_4 \cdot 2H_2O$ 100 g、$Na_2MoO_4 \cdot 2H_2O$ 25 g 及蒸馏水 700 mL 于 1 500 mL 的圆底烧瓶中，加入 85% H_3PO_4 50 mL、浓 HCl 100 mL。安装好回流冷却装置（使用磨口接头；用软木塞或橡皮塞时，必须用锡箔包起来），小火回流 10～12 h，回流完毕，待冷却后加入 $Li_2SO_4 \cdot H_2O$ 150 g，水 50 mL 及溴水数滴，开口加热煮沸 15 min，以逐出过量的溴。冷却后稀释至 1 000 mL，并过滤入棕色试剂瓶中，密闭于冰箱中保存。用前需标定并稀释。标定方法如下所述。

准确吸取上述试剂 1.0 mL，稀释至 100 mL，从中吸取 10 mL，两份，各置 50 mL 三角瓶中，分别加入数滴酚酞用已标定过的 0.05 mol/L 左右的 NaOH 溶液进行滴定，滴定终点由蓝变灰。滴定后计算出酸浓度，用时稀释至 1 mol/L，此为福林酚试剂乙液。

3. 操作步骤

(1)样品处理及制备

同双缩脲比色法。

(2)标准曲线的绘制

①取 7 只试管编号，分别加 0、0.1、0.2、0.4、0.6、0.8、1.0 mL 标准蛋白质溶液，用水补至 1.0 mL。

②加 5.0 mL 福林—酚试剂甲液，混匀，于 30℃放置 10 min。

③加入 0.5 mL 福林—酚试剂乙液，立即振荡混匀，在 30℃下保温 30 min。

④准确保温 30 min 后，以不加标准蛋白质的管为空白，在 500 nm 波长下比色测定吸光度值。

⑤以蛋白质浓度为横坐标，吸光度值为纵坐标，绘制标准曲线。

(3)样品测定

取 1.0 mL(视蛋白质含量适当稀释)样液加入试管中，然后重复步骤(2)的②、③、

④，以标准曲线中的零号管为空白，测定吸光度值。根据吸光度值查标准曲线，求出比色液中的蛋白质含量。

4. 结果计算

计算公式如式（11-3）所示。

$$蛋白质含量（mg/g 鲜重）= \frac{c \times \dfrac{V}{a}}{W} \tag{11-3}$$

式中：c——查标准曲线得样品测定管中蛋白质含量，mg；V——提取液总量，mL；a——测定时取样液量，mL；W——取样量，g。

5. 注意事项

①福林—酚法广泛应用于水溶性蛋白质含量的测定。福林—酚法的灵敏度比双缩脲法高 100 倍，肽键显色效果增强，减少了因蛋白质种类不同引起的偏差。该法由于两步呈色反应可以叠加，其灵敏度提高，但耗时较长，因此反应显色随时间延长不断加深，因此各项操作必须精确控制时间，标准曲线也不是严格的直线形式，且福林—酚法试剂配制繁琐耗时。

②福林—酚试剂只在酸性条件稳定，故当其加到碱性的铜—蛋白质溶液中时，必须立即混匀，以便在磷钼酸-磷钨酸试剂被破坏前，还原反应即能发生。

③此法专一性较差，酚类和柠檬酸、硫酸铵、Tris 缓冲液、甘氨酸、糖类、甘油、还原剂（二硫代苏糖醇、巯基乙醇）、EDTA 和尿素均会干扰反应，但质量分数或体积分数在 5% 以内时，尿素、硫酸钠、硝酸钠、三氯乙酸、乙醇、乙醚和丙酮对显色无影响，高浓度时必须作校正曲线。

11.2.4 考马斯亮蓝比色法

1. 原理

考马斯亮蓝 G-250 是一种有机染料，在游离状态下呈红色，在稀酸溶液中与蛋白质中的碱性氨基酸（特别是精氨酸）和芳香族氨基酸残基结合后变为蓝色，其最大吸收峰的位置也由 465 nm 变为 595 nm。

蛋白质在 1~1 000 μg 范围，蛋白质—色素结合物在 595 nm 波长下的吸光度与蛋白质含量成正比，故可用于蛋白质的定量测定。

2. 试剂

标准蛋白质溶液：称取 10 mg 牛血清白蛋白，用蒸馏水配成 100 μg/mL 和 1 000 μg/mL 的标准溶液。

考马斯亮蓝 G-250 蛋白试剂：称取 100 mg 考马斯亮蓝 G250，溶于 50 mL 90% 乙醇中，加入 85%（质量浓度）的磷酸 100 mL，用蒸馏水定容到 1 000 mL。此溶液在常温下可放置一个月。

3. 操作步骤

（1）样品处理及制备

同双缩脲比色法。

（2）样品测定

吸取样品稀释液 2 mL，加染料试剂 2 mL，混匀，以介质溶液调零，测定 A_{595nm}，与蛋白质标准溶液对照，求出样品蛋白质含量。

本法在 $0\sim100$ mg/L 蛋白质范围内呈良好线性关系。

11.2.5　燃烧法

1. 原理

试样在 $900\sim1\,200℃$ 高温下燃烧，燃烧过程中可产生混合气体，其中的碳、硫等干扰气体和盐类被吸收管吸收，氮氧化物被全部还原成氮气，形成的氮气气流通过热导检测器（TCD）以进行检测。

2. 仪器和设备

氮/蛋白质分析仪、天平：感量为 0.1 mg。

3. 操作步骤

按照仪器说明书要求称取 $0.1\sim1.0$ g 充分混匀的试样（精确至 0.000 1 g），用锡箔包裹后置于样品盘上。试样进入燃烧反应炉（$900\sim1\,200℃$）后，在高纯氧（$\geqslant99.99\%$）中充分燃烧。燃烧炉中的产物（NO_x）被载气二氧化碳或氦气运送至还原炉（800℃）中，经还原生成氮气后检测其含量。

4. 结果计算

计算公式如式（11-4）所示。

$$X=C\times F \tag{11-4}$$

式中：X——试样中蛋白质的含量，g/100 g；C——试样中氮的含量，g/100 g；F——氮换算为蛋白质的系数。

结果保留三位有效数字。

11.3　氨基酸的分离及测定

11.3.1　茚三酮比色法测定氨基酸总量

1. 原理

在 $pH=4\sim8$ 的条件下，氨基酸与茚三酮一起加热，生成紫蓝色化合物（除脯氨酸以外均有反应），所生成的蓝紫色化合物颜色深浅与氨基酸含量成正比，其最大吸收波长为 570 nm，据此可以测定出样品中氨基酸含量。反应式如下：

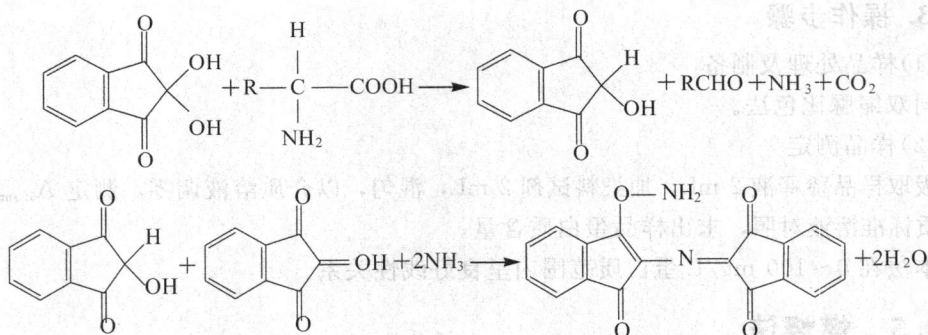

2. 试剂和仪器

可见分光光度计、恒温水浴锅。

pH5.4 的乙酸—乙酸钠缓冲液、5 μg/mL 氨基酸标液、1 mg/mL 抗坏血酸溶液。

2%茚三酮溶液：称量茚三酮 1 g，溶于 35 mL 热水，再加入 40 mg 氯化亚锡（$SnCl_2 \cdot H_2O$）搅拌（作防腐剂），过滤，滤液于冷暗处过夜，加水定容至 50 mL，摇匀备用。

3. 操作步骤

（1）样品前处理及制备

若要测定某一食品蛋白质的总氨基酸含量，常需要先将样品水解，具体操作为：

固体样品：称取适量食品样品如大米、肉、豆制品等（含蛋白质 10～20 mg）放入水解管中，加入 10～15 mL 6 mol/L 盐酸和新鲜苯酚 2～3 滴，充氮保护，110℃水解 24 h，冷却后定容备用。

液体样品：加入等体积浓盐酸再按上述操作进行，对于高脂肪含量的样品，应先脱脂再水解。

测定游离氨基酸总量：准确称取粉碎样品 0.5～1.0 g 或取液体样品 5～10 mL，置于烧杯中，加入 50 mL 蒸馏水和 5 g 左右活性炭，加热煮沸，过滤。用 30～40 mL 热水洗涤活性炭，收集滤液于 100 mL 容量瓶中，加水至标线，摇匀备用。

（2）标准曲线的绘制

分别吸取系列氨基酸标准溶液于 7 个容量瓶中，各加水补充至容积为 1.0 mL，然后加缓冲液和茚三酮各 1.0 mL。加抗坏血酸溶液 0.1 mL，混合均匀，在沸水浴中加热 15 min，取出迅速冷却至室温，定容，摇匀，静置 15 min 后，在 570 nm 波长下，以试剂空白为参比溶液测定其余溶液的吸光值 A，以氨基酸的质量为横坐标、吸光度值 A 为纵坐标，绘制标准曲线。

（3）样品测定

吸取澄清的样品溶液 1～4 mL，按绘制标准曲线的步骤，在相同条件下测定其吸光度 A，再查得对应的氨基酸含量。

4. 结果计算

计算公式如式（11-5）所示。

$$氨基酸含量(mg/100\ g)＝m×100/(m_1×1\ 000) \tag{11-5}$$

式中：m——从标准曲线上查得的氨基酸的质量，μg；m_1——测定得样品溶液相当于样品的质量，g。

5. 注意事项

①茚三酮受阳光、温度、湿度、空气等影响易被氧化呈淡红或深红色，使用前需进行纯化。纯化方法如下：取 10 g 茚三酮溶于 40 mL 热水中，加 1 g 活性炭，摇匀 1 min，静置 30 min，过滤。将滤液放入冰箱中过夜，即出现蓝色结晶，过滤后用 2 mL 冷水洗涤结晶，置干燥皿中干燥，装瓶备用。

②茚三酮与氨基酸反应所生成的紫色复合物在 1 h 内保持稳定，故稀释后应尽快比色。

③空气中的氧干扰显色反应的第一步，以抗坏血酸为还原剂，可提高反应的灵敏度，并使颜色稳定。但由于抗坏血酸也可与茚三酮反应，使溶液颜色过深，故应严格掌握加入抗坏血酸的量。

④脯氨酸与茚三酮也可显色，但其最大吸收波长在 440 nm。

11.3.2　甲醛滴定法测定氨基酸总量

1. 原理

氨基酸含有具有酸性的—COOH 和碱性的—NH₂，它们相互作用，使氨基酸成为中性的内盐，当加入甲醛溶液时，—NH₂ 与甲醛结合，封闭碱性基团，使其可被标准强碱来滴定—COOH，即以间接方法测定氨基酸的量。

2. 试剂

40% 中性甲醛溶液、0.1% 百里酚酞乙醇溶液、0.1% 中性红的 50% 乙醇溶液、0.1 mol/L 氢氧化钠标准溶液。

3. 操作步骤

(1)样品前处理及制备

同茚三酮比色法。

(2)测定

吸取含氨基酸约 20 mg 的样品溶液 2 份，分别置于 250 mL 锥形瓶中，加 50 mL 水，其中 1 份加入 3 滴中性红指示剂，用 0.1 moL/L NaOH 标准溶液滴定至指示剂由红变为琥珀色（pH 7.4）即为终点，记录消耗 NaOH 标准溶液体积 V_1；另 1 份加入 20.0 mL 中性甲醛溶液和 3 滴百里酚酞指示剂，摇匀，静置 1 min，用上述 NaOH 标准溶液滴定至指示剂变为淡蓝色（pH 10.0）即为终点，记录消耗 NaOH 标准溶液体积 V_2。

4. 结果计算

计算公式如式(11-6)所示。

$$氨基酸态氮含量(\%)＝[c×(V_2－V_1)×0.014×100\%]/m \tag{11-6}$$

式中：c——氢氧化钠标液的浓度，mol/L；V_1——中性红为指示剂滴定至终点消耗的

NaOH 标准溶液的体积，mL；V_2——百里酚酞为指示剂滴定至终点消耗的 NaOH 标准溶液的体积，mL；m——测定样品溶液相当于样品的质量，g；0.014——氮的摩尔质量，g/mmol。

5. 注意事项

本法准确快速，可用于各类样品游离氨基酸含量的测定，但脯氨酸和甲醛作用会产生不稳定的化合物，使结果偏低；酪氨酸含有酚羟基，滴定时也会消耗一部分碱，使结果偏高。

11.3.3 氨基酸自动分析仪法

1. 原理

蛋白质在隔绝空气的条件下经盐酸水解成为游离氨基酸，水解后的样液流经氨基酸自动分析仪的离子交换树脂被分离。当用不同 pH 和离子强度的缓冲液洗脱时，因溶液的 pH 和离子强度、分离柱温度以及各种氨基酸本身的性质不同，可使各种氨基酸得以分离，分离后的氨基酸与茚三酮试剂在高温反应器中发生衍生反应，生成可以被分光光度计检测的有色物质。流出液在 570 nm 或 440 nm 处检测，记录各峰的保留时间和峰面积，再与含有已知量氨基酸的标准溶液的保留时间和峰面积比较，即可对未知样品中的氨基酸进行定性定量检测。

2. 试剂和仪器

盐酸（HCl）：浓度≥36%，优级纯。苯酚（C_6H_5OH）。氮气：纯度 99.9%。柠檬酸钠（$Na_3C_6H_5O_7 \cdot 2H_2O$）：优级纯。氢氧化钠（NaOH）：优级纯。

（1）试剂配制

盐酸溶液（6 mol/L）：取 500 mL 盐酸加水稀释至 1 000 mL，混匀。

冷冻剂：市售食盐与冰块按质量 1:3 混合。

氢氧化钠溶液（500 g/L）：称取 50 g 氢氧化钠，溶于 50 mL 水中，冷却至室温后，用水稀释至 100 mL，混匀。

柠檬酸钠缓冲溶液[$c(Na^+)=0.2$ mol/L]：称取 19.6 g 柠檬酸钠加入 500 mL 水溶解，加入 16.5 mL 盐酸，用水稀释至 1 000 mL，混匀，用 6 mol/L 盐酸溶液或 500 g/L 氢氧化钠溶液调节 pH 至 2.2。

不同 pH 和离子强度的洗脱用缓冲溶液：参照仪器说明书配制或购买。

茚三酮溶液：参照仪器说明书配制或购买。

混合氨基酸标准溶液：经国家认证并授予标准物质证书的标准溶液。

16 种单个氨基酸标准品：固体，纯度≥98%。

（2）标准溶液配制

混合氨基酸标准储备液（1 μmol/mL）：分别准确称取单个氨基酸标准品（精确至 0.000 01 g）于同一个 50 mL 烧杯中，用 8.3 mL 6 mol/L 盐酸溶液溶解，精确转移至 250 mL 容量瓶中，用水稀释定容至刻度，混匀（各氨基酸标准品称量质量参考值如表 11-2 所示）。

表 11-2　配制混合氨基酸标准储备液时氨基酸标准品的称量质量参考值及分子量

氨基酸标 准品名称	称量质量 参考值/mg	摩尔质量 /(g/mol)	氨基酸标 准品名称	称量质量 参考值/mg	摩尔质量 /(g/mol)
L-天门冬氨酸	33	133.1	L-蛋氨酸	37	149.2
L-苏氨酸	30	119.1	L-异亮氨酸	33	131.2
L-丝氨酸	26	105.1	L-亮氨酸	33	131.2
L-谷氨酸	37	147.1	L-酪氨酸	45	181.2
L-脯氨酸	29	115.1	L-苯丙氨酸	41	165.2
甘氨酸	19	75.07	L-组氨酸盐酸盐	52	209.7
L-丙氨酸	22	89.06	L-赖氨酸盐酸盐	46	182.7
L-缬氨酸	29	117.2	L-精氨酸盐酸盐	53	210.7

混合氨基酸标准工作液(100 nmol/mL)：准确吸取混合氨基酸标准储备液 1.0 mL 于 10 mL 容量瓶中，加 pH 2.2 柠檬酸钠缓冲溶液定容至刻度，混匀，为标准上机液。

（3）仪器

实验室用组织粉碎机或研磨机、匀浆机，分析天平：感量分别为 0.000 1 g 和 0.000 01 g。

水解管：耐压螺盖玻璃试管或安瓿瓶，体积为 20～30 mL。

真空泵、酒精喷灯。

电热鼓风恒温箱或水解炉。

试管浓缩仪或平行蒸发仪(附带配套 15～25 mL 试管)。

氨基酸分析仪：茚三酮柱后衍生离子交换色谱仪。

3. 操作步骤

（1）试样制备

固体或半固体试样使用组织粉碎机或研磨机粉碎，液体试样用匀浆机打成匀浆密封冷冻保存，分析用时将其解冻后使用。

（2）试样称量

均匀性好的样品，如乳粉等，准确称取一定量试样(精确至 0.0001 g)，使试样中蛋白质含量在 10～20 mg 范围内。对于蛋白质含量未知的样品，可先测定样品中蛋白质含量。将称量好的样品置于水解管中。

很难获得高均匀性的试样，如鲜肉等，为减少误差可适当增大称样量，测定前再做稀释。

对于蛋白质含量低的样品，如蔬菜、水果、饮料和淀粉类食品等，固体或半固体试样称样量不大于 2 g，液体试样称样量不大于 5 g。

（3）试样水解

根据试样的蛋白质含量，在水解管内加 10～15 mL 6 mol/L 盐酸溶液。对于含水量高、蛋白质含量低的试样，如饮料、水果、蔬菜等，可先加入约相同体积的盐酸混匀后，再用 6 mol/L 盐酸溶液补充至大约 10 mL。继续向水解管内加入苯酚 3～4 滴。

将水解管放入冷冻剂中，冷冻 3～5 min，接到真空泵的抽气管上，抽真空（接近 0 Pa），然后充入氮气，重复抽真空—充入氮气 3 次后，在充氮气状态下封口或拧紧螺丝盖。

将已封口的水解管放在 110℃±1℃ 的电热鼓风恒温箱或水解炉内，水解 22 h 后，取出，冷却至室温。

打开水解管，将水解液过滤至 50 mL 容量瓶内，用少量水多次冲洗水解管，水洗液移入同一个 50 mL 容量瓶内，最后用水定容至刻度，振荡混匀。

准确吸取 1.0 mL 滤液移入到 15 mL 或 25 mL 试管内，用试管浓缩仪或平行蒸发仪在 40～50℃ 加热环境下减压干燥，干燥后残留物用 1～2 mL 水溶解，再减压干燥，最后蒸干。用 1.0～2.0 mL pH 2.2 柠檬酸钠缓冲溶液加入到干燥后试管内溶解，振荡混匀后，吸取溶液通过 0.22 μm 滤膜后，转移至仪器进样瓶，为样品测定液，供仪器测定用。

（4）测定

仪器条件

使用混合氨基酸标准工作液注入氨基酸自动分析仪，参照 JJG 1064—2011 氨基酸分析仪检定规程及仪器说明书，适当调整仪器操作程序及参数和洗脱用缓冲溶液试剂配比，确认仪器操作条件。

色谱参考条件

①色谱柱：磺酸型阳离子树脂。

②检测波长：570 nm 和 440 nm。

4. 试样的测定

混合氨基酸标准工作液和样品测定液分别以相同体积注入氨基酸分析仪，以外标法通过峰面积计算样品测定液中氨基酸的浓度。

5. 注意事项

①目前，氨基酸测定采用的方法主要是柱前衍生、柱后衍生、电化学方法等，但以前两种衍生化方法居多。而氨基酸衍生化试剂又有成百上千种，常用的衍生化试剂就不下十种，如茚三酮、邻苯二甲醛、异硫氰酸苯酯、氯甲酸芴甲酯等。各种衍生化试剂均有不足之处，不同的方法结果偏差往往较大。因此，允许不同实验室间氨基酸含量相差 5%～10%，同一个实验室平行测定或连续两次测定允许结果相对偏差绝对值应≤12%。

②茚三酮是氨基酸分析最常用的衍生化试剂，显色反应的灵敏度可达 $2 \times 10^{-10} \sim 5 \times 10^{-10}$ mol/L，衍生物稳定性较好。衍生剂能同时与氨基酸和二级氨基酸（如脯氨酸）反应并同步检测。其缺点是衍生反应条件要求较高，需附设加温衍生装置，仪器造价高并专一性强，其分析时间长，分析成本高，工作效率低，流动相与衍生液同时泵入体系，体系平衡时间长。

③衍生反应受溶液的 pH、温度和反应时间的影响，通常要求在 pH 5～6 的弱酸性条件下进行，反应温度的提高可以大大缩短反应时间，在 100℃水浴加热时，反应时间需 15 min，而在 130℃时，反应仅需 5 s。

④水解过程的严格控制和条件选择至关重要，盐酸纯度、氧气存在、水解温度和时间都会引起较大的实验误差，若盐酸不纯，有些氨基酸如酪氨酸能与盐酸中的氯等生成卤代物从而影响测定结果，加入苯酚可抑制此反应。半胱氨酸和甲硫氨酸在水解过程中易被破坏，可以在酸水解前用过甲酸把半胱氨酸和甲硫氨酸分别氧化成半胱磺酸和甲硫氨酸砜，或用碘代乙酸把半胱氨酸转化为羧甲基半胱氨酸。也可采用 4 mol/L 的甲基磺酸于 110℃条件下水解样品，此时条件温和，色氨酸不被破坏。

⑤此法测定氨基酸时，谷氨酰胺转变为谷氨酸，天冬酰胺转变为天冬氨酸，色氨酸在盐酸水解时被破坏了，故测定结果常常只报出 17 种氨基酸。若需要测定色氨酸含量，应采用碱水解法。

⑥脯氨酸与茚三酮显色，其最大吸收波长在 440 nm。

11.3.4　单一氨基酸的分析

1. 赖氨酸的测定

（1）原理

用铜离子阻碍游离氨基酸的 α 氨基，即铜离子与氨基络合，使赖氨酸的氨基可以自由地与 1-氟-2，4-二硝基苯（FDNB）反应，生成 ε-DNP-赖氨酸。经酸化和用二乙基醚提取，在波长 390 nm 处有吸收峰，吸光度大小与赖氨酸的含量成正比。

（2）试剂和仪器

氯化铜溶液：称取 28.0 g 无水氯化铜，用水稀释至 1 000 mL。

磷酸三钠溶液：称取 68.5 g 无水磷酸钠，用水稀释至 1 000 mL。

硼酸盐缓冲液（pH 9.1～9.2）：称取 54.64 g 硼砂，用水稀释至 1 000 mL。

磷酸铜悬浮液：把 200 mL 氯化铜溶液在搅拌下缓慢倒入 400 mL 的磷酸三钠溶液中，悬浮液以 2 000 r/min 速度离心 5 min，用硼酸盐缓冲液再悬浮沉淀物，洗涤离心 3 次，把最后的沉淀物悬浮在硼酸盐缓冲液中，并用缓冲液稀释至 1 L。

1-氟-2，4-二硝基苯（FDNB）溶液：吸取 FDNB 10 mL 用甲醇稀释 100 mL。

赖氨酸—HCl 标准溶液：称取一定量赖氨酸—HCl，用水配成 200 mg/L 的工作标准液。

100 g/L 丙氨酸溶液。

分光光度计。

（3）操作步骤

称取过 40 目筛的均匀试样 1.00 g，置于 100 mL 烧瓶中。另吸取赖氨酸—HCl 标准工作液 5 mL（相当于 1 mg 赖氨酸—HCl），连同试剂空白同时进行实验。

向各烧杯中加入 25 mL 磷酸铜悬浮液，再加 10%丙氨酸 1.0 mL，振摇 15 min 后吸取 10% FDNB 溶液 0.5 mL。置于各处理烧瓶中，将烧瓶置于沸水中加热 15 min。取出烧瓶，立即加入 1 mol/L HCl 溶液 25 mL，并不断摇动使之酸化和分散均匀。烧瓶中的溶液冷却至室温，用水稀释至 100 mL，取约 40 mL 悬浮液进行离心。

用 25 mL 二乙基醚提取上清液 3 次，弃去醚层。并将溶液收集于刻度试管中，于 65℃水浴中加热 15 min 以除去残留的醚，并记录溶液的体积数。吸取上述各处理液 10 mL，分别与 10 mL 95％乙醇溶液混合，用滤纸过滤。

用试剂空白液调零，测定样液 $A_{390\,nm}$，与赖氨酸—HCl 标准液对照，求出样品中赖氨酸 HCl 的含量。

(4)注意事项

①本法在 0～40 mg/L 赖氨酸溶液范围内呈良好线性关系。

②添加一定量的中性氨基酸如丙氨酸，可增加总氨基酸的浓度，使赖氨酸—HCl 浓度曲线具有良好的线性关系。

③用醚提取酸性溶液，可将所有中性或酸性的 DNP-氨基酸衍生物除去，并将 FDNB 的产物破坏，否则这些产物会在 390 nm 处存在干扰。

2. 色氨酸的测定

(1)原理

样品中的蛋白质经碱水解后会产生游离色氨酸，在酸性条件下，其吲哚基可与对-二氨基苯甲醛(PDAB)生成蓝色的复合物，此复合物在 590 nm 处有最大吸收值，且在一定范围内吸光度与色氨酸含量成正比。

(2)试剂与仪器

色氨酸标准溶液：用 pH 7.0，0.2 mol/L 的磷酸盐缓冲液配制浓度为 100 μg/mL 的色氨酸标准溶液，置棕色瓶中备用。

9 mol/L 硫酸：浓硫酸缓慢倒入等体积水中。

DAB 液：0.85 g 对-二氨基苯甲醛(P−DAB)溶于 25 mL 9 mol/L 硫酸中。

0.045％亚硝酸钠溶液、6.25 mol/L NaOH 溶液。

紫外分光光度计。

(3)操作方法

样品处理：准确称取粉碎、烘干的样品 100 mg(若样品中含有脂肪，应先用乙醚脱脂)于安碚瓶中，加入 6.25 mol/L NaOH 4 mL，火焰封口，于 110℃水解 16～24 h。水解液用 4 mol/L HCl 溶液调节至 pH 6～8 后，用水定容至 50 mL，过滤备用。

标准曲线绘制：取 6 个洁净干燥编号的具塞比色管，分别吸取 0.0、0.2、0.4、0.6、0.8、1.0 mL 色氨酸标准溶液，各加水补充至容积为 1 mL，然后依次加入 DAB 工作液 1.0 mL、9 mol/L 硫酸 5.0 mL 和 0.045％亚硝酸钠溶液 0.1 mL，摇匀后在室温下反应 0.5 h，于 590 nm 处测定各管吸光度值，以色氨酸质量为横坐标，吸光度 A 为纵坐标，绘制标准曲线。

样品测定：取上述样品水解液 1.0 mL 于具塞比色管中，同标准曲线的方法依次加入 DAB 工作液 1.0 mL、9 mol/L 硫酸 5.0 mL 和 0.045％亚硝酸钠溶液 0.1 mL，摇匀后在室温下反应 0.5 h，于 590 nm 处测定吸光度值。根据从标准曲线上查得的样品含色氨酸的微克数计算样品中色氨酸的含量。

（4）注意事项

除碱水解外，样品也可采用酶水解，但酶水解时必须严格控制水解温度和 pH，使酶解充分，否则会影响测定结果。

复习思考题

1. 试述粗蛋白质测定中，样品消化过程中必须注意的事项。
2. 试比较凯氏定氮法与其他几种常用蛋白质测定方法的优缺点。
3. 影响双缩脲法测定总蛋白的因素有哪些？如何消除？
4. 当选择蛋白质测定方法时，哪些因素是必须考虑的？

第 12 章 脂类的测定

12.1 概述

通常所说的"脂类"是一个俗称。在国际标准中，人们通常更倾向于使用"总脂""正己烷或乙醚可提取物"等术语。这是因为不同的萃取技术都会得到不同化学组分的"脂类"，这使得"脂类"的定义变得模糊不清。通常地，作为食品的重要组分，脂类包括一些具有共同性质和相似组成的物质。食品中的脂类主要包括脂肪（甘油三酸酯）和一些类脂质，如脂肪酸、磷脂、糖脂、甾醇、固醇等，大多数动物性食品及某些植物性食品（如种子、果实、果仁）都含有天然脂肪或类脂化合物。各种食品含脂量不相同，其中植物性或动物性油脂中脂肪含量最高，而水果、蔬菜中脂肪含量很低。不同食品的脂肪含量如表 12-1。

表 12-1 不同食品中的脂肪含量

食品	脂肪含量/%
稻米	0.4～3.2
小麦粉	0.5～1.5
黄豆	12.0～20.2
奶油	80～82
牛乳	3.5～4.2
全脂乳粉	26～32
脱脂乳粉	1～1.5
蛋黄	30～30.5
全蛋	11.3～15
肥肉（猪）	90.3
核桃仁	63.9～69
水果、蔬菜（多数）	<1.1

脂肪是食品脂质中最重要的、人类不可缺少的营养素，是食品中热值最高的营养成分，与同样质量的蛋白质和碳水化合物相比，脂肪所含的热量最高，每克脂肪能提供 39.58 kJ 的热能，并提供必需脂肪酸（essential fatty acids），是脂溶性维生素的载体，赋予食品滑润的口感、光润的外观和油炸食品的香酥风味，塑性脂肪还具有造型功能，此外，在烹调中脂肪还是一种传热介质。但人们在膳食中摄入脂肪量过高，尤其是摄入饱和脂肪过多，会导致心血管疾病发病率增高和肥胖者增多，使现代人有些"谈脂色变"，甚至有些人认为脂质摄入越少越好，这是认识上的误区。只有科学合理地摄入脂类，保持膳食平衡，才是健康之本。在营养配餐中对脂肪、蛋白质和碳水化

合物的摄入有一定的比例要求，其中要求将脂肪提供的热量限制在占总热量的 30％ 以下；对于健康成人来说，最理想的膳食脂肪构成是饱和脂肪∶单不饱和脂肪∶多不饱和脂肪为 1∶1∶1；在减肥人群的膳食中，脂肪的摄入量要有所减少，但绝不是越少越好。

检测食品中脂肪含量的高低，对控制不同人群脂肪摄入是必需的；为了实现食品生产过程中的质量管理及选择合适的食品储藏方式，脂肪含量的测定也是必需的。例如，面包中脂肪含量特别是卵磷脂等组分，对于面包的膨松、柔软和结构都有重要影响。高脂食品容易变哈喇是脂肪氧化所导致的。许多加工食品的包装袋上食物成分表中须标示出脂肪、蛋白质、维生素等成分的含量。

12.2 脂类的测定方法

12.2.1 脂质提取溶剂的选择及含脂样品前处理

尽管脂质化合物种类繁多，结构各异，溶解性也有差异，但一般说来，它们不溶于水，易溶于有机溶剂。食品中脂质总量一般采用低沸点的有机溶剂萃取，然后除去溶剂，用称量的方法测定。理想的溶剂对脂质的溶解能力强，能渗透到组织内部提取脂质；不溶解或溶解蛋白质、氨基酸、碳水化合物的能力低；具有低吸湿性，易挥发，无毒，不易燃性，而且价廉。然而很难找到如此理想的溶剂。

脂质提取最常用的溶剂是无水乙醚和石油醚。无水乙醚（沸点为 34.6℃）溶解脂肪的能力强，在许多标准方法中常采用乙醚作溶剂，但乙醚易燃且可饱和 2％ 的水分，含水的乙醚可抽提出糖分等非脂质成分，所以，要求被测样品必须是能烘干、磨细的样品。石油醚是低沸点（沸程为 30～60℃）的石油馏分，主要含戊烷和正己烷，与乙醚相比，其疏水性更强，易燃性、吸湿性较弱，价格更便宜，其溶解脂肪的能力不及乙醚，但允许样品含微量水分，且没有胶溶现象，不会夹带淀粉、蛋白质等胶态物质，萃取物比较接近真实的脂质。因两者各有利弊，在实用中也常常混合使用。这两种溶剂通常只能提取游离脂肪（free fat）。

对于许多复合脂质，如磷脂、糖脂、脂蛋白需先用酸或碱进行前处理，使其水解，破坏脂和非脂成分的结合后，方能提取。对于乳粉中的乳脂，因脂肪球常被酪蛋白膜包裹，所以也需要预先加碱性破坏蛋白膜后，方能用乙醚或石油醚抽提脂肪。氯仿—甲醇是提取脂蛋白、磷脂的有效溶剂，特别适合于水产品、家禽、蛋制品等食品中脂质的提取。不同溶剂混合使用，是利用了相似相溶原理，根据食品中被提取组分的极性，不同溶剂混合后可调节溶剂的极性，使其与被提取物的极性接近，能有效地进行提取。

烘干样品时应注意温度，由于食品中存在一些酶，如脂肪氧合酶，磨细样品时脂肪氧合酶可使脂肪降解，产生游离脂肪酸（free fatty acids，FFAs），故在前处理时应注意抑制其酶的活力。对不易研磨的样品，可加助研磨剂。

12.2.2 索氏提取法

索氏提取法(Soxhlet method)是 GB 5009.6—2016 中规定的测定食品中脂肪含量的第一法，适合于食品中游离态脂肪含量的测定。

1. 原理

将经过前处理的样品用无水乙醚或石油醚回流提取，使样品中的脂肪进入溶剂中，蒸去溶剂后所得到的残留物，即为脂肪(或为粗脂肪)。由于此法乙醚或石油醚提取物中除主要含游离脂肪外，还含有非脂肪的类脂化合物，如磷脂、糖脂、脂溶性色素、蜡质、挥发油等脂溶性物质，故称为粗脂肪。

2. 试剂和仪器

分析天平、索氏抽提器(如图 12-1 所示)、水浴锅、无水乙醚或石油醚(沸程为 30～60℃)。

3. 操作步骤

(1)样品前处理

固体样品：精密称取干燥并磨细的样品 2～5 g (可取测定水分后的样品)，用滤纸包好，脱脂线绳扎紧。

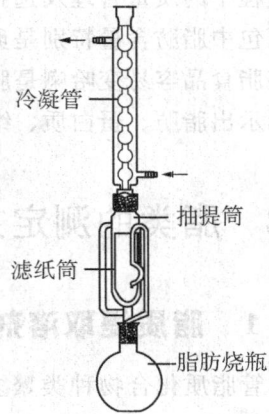

图 12-1 索氏提取器
1. 提取筒；2. 回流管；3. 虹吸管；
4. 烧瓶；5. 冷凝管

半固体或液体样品：称取 5.0～10.0 g 样品于蒸发皿中，加入约 20 g 海砂，于沸水浴上蒸干后，再于 95～105℃烘干、磨细，全部移入已脱脂的滤纸筒内，蒸发皿及黏附有样品的玻璃棒都用蘸有乙醚的小片滤纸擦净，将小片滤纸一同放进滤纸筒内，将滤纸筒包好，用线绳扎紧。对于多糖及糊精含量高的样品，要先以冷水使糖及糊精溶解，经过滤除去，将残渣连同滤纸一起烘干，包好扎紧，再一起放入提取筒内。

(2)提取

将滤纸筒用线绳扎紧放入索氏提取筒内，下接已干燥至恒量的磨口烧瓶，上接冷凝管。从冷凝管上端加入无水乙醚或石油醚，加量不要超过烧瓶体积的 2/3，于水浴中(55～65℃)加热，使溶剂反复回流，浸提脂肪，直至浸提完全为止，浸提时间视样品含油量高低而定。

检查是否浸提完全：可用滤纸检查，由提取筒下口滴下的乙醚，若待乙醚挥发后滤纸上无油迹则表明样品中的脂肪已抽提完全。

(3)脂肪含量的测定

待浸提完全后，取下烧瓶，回收溶剂，待烧瓶内只剩下 1～2 mL 溶剂时，于水浴中蒸干，再于 100～105℃干燥 1 h，取出放于干燥器内冷却 30 min，称量，并重复此操作直至恒量。或将提取筒中的纸包取出，用电吹风(冷风)吹干溶剂至恒量后，准确称量纸包的减量。(注：脱脂线绳、纸或烧瓶事先要恒量。)

4. 结果计算

计算公式如式(12-1)所示。

$$脂肪(\%) = \frac{m_2 - m_1}{W} \times 100 \tag{12-1}$$

式中：m_2——烧瓶和脂肪的质量之和，g；m_1——烧瓶的质量，g；W——样品的质量（为未除水分前的样品质量），g。

5. 注意事项

①此法适用于测定游离脂肪含量较高，能烘干磨细，不易吸湿结块的样品。结合态脂肪不能直接被乙醚、石油醚提取，需要在一定条件下进行水解等处理，使之转变为游离脂肪后方能提取，故该法测得的只是游离态脂肪，此法是经典方法，对大多数样品来说，测定结果比较可靠，但分析周期长，溶剂耗量大。

②实验中要注意安全，因为乙醚易燃且具有麻醉作用，整个实验过程宜在通风橱中进行，切记不可用明火加热，应该用水浴锅等加热。将烧瓶送入烘箱烘干前，必须充分驱除残余的溶剂，以防发生爆炸。此外，抽提用的溶剂不仅要求无水，还要求无过氧化物，因为过氧化物不仅会导致脂肪氧化，在烘干时也可引起爆炸。

③装样品的滤纸筒一定要扎紧，在提取过程中样品不能外泄，否则须重做实验；但也不要包得太紧影响溶剂渗透。放入滤纸筒时高度不要超过虹吸管顶端，否则高于虹吸管顶端处的样品不被溶剂浸提，会带来误差。

④提取时水浴温度不可过高，以回流 6～12 次/h 为宜。

⑤反复加热会因脂类氧化而增重。当质量增加时，以增重前的质量为准。此外，可加入适量抗氧化剂，抑制脂质氧化。

12.2.3　酸性乙醚提取法

酸性乙醚提取法是 GB 5009.6—2016 中规定的测定食品中脂肪含量的第二法，适合于食品中游离态脂肪及结合态脂肪总量的测定。

1. 原理

结合态脂肪或包裹在细胞组织内部的脂肪，不能被乙醚直接萃取出来，需加入盐酸溶液加热，使脂肪发生水解，或用酸破坏细胞壁，使脂肪游离出来，加入乙醇使蛋白质沉淀，从而降低表面张力，促进脂肪球聚集，再用乙醚和石油醚混合醚提取脂肪，收集醚层，挥干并回收溶剂，干燥后称量，提取物的质量即为脂肪含量。

2. 试剂和仪器

50 mL 试管、具塞量筒、95% 乙醇、盐酸、乙醚(不含过氧化物)、石油醚(沸程 30～60℃)。

3. 操作步骤

(1)样品的前处理

固体样品：准确称取约 2.0 g 样品，置于 50 mL 试管中，加入 8 mL 蒸馏水，混匀后再加入 10 mL 盐酸。

液体样品：称取 10.0 g 样品，置于 50 mL 试管中，加入 10 mL 盐酸。

（2）水解

将试管置于 70～80℃ 水浴中，不时用玻璃棒搅拌，直至样品脂肪水解完全，或游离出来为止，需 40～50 min。测定的固体样品须充分磨细，液体样品需充分混合均匀，以便水解完全，使结合脂肪完全游离出来；否则测定结果会偏低，同时用有机溶剂提取时也易发生乳化现象，影响测定结果的准确性。

（3）抽提

水解完后，取出试管，加 10 mL 95％ 的乙醇混匀，冷却后将混合物移入 100 mL 具塞量筒中，用 25 mL 乙醚分次洗试管，合并后倒入量筒中，加塞振摇 1 min，小心开塞放出气体，再塞好，静置 12 min，小心开塞，用 1∶1（体积比）石油醚－乙醚混合液冲洗瓶塞及量筒口附着的脂肪。静置 10～20 min，待上部乙醚层澄清后，吸出醚层于已恒量的锥形瓶内，再加 5 mL 乙醚于具塞量筒内，振摇，静置后，仍将上层乙醚吸出，并入锥形瓶内。

（4）脂肪含量的测定

将锥形瓶于水浴上蒸干后，置 100～105℃ 烘箱中干燥 2 h，取出放入干燥器内冷却 30 min 后称量，并重复以上操作至恒量。

（5）计算如式（12-2）所示。

$$脂肪(\%)=\frac{m_2-m_1}{W}\times100 \tag{12-2}$$

式中：m_2——锥形瓶和脂类的质量之和，g；m_1——空锥形瓶的质量，g；W——试样的质量，g。

4. 注意事项

①此法适用于固体、半固体、黏稠液体或液体等各类食品样品的测定。容易吸湿、结块不易烘干的食品，不能采用索氏提取法时，可用此法测定。

②此法不适合高糖样品的测定，因为糖类遇强酸易炭化而影响测定结果。

③此法不适合磷脂含量高的样品中脂质的测定，如鱼类、贝类和蛋品等。因为在盐酸溶液中加热时，磷脂会发生水解，生成脂肪酸和胆碱等，后者不能被乙醚抽提，故测定结果会偏低。

④水解后加入乙醇的作用是使样品中的蛋白质沉淀，降低表面张力，促进脂肪球聚合，同时溶解一些碳水化合物、有机酸等。

⑤加入石油醚的作用是调节极性，降低乙醇在醚中的溶解度，使乙醇与水组成一相，乙醇溶解物留在水层，并使水相、醚相分层清晰。

⑥挥干溶剂后，残留物中若有黑色焦油状杂质，是分解物与水一同混入所致，会使测定值增大，造成误差，可用等量的乙醚及石油醚溶解后过滤，再次进行挥干溶剂的操作。

12.2.4 碱性乙醚提取法

碱性乙醚提取法又称罗兹－哥特里法，是 GB 5009.6—2016 中规定的测定食品中脂肪含量的第三法，适用于乳及乳制品、婴幼儿配方食品中脂肪的测定。

1. 原理

乳中脂肪球因被一层酪蛋白膜包裹住，不能直接用乙醚提取，需利用氨—乙醇溶液破坏酪蛋白膜和乳浊液，使非脂成分溶解于氨—乙醇溶液中，使脂肪游离出来，再用乙醚—石油混合醚萃取出脂肪，蒸馏去除溶剂后，残留物即为乳脂肪。

2. 试剂和仪器

25％氨水、95％乙醇、乙醚（不含过氧化物）、石油醚（沸程 30～60℃）、分析天平、100 mL 抽脂瓶（如图 12-2 所示）。

图 12-2　抽脂瓶

3. 操作步骤

吸取牛乳样 10.00 mL 或称取乳粉样品约 1 g，用 10 mL 60℃水溶解并无损转移至抽脂瓶中，加入 1.5 mL 氨水（若样品呈酸性，则加入 2 mL 氨水），充分混匀。置于 60℃水浴中加热 5 min，再振摇 1.5 min，加入 10 mL 95％的乙醇，摇匀，于冷水中冷却后，加入 25 mL 乙醚，振摇 1.5 min，必要时冷却，再加入 25 mL 石油醚，再振摇 1.5 min，静置 30 min。待上层液澄清时，读取醚层体积。放出一定体积醚层于一已恒量的烧瓶中，蒸馏回收乙醚和石油醚，挥干残余醚后，放入 100～105℃烘箱中干燥 1.5 h，取出后放入干燥器内，冷却至室温后称量。重复操作直至恒量。

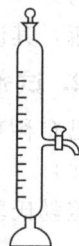

4. 结果计算

计算公式如式（12-3）所示。

$$脂肪含量（\%）=\frac{m_2-m_2\times100}{W\times\left(\dfrac{V_1}{V}\right)} \qquad (12-3)$$

式中：m_2——烧瓶和脂肪质量，g；m_1——烧瓶质量，g；W——样品质量，g 或毫升数×相对密度；V——读取醚层总体积，mL；V_1——放出醚层体积，mL。

5. 注意事项

①本法适用于测定各种液状乳、各种炼乳、乳粉、奶油及冰激凌等能在碱性溶液中溶解的乳制品，也适用于豆乳或加水呈乳状的食品。本法为国际标准化组织、联合国粮农组织/世界卫生组织等采用，为乳及乳制品脂类定量的国际标准方法。

②乳类脂肪虽属游离脂肪，但因脂肪球被乳中酪蛋白膜包裹，故无法直接被乙醚、石油醚提取，需预先用氨水处理破坏蛋白膜和乳浊液体系，使脂、水分层，才可进行提取。

③若无抽脂瓶时，可用容积为 100 mL 的具塞量筒代替，待分层后读数，用移液管吸出一定量醚层。

④加入石油醚的作用是降低乙醚极性，使乙醚与水不混溶，只抽提出脂肪，并可使分层清晰。

⑤已结块的乳粉，用本法测定脂肪，其结果往往偏低。

12.2.5 巴布科克法和盖勃法

1. 原理

此法是测定乳脂的容量法。用浓硫酸溶解乳中的乳糖和蛋白质等非脂成分，并将牛乳中的酪蛋白钙盐转变成可溶性的重硫酸酪蛋白，可使脂肪球膜被破坏，脂肪游离出来，再加热、加水离心，使脂肪与水迅速分层，在 60℃ 左右的温度下，此时脂肪的密度约为 0.9 g/mL，此法测定的是脂肪层的体积，根据脂肪的密度和样品取量设计的乳脂瓶，其读数即为乳中脂肪的质量分数。

2. 试剂和仪器

巴布科克氏乳脂瓶（颈部刻度有 0.0～10.0%：用于测牛乳、0.0～50.0%：用于测稀奶油）。

盖勃氏乳脂计、乳脂离心机或盖勃氏离心机、巴氏标准移乳管、盖氏标准移乳管。

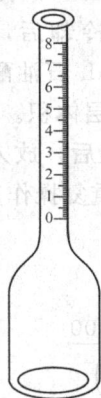

图 12-3　巴布科克氏乳脂瓶　　　图 12-4　盖勃氏乳脂计

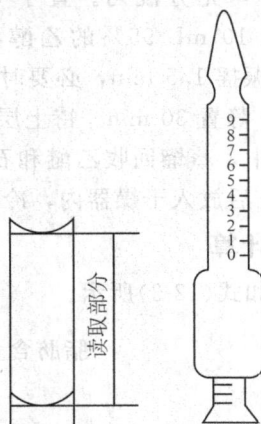

硫酸：相对密度 1.816±0.003(20℃)，相当于 90%～91% 硫酸。

异戊醇：相对密度 0.811±0.002(20℃)，沸程 128～132℃。

3. 操作步骤

(1)巴布科克法

用标准移乳管精密吸取 17.6 mL 样品，倒入巴布科克氏乳脂瓶中，再取 17.5 mL 硫酸，沿瓶颈缓缓注入瓶中，将瓶颈回旋，使液体充分混合，至无凝块并呈均匀棕色。置乳脂离心机上，以约 1 000 r/min 的速度离心 5 min，取出，加入 80℃ 以上的水至瓶颈基部，再置离心机中离心 2 min，取出后再加入 80℃ 以上的水至脂肪浮到 2 或 3 刻度处，再置离心机中离心 1 min，取出后将其置于 55～60℃ 水中，5 min 后立即读取脂肪层最高与最低点所占的格数，即为样品含脂肪的百分数。

巴布科克法中采用 17.6 mL 标准吸管取样，实际上注入巴氏瓶中的样品只有 17.5 mL，牛乳的相对密度为 1.03，故样品重量为 17.5×1.03＝18 g。巴氏瓶颈的刻度(0～10%)共 10 个大格，每大格容积为 0.2 mL，在 60℃ 左右，脂肪的平均相对密度为 0.9，故当整个刻度部分充满脂肪时，其脂肪重量 $0.2 \times 10 \times 0.9 = 1.8$ g。18 g 样品中含有 1.8 g 脂肪，即瓶颈全部刻度表示为脂肪含量 10%，每一大格代表 1% 的脂肪。故瓶颈刻度读数即为样品中脂肪百分含量。

（2）盖勃法

在乳脂计中先加入 10 mL 硫酸（颈口勿沾湿硫酸），再沿管壁小心地加入混匀的牛乳 11 mL，使样品和硫酸先不要混合，待加入 1 mL 异戊醇后，塞上橡皮塞，用布把瓶口包裹住（以防振摇时酸液冲出溅蚀衣服），使瓶口向外向下，用力振摇使凝块完全溶解，呈均匀棕色液体，静置数分钟后，瓶口向下，置于 65～70℃ 水浴中 5 min，取出擦干，通过调节橡皮塞来使脂肪进入乳脂计的刻度内。放入离心机中，以 800～1 000 r/min 的转速离心 5 min，取出乳脂计，再置于 55～65℃ 水浴中（注意水浴水面应高于乳脂计脂肪层），5 min 后取出立即读数，脂肪层上、下刻度数字之差，即为乳中脂肪的质量分数。

盖勃法所用移乳管为 11 mL，实际注入的样品为 10.9 mL，样品的质量约为 11.25 g，乳脂计刻度部分（8 个大格）的容积为 1 mL，当充满脂肪时，脂肪的质量为 0.9 g，11.25 g 样品中含有 0.9 g 脂肪，故全部刻度表示为脂肪含量 $(0.9/11.25) \times 100\% = 8\%$。而 1 个大格的脂肪，表明其含量为 1%，所以，可直接从其刻度上读出脂肪的含量。

4. 注意事项

①这两种方法都是测定乳脂的标准方法，适用鲜乳及乳制品脂的测定，但不能测定乳品中磷脂的含量。巴布科克法不适合于测定含巧克力或加了糖的乳品（如甜炼乳、加糖乳粉等），因为强酸会使糖炭化，结果误差较大；盖勃法中加入了异戊醇，可抑制炭化的发生。这两种方法操作简便、迅速。对大多数样品来说测定精度可满足要求，但不如碱性乙醚提取法（重量法）准确。

②巴布科克法的准确度稍高于盖勃法，而盖勃法比巴布科克法更简便、更快速、适用性更广。

③硫酸的浓度对于测定准确与否至关重要，如过浓会使乳炭化成黑色溶液而影响读数，过稀则不能使酪蛋白完全溶解，会使测定值偏低或使脂肪层浑浊。硫酸还有一个作用是可增加水层的相对密度，使脂肪容易浮出。

④盖勃法中所用异戊醇的作用除可抑制样品炭化外，还可降低脂肪球的表面张力，促使脂肪析出，防止乳化。1 mL 异戊醇应能完全溶于酸中，但由于质量不纯，可能有部分会析出进入到油层中，使结果偏高。因此，在使用未知规格的异戊醇之前，应先做实验。其方法如下：将硫酸、水（代替牛乳）及异戊醇按测定样品时的数量注入乳脂计中，振摇后静置 24 h 澄清，如在乳脂计中的上部狭长部分无油层析出，则表明适用，否则说明异戊醇质量不佳，不能采用。

⑤加热（55～65℃ 水浴中）和离心的目的是使脂肪离析，同时要注意在读数时保持脂肪的温度处于 60℃ 左右，此时脂肪的相对密度约为 0.9，这是确保刻度读数为乳脂质量分数的基础。

12.2.6　氯仿—甲醇提取法

1. 原理

富含磷脂、脂蛋白的食品样品宜用氯仿—甲醇混合溶剂提取，单用氯仿不能有效地提取极性脂质，如磷脂，加入极性有机溶剂甲醇有助于提取极性脂质。氯仿、甲醇、水三者比例很重要，维持合适的比例，可使所有脂类分相后都存于氯仿相中，所有非脂类则进入甲醇水相。该法不仅能提取游离脂肪，对结合脂的提取也十分有效。待溶液分为两相后，收集氯仿相，用无水硫酸钠脱水，蒸馏除去氯仿后，用重量法测得脂质的量。

2. 试剂和仪器

碘量瓶、具塞离心管、离心机、砂芯坩埚（1 号、4 号）、氯仿、甲醇、氯化镁。

3. 操作步骤

准确称取已粉碎的样品约 5 g，置于碘量瓶内。

第一步：加入 5 mL 氯仿，10 mL 甲醇，0.05 mL 20％的氯化镁溶液，充分振摇 2 min 均质。

第二步：再加入 5 mL 氯仿，振摇 2 min 后加入适量水，使水的总体积为 9 mL，继续振摇 0.5 min，用 1 号砂芯坩埚过滤，滤液收集于离心管中。

第三步：用 7.5 mL 氯仿分 3 次洗涤砂芯坩埚上的残留物，将具塞离心管置于离心机中，以 1 500 r/min 的转速离心 5 min。

第四步：收集氯仿相于另一碘量瓶内，加入 1～2 g 无水硫酸钠，加塞后猛烈振摇，以脱去氯仿中的水分，用 4 号砂芯坩埚过滤，滤液收集于已恒量的干燥小三角瓶中，用 7.5 mL 氯仿分 3 次洗涤砂芯坩埚上的残留物。

第五步：将小三角瓶置于 67℃的水浴中挥干溶剂后，放入 100℃烘箱中烘 5 min，取出后放入干燥器内冷却 30 min 后，称量。

4. 结果计算

计算公式如式(12-4)所示。

$$脂肪（\%）=\frac{m_2-m_2}{W}\times100 \tag{12-4}$$

式中：m_2——小三角瓶和脂类的质量之和，g；m_1——小三角瓶的质量，g；W——试样的质量，g。

5. 注意事项

①本法适合于结合态脂类，特别是磷脂含量高的样品，如鱼、贝类、肉、禽、蛋及其制品，大豆及其制品（发酵大豆类制品除外）等。对这类样品，用索氏提取法测定时，脂蛋白、磷脂等结合态脂类不能完全提取出来；用酸水解法测定时，又会使磷脂分解而损失。该法也可用于香肠、火腿、乳酪等食品中脂类的测定。

②水和氯化镁的作用有助于分相。

③氯仿、甲醇均有毒，实验时要注意安全防护。

12.3　油脂中的脂肪酸组成检测方法

脂肪酸是油脂分子的重要基本组成单位。油脂分子是由一个甘油分子支架和连接在其支架上的 3 个分子的脂肪酸组成的,其中甘油的分子结构比较简单,而脂肪酸的种类与组成却是千变万化的。这也赋予了油脂各不相同的营养、理化与加工特性。对于油脂科学与工业以及食品工业来讲,对脂肪酸组分的监控具有重要意义,主要体现在以下三方面。

第一,对市售产品中"脂肪酸强化因子含量"进行监控。现在市售有多种食品或者功能性食品都添加了脂肪酸强化因子。多种婴幼儿食品中(如乳粉、饮料等)添加了营养因子 DHA(二十二碳六烯酸)和 AA(花生四烯酸);针对老年人的心血管系统健康的功能性食品有多种,如深海鱼油(DHA、EPA 等多不饱和脂肪酸)等;还有针对青少年增强大脑记忆力等功能的营养强化剂,如脑灵通等;还有一些含有 GLA(共轭亚油酸)的营养强化产品等。

第二,在结构脂研发过程中,对脂肪酸的组成与分布进行监测,可衡量结构脂的质量或者模拟程度。比如,在天然的可可脂中,甘油三酯组分中有 70% 以上为油酸的甘油三酯(如 POS、SOS、POP,P 为棕榈酸、S 为硬脂酸、O 为油酸)。在人乳脂肪中,棕榈酸为主要的饱和脂肪酸,且主要分布在脂分子的 2 位,而不饱和脂肪酸主要分布在脂分子的 1 位和 3 位。因此,在结构脂的制备过程中,分析脂肪酸的组成与分布就非常重要。

第三,可用于不同油脂产品的真假判别,以确保食用油脂的安全。对于不同的油脂产品,它们具有不同的特征性的脂肪酸组成。比如,在大豆油中,亚油酸(C18:2)含量在 48%~53%,而在茶籽油中,油酸(C18:1)的含量可达到 76% 以上。如果有不同的油脂产品混合在一起,其脂肪酸组成会发生变化。

下面根据 GB 5009.168—2016 中第一法介绍气相色谱法(内标法)测定食品中脂肪酸的组成。

1. 原理

水解—提取法:加入内标物的试样经水解—乙醚溶液提取其中的脂肪后,在碱性条件下皂化和甲酯化,生成脂肪酸甲酯,经毛细管柱气相色谱分析,以内标法定量测定脂肪酸甲酯含量。依据各种脂肪酸甲酯含量和转换系数计算出总脂肪、饱和脂肪(酸)、单不饱和脂肪(酸)、多不饱和脂肪(酸)含量。动植物油脂试样不经脂肪提取,加入内标物后可直接进行皂化和脂肪酸甲酯化。

2. 试样的制备

在采样和制备过程中,应避免试样污染。固体或半固体试样使用组织粉碎机或研磨机粉碎,液体试样用匀浆机打成匀浆,于 −18℃ 以下冷冻保存,分析用时将其解冻后使用。

3. 试样前处理

(1)水解—提取法

试样的称取：称取均匀试样 0.1~10 g(精确至 0.1 mg，含脂肪 100~200 mg)移入到 250 mL 平底烧瓶中，准确加入 2.0 mL 十一碳酸甘油三酯内标溶液。加入约 100 mg 焦性没食子酸，加入几粒沸石，再加入 2 mL 95%乙醇和 4 mL 水，混匀。根据试样的类别选取相应的水解方法，乳制品采用碱水解法；乳酪采用酸碱水解法；植物油脂直接进行步骤(4)；其余食品采用酸水解法。

(2)试样的水解

酸水解法：往食品(除乳制品和乳酪)中加入盐酸溶液 10 mL，混匀。将烧瓶放入 70~80℃水浴中水解 40 min。每隔 10 min 振荡一下烧瓶，使黏附在烧瓶壁上的颗粒物混入溶液中。水解完成后，取出烧瓶冷却至室温。

碱水解法：往乳制品(乳粉及液态乳等试样)中加入氨水 5 mL，混匀。将烧瓶放入 70~80℃水浴中水解 20 min。每 5 min 振荡一下烧瓶，使黏附在烧瓶壁上的颗粒物混入溶液中。水解完成后，取出烧瓶冷却至室温。

酸碱水解法：往乳酪中加入氨水 5 mL，混匀。将烧瓶放入 70~80℃水浴中水解 20 min。每隔 10 min 振荡一下烧瓶，使黏附在烧瓶壁上的颗粒物混入溶液中。接着加入 10 mL 盐酸，继续水解 20 min，每 10 min 振荡一下烧瓶，使黏附在烧瓶壁上的颗粒物混入溶液中。水解完成后，取出烧瓶冷却至室温。

(3)脂肪提取

水解后的试样，加入 10 mL 95%乙醇，混匀。将烧瓶中的水解液转移到分液漏斗中，用 50 mL 乙醚—石油醚混合液冲洗烧瓶和塞子，冲洗液并入分液漏斗中，加盖。振摇 5 min，静置 10 min。将醚层提取液收集到 250 mL 烧瓶中。按照以上步骤重复提取水解液 3 次，最后用乙醚—石油醚混合液冲洗分液漏斗，并收集到 250 mL 烧瓶中。旋转蒸发仪浓缩至干，残留物为脂肪提取物。

(4)脂肪的皂化和脂肪酸的甲酯化

在脂肪提取物中加入 2%氢氧化钠—甲醇溶液 8 mL，连接回流冷凝器，80℃±1℃ 水浴上回流，直至油滴消失。从回流冷凝器上端加入 7 mL 15%三氟化硼甲醇溶液，在 80℃±1℃水浴中继续回流 2 min。用少量水冲洗回流冷凝器。停止加热，从水浴上取下烧瓶，迅速冷却至室温。准确加入 10~30 mL 正庚烷，振摇 2 min，再加入饱和氯化钠水溶液，静置分层。吸取上层正庚烷提取溶液大约 5 mL，至 25 mL 试管中，加入 3~5 g 无水硫酸钠，振摇 1 min，静置 5 min，吸取上层溶液到进样瓶中待测定。

4. 气相色谱检测

色谱参考条件：取单个脂肪酸甲酯标准溶液和脂肪酸甲酯混合标准溶液分别注入气相色谱仪中，对色谱峰进行定性。脂肪酸甲酯混合标准溶液气相色谱图如图 12-5 所示。

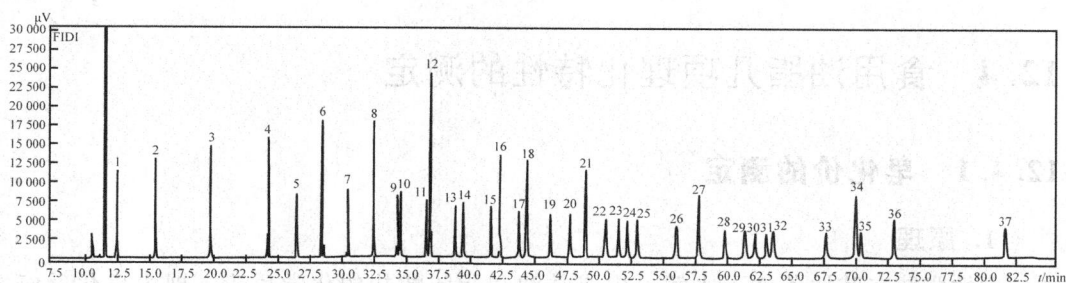

注：图中1～37分别对应以下：1.C4:0,2.C6:0,3.C8:0,4.C10:0,5.C11:0,6.C12:0,7.C13:0,8.C14:0,9.C14:1,10.C15:1,12.C16:0,13.C16:1,14.C17:0,15.C17:1,16.C18:0,17.C18:1n9t,18.C18:1n9c,19.C18:2n6t,20.C18:2n6c,21.C20:0,22.C18:3n6,23.C20:1,24.C18:3n3,25.C21:0,26.C20:2,27.C22:0,28.C20:3n6,29.C22:1n9,30.C20:3n3,31.C20:4n6,32.C23:0,33.C22:2,34.C24:0,35.C20:5,36.C24:1,37.C22:6n3。

图 12-5　37 种脂肪酸甲酯标准溶液参考色谱图

毛细管色谱柱：二氰丙基硅氧烷强极性固定相，长 100 m，内径 0.25 mm，厚 0.2 μm；

进样器温度：70℃；

检测器温度：80℃；

程序升温：初始温度 100℃，持续 13 min；100～180℃，升温速率 10℃/min，保持 6 min；180～200℃，升温速率 1℃/min，保持 20 min；200～230℃，升温速率 4℃/min，保持 10.5 min；

载气：氮气；

分流比：100∶1；

进样体积：1.0 μL；

检测条件应满足理论塔板数（n）至少 2 000/m，分离度（R）至少 1.25。

5. 结果

试样中单个脂肪酸甲酯含量按式(12-5)计算：

$$X_i = F_i \times \frac{A_i}{A_{c11}} \times \frac{\rho_{c11} \times V_{c11} \times 1.0067}{m} \times 100\% \tag{12-5}$$

式中：X_i——试样中脂肪酸甲酯 i 含量，g/100 g；F_i——脂肪酸甲酯 i 的响应因子；A_i——试样中脂肪酸甲酯 i 的峰面积；A_{c11}——试样中加入的内标物十一碳酸甲酯峰面积；ρ_{c11}——十一碳酸甘油三酯浓度，mg/mL；V_{c11}——试样中加入十一碳酸甘油三酯体积，mL；1.0067——十一碳酸甘油三酯转化成十一碳酸甲酯的转换系数；m——试样的质量，mg；100——将含量转换为每 100 g 试样中含量的系数。

12.4　食用油脂几项理化特性的测定

12.4.1　皂化价的测定

1. 原理

中性脂肪在碱性条件下水解，生成甘油和脂肪酸盐的化学反应，即为皂化反应。1 g 油脂完全皂化时所需的氢氧化钾毫克数，即为皂化价（saponify value，SV）。在过量的氢氧化钾乙醇溶液中加入油脂试样，加热可使脂肪完全皂化，用盐酸标准溶液返滴定多余的氢氧化钾，以酚酞为指示剂；在同样条件下进行空白实验，即可测得 SV。皂化价的大小与油脂的平均相对分子质量成反比。一般油脂的皂化价在 200 左右，皂化价高的油脂熔点较低，易消化。

2. 试剂与仪器

分析天平、空气冷凝器、烧杯、布氏漏斗、滴定管、250～300 mL 烧瓶、水浴锅或电热板、漏斗。

0.7 mol/L 氢氧化钾乙醇溶液：将 40 g 氢氧化钾溶于 1 L 乙醇溶液中，该溶液在15.5℃以下保存（准确浓度需标定）。

0.5 mol/L 盐酸标准溶液（准确浓度需标定）、1%酚酞指示剂（用 95%乙醇配制）。

3. 操作步骤

准确称取 5 g 熔化的脂或油，置于 250～300 mL 烧瓶中，从滴定管中准确加入 0.7 mol/L 氢氧化钾乙醇溶液 50 mL，并放入几粒小玻璃珠，连接冷凝器。在水浴锅内（或电热板上）加热，使之微沸直至样液澄清呈均相，表明样品皂化完全（需 30～60 min），待样液稍冷却，用少量去离子水洗冷凝器的内壁，取下烧瓶，待样液冷至室温后，加入 1 mL 酚酞溶液，用 0.5 mol/L 的盐酸溶液滴定至浅粉色即为终点，记录体积 V_1；同样条件下进行空白实验，记录体积 V_0。按式（12-6）计算 SV。

4. 结果计算

计算公式如式（12-6）所示。

$$SV = (V_0 - V_1) \times c_{HCl} \times 56.1/W \qquad (12\text{-}6)$$

式中：V_0——滴定空白溶液的体积，mL；V_1——滴定试样溶液的体积，mL；c_{HCl}——盐酸溶液的浓度，mol/L；W——试样质量，g；56.1——KOH 的摩尔质量，g/mol。

5. 注意事项

①氢氧化钾乙醇溶液不仅能溶解油脂，还能防止生成的脂肪酸盐发生如下反应：

$$RCOOK + H_2O \xrightarrow{\quad\quad} RCOOH + KOH$$

②过量的碱用盐酸中和，不能用硫酸中和，因为反应生成的硫酸钾不溶于乙醇，易生成沉淀，影响结果的观察。

12.4.2　碘值的测定

1. 原理

碘值(iodine value，IV)是指与 100 g 油脂发生加成反应所消耗碘的克数。该值的测定利用了脂肪酸的双键的加成反应，不饱和度越高，IV 值越高，故 IV 反映了脂肪的不饱和度。常采用氯化碘进行加成反应，剩余的氯化碘在 KI 存在下，析出 I_2，再用 $Na_2S_2O_3$ 标准溶液滴定，同样条件下进行空白实验，即可测得碘值。

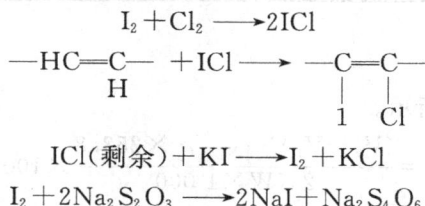

$$I_2 + Cl_2 \longrightarrow 2ICl$$

$$—HC\!=\!C— + ICl \longrightarrow —\overset{|}{\underset{|}{C}}\!=\!\overset{|}{\underset{Cl}{C}}—$$

$$ICl(剩余) + KI \longrightarrow I_2 + KCl$$

$$I_2 + 2Na_2S_2O_3 \longrightarrow 2NaI + Na_2S_4O_6$$

同样条件下测定空白值，从而计算试样加成的氯化钾(以碘计)的量，求出碘价。

2. 试剂和仪器

分析天平、滴定管、碘量瓶、棕色具塞试剂瓶。

10 g/100 mL 的 KI 溶液：10 g KI 加到 100 mL 蒸馏水中，储存于具塞棕色瓶中。

0.1 mol/L $Na_2S_2O_3$ 溶液：称 25 g $Na_2S_2O_3$ 溶于 1 L 蒸馏水中，微沸 5 min，稍冷，转移至储备瓶中，置于阴凉、暗处。标定方法：准确称取 0.20～0.23 g 的 $K_2Cr_2O_7$(在 100℃下烘 2 h)，放入容量瓶中。将 2 g 碘化钾溶于 80 mL 重蒸水中，将该溶液加入到 $K_2Cr_2O_7$ 溶液中，以涡流状加入 20 mL 1 mol/L HCl 溶液中，迅速加盖，避光放置 10 min。取一定量的该溶液，用 $Na_2S_2O_3$ 溶液滴定至浅黄色，再加入 1 mL 淀粉指示剂，滴定至蓝色褪去，即为终点。

0.5%淀粉指示剂：称取 0.5 g 可溶性淀粉(分析纯)，加蒸馏水 5 mL 搅匀后，缓慢倒入 100 mL 沸水中，边倒边搅拌，煮沸，制成稀薄的半透明液。临用时配制。

韦氏碘液：称 10 g 氯化碘溶解于 700 mL 冰醋酸和 300 mL CCl_4 溶液中。先用 0.1mol/L 的 $Na_2S_2O_3$ 标液标定此溶液的浓度(25 mL 韦氏溶液应该消耗 3.4～3.7 mmol $S_2O_3^{2-}$)，滴定体积记作 V_1；然后加入足量的碘到此溶液中，使滴定 25 mL 的此溶液消耗的 $Na_2S_2O_3$ 标液体积 $V_2 = 1.5V_1$，或 V_2/V_1 略超过 1.5，将此韦氏碘液储存于棕色瓶中，在 30℃以下避光保存。

3. 操作步骤

准确称取一定量油样(表 12-2、表 12-3)，置于干燥的 500 mL 碘量瓶中加入 10 mL 氯仿溶解油样，准确加入 25.00 mL 韦氏碘液(碘的量必须超过脂肪所需量的 50%～60%)，加塞摇匀，避光放置 30 min，期间不时振摇。然后加入 10 g/100 mL 的 KI 溶液 20 mL，充分振摇，加入 100 mL 新蒸重蒸水，并洗净瓶塞，在不断摇动下，用 0.1 mol/L $Na_2S_2O_3$ 溶液滴定未被油样吸收的碘，当滴定至黄色接近消失时，加入 1 mL 淀粉指示剂，继续滴定至蓝色完全消失即为终点；另取一干燥的 500 mL 碘量瓶，做空白实验。

表 12-2　一般常见食用油的正常碘值范围

食用油	花生油	芝麻油	大豆油	菜籽油	棉籽油	茶籽油	核桃油
碘值	83~106	103~177	120~137	94~110	105~120	84~94	140~152

表 12-3　碘值与称样量

碘值范围	<5	5~20	21~50	51~100	101~150	151~200
称样量/g	83~106	103~177	120~137	94~110	105~120	84~94

4. 结果计算

计算公式如式(12-7)所示。

$$IV = \frac{(V_0 - V_1) \times c_{Na_2S_2O_3} \times 253.8}{2 \times W \times 1\,000} \times 100\% \tag{12-7}$$

式中：V_0——滴定空白溶液的体积，mL；V_1——滴定试样溶液的体积，mL；$c_{Na_2S_2O_3}$——$Na_2S_2O_3$ 溶液的浓度，mol/L；253.8——I_2 的摩尔质量，g/mol；W——试样质量，g。

5. 注意事项

①在油脂的氢化加工中，常需测定 IV。

②I_2 可与双键直接发生加成反应，但反应速率很慢，故需用 ICl 代替 I_2。

③测定 IV 可以了解脂肪酸的组成是否正常，有无掺杂等，如在豆油中掺有米糠油时，SV 变化不明显，但 IV 明显降低。

④光线和水分对韦氏碘液影响很大，故要求所用仪器必须干燥、清洁。

⑤平行测定允许误差：IV<100 的不应超过 0.6，IV>100 的不应超过 1.0。

12.4.3　酸价的测定

1. 原理

酸价(acid value，AV)是指中和 1 g 油脂中游离酸所需的氢氧化钾的毫克数。将油脂样溶解在中性乙醇中，利用酸碱中和反应进行测定。该指标可衡量油脂中游离脂肪酸(free fatty acids，FFAs)的含量，也反映了油的品质的好坏。新鲜油脂酸价低，我国食品卫生标准规定，食用植物油的酸价不得超过 5。

2. 试剂和仪器

分析天平、碱式滴定管、试剂瓶、烧瓶。

1% 酚酞指示剂：称 1 g 酚酞溶解在 95% 的乙醇中，转入容量瓶中，用蒸馏水定容。

0.1 mol/L KOH 标准溶液(或 NaOH 标液)：用标准酸溶液标定。

95% 乙醇：用碱中和至酚酞呈粉红色。

3. 操作步骤

准确称取 5 g 熔化的脂或油，置于 250~300 mL 烧瓶中，加入 100 mL 中和过的乙醇溶液及 2 mL 酚酞指示剂，摇匀。用 0.1 mol/L KOH 标准溶液滴定，滴定至浅粉色 30 s 不褪色即为终点，记录滴定体积。正式滴定前，先做预实验。表 12-4 是 AOAC 法 (1988 年)推荐的酸价范围、称样量、加入乙醇量及碱的浓度之间的关系。

表 12-4　酸价范围、称样量、加入乙醇量及碱的浓度之间的关系

游离脂肪酸/%	称样量/g	加入乙醇量/mL	KOH 溶液浓度/(mol/L)
0.01～0.2	56.4±0.2	50	0.1
0.2～1.0	28.2±0.2	50	0.1
1.0～30	7.05±0.05	75	0.25

4. 结果计算

计算公式如式(12-8)所示。

$$AV(\text{mg KOH/g 油}) = \frac{c \times V \times 56.1}{W} \tag{12-8}$$

式中：c——KOH 溶液的浓度，mol/L；V——滴定时消耗 KOH 溶液的体积，mL；56.1——KOH 的摩尔质量，g/mol；W——被滴定油脂的质量，g。

5. 注意事项

对酸价有贡献的不只是游离脂肪酸，还可能有氨基酸、磷酸等。游离脂肪酸的质量分数与酸价之间有一换算关系。游离脂肪酸若以月桂酸或棕榈酸计，则换算系数分别为 2.81 和 2.91。

$$FFAS(\text{以油酸计})\% \times 1.99 = AV \tag{12-9}$$

12.4.4　过氧化值的测定(碘量法)

1. 原理

过氧化值(peroxidation value，POV)是指 1 kg 油脂中所含氢过氧化物(ROOH)的毫摩尔数。POV 值常用碘量法测定：

$$ROOH + 2KI \longrightarrow ROH + I_2 + K_2O$$

生成的碘再用 $Na_2S_2O_3$ 溶液滴定，以淀粉为指示剂，即可定量测定氢过氧化物的含量。

$$I_2 + 2Na_2S_2O_3 \longrightarrow 2NaI + Na_2S_4O_6$$

2. 试剂和仪器

分析天平、滴定管、试剂瓶、烧瓶。

乙酸—氯仿溶液：将乙酸、氯仿按 3：2(体积比)混合。

1%淀粉指示剂：称 1 g 淀粉溶解在 100 mL 95%的乙醇中。

饱和 KI 溶液：将 KI 溶解在新蒸蒸馏水中，保持有固体 KI 存在，储存于棕色瓶中，置于暗处。实验前加入 0.5 mL 乙酸—氯仿溶液，再加入 2 滴 1%淀粉溶液，如果溶液变蓝，需要多于 1 滴的 0.1 mol/L 的 $Na_2S_2O_3$ 溶液，使蓝色褪去，制得新鲜的 KI 溶液。

0.2 mol/L 的 $Na_2S_2O_3$ 标准溶液(AOAC 法，942.27)：称 50 g $Na_2S_2O_3$ 溶于 1 L

蒸馏水中，微沸 5 min，转移至储备瓶中，置于暗处、阴凉处。标定方法：准确称取 0.20~0.23 g 的 $K_2Cr_2O_7$（在 100℃下烘 2 h），放入容量瓶中。将 2 g 碘化钾溶于 80 mL 无氯的水中，将该溶液加入 $K_2Cr_2O_7$ 溶液中，旋流加入 1 mol/L HCl 溶液 20 mL，迅速加盖，避光放置 10 min。取一定量的该溶液，用 $Na_2S_2O_3$ 溶液滴定至黄色接近褪去，再加入淀粉指示剂，滴定至蓝色褪去，即为终点。

3. 操作步骤

准确称取 5.000 g 熔化的脂或油，置于 250~300 mL 具塞瓶中，旋流加入 30 mL 乙酸—氯仿溶液，至油脂溶解。加入 0.5 mL 饱和 KI 溶液，不时振摇 1 min，加入 30 mL 蒸馏水。用 $Na_2S_2O_3$ 溶液慢慢滴至黄色接近褪去，再加入 0.5 mL 1% 淀粉指示剂，振摇使全部碘转入水相，滴定至蓝色褪去，即为终点，记录滴定体积为 V。在相同条件下进行空白实验，记录滴定体积为 V。

4. 结果计算

计算公式如式（12-9）所示。

$$POV = \frac{(V_1 - V_0) \times c_{Na_2S_2O_3}}{2W} \times 1\,000 \, (\text{mmol/kg 油}) \qquad (12-9)$$

式中：V_0——滴定空白溶液的体积，mL；V——滴定试样溶液的体积，mL；$c_{Na_2S_2O_3}$——$Na_2S_2O_3$ 溶液的浓度，mol/L；W——试样质量，g。

5. 注意事项

①氢过氧化物是油脂氧化的主要初级产物，在油脂氧化初期，POV 值随氧化程度加深而增高，而当油脂深度氧化时，氢过氧化物的分解速度超过了氢过氧化物的生成速度，这时 POV 值会有所降低，所以 POV 值是衡量油脂氧化初期的氧化程度的指标。

②该方法的缺点是需要 5 g 的油脂量，这对于低脂食品的测定是困难的。

③高质量的新去氧化的油脂的 POV 值可达 0，而当 POV 值达 20 时，说明该油脂的质量已很差了。对于豆油而言，POV 为 1~5、5~10、>10 分别表示低、中、高氧化水平。

12.4.5 硫代巴比妥酸实验

1. 原理

硫代巴比妥酸（thiobarbituric acid，TBA）实验测定的是油脂二次氧化产物——丙二醛（malondialdehyde，MDA），故该指标可衡量油脂氧化程度。MDA 及其他醛类均可与 TBA 发生显色反应，用分光光度法在 530 nm 波长处可测定丙二醛显色物的吸光度值。因该反应不是专一性地只与 MDA 反应，故通常将显色物称为硫代巴比妥酸反应物（thiobarbituric acid reactive substances，TBARS）。食品样品可直接与 TBA 反应；但常用的方法是先蒸馏除去干扰物，再用蒸馏物与 TBA 反应。

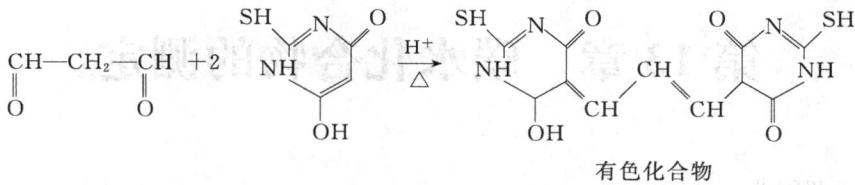

有色化合物

2. 操作步骤

称取一定质量的试样，加入水混合，将 pH 调至 1.2，转入蒸馏瓶中，加入少量 BHA（抗氧化剂）、消泡剂和小玻璃珠后，迅速蒸馏，收集最初的 50 mL 蒸馏液。然后加入 TBA 试剂于沸水浴上加热 35 min，在 530 nm 波长处测定吸光度值。绘制标准曲线，查出丙二醛的含量，实验结果以 MDA（mg/kg 食品样品）含量表示。

3. 注意事项

①丙二醛与 TBA 生成的有色物在 530 nm 处有最大吸收，其他醛类生成的有色物最大吸收在 450 nm 处。

②该法比 POV 法灵敏，但 MDA 不稳定，易与其他化合物反应，如可与蛋白质反应。

③虽然该法不具专一性，但仍不失为一种常用的测定脂质氧化的方法，常用于衡量肉制品的氧化程度。

④此法不宜评价不同体系的氧化情况。

复习思考题

1. 能用索氏提取法测定乳粉中的脂肪含量吗？为什么？
2. 磷脂含量高的样品其脂质含量的测定宜选用什么方法？
3. 比较碱性乙醚提取法、盖勃氏法测定乳制品中脂肪含量的优缺点。
4. 为什么气相色谱法测定脂肪酸需要先衍生化？
5. 食用油脂的理化指标都有哪些？

第 13 章　碳水化合物的测定

13.1　概述

13.1.1　碳水化合物定义

　　碳水化合物也叫糖，是食品中的重要营养成分之一。这类化合物由碳、氢、氧三种元素组成。最初发现其分子式可用 $C_n(H_2O)_m$ 通式表示，因此而得名。后来发现有些糖类化合物的分子式并不符合这一通式，如鼠李糖($C_6H_{12}O_5$)；还有些化合物分子式虽符合上述通式，但性质和分子结构却与糖类完全不同，如甲醛(CH_2O)和乙酸($C_2H_4O_2$)。因此，"碳水化合物"这一名称并不确切，但因沿用已久，至今仍在使用。从分子结构上说，糖类化合物是多羟基的醛、酮以及多羟基醛、酮的缩合物及衍生物。

13.1.2　碳水化合物的分类与功能

　　1998 年，联合国粮农组织(FAO)和世卫组织(WHO)专家根据碳水化合物的聚合度将其分为糖、寡糖和多糖。糖包括单糖、双糖和糖醇。单糖不能够再水解，是碳水化合物最基本的结构单位。因都含有手性碳原子，故单糖都具有旋光性。自然界中最主要的单糖是戊糖和己糖，如核糖、阿拉伯糖，葡萄糖和果糖等。葡萄糖是自然界中分布最广泛的单糖、果糖是甜度最高的糖。此外，木糖、甘露糖和半乳糖都属于单糖。自然界中广泛存在的二糖有蔗糖、乳糖和麦芽糖，其中乳糖和麦芽糖为还原性二糖，蔗糖为非还原性二糖。糖醇是多元醇，单糖的醛基或酮基被还原成醇基后形成糖醇，糖醇虽然不是糖，但却具有糖的某些性质。目前开发的有山梨糖醇、甘露糖醇、赤藓糖醇、麦芽糖醇、乳糖醇、木糖醇等。寡糖又叫低聚糖，是由 3～10 个单糖单位通过糖苷键连接而成的，有异麦芽低聚糖、低聚果糖、低聚半乳糖、低聚木糖、棉子糖和水苏糖等。含 10 个以上单糖单位的聚合糖为多糖。自然界中的碳水化合物 90% 以上都以多糖形式存在。多糖大多不溶于水，没有甜味，无还原性和变旋现象。根据组成多糖的单糖单位是否相同，可将多糖分为同多糖和杂多糖。最常见的同多糖有淀粉和纤维素。杂多糖有半纤维素等。

　　碳水化合物在体内相关消化酶的催化作用下转化为单糖后，能够为人体提供必需元素及能量，人体所需能量的 70% 是通过摄取碳水化合物获得的，糖是能量代谢的载体。不能被消化吸收的膳食纤维一度被认为对人体无用。随着研究的深入，人们发现膳食纤维在保持人体健康方面发挥重要作用，例如能够促进消化道运动，治疗便秘，降血糖、血脂预防心脑血管疾病，控制体重等。

13.1.3　碳水化合物在食品中的分布

　　碳水化合物是自然界中分布最广泛的有机化合物。普遍存在于植物、动物以及微生物中，含量和种类各异。谷类食品中碳水化合物含量较高占 50％～80％，乳制品、水果、蔬菜和肉类中碳水化合物占 5％～20％。葡萄糖和果糖在自然条件下主要存在于蜂蜜、水果和蔬菜中，含量一般在 0.96％～6.53％。高果糖浆是一种广泛应用于饮料、糖果等甜食制造的甜味剂，以玉米淀粉为原料，首先将淀粉水解为葡萄糖，随后葡萄糖在异构酶作用下转化为果糖，其主要成分为葡萄糖和果糖，果糖含量大于 42％。蔗糖在水果和蔬菜中普遍存在，也可作为添加剂添加至各种食品中，是植物光合作用的产物之一，在细胞质中合成。甘蔗和甜菜中蔗糖的含量较高。白砂糖是烹调中常用的调味剂，其中蔗糖含量高于 99％。乳糖则主要存在于哺乳动物的乳汁中，牛乳中乳糖含量在 4.6％～4.8％。寡糖在自然界中含量较少，棉籽糖、水苏糖主要存在于豆类食品中。淀粉是日常饮食中最常见的碳水化合物，植物的种子、根和块茎中含量较高，例如小麦、大米、玉米等我们日常食用的主食以及薯类作物均含有大量淀粉。纤维素是植物细胞壁的重要组分，在果蔬的表皮及谷物的麸皮中含量较高。

13.1.4　碳水化合物在食品工业上的应用

碳水化合物不仅为人体提供必需的膳食能量，而且由于其独特的结构和性质，在食品工业中经常被用作添加剂以改善食品的色泽、风味、质构。糖经常被作为甜味剂用于一些糖果和甜食的制造和加工。糖还可以增加渗透压，抑制微生物的生长，从而延长食品的保质期。一些小分子糖类，还具有吸附易挥发性物质分子的能力，能够减少风味物质的损失，维持食品风味的稳定。淀粉也具有类似的功能。有些糖类还能够抑制食品中的不良风味。糖还能够参与美拉德和焦糖化反应，产生风味物质和呈色物质。此外，糖还可作为增稠剂、稳定剂和填充剂，还能够提高食品持水能力，降低食品冰点，抑制蛋白质变性。

13.1.5　碳水化合物的测定方法

由于糖的重要生理功能和其在食品工业上的重要作用，在食品生产、食品检验和科学研究中对碳水化合物进行定性、定量测定是十分必要的。

随着技术的发展和研究的深入，糖水化合物的测定方法也越来越多。主要有以下几种。

1. 物理法

物理法主要包括相对密度法、折光法和旋光法。这些方法主要用于测定特定的样品，如糖溶液、糖品中的蔗糖，谷物中的淀粉，待测样品应为液体。

2. 化学法

与其他方法相比，化学法是使用最广泛的分析方法。化学法包括碱性酒铜盐法、铁氰化钾法、二硝基水杨酸法、苯酚硫酸法、蒽酮法等。其中，碱性酒铜盐法、铁氰化钾法为化学滴定法；二硝基水杨酸法、苯酚硫酸法、蒽酮法为比色法。化学法多用于测定糖类物质的总和，不能确定糖的种类和其中某一种糖的含量。

3. 色谱法

随着技术的发展，色谱法越来越多地应用于碳水化合物的分析检测中，从纸色谱、薄层色谱法到气相色谱法、液相色谱等，均可对混合糖进行分离、定性和定量测定。

此外，还有酶法、质谱法、毛细管电泳法等。本章主要介绍可溶性糖及一些常见多糖的测定方法。

13.2 可溶性糖类的测定

可溶性糖主要指游离的单糖、二糖和低聚糖，包括食品中常见的葡萄糖、果糖、蔗糖、乳糖、麦芽糖等。这些糖类中有还原性糖、非还原性糖，有醛糖和酮糖。结构性质不同测定方法也有所不同，下面对可溶性糖的常用测定方法进行介绍。

13.2.1 样品前处理

食品原料和产品组分复杂，含量不均，有些组分对可溶性糖的测定产生干扰，尤其在用光谱法进行分析时，干扰因素更多。因此，在测定之前首先需要对样品中的可溶性糖进行提取，排除干扰物，才能保证测定结果的准确可靠。

1. 可溶性糖的提取

水是提取可溶性糖的良好溶剂。需要注意的是，用水作提取溶剂时温度一般控制在 40~50℃，这样既能使可溶性糖被充分提取，又能排除淀粉和糊精等物质被大量提出。在提取过程中一些水溶性的蛋白质、色素、有机酸以及果胶和少量的淀粉也会存在于提取液中，后续还需将这些干扰物去除再进行测定。对于淀粉含量高的食品，可采用乙醇溶液进行提取，如谷类、薯类和豆类等。用 70%~80% 的乙醇作溶剂，可溶性糖能够溶于其中，而果胶、淀粉和蛋白质不溶，同时还能避免糖被酶水解。对于脂肪含量高的食品，应先进行脱脂处理；酸性较强的食品，例如一些 pH 较低的水果，在提取过程中可加入适量碳酸钙调节 pH，防止蔗糖水解。

2. 干扰物的去除

可溶性糖的提取液中，除了含有单糖、双糖和低聚糖等被测组分外，还含有色素、蛋白、果胶及淀粉等干扰物，无论采用何种分析方法进行测定，都需要首先将这些干扰物去除。可以加入澄清剂，也可以通过离子交换技术去除。

澄清剂应满足以下条件：能够将干扰物质完全去除，不能改变溶液中可溶性糖的含量及理化性质，不能干扰可溶性糖的分析测定。常用的澄清剂有以下几种。

(1)中性醋酸铅

这是一种常用的澄清剂，铅离子能与多种物质形成沉淀，可去除蛋白质、有机酸、丹宁、果胶等杂质。但其脱色能力差，一般只用于浅色糖溶液的处理。测定前，应将溶液中多余的铅离子去除，否则在测定过程中加热样液，铅离子会和糖形成铅糖化合物使检测结果偏低。可向处理好的糖溶液中加入草酸钠、草酸钾、硫酸钠等去除多余的铅离子。

(2)乙酸锌和亚铁氰化钾溶液

亚铁氰化钾和乙酸锌共同作用生成氰亚铁酸锌沉淀，可以吸附溶液中的干扰物，尤其对蛋白质的去除作用较强，但脱色能力较差，适用于浅色、蛋白质含量高的溶液处理，例如乳品和豆制品。若采用高锰酸钾法测定还原糖含量，则不能使用该澄清剂对样品进行处理。

(3)硫酸铜和氢氧化钠溶液

铜离子在碱性条件下可使蛋白质沉淀，该方法适用于蛋白含量较高的样品的处理，如乳制品。使用时将硫酸铜溶液(34.639 g $CuSO_4 \cdot 5H_2O$ 溶于 500 mL 水中)和氢氧化钠溶液(1 mol/L)以体积比 $5:2$ 混合，加入待处理样液中。采用直接滴定法测定还原糖含量不能使用该澄清剂。

除以上三种澄清剂以外，碱性醋酸铅、氢氧化铝溶液和活性炭也可用于糖提取液的澄清处理。各种澄清剂的优缺点不同，要结合样品性质和测定方法选择合适的澄清剂。

除了加入澄清剂以外，还可采用离子交换树脂去除杂质。将糖溶液通过阴阳离子交换树脂和含有非极性固定相的层析柱可去除大部分带电荷的杂质和非极性杂质。溶液中的蛋白质、氨基酸、有机酸、矿质元素和疏水的有机物都能被去除。

13.2.2　还原糖的测定

还原糖含有游离醛基或酮基，碱性条件下能够与斐林试剂和托伦试剂发生氧化还原反应。所有的单糖和具有半缩醛羟基的二糖和寡糖都是还原糖，食品中常见的还原糖有葡萄糖、果糖、乳糖和麦芽糖等。蔗糖由于两个单糖的异头碳脱水形成糖苷键，在溶液中不能开环形成游离的醛基，因此无还原性。

下面对一些常用的测定还原糖的方法进行介绍。

1. 碱性铜盐法

碱性铜盐法是利用还原糖与碱性酒石酸铜溶液在加热条件下发生氧化还原反应，而对还原糖进行定量的。各种方法的测定步骤有所不同。下面分别进行介绍。

(1)直接滴定法

原理：将碱性酒石酸铜甲液与乙液等量混合后，生成氢氧化铜，氢氧化铜立即与酒石酸钾钠反应可生成深蓝色酒石酸钾钠铜络合物，该络合物与还原糖在加热条件下可发生氧化还原反应，还原糖被氧化为糖醛酸，二价铜离子被还原生成砖红色的氧化亚铜沉淀。以亚甲基蓝(其氧化型为蓝色，还原型无色)作为反应终点指示剂，用还原糖待测液滴定标定过的碱性酒石酸铜溶液，在反应终点时，二价铜被全部还原，过量的还原糖可将亚甲基蓝还原，溶液由蓝色变为无色。反应式如下：

$$CuSO_4 + 2NaOH \longrightarrow Cu(OH)_2 + Na_2SO_4$$

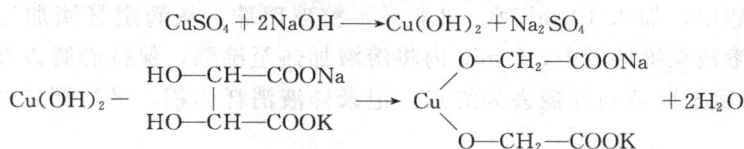

221

$$CHO\ (CH_2OH)_4\ +\ 6\ \begin{matrix}COOK\\ |\\ CHOH\\ |\\ Cu\\ |\\ CHO\\ |\\ COONa\end{matrix}\ +\ 6H_2O\ \longrightarrow\ \begin{matrix}COOH\\ |\\ (CHOH)_3\\ |\\ CH_2OH\end{matrix}\ +\ 6\ \begin{matrix}COOK\\ |\\ CHOH\\ |\\ CHOH\\ |\\ COONa\end{matrix}\ +\ 3Cu_2O\downarrow\ +\ H_2CO_3$$

$$(H_3C)_2\overset{+}{N}\text{—}[\ ]\text{—}S\text{—}[\ ]\text{—}N(CH_3)_2\ \underset{\text{氧化}}{\overset{\text{还原}}{\rightleftharpoons}}\ (H_3C)_2N\text{—}[\ ]\text{—}S\text{—}[\ ]\text{—}N(CH_3)_2$$

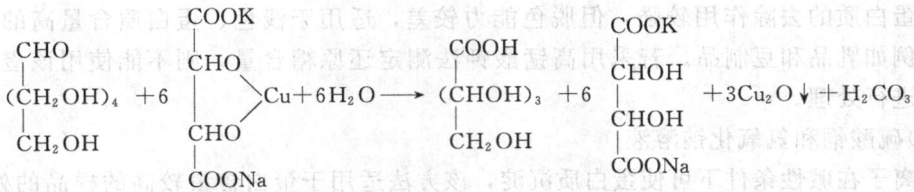

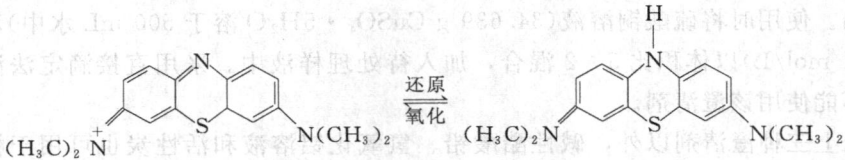

主要试剂如下。

碱性酒石酸铜甲液：称取 15 g 硫酸铜（$CuSO_4 \cdot 5H_2O$）与 0.05 g 亚甲基蓝，溶于水中，并稀释至 1 000 mL。

碱性酒石酸铜乙液：称取 50 g 酒石酸钾钠和 75 g 氢氧化钠，溶于适量水中，随后加入 4 g 亚铁氰化钾，待完全溶解后，用水定容至 1 000 mL，储存于橡胶塞玻璃瓶中。

乙酸锌溶液：称取 21.9 g 乙酸锌，加 3 mL 冰乙酸，随后加水溶解并定容至 100 mL。

亚铁氰化钾溶液：称取 10.6 g 亚铁氰化钾，加水溶解并定容至 100 mL。

0.1% 葡萄糖标准液：准确称取 1 g 葡萄糖，置于烘箱中，以 98～100℃ 干燥 2 h，加水溶解后加入 5 mL 盐酸溶液，用水定容至 1 000 mL。溶液中葡萄糖浓度为 1.0 mg/mL。

测定步骤如下。

①样品前处理：不同性质样品的前处理方法略有不同，按照前面介绍的原则进行样品中的可溶性糖进行提取和澄清。将提取液转移至 250 mL 容量瓶中，加入澄清剂后用水定容至刻度，静置 30 min，随后将溶液用滤纸过滤，弃初滤液，收集续滤液。

②碱性酒石酸铜溶液的标定：吸取碱性酒石酸铜甲液和乙液各 5.0 mL，置于 150 mL 锥形瓶中，加入 10 mL 水，2 粒～4 粒玻璃珠，从滴定管中加葡萄糖标准溶液约 9 mL，2 min 内将溶液加热至沸腾，保持沸腾以每 2 秒 1 滴的速度继续滴定，至溶液蓝色刚好褪去为终点，记录消耗葡萄糖标溶液的总体积，平行测定 3 次，取平均值按式(13-1)计算每 10 mL 碱性酒石酸铜溶液相当于葡萄糖的质量(mg)。

③试样溶液预测：按上述碱性酒石酸铜溶液的标定方法进行。测定 1 次，并记录消耗试样溶液的体积。

④试样溶液测定：吸取碱性酒石酸铜甲液和碱性酒石酸铜乙液各 5.0 mL，置于 150 mL 锥形瓶中，加入 10 mL 水，2 粒～4 粒玻璃珠，从滴定管滴加比预测体积少 1 mL 的试样溶液至锥形瓶中，2 min 内将溶液加热至沸腾，保持沸腾以 2 秒 1 滴的速度继续滴定，直至蓝色刚好褪去为终点，记录样液消耗体积，平行测定 3 次，计算平均消耗体积。

结果计算：如式(13-1)、式(13-2)所示。

$$m_1 = c \times V \tag{13-1}$$

式中：m_1——10 mL 碱性酒石酸铜相当于葡萄糖的质量，mg；c——葡萄糖标准溶液的浓度，mg/mL；V——标定碱性酒石酸铜溶液消耗的葡萄糖标准液体积的平均值，mL。

$$X=\frac{m_1}{m\times F\times\frac{V}{250}\times 1\,000}\times100\%\qquad(13\text{-}2)$$

式中：X——试样中还原糖的含量，g/100 g；m_1——10 mL 碱性酒石酸铜相当于葡萄糖的质量，mg；m——试样质量，g；F——系数，对于含淀粉的样品为 0.8，其他样品为 1；V——试样溶液测定时消耗体积的平均值，mL；

250——定容体积，mL。

注意事项：

①本方法是国家标准 GB 5009.7—2016 中测定食品中还原糖的第一法。该法试剂消耗少，操作简便，准确度高，适用于大多数食品中还原糖的测定。颜色较深的食品则不适合使用该法分析。

②碱性酒石酸铜甲液和乙液应分开储存，现用现混合。否则酒石酸钾钠铜长期处于碱性条件下会逐渐分解析出氧化亚铜，降低溶液的有效浓度。

③试样溶液要进行预测，这样可以了解试样中还原糖的浓度，便于及时调整（该法要求样液中还原糖浓度为 0.1% 左右），若试样浓度过高，应适当稀释，使滴定消耗的体积接近 10 mL；还可以确定正式测定时提前加入的试样体积。

④整个滴定过程应处于沸腾状态，一方面可以促进还原糖与 Cu^{2+} 反应，另一方面防止指示剂与氧气反应生成蓝色的氧化型，可使滴定终点延迟。此外，氧化亚铜也易被空气中的氧气所氧化，增加耗糖量，造成测定误差。保持反应液沸腾能防止空气进入。滴定时不能随意摇动锥形瓶，以防空气进入反应溶液。

⑤测定过程中应保持热源强度、滴定速度、锥形瓶规格等实验条件一致，并使溶液在 2 min 内沸腾，以提高测定的精密度。平行测定体积相差不超过 0.1 mL。测定前应先向碱性酒石酸铜溶液中加入比预测体积少 1 mL 的样液，以便使续滴定在 1 min 内完成，从而提高测定的准确度。

⑥氧化亚铜是砖红色沉淀，会干扰检测检测终点，在碱性酒石酸铜乙液中加入亚铁氰化钾能够排除氧化亚铜的干扰。

⑦该方法不适宜用硫酸铜和氢氧化钠溶液对样品溶液进行澄清处理。

⑧测定时，葡萄糖、果糖、乳糖、麦芽糖等还原糖均可与碱性酒石酸铜反应，因此，测定结果反应的是样品中还原糖的整体情况，只是以葡萄糖的含量来表示结果。如若用其他还原糖来表示测定结果，就可用这种还原糖配制的标准溶液对将碱性酒石酸铜溶液进行标定。

（2）高锰酸钾滴定法

原理：将还原糖与过量的碱性酒石酸铜溶液加热进行反应，Cu^{2+} 被还原糖还原生成 Cu_2O 沉淀，收集 Cu_2O 沉淀，并向其中加入过量的酸性硫酸铁溶液，Cu_2O 与 Fe^{3+} 发生氧化还原反应，而 Fe^{3+} 被定量还原为 Fe^{2+}；再用高锰酸钾标准溶液定量滴定 Fe^{2+}，根据高锰酸钾溶液的消耗量计算 Cu_2O 的量，从《相当于氧化铜质量的葡萄糖、果糖、乳糖、转化糖质量表》附表 2 中查出与氧化亚铜量相当的还原糖量，即可计算出样品中还原糖的含量。主要反应式如下：

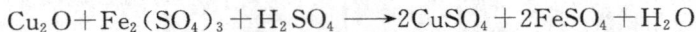

$$Cu_2O + Fe_2(SO_4)_3 + H_2SO_4 \longrightarrow 2CuSO_4 + 2FeSO_4 + H_2O$$

$$10FeSO_4 + 2KMnO_4 + 8H_2SO_4 \longrightarrow 5Fe_2(SO_4)_3 + 2MnSO_4 + K_2SO_4 + 8H_2O$$

主要试剂如下：

碱性酒石酸铜甲液：称取 34.639 g 硫酸铜（$CuSO_4 \cdot 5H_2O$），加水溶解，随后加入 0.5 mL 硫酸，再用水稀释至 500 mL，溶液用精制石棉过滤。

碱性酒石酸铜乙液：称取 173 g 酒石酸钾钠与 50 g 氢氧化钠，用水溶解，并稀释至 500 mL，溶液用精制石棉过滤，存于橡胶塞玻璃瓶内。

硫酸铁溶液（50 g/L）：称取 50 g 硫酸铁，加 200 mL 水进行溶解，随后缓慢加入 100 mL 硫酸，冷却后用水稀释至 1 000 mL。

测定步骤如下：

①样品前处理：按照本章中介绍的原则进行样品中的可溶性糖进行提取和澄清。将提取液转移至 250 mL 容量瓶中，加入澄清剂后用水定容至刻度，静置 30 min，随后将溶液用滤纸过滤，弃初滤液，收集续滤液。

②配制标定高锰酸钾标准溶液[$c(1/5\ KMnO_4) = 0.1000$ mol/L]。具体步骤可参照国标（GB/T 601—2016）中的方法进行。

③试样测定：吸取处理后的试样溶液 50.0 mL，置于 500 mL 烧杯内，向其中加入碱性酒石酸铜甲液及乙液各 25 mL，于烧杯上盖一表面皿，随后进行加热，使溶液在 4 min 内沸腾，再精确煮沸 2 min，趁热用铺好精制石棉的古氏坩埚（或 G4 垂融坩埚）抽滤，并用 60℃热水洗涤烧杯及沉淀，至洗液不呈碱性。将古氏坩埚（或 G4 垂融坩埚）放回至原 500 mL 烧杯中，加入 25 mL 硫酸铁溶液，25 mL 水，并用玻棒搅拌使氧化亚铜完全溶解，用标定好的高锰酸钾标准溶液滴定至微红色为终点。用相同方法吸取 50 mL 水做空白实验。

结果计算，如式（13-3）、式（13-4）所示。

$$X_0 = (V - V_0) \times c \times 71.54 \tag{13-3}$$

式中：X_0——样品中还原糖的质量相当于氧化亚铜的质量，mg；V——测定样品溶液消耗高锰酸钾标准溶液的体积，mL；V_0——试剂空白消耗高锰酸钾标准溶液的体积，mL；c——高锰酸钾标准溶液的实际浓度，mol/L；71.54——1 mL 高锰酸钾标准溶液[$c(1/5KMnO_4) = 1.000$ mol/L]相当于氧化亚铜的质量，mg。

$$X = \frac{m_3}{m_4 \times \dfrac{V}{250} \times 1\ 000} \times 100\% \tag{13-4}$$

式中：X——试样中还原糖的含量，g/100 g；m_3——用上式结算结果 X_0 查表得出的还原糖质量，mg；m_4——试样质量或体积，g 或 mL；V——测定用试样溶液的体积，mL；250——试样处理后的总体积，mL。

注意事项：

①本方法为（GB 5009.7—2016）中测定食品中还原糖的第二法，适用于各类食品中还原糖的测定，不受样品颜色的限制。与直接滴定法相比，其准确度和重现性均优于直接滴定法。但操作相对复杂，需使用高锰酸钾法糖类检索表。

②用本法对还原糖进行测定时，不宜用乙酸锌和亚铁氰化钾作为澄清剂，可使用碱性酒石酸铜和强氧化钠溶液作澄清剂。

③本方法中所用的碱性酒石酸铜溶液与直接滴定法中的不同。

④操作过程控制好热源强度，保证溶液在 4 min 内加热至沸，精确煮沸 2 min，可减少测定误差。

⑤抽滤和洗涤氧化亚铜时，应保证整个过程中氧化亚铜都处于液面以下，避免氧化亚铜沉淀暴露在空气中被氧化，造成误差。

⑥实验中所用碱性酒石酸铜溶液是过量的，应保证把所有的还原糖全部氧化，煮沸后的反应液应呈蓝色，若不呈蓝色，说明样品中还原糖浓度过高，应进行稀释。

（3）其他碱性铜盐法

萨氏法和奥夫尼尔法：这两种方法的原理相同，均是将还原糖与过量碱性酒石酸铜加热反应，生成 Cu_2O，再在酸性条件下使 Cu_2O 与过量的碘单质发生氧化还原反应，反应剩余的碘以淀粉做指示剂，用硫代硫酸钠标准溶液滴定，从而计算出样品中的还原糖。测定步骤相似，只是在碱性酒石酸铜溶液的配置和个别试剂的使用上略有不同。两种方法均属于微量分析法，灵敏度高，重现性好。主要反应式如下：

$$Cu_2O + 2H^+ \longrightarrow 2Cu^+ + H_2O$$
$$2Cu^+ + I_2 \longrightarrow 2Cu^{2+} + 2I^-$$
$$I_2 + 2Na_2S_2O_3 \longrightarrow Na_2S_4O_6 + NaI$$

需要注意的是淀粉指示剂不宜过早加入，否则淀粉会吸附碘单质，造成滴定终点不褪色，从而造成分析误差。

奥夫尼尔法又叫奥氏试剂滴定法，是国标（GB 5009.7—2016）中测定食品中还原糖的第四法，适用于有较高蔗糖含量的糖及其制品（如白糖、糖浆）中还原糖的测定。

另外，还有 Somogyi-Nelson 法。该法为比色法。还原糖与碱性酒石酸铜在加热条件下发生反应，生成氧化亚铜，在酸性条件下氧化亚铜可将钼酸铵还原，还原型的钼酸铵可与砷酸氢二钠生成一种蓝色复合物（砷钼蓝），其在 520 nm 下的吸光值在一定范围内与还原糖的含量呈线性关系。以不同浓度的葡萄糖制作标准曲线，依照标准曲线进行结果计算，以葡萄糖当量表示计算结果。该方法灵敏度高于 3，5-二硝基水杨酸（DNS）比色法。

2. 还原糖的其他测定方法

（1）铁氰化钾法

原理：还原糖在碱性溶液中和过量的铁氰化钾发生氧化还原反应，铁氰化钾被还原为亚铁氰化钾。剩余的铁氰化钾在乙酸存在的条件下，与碘化钾反应生成单质碘，生成的单质碘可用硫代硫酸钠标准溶液滴定。根据消耗的硫代硫酸钠标准溶液的体积，按式（13-5）计算出与还原糖发生反应的铁氰化钾的量。主要反应式如下：

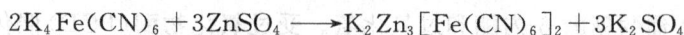

$$2K_3Fe(CN)_6 + RCHO + 2KOH \longrightarrow 2K_4Fe(CN)_6 + RCOOH + H_2O$$
$$2K_3Fe(CN)_6 + 2KI + 8CH_3COOH \longrightarrow 2H_4Fe(CN)_6 + I_2 + 8CH_3COOK$$
$$2Na_2S_2O_3 + I_2 \longrightarrow 2NaI + Na_2S_4O_6$$
$$2K_4Fe(CN)_6 + 3ZnSO_4 \longrightarrow K_2Zn_3[Fe(CN)_6]_2 + 3K_2SO_4$$

由于还原糖量与硫代硫酸钠用量之间不符合摩尔关系，因此根据和还原糖发生反应的铁氰化钾的量并不能直接计算出还原糖的量，需查《铁氰化钾定量试样法还原糖换算表》(见附表 3)得到试样中还原糖的百分数。

$$V_3 = \frac{(V_0 - V_1) \times c}{0.1} \tag{13-5}$$

式中：V_3——氧化样品液中还原糖所需 0.1 mol/L 铁氰化钾溶液的体积，mL；V_0——滴定空白液消耗 0.1 mol/L 硫代硫酸钠溶液的体积，mL；V_1——滴定样品液消耗 0.1 mol/L 硫代硫酸钠溶液的体积，mL；c——硫代硫酸钠溶液实际浓度，mol/L。

方法说明：该法为国标(GB 5009.7—2016)中测定食品中还原糖的第三法，主要适用于小麦中还原糖的测定。

(2)3,5-二硝基水杨酸(DNS)比色法

①原理：还原糖在氢氧化钠和甘油存在下，可将 3,5-二硝基水杨酸还原为棕红色的 3-氨基-5-硝基水杨酸，此化合物在 540 nm 处有最大光吸收。在一定范围内，还原糖的量与溶液在 540 nm 处的光吸收成正比。测定溶液在 540 nm 处的光吸收，查标准曲线可计算出还原糖的含量。

②方法说明：本方法适用于各类食品中还原糖的测定，准确度高，重现性好。操作简便，分析速度快，适用于大批量样品的分析测定。

(3)醛糖的测定(碘量法)

原理：单质碘与氢氧化钠反应生成次碘酸钠(NaIO)，醛糖可与次碘酸钠发生氧化还原反应，生成碘化钠(NaI)，在单质碘过量的情况下，醛糖可被彻底氧化为羧酸，反应式如下：

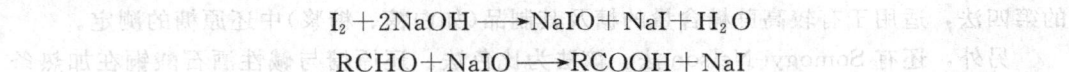

$$I_2 + 2NaOH \longrightarrow NaIO + NaI + H_2O$$
$$RCHO + NaIO \longrightarrow RCOOH + NaI$$

总反应式为：

$$I_2 + RCHO + 2NaOH \longrightarrow RCOOH + 2NaI + H_2O$$

未与醛糖反应的次碘酸钠在酸性条件下和碘化钠反应，重新生成单质碘。用硫代硫酸钠标准液滴定析出的单质碘，根据硫代硫酸钠的用量便可计算出醛糖的含量。反应式如下：

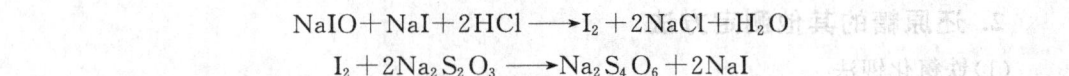

$$NaIO + NaI + 2HCl \longrightarrow I_2 + 2NaCl + H_2O$$
$$I_2 + 2Na_2S_2O_3 \longrightarrow Na_2S_4O_6 + 2NaI$$

方法说明：用本法可用于醛糖和酮糖共存时单独测定醛糖，应严格控制碱度、反应温度等条件，防止酮糖被氧化。

(4)酶法

酶法测定碳水化合物具有高度特异性、对被检测物的纯度要求不高、检出限低等优点。酶法在单糖、寡糖以及多糖的测定上都有应用。下面以酶—比色法测定葡萄糖含量为例进行介绍。

原理：葡萄糖氧化酶(GOD)在有氧条件下，催化 β-D-葡萄糖(葡萄糖水溶液)的氧化反应，生成 D-葡萄糖酸-δ-内酯和过氧化氢。受过氧化物酶(POD)催化，过氧化氢与

4-氨基安替比林和苯酚生成红色醌亚胺，测定 505 nm 处醌亚胺的吸光度，依照标准线，可计算出食品中葡萄糖的含量。反应式如下：

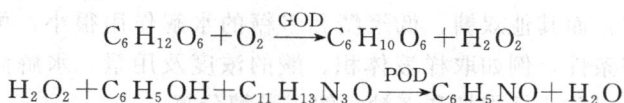

$$C_6H_{12}O_6 + O_2 \xrightarrow{GOD} C_6H_{10}O_6 + H_2O_2$$

$$H_2O_2 + C_6H_5OH + C_{11}H_{13}N_3O \xrightarrow{POD} C_6H_5NO + H_2O$$

方法说明：本方法适用于各种食品中葡萄糖的测定，葡萄糖氧化酶具有专一性，只能催化 β-D-葡萄糖被氧化，不会受其他还原糖的干扰。测定结果比直接滴定法和高锰酸钾法准确。本方法的最低检出限为 0.01 μg/mL，为仲裁法。

除了以上介绍的还原糖的测定方法外，液相色谱法也可用于还原糖的测定，这部分内容在本章 13.6 部分进行介绍。

13.2.3　蔗糖的测定

蔗糖是食品中常见的碳水化合物，属于非还原糖二糖。在自然界中，蔗糖广泛分布于植物的种子、叶片、根系和果实中，作为能量的储存形式参与代谢。甜菜和甘蔗中蔗糖的含量丰富，因此，它们经常作为生产蔗糖的原料。蔗糖还经常作为甜味剂被添加至各种食品中，例如饮料、糖浆、糕点等中。下面对蔗糖的测定方法进行介绍。

1. 盐酸水解法

（1）原理

试样经澄清除去杂质后，其中蔗糖经盐酸水解转化为还原糖，可用测定还原糖的方法分别测定样品水解前后试样中还原糖的量。以水解后和水解前的差值乘以换算系数即为蔗糖的含量。

（2）测定步骤

取适量样品，加入适量溶剂进行可溶性糖的提取。将提取液转移至 250 mL 容量瓶中，加入澄清剂后用水定容至刻度，静置 30 min，随后将溶液用滤纸过滤，弃初滤液，收集续滤液。吸取 2 份处理后的试样各 50.0 mL，分别置于 100 mL 容量瓶中。其中一份直接稀释至 100 mL。另一份加 5 mL（1+1）盐酸，于 68～70℃水浴中加热 15 min，冷却后加甲基红指示液 2 滴，用 200 g/L 氢氧化钠溶液中和至中性，用水定容至刻度。然后用直接滴定法或高锰酸钾法测定两份溶液中还原糖的含量。

（3）结果计算

以直接滴定法为例，计算如式（13-6）所示。

$$X = \frac{A\left(\dfrac{100}{V_2} - \dfrac{100}{V_1}\right)}{m \times \dfrac{50}{250} \times 1\,000} \times 100\% \times 0.95 \tag{13-6}$$

式中：X——试样中蔗糖质量分数，g/100 g；A——10 mL 碱性酒石酸铜溶液相当于葡萄糖的质量，mg；m——样品质量，g；50——酸水解中吸取样液体积，mL；250——试样处理中样品定容体积，mL；V_1——滴定时平均消耗未水解试样体积，mL；V_2——滴定时平均消耗未水解后试样体积，mL；100——酸水解过程中定容体积，mL；0.95——转化糖（以葡萄糖计）换算为蔗糖的系数。

（4）注意事项

①蔗糖比其他双糖、低聚糖和多糖更容易被水解，在本方法规定的水解条件下，蔗糖能够完全水解，而其他双糖、低聚糖和多糖的水解作用很小，可忽略不计，因此需要严格控制水解条件，例如取样液体积、酸的浓度及用量、水解温度和时间等。水浴后应迅速冷却，以防止低聚糖和多糖水解、果糖分解。

②用还原糖法测定蔗糖时，为减少误差，测定的还原糖含量应以转化糖表示。因此，应用标准转化糖溶液标定碱性酒石酸铜溶液。用高锰酸钾滴定法测定时，查表应查转化糖项。

2. 高效液相色谱法

（1）原理

试样经过前处理后，用高效液相色谱氨基柱进行分离，采用外标单点定量法，以表示差折光检测器对蔗糖进行的定量测定。

（2）试样制备

称取 2～10 g 试样，精确至 0.001 g，用 30 mL 水溶解后转移至 100 mL 容量瓶中，加 10 mL 硫酸铜溶液（70 g/L），4 mL 氢氧化钠溶液（40 g/L）振摇，静置 0.5 h，过滤。取 3～7 mL 样液至 10 mL 容量瓶中，用乙腈定容，随后用 0.45 μm 有机滤膜过滤备用。

（3）色谱条件

色谱柱：氨基柱（4.6 mm×250 mm，5 μm）；

柱温：25℃；

视差折光检测器检测池池温：25℃；

流动相：乙腈—水（75＋25）；

流速：1.0 mL/min；

进样量：10 μL。

蔗糖色谱图如图 13-1 所示。

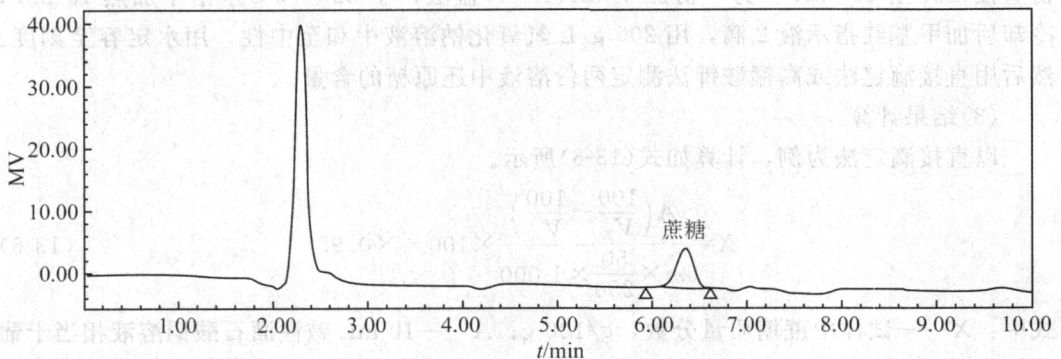

图 13-1 蔗糖色谱图
注：引自国标 GB/T 5009.8—2008 食品中蔗糖的测定。

（4）结果计算

计算公式如式（13-7）所示。

$$X=\dfrac{c\times A_1}{A_2\times\left(\dfrac{m}{100}\right)\times\left(\dfrac{V}{10}\right)\times 1\,000}\times 100\%$$ 　　　　（13-7）

式中：X——试样中蔗糖的含量，g/100 g；c——蔗糖标准液的浓度，mg/mL；A_1——试样中蔗糖的峰面积；A_2——标准蔗糖溶液的峰面积；m——试样的质量，g；V——过滤液体积，mL。

3. 酶—比色法

蔗糖在 β-D-果糖苷酶（β-FS）的催化作用下，分解为葡萄糖和果糖。葡萄糖氧化酶（GOD）在有氧条件下，催化 β-D-葡萄糖（葡萄糖水溶液状态）氧化，可生成 D-葡萄糖酸-δ-内酯和过氧化氢。过氧化物酶（POD）可催化过氧化氢、4-氨基安替比林和苯酚生成红色醌亚胺。在波长 505 nm 处测定醌亚胺的吸光度，可计算食品中蔗糖的含量。反应式如下：

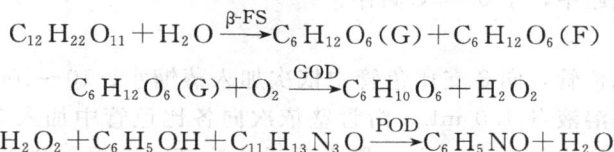

$$C_{12}H_{22}O_{11}+H_2O\xrightarrow{\beta\text{-FS}}C_6H_{12}O_6(G)+C_6H_{12}O_6(F)$$

$$C_6H_{12}O_6(G)+O_2\xrightarrow{GOD}C_6H_{10}O_6+H_2O_2$$

$$H_2O_2+C_6H_5OH+C_{11}H_{13}N_3O\xrightarrow{POD}C_6H_5NO+H_2O$$

按式（13-8）计算蔗糖含量：

$$X=\dfrac{C}{m\times\dfrac{V_2}{V_1}\times 10\,000}$$ 　　　　（13-8）

式中：X——样品中蔗糖的含量，质量百分率，%；C——标准曲线上查出的试液中蔗糖含量，μg；m——试样的质量，g；V_1——试液的定容体积，mL；V_2——测定时吸取试液的体积，mL。

该方法具有高度的专一性，不受其他糖的干扰，灵敏度高，操作简便，测定结果较盐酸水解法准确。适用于各类食品中蔗糖的测定。检出限量为 0.04 μg/mL。

13.2.4　总糖的测定

营养学中的总糖指所有能被人体消化利用的糖类的总和。而食品分析中，总糖主要包括还原性的糖（葡萄糖、果糖、乳糖、麦芽糖等）和在测定条件下能水解为还原性单糖的蔗糖。总糖不包括淀粉，因为在测定条件下，淀粉的水解作用很弱。这些糖存在于原料中，也可作为添加剂加入到食品中。总糖测定能够反映食品中可溶性单糖和低聚糖的总量，是食品生产中的常规分析项目。

1. 直接滴定法

向经过前处理的试样中加入盐酸，在加热的条件下，低聚糖水解为具有还原性的单糖，用直接滴定法测定样品中的还原糖含量。结果以转化糖或葡萄糖计。注意控制酸的浓度和水解的时间，防止淀粉水解。

测定方法同 13.2.2 中介绍的直接滴定法，此处不再赘述。

2. 蒽酮比色法

(1)原理

单糖类在浓硫酸作用下，脱水生成糠醛衍生物，糠醛衍生物可进一步与蒽酮缩合成蓝绿色的化合物，该化合物在 620 nm 有最大光吸收，当含糖量在 20～200 mg/L 范围内时，其吸光度与溶液中糖的含量成正比。

在浓硫酸作用下低聚糖以及多糖如淀粉等都能发生水解，因此该方法几乎可以测定所有的碳水化合物。若想排除多糖干扰可用 80% 的乙醇作为提取剂。

(2)主要试剂

葡萄糖系列标准液(10～100 μg/mL)：精确称取 1.0000 g 葡萄糖，用水溶解后定容至 1 000 mL，从中分别吸取 1、2、4、6、8、10 mL 溶液转入相应的 100 mL 容量瓶中，用水定容至刻度。

0.1% 蒽酮溶液：称取 0.1 g 蒽酮和 1.0 g 硫脲(做稳定剂)，用 100 mL 72% 的硫酸溶解，储存于棕色瓶中，于 0～4℃储存。

(3)操作步骤

取 8 支具塞比色管，向 8 支比色管中依次加入蒸馏水、10～100 μg/mL 的葡萄糖系列标准液、样品溶液各 1.0 mL，沿管壁依次向各比色管中加入 5.0 mL 蒽酮试剂，立即摇匀，于沸水浴中加热 10 min，取出后迅速冷却至室温，并于暗处放置 20 min。以加入蒸馏水的比色管中的溶液做参比，于 620 nm 下测定各管溶液吸光度，绘制标准曲线。根据样品溶液的吸光度查标准曲线，计算糖含量。

(4)结果计算

计算公式如式(13-9)所示。

$$总糖(以葡萄糖计，\%) = \frac{c \times 稀释倍数 \times V}{10^6 \times W} \times 100\% \tag{13-9}$$

式中：c——从标准曲线查得的糖浓度，$\mu g/mL$；V——样液总体积，mL；W——样品质量，g。

(5)注意事项

①蒽酮试剂不稳定，易被氧化变为褐色，一般应当天配制，添加稳定剂硫脲后，在冷暗处可保存 48 h。

②反应条件对测定结果影响较大，操作过程中应严格控制反应温度、显色时间、温度等因素。样液必须澄清透明，加热后不应有蛋白沉淀。如样液颜色较深，可用活性炭脱色。

13.3　淀粉的测定

淀粉由葡萄糖聚合而成，有直链淀粉和支链淀粉之分。这两部分在结构与性质上有一定区别。直链淀粉的葡萄糖残基以 α-1，4-糖苷键首尾相连而成，在淀粉中的含量为 10%～30%，相对分子量比支链淀粉小。支链淀粉中葡萄糖残基除以 α-1，4-糖苷键连接外，还有以 α-1，6-糖苷键连接的，支链淀粉在淀粉中的含量为 70%～90%。碘分子可进入支链淀粉形成的螺旋空隙中，借助范德华力与支链淀粉形成稳定的络合物呈现深蓝色；支链淀粉与碘不能形成稳定的络合物，呈现的颜色为较浅的蓝紫色。淀粉广泛存在于各种植物的根、茎、叶片和种子中，尤其在种子和块根、块茎中含量较高。人体内含有能够水解淀粉的酶，因此淀粉能够被人体消化吸收是人类食物的重要组成部分。淀粉不溶于冷水和乙醇，在热水中部分淀粉会发生溶解。

淀粉在食品生产上可以被作为填充剂、稳定剂和增稠剂等加入各种不同食品中，以改变食品的各种物理性状。还可用于制糊精、麦芽糖、葡萄糖、酒精等。淀粉含量是某些食品的重要质量指标，是食品生产管理中常做的分析项目。

13.3.1　淀粉含量的测定

1. 酶水解法

（1）原理

样品经脱脂及去除可溶性糖类后，用淀粉酶将淀粉水解成小分子糖，再用盐酸将其水解成单糖，最后按还原糖测定，并折算成淀粉含量。

（2）主要试剂

甲基红指示液（2 g/L）：称取 0.20 g 甲基红，用少量乙醇溶解后，加水定容至100 mL；

淀粉酶溶液（5 g/L）：称取 0.5g 淀粉酶，加水 100 mL 溶解，临用时配制；也可加入数滴甲苯或三氯甲烷防止长霉，置于4℃冰箱中保存。

碘溶液：称取 3.6 g 碘化钾溶于 20 mL 水中，加入 1.3 g 碘，溶解后加水定容至100 mL。

（3）操作步骤

样品磨碎过 40 目筛，称取适量样品于放有折叠慢速滤纸的漏斗内，先用 50 mL 石油醚或乙醚清洗 5 次进行脱脂。再用约 100 mL 乙醇（85％，体积比），分次清洗去除可溶性糖类。可根据样品的实际情况，适当增加洗涤液的用量和洗涤次数，以保证可溶性糖完全去除。滤干乙醇，将残留物移入 250 mL 烧杯内，用 50 mL 水将滤纸清洗干净，洗液并入烧杯内。将烧杯置于沸水浴上加热 15 min，使淀粉糊化，将溶液放冷至60℃以下，加入 20 mL 淀粉酶溶液，于 55～60℃保温 1 h，并时时搅拌。随后从中取 1 滴该液，加 1 滴碘液，应不显现蓝色。若显蓝色，再重复上述步骤，直至加碘液不显蓝色为止。加热至沸，冷却后移入 250 mL 容量瓶中，用水定容至刻度，混匀，过滤，弃初滤液，收集续滤液。

取 50 mL 滤液于 250 mL 锥形瓶中，加入 5 mL 6 mol/L 盐酸，在沸水浴中回流 1 h，冷却后加 2 滴甲基红指示剂，用 5 mol/L 氢氧化钠溶液调至中性，将溶液转入 100 mL 容量瓶中，洗涤锥形瓶，洗液并入 100 mL 容量瓶中，定容至刻度，混匀备用。

按直接滴定法操作步骤，平行操作三份，根据平均体积按式（13-10）计算结果，若样品溶液浓度过低，则采取直接加入 10.00 mL 样品液，免去加水 10 mL，再用葡萄糖标准溶液滴定至终点，记录消耗的体积与标定时消耗的葡萄糖标准溶液体积之差相当于 10 mL 样液中所含葡萄糖的量（mg）。结果按式（13-11）和式（13-12）进行计算。

进行测定，同时量取 20.00 mL 水及与试样溶液处理时相同量的淀粉酶溶液，按反滴法做试剂空白实验。即：用葡萄糖标准溶液滴定试剂空白溶液至终点，记录消耗的体积与标定时消耗的葡萄糖标准溶液体积之差相当于 10 mL 样液中所含葡萄糖的量（mg）。空白中葡萄糖的含量按式(13-13)、式(13-14)、式(13-15)、式(13-16)计算。

(4)结果计算

$$X_1 = \frac{m_1}{\frac{50}{250} \times \frac{V_1}{100}} \qquad (13\text{-}10)$$

式中：X_1——试样中葡萄糖的量，mg；m_1——10 mL 酒石酸铜溶液相当于葡萄糖的质量，mg；50——测定用样品溶液体积，mL；250——样品定容体积，mL；V_1——测定时平均消耗试样溶液的体积，mL；100——测定用样品的定容体积，mL。

$$X_2 = \frac{m_2}{\frac{50}{250} \times \frac{10}{100}} \qquad (13\text{-}11)$$

$$m_2 = m_1 \left(1 - \frac{V_2}{V_s}\right) \qquad (13\text{-}12)$$

式中：X_2——所称试样中葡萄糖的质量，mg；m_2——标定 10 mL 碱性酒石酸铜溶液时消耗的葡萄糖标准溶液的体积与加入试样后消耗的葡萄糖标准溶液体积之差相当于葡萄糖的质量，mg；50——测定用样品溶液的体积，mL；250——样品定容体积，mL；10——直接加入的试样体积，mL；100——测定用样品的定容体积；m_1——10 mL 酒石酸铜溶液相当于葡萄糖的质量，mg；V_2——加入试样后消耗的葡萄糖标准溶液体积，mL；V_s——标定 10 mL 碱性酒石酸铜溶液时消耗的葡萄糖标准溶液体积，mL。

$$X_0 = \frac{m_0}{\frac{50}{250} \times \frac{10}{100}} \qquad (13\text{-}13)$$

$$m_0 = m_1 \left(1 - \frac{V_0}{V_s}\right) \qquad (13\text{-}14)$$

式中：X_0——试剂空白值，mg；m_0——标定 10 mL 碱性酒石酸铜溶液时消耗的葡萄糖标准溶液的体积与加入空白后消耗的葡萄糖标准溶液体积之差相当于葡萄糖的质量，mg；50——测定用样品溶液的体积，mL；250——样品定容体积，mL；10——直接加入的试样体积，mL；100——测定用样品的定容体积；m_1——10 mL 酒石酸铜溶液相当于葡萄糖的质量，mg；V_0——加入空白试样后消耗的葡萄糖标准溶液体积，mL；V_s——标定 10 mL 碱性酒石酸铜溶液时消耗的葡萄糖标准溶液体积，mL。

$$X = \frac{(X_1 - X_0) \times 0.9}{m \times 1\,000} \times 100\% \qquad (13\text{-}15)$$

或

$$X = \frac{(X_2 - X_0) \times 0.9}{m \times 1\,000} \qquad (13\text{-}16)$$

式中：X——试样中淀粉的含量，g/100 g；0.9——还原糖（以葡萄糖计）换算成淀粉的换算系数；m——试样质量，g。

(5)注意事项

①该方法为国标(GB/T 5009.9—2016)中测定食品中淀粉含量的第一法。该方法具

有专一性和选择性，不受其他多糖的干扰。适用于各种食品中淀粉含量的测定，尤其是纤维素、半纤维素含量高的样品。分析结果准确可靠，重现性好。需注意的是，该方法受 pH 和温度影响较大，测定时应严格控制影响因素。

②淀粉具有晶格结构，需首先加热糊化，才容易被淀粉酶水解。脂肪的存在会妨碍淀粉酶对淀粉的作用以及可溶性糖的去除，因此应对样品进行预先脱脂。若样品脂肪含量少，可省略此步。

2. 酸水解法

(1)原理

样品经除去脂肪及可溶性糖类后，其中淀粉用酸水解成具有还原性的单糖，然后按还原糖测定，并折算成淀粉含量。

(2)测定步骤

称取适量样品磨碎过 40 目筛，将过筛的样品置于放有慢速滤纸的漏斗中，随后进行脱脂和去除可溶性糖，步骤同酶水解法。将处理好的残渣用 100 mL 水洗涤至 250 mL 锥形瓶中，加入 30 mL 盐酸(1+1)，在沸水浴中回流 2 h。随后立即冷却。待样品水解液冷却后，加入 2 滴甲基红指示液，先以 40％氢氧化钠溶液调至黄色，再以盐酸(1+1)校正至水解液刚变红色为宜。若水解液颜色较深，可用精密 pH 试纸测试，使样品水解液的 pH 约为 7。然后加 20 mL 20％的醋酸铅溶液，摇匀，放置 10 min。再加 20 mL 10％的硫酸钠溶液，除去过多的铅。摇匀后将溶液及残渣全部转入 500 mL 容量瓶中，用水洗涤锥形瓶，洗液合并于容量瓶中，用水定容至刻度。过滤，弃初滤液 20 mL，收集续滤液。

还原糖测定方法同酶水解法。

(3)结果计算

计算公式如式(13-17)所示。

$$X = \frac{(A_1 - A_2) \times 0.9}{m \times \dfrac{V}{500} \times 1\,000} \times 100\% \tag{13-17}$$

式中：X——试样中淀粉的含量，g/100 g；A_1——测定用试样中水解液葡萄糖质量，mg；A_2——试剂空白中葡萄糖质量，mg；0.9——葡萄糖折算成淀粉的换算系数；

m——称取试样质量，g；V——测定用试样水解液体积，mL；500——试样液总体积，mL。

(4)注意事项

①该方法为国标(GB/T 5009.9—2016)中测定食品中淀粉含量的第二法。与酶水解法相比，该方法操作简便可一步将淀粉水解成葡萄糖，适用于淀粉含量高，而半纤维素等其他多糖含量少的样品分析(这些糖可水解产生木糖等还原糖，使结果偏高)，但准确度不及酶水解法。

②脂肪会妨碍可溶性糖的去除，因此样品应预先脱脂。若样品脂肪含量少，可省略此步。

③应严格控制水解条件，如水解酸度及水解时间。保证淀粉充分水解，又要避免

加热时间过长导致葡萄糖脱水形成糠醛及聚合体,失去还原性。该方法中混合液中盐酸浓度为 5%,100℃水解 2 h。若盐酸浓度低,则应相应延长水解的时间。

13.3.2 淀粉 α 化度的测定

淀粉悬浮液在加热过程中黏度会逐渐增大,当加热到一定温度后,会形成具有很大黏性的淀粉糊,这种现象就是淀粉的糊化。淀粉糊化过程实际上是淀粉微晶束熔融过程,结晶或非结晶的淀粉分子的氢键断裂破坏,淀粉分子由紧密有序的排列状态 β 型变成杂乱无序的排列状态即 α 型,这时的淀粉称为糊化淀粉,也称 α 淀粉,其晶体结构被完全破坏。淀粉从 β 型转变为 α 型的程度称为淀粉 α 化度,也叫糊化度。糊化后其黏度、透光率和双折射现象等物理、化学特性发生改变。直链淀粉含量低的容易糊化。

食品的加工过程中,淀粉糊化度是非常重要的指标参数。糊化度越高,越有利于酶解和消化。方便食品要求糊化度较高,国家规定方便面的 α 化度为 85%。测定淀粉 α 化度的方法有酶水解法、黏度法、热分析法、近红外光谱分析和脉冲核磁共振等。以下主要介绍水解法。

1. 原理

已糊化的淀粉在淀粉酶的作用下,可水解成还原糖。α 度越高,水解后生成的还原糖越多。先将样品充分糊化,经淀粉酶水解,用碘量法测定还原糖含量,以此作为标准,其糊化程度定为 100%。然后,将样品直接用淀粉酶水解,测得还原糖含量。以样品测定的还原糖含量占充分糊化时测得的还原糖含量的百分率表示 α 化度。

2. 操作步骤

(1)样品制备

将样品粉碎过 80 目筛,用索氏提取法脱脂。

(2)糊化与水解

称取 0.100 0 g 经上述步骤处理的试样 4 份,分别放入编号为 A₁~A₄ 的 4 个 100 mL 锥形瓶中。再将另外一个 100 mL 的锥形瓶编号为 B,向上述 5 个锥形瓶中各加入 50 mL 水。将 A₁、A₂ 两个锥形瓶用电炉加热至沸,保持 15 min,迅速冷却至 20℃,于 A₁、A₃、B 中各加入 5 mL 淀粉酶溶液。将上述 5 个锥形瓶于 50℃ 恒温水浴,并不时摇动,90 min 后拿出,冷却至室温,向其中分别加 2 mL 1 mol/L HCl,以停止酶解作用,随后分别移入 100 mL 容量瓶中,加水定容至刻度,以干燥滤纸过滤。

(3)碘量法定糖

用移液管取 A₁~A₄、B 试液及蒸馏水各 10 mL,分别放入 6 个 150 mL 碘量瓶内,用移液管分别加入 10 mL 0.05 mol/L 的碘液和 18 mL 0.1 mol/L 的 NaOH 溶液,加塞,摇匀,冷却 15 min,然后用移液管快速向各瓶中加入 2 mL 10%硫酸,用 0.1 mol/L 硫代硫酸钠标准溶液滴定至溶液淡黄色时,加入 1 mL 淀粉指示剂,继续滴至溶液的蓝色退去,记录各瓶消耗的硫代硫酸钠溶液的体积。

3. 结果计算

计算公式如式(13-18)所示。

$$X=\frac{(V-V_3)-(V-V_4)-(V-V_b)}{(V-V_1)-(V-V_2)-(V-V_b)}\times100\%\qquad(13\text{-}18)$$

式中：X——样品的 α 化度，%；$V_1\sim V_4$——分别为 $A_1\sim A_4$ 试样消耗的硫代硫酸钠标准液的体积，mL；V——空白消耗的硫代硫酸钠标准液的体积，mL；V_b——B 试液消耗的硫代硫酸钠标准液的体积，mL；$(V-V_1)$——样品充分糊化后，酶解所得糖分消耗硫代硫酸钠标准液的体积，mL；$(V-V_2)$、$(V-V_4)$——样品中其他还原性组分消耗消耗硫代硫酸钠标准液的体积，mL；$(V-V_b)$——酶制剂不纯所消耗的硫代硫酸钠标准液的体积，mL；$(V-V_4)$ 为 $(V-V_3)$ 的对比实验，$(V-V_2)$ 为 $(V-V_1)$ 的对比实验。

4. 注意事项

①脂肪含量高的样品应预先脱脂。

②样品预脱脂时，加热温度不可超过 50℃，防止样品淀粉糊化。

③反应完后立即用硫代硫酸钠标准液滴定，防止碘挥发。

13.4　纤维素的测定

食品中的纤维素和化学上所定义的纤维素并非同一概念。前者并非指单一的组分，除了包括化学上定义的纤维素外，还包括半纤维素、木质素等多种成分。纤维素存在于植物性食品中，是植物细胞壁的主要组成成分，通常与半纤维素、果胶和木质素结合在一起，其结合方式和程度对植物源食品的质构和硬度影响很大。对于食品中的纤维素来说，目前还无科学统一的定义。但通常有两种说法，粗纤维和膳食纤维。粗纤维的概念先被提出，主要指不能被人体利用，并不能被稀酸和稀碱所溶解的物质。包括纤维素、半纤维素、木质素等。随着研究深入，从营养学的角度又提出了膳食纤维（DF）的概念。膳食纤维主要指不能被人体小肠消化吸收，但对人体健康有重要作用的、植物中天然存在或通过提取、合成的，聚合度大于等于 3 的碳水化合物聚合物。膳食纤维包括纤维素、半纤维素、果胶、戊聚糖、木质素等。膳食纤维又分为可溶性膳食纤维（SDF）和不溶性膳食纤维（IDF）。前者是能溶于水的膳食纤维部分，包括低聚糖和部分不能消化的多聚糖等。后者是不能溶于水的膳食纤维部分，包括木质素、纤维素、部分半纤维素等。总膳食纤维（TDF）则是可溶性膳食纤维和不溶性膳食纤维的总和。

测定淀粉的方法主要有重量法、酶—重量法、酶重量—液相色谱法和纤维素测定仪测定等方法，以下介绍前两种。

13.4.1　粗纤维的测定（重量法）

1. 原理

用浓硫酸将样品中的糖、淀粉、果胶质和半纤维素水解去除，再用碱去除蛋白质及脂肪酸，然后用乙醇、乙醚除去色素、单宁及残余脂肪，剩余残渣减去灰分，即得粗纤维素。

2. 操作步骤

（1）样品制备

干燥样品粉碎后过 24 目筛，称取 5.0 g 样品，置于 500 mL 锥形瓶中；水分较高样品如蔬菜、水果等，加水打浆后称取 5.0 g，加适量 1.25% 的硫酸，充分混合后，用亚麻布过滤，残渣转入 500 mL 锥形瓶中。

（2）酸处理

向 500 mL 的锥形瓶中加入 200 mL 煮沸的 1.25% 硫酸，微沸回流 30 min，每 5 min 摇动锥形瓶一次，使瓶内物质混匀。取下锥形瓶，立即用亚麻布过滤，用沸水冲洗至洗液不呈酸性（可用甲基红指示）为止。

（3）碱处理

用 200 mL 煮沸的 1.25% 氢氧化钾将亚麻布上的残留物先洗入原烧杯中，微沸回流 30min，取下锥形瓶，立即以亚麻布过滤，用沸水洗涤至洗液不呈碱性（可用酚酞指示）为止。

（4）干燥

残渣转移至 G_2 垂融坩埚或同型号的垂融漏斗中，抽滤，用热水充分洗涤后，抽干。再依次用乙醇和乙醚各洗涤一次。将坩埚及残渣在 105℃ 烘箱中烘干至恒重。

（5）灰化

如果样品中含有较多的无机物，则可用石棉坩埚代替垂熔坩埚过滤，烘干称量后，移入 550℃ 高温炉中灼烧至恒重。于干燥器内冷却至室温称重，灼烧前后的质量差为粗纤维量。

3. 结果计算

计算公式如式（13-19）所示。

$$X = \frac{m_R}{m} \times 100\% \tag{13-19}$$

式中：X ——粗纤维含量，%；m_R ——灼烧前后的质量差，g；m ——样品质量，g。

4. 注意事项

①该方法为经典分析方法，但重现性差。

②样品中脂肪含量大于 1% 时，应预先用石油醚脱脂，否则测定结果偏高。

③测定中，酸、碱处理时间及沸腾状态等因素都会影响最后的测定结果，需进行严格控制。

④回流处理后，需立即过滤，并洗涤至洗液不呈酸性，否则结果出入较大。

13.4.2　膳食纤维的测定（酶—重量法）

1. 原理

试样首先经 α-淀粉酶、蛋白酶和淀粉葡萄糖苷酶酶解去除其中的蛋白质和淀粉，再用 95% 的乙醇沉淀、抽滤，再将收集的残渣用乙醇和丙酮洗涤，随后干燥称重，即为总膳食纤维残渣（TDF）。另取试样经酶解后、直接抽滤，收集残渣用热水洗涤，残渣干燥称重，即得不溶性膳食纤维(IDF)残渣；将制备不溶性膳食纤维残渣时收集的滤液用 4 倍体积的乙醇沉淀、抽滤、干燥称重，即得可溶性膳食纤维(SDF)残渣。以上述三种不同的膳食纤维残渣，扣除各类膳食纤维残渣中相应的蛋白质、灰分及试剂空白中蛋白质、灰分的含量，即可计算出试样中总的、不溶性和可溶性膳食纤维含量。流程图如图 13-2 所示。

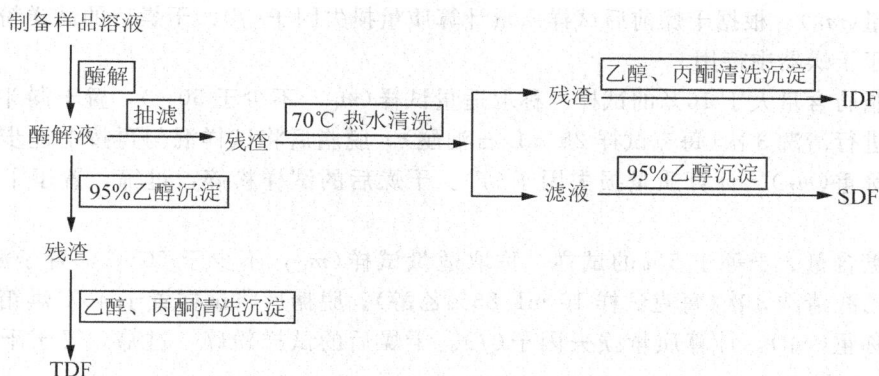

图 13-2　膳食纤维测定流程图

2. 试剂和仪器

坩埚：具粗面烧结玻璃板，孔径为 $40 \sim 60$ μm。将清洗后的坩埚在马弗炉中以 $525 \text{℃} \pm 5 \text{℃}$ 灰化 6 h，取出后用重铬酸钾洗液浸泡 2 h，用水冲洗干净，再用 15 mL 丙酮冲洗后风干。使用前，加入约 1.0 g 硅藻土，130℃ 烘干，于干燥器中冷却 1 h，称量，记录处理后坩埚质量(m_G)，精确到 0.1 mg。

α-淀粉酶液：CAS 9000-85-5，IUB 3.2.1.1，10 000 U/mL$\pm$1 000 U/mL，不得含丙三醇稳定剂，于 $0 \sim 5$℃冰箱储存。

蛋白酶液：CAS 9014-01-1，IUB 3.2.21.14，$300 \sim 400$ U/mL，不得含丙三醇稳定剂，于 $0 \sim 5$℃冰箱储存。

淀粉葡萄糖苷酶液：CAS 9032-08-0，IUB 3.2.1.3，2 000$\sim$3 300 U/mL，于 $0 \sim 5$℃储存。

MES-TRIS 缓冲液(0.05 mol/L)：称取 19.52 g 2-(N-吗啉代)乙烷磺酸和 12.2 g 三羟甲基氨基甲烷，用 1.7 L 水溶解，根据室温用 6 mol/L 氢氧化钠溶液调 pH，(20℃时调为 8.3，24℃时调为 8.2，28℃时调为 8.1；$20 \sim 28$℃其他室温用插入法校正 pH)，加水稀释至 2 L。

蛋白酶溶液(50 mg/mL)：用 0.05 mol/L MES-TRIS 缓冲液进行配置，现用现配，并于 $0 \sim 5$℃储存。

酸洗硅藻土：将 200 g 硅藻土置于 600 mL 2 mol/L 的盐酸溶液中浸泡过夜，过滤，并用水洗至滤液为中性，置于 $525 \text{℃} \pm 5 \text{℃}$马弗炉中灼烧后备用。

重铬酸钾洗液：称取 100 g 重铬酸钾，于 200 mL 水中溶解，加入 1800 mL 浓硫酸。

3. 操作步骤

（1）试样制备

①脂肪含量小于10%的试样。若试样水分含量小于10%，取试样直接粉碎，过筛。若试样水分含量大于等于10%，将试样混匀后，称取适量试样（m_C，不少于50 g），置于70℃±1℃真空干燥箱内干燥至恒重。随后试样转入干燥器中，待温度降到室温后称量（m_D）。根据干燥前后试样质量计算质量损失因子（f）。干燥后的试样粉碎，过筛，置于干燥器中待用。

②脂肪含量大于10%的试样。称取适量试样（m_C，不少于50 g），置于漏斗中，用石油醚进行清洗3次（每克试样25 mL石油醚）。脱脂后将试样混匀再按上述步骤进行干燥，称重（m_D）。计算质量损失因子（f）。干燥后的试样粉碎，过筛，置于干燥器中待用。

③糖含量大于等于5%的试样。称取适量试样（m_C，不少于50 g），置于漏斗中，85%的乙醇清洗3次（每克试样10 mL 85%乙醇）。脱糖后将试样置于40℃烘箱内干燥过夜，称重（m_D）。计算质量损失因子（f）。干燥后的试样粉碎，过筛，置于干燥器中待用。

（2）酶解

①准确称取两份试样（m），各约1 g（精确至0.1 mg，双份试样质量差≤0.005 g）。将称好的样品转置烧杯中，同时制备两个空白样液（用于校正试剂对测定的影响），随后向四个烧杯中各加入0.05 mol/L MES-TRIS缓冲液40 mL，搅拌均匀至样品完全分散在缓冲液中。

②α-淀粉酶酶解：向上述四个烧杯中分别加入50 μL α-淀粉酶液缓慢搅拌，加盖铝箔，于95℃～100℃恒温振荡水浴中振摇，温度升至95℃开始计时，35 min后将烧杯取出。冷却至60℃，打开铝箔盖，用刮勺轻轻将附着于烧杯内壁的环状物以及烧杯底部的胶状物刮下，用10 mL水冲洗烧杯壁和刮勺。

③蛋白酶酶解：将四个烧杯置于60℃±1℃水浴中，向各烧杯中依次加入100 μL蛋白酶溶液，盖上铝箔，持续振摇30 min。随后打开铝箔盖，边搅拌边加入5 mL 3 mol/L乙酸溶液。用1 mol/L的氢氧化钠溶液或1 mol/L的盐酸溶液调节试样液pH至4.5±0.2，注意试样温度始终保持在60℃±1℃。

④淀粉葡萄糖苷酶酶解：向四个烧杯中加入100 μL淀粉葡萄糖苷酶，边加边搅拌，盖上铝箔，在60℃±1℃水浴中持续振摇30 min。

（3）测定

①总膳食纤维（TDF）测定。沉淀：向每个烧杯中加入预热至60℃±1℃的95%的乙醇（乙醇与试样液体积比为4∶1，预热后体积约为225 mL），取出烧杯，盖上铝箔，于室温条件下沉淀1 h，在此过程中，可溶性与不溶性膳食纤维均会发生沉淀。抽滤：取已加入硅藻土并干燥称量的坩埚，用15 mL 78%的乙醇将硅藻土润湿并铺平，抽滤去除乙醇。并使硅藻土平铺于坩埚滤板上。将试样乙醇沉淀液转移入坩埚中，并用刮勺和78%的乙醇将烧杯中所有残渣转至坩埚中，随后抽滤去除乙醇；洗涤：依次用15 mL 78%的乙醇、15 mL 95%的乙醇和15 mL丙酮分别清洗沉淀2次，将坩埚连同残

渣在 105℃烘干过夜。随后将坩埚置干燥器中冷却 1 h 后称量(m_{GR})，精确至 0.1 mg。减去处理后坩埚质量(m_G)，计算试样残渣质量(m_R)。

蛋白质和灰分的测定：将 2 份试样残渣分别按 GB 5009.5—2016 和 GB 5009.4—2016 测定并计算蛋白质质量(m_P)和灰分质量(m_A)，蛋白质质量以氮(N)含量乘以 6.25 计算。

②不溶性膳食纤维(IDF)测定。样品的制备与酶解过程同上。将酶解好的试样溶液全部转移至坩埚中抽滤，残渣用 10 mL 70℃热水洗涤 2 次，收集并合并滤液，用于可溶性膳食纤维的测定。残渣依次用 15 mL 78％的乙醇、15 mL 95％的乙醇和 15 mL 丙酮分别清洗沉淀 2 次，随后进行干燥、称重、计算(过程同总膳食纤维测定)残渣质量。

按总膳食纤维测定中蛋白质和灰分的测定方法测定蛋白质和灰分。

③可溶性膳食纤维。向测定不溶性膳食纤维过程中产生的滤液中加入 4 倍体积的 95％的乙醇(预热至 60℃)，室温下沉淀 1 h，再按照总膳食纤维测定的测定步骤过滤、干燥、称重，记录残渣质量及残渣中的蛋白质和灰分质量。

4. 结果计算

计算公式如式(13-20)、式(13-21)、式(13-22)、式(13-23)所示。

$$m_B = \overline{m}_{BR} - m_{BP} - m_{BA} \tag{13-20}$$

式中：m_B——试剂空白质量，g；$\overline{m}_{BR}$——双份试剂空白残渣质量均值，g；m_{BP}——试剂空白残渣中蛋白质质量，g；m_{BA}——试剂空白残渣中灰分质量，g。

$$m_R = m_{GR} - m_G \tag{13-21}$$

式中：m_R——试样残渣质量，g；m_{GR}——处理后坩埚及残渣质量，g；m_G——处理后坩埚质量，g。

$$f = \frac{m_C}{m_D} \tag{13-22}$$

式中：f——试样制备时因干燥、脱脂、脱糖导致质量变化的校正因子；m_C——试样制备前质量，g；m_D——试样制备后质量，g。

$$X = \frac{\overline{m}_R - m_P - m_A - m_B}{\overline{m} \times f} \times 100\% \tag{13-23}$$

式中：X——试样中膳食纤维的含量，g/100 g；$\overline{m}_R$——双份试样残渣质量均值，g；m_P——试样残渣中蛋白质质量，g；m_A——试样残渣中灰分质量，g；m_B——试剂空白质量，g；$\overline{m}$——双份试样取样质量均值，g。

5. 说明与注意事项

①该方法为国家标准 GB 5009.88—2014 中测定食品中膳食纤维的方法，也是美国官方分析化学家学会(AOAC)认可的方法。该方法适用于所有植物性食品及其制品中总的、可溶性和不溶性膳食纤维的测定。

②该方法测定的总膳食纤维为不能被 α-淀粉酶、蛋白酶和葡萄糖苷酶酶解的碳水化合物，主要包括纤维素、半纤维素、果胶、木质素、部分回生淀粉等，不包括聚合度 3～12 的可溶性膳食纤维，如聚葡萄糖、低聚果糖、低聚半乳糖、抗性麦芽糊精及抗性淀粉等。

③当试样中添加了低聚果糖、低聚半乳糖、聚葡萄糖及抗性淀粉、抗性麦芽糊精等符合膳食纤维定义却无法通过该法检出的成分时，可用适宜方法测定相应的单体成分再加上用该方法测出的总膳食纤维量。

④若试样中抗性淀粉含量大于 40%，可延长加热 α 淀粉酶酶解时间至 90 min，如必要也可另加入 10 mL 二甲基亚砜（DMSO）帮助淀粉分散。

13.5 果胶物质的测定

天然果胶类物质包括原果胶、果胶酯酸和果胶酸。其基本结构是 D-半乳糖醛酸以 α-1,4-糖苷键聚合而成的多糖链。除 D-半乳糖醛酸以外，果胶类物质中还含有鼠李糖、阿拉伯糖、半乳糖和木糖等其他糖类。原果胶是不溶于水的物质，但可在酸、碱、盐等化学试剂及酶的作用下产生果胶酯酸。果胶酯酸是指甲氧基比例较大的多聚半乳糖醛酸，可溶于水，在果胶酶或酸、碱的作用下可水解为果胶酸。果胶酸可溶于水，是最简单的果胶类物质，它是果胶酯酸和原果胶的构成单位。纯的果胶酸，应当是半乳糖醛酸通过 α-1,4-糖苷键连接而成的没有分支的线型分子。目前，人们对于果胶还没有统一的科学定义，而通称果胶类物质，或果胶多糖。

果胶物质是存在于所有高等植物细胞壁中的一种结构多糖，于植物组织中与纤维素、半纤维素、木质素和蛋白质等相互交联，使细胞组织结构更加坚固，可表现出固有的形态。果胶类物质在食品工业上常被用作胶凝剂制造、果冻、果酱和果胶软糖等，也可作为稳定剂提高酸乳制品的稳定性，还可用于改善烘焙食品的口感、风味和质构。测定果胶类物质的方法有重量法、咔唑比色法、滴定法和高效液相色谱法等。以下主要介绍重量法和咔唑比色法。

13.5.1 重量法

1. 原理

先用 70% 乙醇使果胶沉淀，再依次用乙醇、乙醚除去可溶性糖类、脂肪、色素等物质，然后在碱性条件下使果胶皂化生成果胶酸钠，再用醋酸酸化生成果胶酸，加入钙盐使之生成果胶酸钙沉淀，干燥后称重，根据果胶酸钙的质量折算出果胶质量。

2. 操作步骤

(1)样品处理

①新鲜样品：称取 30～50 g 试样，切成薄片，置于放有 99% 乙醇的 500 mL 锥形瓶中，沸腾回流 15 min，冷却后用布氏漏斗过滤。残渣转移至研钵中，边磨碎，边滴加 70% 的热乙醇，冷却后再过滤，反复操作至滤液不呈糖类的反应（用苯酚—硫酸法检验）为止。残渣用 99% 乙醇洗涤脱水，再用乙醚洗涤以除去脂类和色素，将乙醚挥干。

②干燥样品：粉碎、过 60 目筛，称取 5～10 g 样品于烧杯中，加入热的 70% 乙醇，充分搅拌，过滤，反复操作至滤液不呈糖类的反应。残渣用 99% 的乙醇洗涤，再用乙醚洗涤并将乙醚挥干。

（2）果胶的提取

①水溶性果胶：用 150 mL 水将上述残渣转入 250 mL 烧杯中，加热并保持沸腾 1 h，加热过程中随时补充蒸发掉的水分，样液冷却后转入 250 mL 容量瓶中，用水定容至刻度、摇匀、过滤、弃去初滤液、续滤液备测。

②总果胶：用 150 mL 加热至沸腾的 0.05 mol/L 的盐酸溶液把残渣移入 250 mL 锥形瓶中，于沸水浴中加热回流 1 h，冷却后移入 250 mL 容量瓶，加 2 滴甲基红指示剂。用 0.5 mol/L 氢氧化钠溶液中和，用水定容、摇匀、过滤、弃去初滤液、续滤液备测。

（3）测定

取 25 mL 提取液（能生成果胶酸钙 25 mg 左右）于 500 mL 烧杯中，加入 100 mL 0.1mol/L 的氢氧化钠溶液，充分搅拌，放置 0.5 h，再加入 50 mL 1 mol/L 醋酸溶液，放置 5 min，边搅拌边缓缓加入 1 mol/L 氯化钙溶液 25 mL，放置 1 h，加热煮沸 5 min，趁热用烘干至恒重的滤纸（或 G_2 垂融坩埚）过滤，用热水洗涤至无氯离子（用 10% 硝酸银检验）为止。滤渣同滤纸一并被放入称量瓶中，于 105℃（G_2 垂融漏斗可直接放入）干燥至恒重。

3. 结果计算

计算公式如式（13-24）所示。

$$X = \frac{(m_1 - m_2)}{m \times \frac{25}{250}} \times 0.9233 \times 100\% \tag{13-24}$$

式中：X——果胶物质的含量（以果胶酸计），%；m_1——果胶酸钙和滤纸或垂融坩埚质量，g；m_2——滤纸或垂融坩埚的质量，g；m——样品质量，g；25——测定所取的提取液体积，mL；250——提取液总体积，mL；0.9233——果胶酸钙换算为果胶酸的系数。

4. 注意事项

①新鲜样品中含果胶酶，会将果胶类物质水解，因此，将样品加入 95% 的乙醇中，煮沸回流，使酶钝化。

②糖分检验可采用苯酚—硫酸法。取 1 mL 试样于试管中，加入 1 mL 5% 苯酚水溶液和 5 mL 硫酸，混匀，如溶液呈褐色，表明检液中含有糖分。

③加入氯化钙时，边搅拌边滴加，以减小过饱和度，并避免局部过浓。

④采用热过滤和热水洗涤沉淀，是为降低溶液的黏度，加快过滤和洗涤速度，并增大杂质的溶解度，使其易被洗去。

13.5.2 咔唑比色法

1. 原理

果胶经水解，产物半乳糖醛酸可在强酸环境下与咔唑试剂产生缩合反应，生成紫红色化合物，其呈色深浅与半乳糖醛酸含量成正比，可测定溶液在 530 nm 下吸光度，用标准曲线法定量。

2. 主要试剂

精制乙醇：取无水乙醇或 95％乙醇 1 000 mL，加入 4 g 锌粉，4 mL 硫酸(1∶1，体积比)，在水浴中回流 10 h，用全玻璃仪器蒸馏，馏出液每 1 000 mL 加锌粉和氢氧化钾各 4 g，重新蒸馏一次。

0.15％咔唑乙醇溶液的配制：称取化学纯咔唑 0.150 g，用精制乙醇定容至 100 mL。咔唑溶解缓慢，需搅拌。

半乳糖醛酸标准溶液：称取半乳糖醛酸 100 mg，用蒸馏水定容至 100 mL。以此为母液，配制 10~70 μg/mL 的半乳糖醛酸标准溶液。

3. 操作步骤

(1)样品的制备和果胶的提取

同重量法。

(2)标准曲线制作

取 8 支 50 mL 比色管，依次加入 12 mL 浓硫酸，置冰浴中缓慢地依次加入精制乙醇和浓度为 10、20、30、40、50、60、70 μg/mL 的半乳糖醛酸溶液各 2 mL，混匀后，再于冰浴中冷却。然后在沸水浴中准确加热 10 min，迅速冷至室温，依次加入 0.15％咔唑试剂 1 mL，混匀，在室温下放置 30 min，以加精制乙醇的管为空白，在 530 nm波长下测定各管溶液的吸光度，绘制标准曲线。

(3)测定

取果胶提取液，用水稀释到适当浓度(在标准曲线浓度范围内)。取 2 mL 稀释液于50 mL 比色管中，按标准曲线制作方法操作，测定吸光度。依照标准曲线，求出半乳糖醛酸含量。

4. 结果计算

计算公式如式(13-25)所示。

$$X=\frac{c\times K\times V}{W\times10^6}\times100\% \tag{13-25}$$

式中：X——试样中果胶类物质质量分数(以半乳糖醛酸计)，％；c——从标准曲线上查得的半乳糖醛酸浓度，μg/mL；K——提取液稀释倍数；V——提取液总体积，mL；W——样品质量，g。

5. 注意事项

①糖分的存在会使结果偏高，故提取果胶前需充分地洗涤除去糖分。

②硫酸浓度对呈色反应影响较大，可制作标准曲线，在测定样品时所用硫酸应为同规格、同批号的，以保证浓度一致。

13.6 碳水化合物的分离与鉴定

食品中含有多种碳水化合物、不同的碳水化合物含量各异。在分析过程中经常需要对食品中的碳水化合物种类及各自含量进行测定，因此需对这些碳水化合物进行有效的分离和鉴定，常用的分离、鉴定方法有液相色谱法、气相色谱（GC）法、毛细管电泳（CE）法等，下面分别进行介绍。

13.6.1　液相色谱法

液相色谱法可对食品中的单糖、寡糖进行定性和定量分析，也可用于多糖水解后的单糖分离。通过改变流动相的组成或固定相的吸附特性，不同组分因在固定相和流动相中的分配系数不同而被分离。可适用的样品浓度范围宽、精密度和准确性好，适用于食品中复杂碳水化合物的分析。

1. 常用检测器

由于糖没有比较强的生色团，因此在 200～1 000 nm 没有光吸收，故不适用于紫外检测器检测。液相色谱法分析碳水化合物常用的检测器有示差折光检测器、蒸发光散射检测器和脉冲安培检测器。

（1）示差折光检测器

对环境温度，流动相组成的微小变化非常敏感，所以分析时必须严格控温。因其是通用型检测器，所以碳水化合物以外的组分，可能会对检测有干扰。需注意示差折光检测器不适合梯度洗脱。

（2）蒸发光散射检测器

可检测挥发性低于流动相的任何样品，不需样品中有发色团。其灵敏度比示差折光检测器高，对温度变化不敏感，并且适合梯度洗脱，弥补了示差折光检测器的一些不足，但造价相对较高。

（3）脉冲安培检测器

具有极高的选择性和灵敏度，检测限低，常与离子交换色谱联用对碳水化合物进行分析。对葡萄糖的检测限可达 30 ppb。

2. 糖的紫外、荧光标记

糖通过衍生化连接上发色团或荧光基团后，便能够用相应的紫外和荧光检测器进行检测。

常用的糖类紫外衍生化试剂有：2，4-二硝基苯，对甲氧基苯胺，2-氨基吡啶、苯甲酸、对氨基苯甲酸乙酯等。其中，伯氨基衍生化试剂较为常用，但生成物不稳定，需经过 8 h 的还原反应才能生成稳定的衍生物，而且酮糖不能被还原。对氨基苯甲酸乙酯能适用于所有类型的糖的衍生化。

荧光的衍生化试剂主要有：8-氨基萘-1，3，6-三磺酸（ANTS），1-氨基芘-3，6，8-三磺酸（APTS）、甲基罗丹明等。

3. 色谱柱

氨基柱对大多数的单糖、低聚糖能够进行有效的分离。但是某些还原糖容易与固定相的氨基发生化学反应，产生席夫碱，使氨基柱的使用寿命缩短，而且氨基柱所需平衡时间较长。氨基柱常以乙腈—水做流动相，洗脱顺序是一般为单糖、糖醇、二糖和寡糖。适用于低分子碳水化合物的分析。

用于碳水化合物分析的阴离子交换柱主要以阴离子交换树脂为固定相。典型的固定相是以乙基乙烯基苯-二乙烯基苯聚合物为基核的，表面附聚具有季铵功能基的乳胶颗粒。这种有机高聚物在 pH 0～14 的溶液中和与水互溶的有机溶剂中稳定，可以强酸或者强碱性溶液做流动相。淋洗液主要是氢氧化钠或氢氧化钠和乙酸钠的混合液。一般的洗脱顺序是糖醇、单糖、二糖、寡糖。

4. 高效液相色谱法分析碳水化合物

以 GB 5009.8—2016 中的第一法高效液相色谱法为例。该法可同时测定食品中的果糖、葡萄糖、蔗糖、麦芽糖和乳糖。

（1）原理

试样中的果糖、葡萄糖、蔗糖、麦芽糖和乳糖经提取后，可利用高效液相色谱柱分离，用示差折光检测器或蒸发光散射检测器检测，外标法进行定量。

（2）色谱条件

流动相：乙腈：水＝70：30（体积比）；

流动相流速：1.0 mL/min；

色谱柱：氨基柱，柱长 250 nm，内径 4.6 mm，膜厚 5 μm。

柱温：40℃；

进样量：20 μL；

示差折光检测器条件：温度 40℃；

蒸发光散射检测器条件：飘移管温度：80～90℃；氮气压力：350 kPa；撞击器：关。

色谱图如图 13-3 所示。

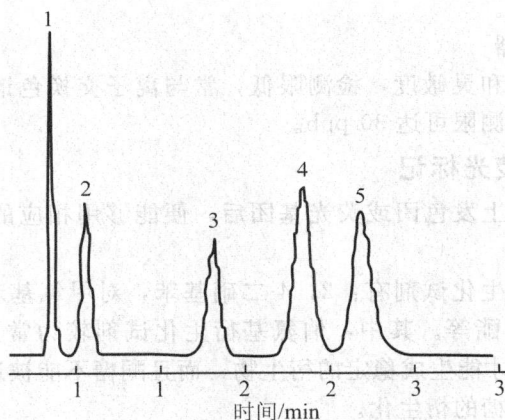

图 13-3　果糖、葡萄糖、蔗糖、麦芽糖和乳糖标准物质的蒸发光散射检测色谱图

1. 果糖；2. 葡萄糖；3. 蔗糖；4. 麦芽糖；5. 乳糖

注：引自国家标准 GB 5009.8—2016《食品安全国家标准　食品中果糖、葡萄糖、蔗糖、麦芽糖、乳糖的测定》

5. 离子交换色谱法分析碳水化合物

离子交换色谱与脉冲安培检测器联用在碳水化合物的分析中应用越来越多。糖的 pKa 在 12～14，属于弱酸。在高 pH 溶液中，碳水化合物的羟基解离，以阴离子形式存在，能够用离子交换树脂进行分离。

以国标 GB/T 21533—2008 为例。该标准中采用离子交换色谱法分析蜂蜜中的淀粉糖浆，可对蜂蜜是否掺假进行检测。

（1）原理

蜂蜜中不含五糖以上的寡糖，而各种淀粉糖浆中均含五糖以上的寡糖，去除样品中的果糖、葡萄糖，将寡糖富集后直接经阴离子交换色谱—电化学检测器检测，将五糖以上寡糖的存在作为蜂蜜中淀粉糖浆的判定指标。

（2）色谱条件

色谱柱：CarboPac™ PA200 3 mm × 250 mm（带 CarboPac™ PA200 3 mm × 50 mm 保护住）或相当性能的分离柱，柱温 30℃。

流动相：A：100％水；B：200 mmol/L 氢氧化钠，200 mmol/L 乙酸钠。梯度洗脱条件：0～5 min，A 90％；5～20 min，A 90％～70％；20～30 min，A 70％；30～40 min，A 70％～90％；40～50 min，A 90％。

检测器：电化学检测器；Au 工作电极；Ag/AgCl 参比电极。检测池温度30℃。

工作电位：0.00～0.20 s，0.10 V；0.20～0.40 s，0.10 V；0.40～0.41 s，0.10～2.00 V；0.41～0.42 s，−2.00 V；0.42～0.43 s，−2.00～0.60 V；0.43～0.44 s，0.60～−0.1 V；0.44～0.50 s，−0.1 V。

进样量：20 μL。

色谱图如图 13-4、图 13-5 所示。

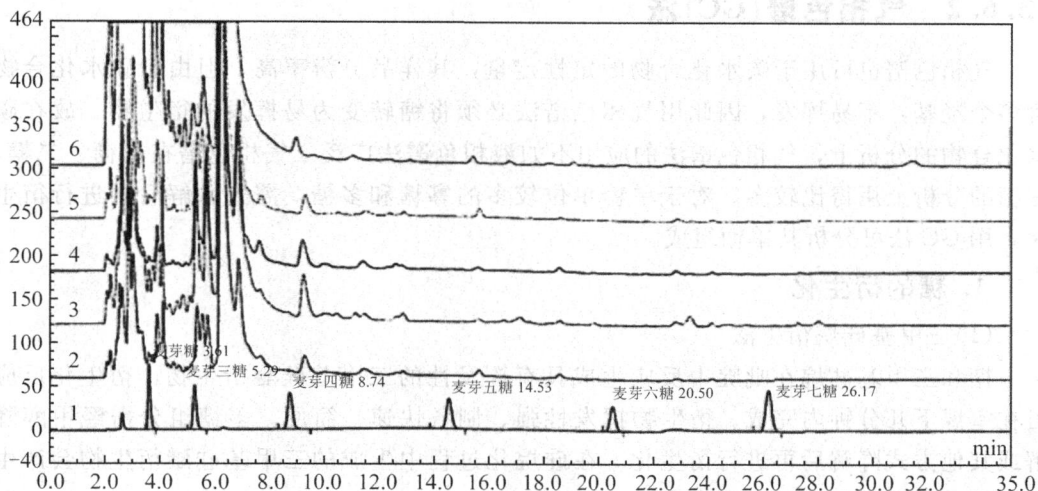

图 13-4 麦芽糖定位图与纯洋槐、枣花、椴树、荆条、油菜蜜的寡糖谱图

1. 2-7 麦芽糖标；2. 槐花纯蜜；3. 枣花纯蜜；4. 荆条纯蜜；5. 油菜纯蜜；6. 椴树纯蜜

注：引自国家标准 GB/T 21533—2008《蜂蜜中淀粉糖浆的测定—离子色谱法》。

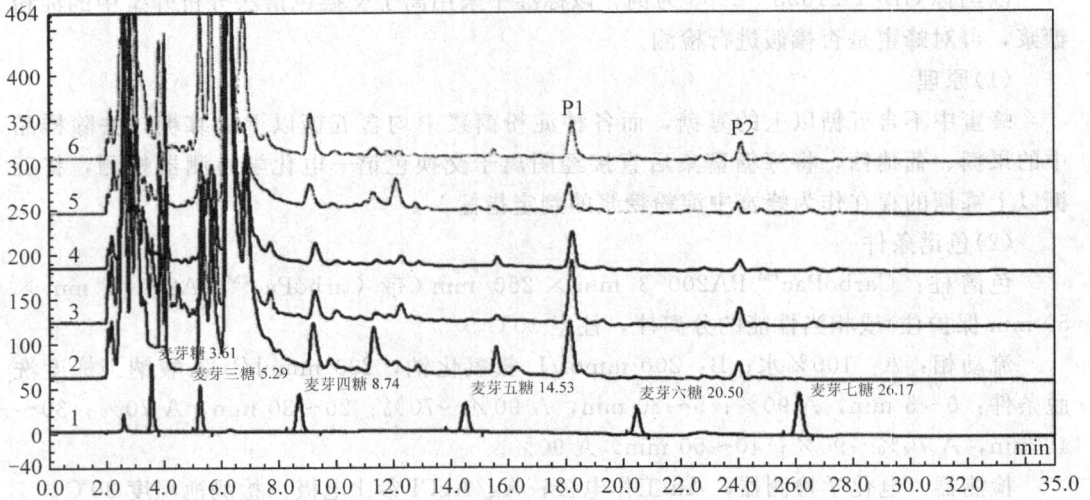

图 13-5　麦芽糖定位图与含 5%果葡糖浆的纯洋槐、枣花、椴树、荆条、油菜蜜的寡糖谱图

1. 2-7 麦芽糖标；2. 椴树纯蜜＋5%麦芽糖浆；3. 荆条纯蜜＋5%麦芽糖浆；4. 油菜纯蜜＋5%麦芽糖浆；5. 洋槐纯蜜＋5%麦芽糖浆；6. 枣花纯蜜＋5%麦芽糖浆；P1，P2. 果葡糖浆指纹峰

注：引自国家标准 GB/T 21533—2008《蜂蜜中淀粉糖浆的测定—离子色谱法》。

13.6.2　气相色谱(GC)法

气相色谱也可用于碳水化合物的定性定量，其样品分辨率高。但由于碳水化合物含多个羟基，不易挥发，因此用气相色谱法必须将糖转变为易挥发的衍生物。故在碳水化合物的分析上，气相色谱法的应用不如液相色谱法广泛。气相色谱在单糖、二糖、三糖的分析上用得比较多。对于单糖单位较多的寡糖和多糖，需先水解后再进行衍生化，用 GC 法可分析其单糖组成。

1. 糖的衍生化

(1)三甲基硅烷衍生法

糖和三甲基硅烷在吡啶中反应生成具有挥发性的三甲基硅醚衍生物。衍生化反应可在室温下几分钟内完成。衍生物挥发性强、制备快速、简便。多糖组分需经甲醇降解或其他方式降解后再进行衍生化。在硅烷化过程中生成的三甲基硅醚衍生物会产生异构体，在色谱图上会出现多个峰，干扰检测。

(2)糖醇乙酸酯衍生法

先用硼氢化钠将糖还原为糖醇。反应完后，再用乙酸酐的吡啶溶液加热处理糖醇可得糖醇的乙酸酯衍生物。该方法的优点是每种单糖都能得到单一的色谱峰。需注意的是采用该方法进行糖的衍生化处理，果糖会同时被还原为 D-山梨醇和 D-甘露醇，干扰检测。缺点是需要除去硼酸盐和去水，过程操作烦琐。若以 1-甲基咪唑替代吡啶做催化剂可避免反复去除硼酸盐和去水的过程。

此外，还有糖醇三氟乙酸衍生法、糖腈乙酸酯衍生法等。

2. 检测器

氢火焰离子化检测器(FID)是应用较广的气相色谱检测器，对有机物有较高的灵敏度，也是 GC 法分析碳水化合物使用最多的检测器。如果在糖的衍生化过程中引入电负性较强的原子(如三氟乙酰化)，可选择更为灵敏的电子捕获检测器(ECD)。此外，质谱检测器在碳水化合物的分析中使用越来越多。

3. 色谱柱

一些中极性的固定液常用于硅烷化衍生物的分析，如 XE-6、XF-1150、QF-1 等。酰基衍生物尤其是三氟乙酸衍生物，比相应糖苷的乙酸酯衍生物保留时间短，常采用极性较强的固定液进行分析，但需注意固定液的温度上。氰烷硅酮类，如 OV-225，OV-275，SP-2340 等有较高的温度上限。

4. GC 法分析碳水化合物

以下为 GC 检测橙汁中的碳水化合物的实例。首先将碳水化合物用三甲基硅烷进行衍生化，再用 GC 进行分析。

色谱条件如下：

气相色谱仪：Hewlett-Packard 8290；

检测器：氢火焰离子化检测器；

色谱柱：Methyl Silicone，7.5 m×0.25 mm；

温度：200～270℃，20℃/min。

色谱图如图 13-6 所示。

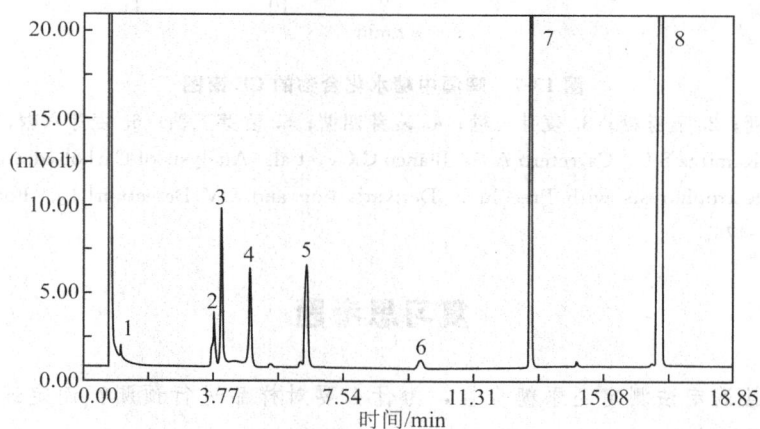

图 13-6　橙汁中碳水化合物色谱图

1、2、3. 果糖；4、5. 葡萄糖；6. 肌醇；7. 内标；8. 蔗糖

注：引自 Villamiel M，Martinez-Castro I，Olano A，et al. Quantitative determination of carbohydrates in orange juice by gas chromatography[J]. Z Lebensm Unters Forsch A，1998，206：48-51。

13.6.3 毛细管电泳(CE)法

CE 具有样品用量少，分析速度快，分别率高等优点。其原理是在高压电场的驱动作用下，被分析物随电渗流由阳极向阴极移动，由于质荷比不同而得到分离。CE 常用的检测方法有紫外可见检测，激光诱导荧光检测、电化学检测等。由于碳水化合物不带电，也无较强的生色团。因此，CE 对碳水化合物进行检测也需事先对碳水化合物进行衍生化。衍生化试剂有苯乙胺、对氨基苯甲酸乙酯、6-氨基喹啉、对氨基苯甲酸等。多数采用对碳水化合物进行柱前衍生化，但是缺点是会导致灵敏度和分别率下降，检测的复杂性增加。为了避免这些问题可采用柱上衍生化。以下是用 CE 法对啤酒中的 6 种糖进行分离的结果。

CE 条件：

毛细管：内径 75 μm，总长 57 cm；

运行电压：20 kV；

进样：动力进样 8 s；

检测波长：280 nm；

缓冲液：20 mm 硼酸盐缓冲液，pH 10.2。

色谱图如图 13-7 所示。

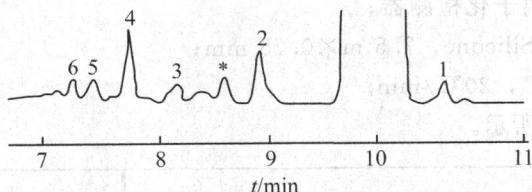

图 13-7　啤酒中糖水化合物的 CE 谱图

1. 葡萄糖；2. 麦芽糖；3. 麦芽三糖；4. 麦芽四糖；5. 麦芽五糖；6. 麦芽六糖；*. 未知

注：引自 Ramirez S C，Carretero A S，Blanco C C，et al. Analysis of Carbohydrates in Beverages by Capillary Electrophoresis with Precolumn Derivatization and UV Detection[J]. Food Chemistry, 2004，87：471-476。

复习思考题

1. 用直接滴定法测定还原糖含量，为什么要对样品进行预测？滴定速度的快慢对测定结果有何影响？

2. 直接滴定法测还原糖为何要用还原糖标准液标定碱性酒石酸铜溶液？

3. 直接滴定法和高锰酸钾法测还原糖有何异同？

4. 用盐酸水解法测定蔗糖为何要严格控制水解条件？

5. 酶水解法和酸水解法测定淀粉含量，各有何优缺点？

6. 根据膳食纤维测定流程图中的操作，说明每步的目的。

7. 食品中的总糖和营养学中的总糖概念有何不同，用蒽酮法测总糖含量，如何排除多糖的干扰？

第 14 章　维生素的测定

14.1　概述

维生素是维持人体正常生命活动所必需的一类天然有机化合物。其种类很多，目前已确认的有 30 余种，其中被认为对维持人体健康和促进发育至关重要的有 20 余种。维生素的种类很多，根据其溶解性可将它们分为脂溶性维生素和水溶性维生素两大类。脂溶性维生素如维生素 A、维生素 D、维生素 E、维生素 K 等，在生物体内的存在和吸收都与脂肪有关。而水溶性维生素又可分为 B 族和 C 族两类。在这些维生素中，人体比较容易缺乏而在营养上又较重要的维生素有维生素 A、维生素 D、维生素 E、维生素 B_1、维生素 B_2、维生素 B_5、维生素 C 等。绿色植物是人和动物所需维生素的重要来源。

食品中维生素的含量主要取决于食品的品种及该食品的加工工艺与储存条件。许多维生素对光、热、氧、pH 敏感。在正常摄食条件下，没有任何一种食物含有可满足人体所需要的全部维生素，人们必须在日常生活中合理调配饮食结构，来获得适量的各种维生素。测定食品中维生素的含量，在评价食品的营养价值，开发利用富含维生素的食品资源，指导人们合理调整膳食结构，防止维生素缺乏症，研究维生素在食品加工、储存等过程中的稳定性，指导人们制定合理的工艺及储存条件，监督维生素强化食品的强化剂量，防止因摄入过多而引起维生素中毒等方面，具有十分重要的意义和作用。测定食品中的维生素含量，是食品营养成分分析的主要项目之一。

维生素大多不够稳定，易于分解。因此，在样品的采集、处理及保存时应特别注意，一般取样后应立即测定。

维生素的分析方法有生物鉴定法、微生物法、化学法和仪器法。生物鉴定法不但非常费时（21 d）、费力，而且需要有动物饲养设施和场地，一般仅在没有其他合适的可选方法，或者要求测定分析样品的生物利用率的情况下才使用。微生物法是基于微生物生长需要特定的维生素，方法特异性强、灵敏度高、不需特殊仪器，样品不需经化学改性，但费时较长，仅限于水溶性维生素的测定。仪器分析方法中，有荧光法、分光光度法、色谱法、酶法、免疫法等多种方法，它们快速、灵敏、有较好的选择性。荧光法用于硫胺素的测定具有良好的准确性与灵敏度，且经济、简便、省时，被国内外广泛作为标准测定方法。高效液相色谱法可用于大多数维生素的分析，并且在某些条件下可同时分析几种维生素或同效维生素（维生素的异构体），但分析费用较高。不同的分析方法所适用的食品基质有所区别，在选择分析方法时应予以注意。食品中维生素含量的表示，一般均以质量表示。

本章主要介绍食品中比较常见的几种维生素的测定。

14.2 脂溶性维生素的测定

食物中的脂溶性维生素常与类脂物质共存，摄入时一同被人体吸收。脂溶性维生素具有以下的理化性质。

1. 溶解性

脂溶性维生素不溶于水，易溶于脂肪、丙酮、三氯甲烷、乙醚、苯、乙醇等有机溶剂。

2. 耐酸碱性

维生素 A、维生素 D 对酸不稳定，对碱稳定；维生素 E 在无氧情况下，对热、酸、碱稳定。维生素 K 对酸、碱都不稳定。

3. 耐热、耐光、耐氧化性

维生素 A、维生素 D、维生素 E、维生素 K 耐热性都好，但维生素 A 易被氧化，光和热会促进其氧化。维生素 D 性质稳定，不易被氧化。维生素 E 容易被氧化，对可见光稳定但易被紫外线破坏。维生素 K 对热稳定，但容易被光、氧化剂及醇破坏。

根据上述性质，测定脂溶性维生素时通常先用皂化法处理样品，水洗去除类脂物。然后用有机溶剂提取脂溶性维生素（不皂化物），浓缩后溶于适当的溶剂中进行测定。在皂化和浓缩时，为防止维生素的氧化分解，常加入抗氧化剂（如焦性没食子酸，抗坏血酸等）。对于某些含脂肪量低、脂溶性维生素含量较高的样品，可以先用有机溶剂抽提，然后皂化，再提取。对于那些对光敏感的维生素，分析操作一般需要在避光条件下进行。

14.2.1 维生素 A 的测定

维生素 A 又名视黄醇，只存在于动物组织中，在植物体内则以胡萝卜素的形式存在。维生素 A 为条状淡黄色晶体，熔点 $62\sim64^{\circ}C$，不溶于水，能溶于乙醇、甲醇、氯仿、乙醚和苯等有机溶剂。易被氧化破坏，对酸不稳定，但却经得起沸腾的碱处理。维生素 A 具有促进正常生长与繁殖、维持上皮组织与视力正常的生理功能。维生素 A 有许多异构体，在动物脂肪中存在的维生素 A 的母体化合物称为视黄醇，即维生素 A_1，在鱼肝油中存在一种类视黄醇物质，其生物效能为视黄醇的 40%，在 3 位上脱氢，称作 3-脱氢视黄醇，又称作维生素 A_2。

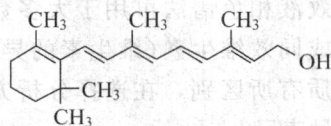

维生素A_1

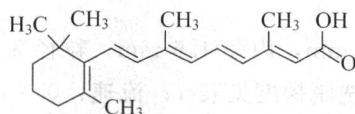

维生素A₂

维生素 A 的测定方法有三氯化锑比色法、紫外分光光度法、荧光法、气相色谱法和高效液相色谱法。液相色谱法灵敏度高、简单易行，也是国家标准 GB 5009.82—2016 的第一法，这里仅介绍此法。

1. 原理

试样中的维生素 A 及维生素 E 经皂化、提取、净化、浓缩后，C_{30} 或 PFP 反相液相色谱柱分离，紫外检测器或荧光检测器检测，外标法定量。

2. 样品分析

将一定数量的样品按要求经过缩分、粉碎均质后，储存于样品瓶中，避光冷藏，尽快测定。

(1)皂化

①不含淀粉样品：称取 2～5 g 经均质处理的固体试样或 50 g 液体试样于 150 mL 平底烧瓶中，固体试样需加入约 20 mL 温水，混匀，再加入 1.0 g 抗坏血酸和 0.1 g BHT，混匀，加入 30 mL 无水乙醇，加入 10～20 mL 氢氧化钾溶液，边加边振摇，混匀后于 80℃ 恒温水浴振荡皂化 30 min，皂化后立即用冷水冷却至室温。

②含淀粉样品：称取 2～5 g 经均质处理的固体试样或 50 g 液体样品于 150 mL 平底烧瓶中，固体试样需用约 20 mL 温水混匀，加入 0.5～1 g 淀粉酶，放入 60℃ 水浴中避光恒温振荡 30 min 后，取出，向酶解液中加入 1.0 g 抗坏血酸和 0.1 g BHT，混匀，加入 30 mL 无水乙醇，10～20 mL 氢氧化钾溶液，边加边振摇，混匀后于 80℃ 恒温水浴中振荡皂化 30 min，皂化后立即用冷水冷却至室温。

(2)提取

将皂化液用 30 mL 水转入 250 mL 的分液漏斗中，加入 50 mL 石油醚—乙醚混合液，振荡萃取 5 min，将下层溶液转移至另一 250 mL 的分液漏斗中，加入 50 mL 的混合醚液再次萃取，合并醚层。

(3)洗涤

用约 100 mL 水洗涤醚层，约需重复 3 次，直至将醚层洗至中性(可用 pH 试纸检测下层溶液)，去除下层水相。

(4)浓缩

将洗涤后的醚层经无水硫酸钠滤入 250 mL 旋转蒸发瓶或氮气浓缩管中，用约 15 mL 石油醚冲洗分液漏斗及无水硫酸钠 2 次，并入蒸发瓶内，并将其接在旋转蒸发仪或气体浓缩仪上，于 40℃ 水浴中减压蒸馏或气流浓缩，待瓶中醚液剩下约 2 mL 时，取下蒸发瓶，立即用氮气吹至近干。用甲醇分次将蒸发瓶中残留物溶解并转移至 10 mL 容量瓶，定容至刻度。溶液过 0.22 μm 有机系滤膜后供高效液相色谱测定。

(5)色谱参考条件

色谱柱：C_{30}柱(柱长 250 mm，内径 4.6 mm，粒径 3 μm)或相当者；柱温：20℃；流动相：A：水；B：甲醇，洗脱梯度见表1；流速：0.8 mL/min；紫外检测波长：维生素 A 为 325 nm；维生素 E 为 294 nm；进样量：10 μL；如表 14-1 所示。

表 14-1　C_{30}色谱柱—反相高效液相色谱法洗脱梯度参考条件

时间/min	流动相 A/%	流动相 B/%	流速/(mL/min)
0.0	4	96	0.8
13.0	4	96	0.8
20.0	0	100	0.8
24.0	0	100	0.8
24.5	4	96	0.8
30.0	4	96	0.8

(6)标准曲线的制作

采用外标法定量。将维生素 A 和维生素 E 标准系列工作溶液分别注入高效液相色谱仪中，测定相应的峰面积，以峰面积为纵坐标，以标准测定液浓度为横坐标绘制标准曲线，计算直线回归方程。

(7)样品测定

试样液经高效液相色谱仪分析，测得峰面积，采用外标法通过上述标准曲线计算其浓度。

3. 结果计算

试样中维生素 A 或维生素 E 的含量按式(14-1)计算：

$$X = \frac{\rho \times V \times f \times 100\%}{m} \qquad (14\text{-}1)$$

式中：X——试样中维生素 A 或维生素 E 的含量，维生素 A 单位为微克每百克(μg/100 g)，维生素 E 单位为毫克每百克(mg/100 g)；ρ——根据标准曲线计算得到的试样中维生素 A 或维生素 E 的浓度，μg/mL；V——定容体积，mL；f——换算因子(维生素 A：$f=1$；维生素 E：$f=0.001$)；100——试样中量以每 100 g 计算的换算系数；

m——试样的称样量，g。

计算结果保留三位有效数字。

注：如维生素 E 的测定结果要用 α-生育酚当量(α-TE)表示，可按下式计算：维生素 E(mgα-TE/100 g) = α-生育酚(mg/100 g) + β-生育酚(mg/100 g) × 0.5 + γ-生育酚 (mg/100 g) × 0.1 + δ-生育酚(mg/100 g) × 0.01。

4. 讨论

①在重复性条件下获得的两次独立测定结果的绝对差值不得超过算术平均值的 10%。

②当取样量为 5 g，定容 10 mL 时，维生素 A 的紫外检出限为 10 μg/100 g，定量

限为 30 $\mu g/100$ g；生育酚的紫外检出限为 40 $\mu g/100$ g，定量限为 120 $\mu g/100$ g。

③本法摘自 GB 5009.82—2016 的第一法，适用于食品中维生素 A 的测定。

14.2.2 维生素 D 的测定

维生素 D 是指含有抗佝偻病活性的一类物质，又称钙（或骨）化醇，系类固醇的衍生物，是一类关系钙、磷代谢的活性物质。自然界中以多种形式存在，具有维生素 D 活性的化合物约有 10 种，记作维生素 D_2、维生素 D_3、维生素 D_4 等，其中最重要的是维生素 D_2、维生素 D_3 及其维生素 D 原。维生素 D_2 无天然存在，维生素 D_3 只存在于某些动物性食品中。但它们都可由维生素 D 原（麦角固醇和 7-脱氢胆固醇）经紫外线照射形成。

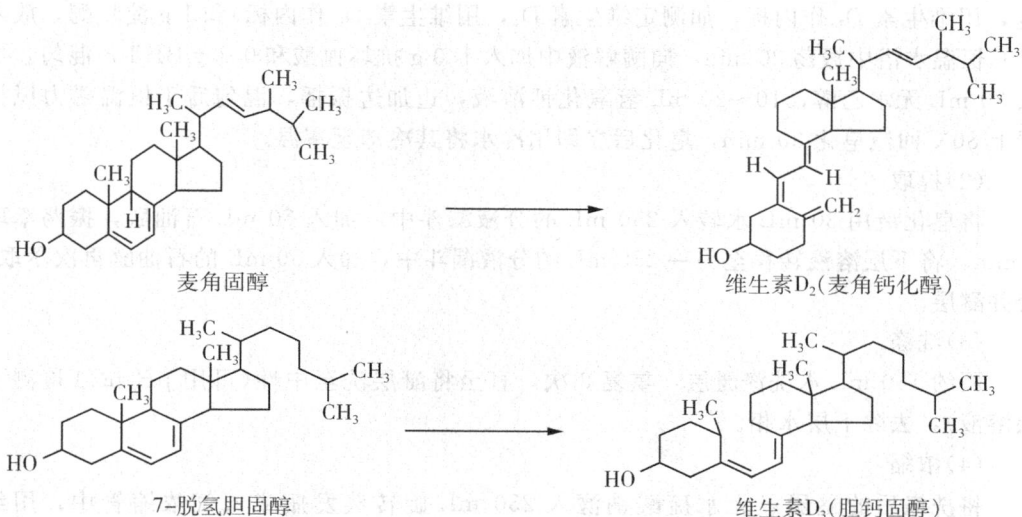

麦角固醇 → 维生素D_2（麦角钙化醇）

7-脱氢胆固醇 → 维生素D_3（胆钙固醇）

维生素 D 的测定方法有：比色法、紫外分光光度法、高效液相色谱法、薄层层析法等。比色法灵敏度度，但操作十分复杂、费时。气相色谱法虽然操作简单、精密度也高，但灵敏度低。液相色谱—串联质谱法和高效液相色谱法是国家标准 GB 5009.82—2016 第三法和第四法，这里仅介绍第四法—高效液相色谱法。

1. 原理

试样中的维生素 D_2 或维生素 D_3 经氢氧化钾乙醇溶液皂化、提取、净化、浓缩后，用正相高效液相色谱半制备，反相高效液相色谱 C_{18} 柱色谱分离，经紫外或二极管阵列检测器检测，内标法（或外标法）定量。如测定维生素 D_2，可用维生素 D_3 作内标；如测定维生素 D_3，可用维生素 D_2 作内标。

2. 样品测定

（1）试样处理

将一定数量的样品按要求经过缩分、粉碎、均质后，储存于样品瓶中，避光冷藏，尽快测定。

处理过程应避免紫外光照，尽可能避光操作。如样品中只含有维生素 D_3，可用维

生素 D_2 作内标；如只含有维生素 D_2，可用维生素 D_3 作内标；否则，用外标法定量，但需要验证回收率能满足检测要求。

①不含淀粉样品。称取 5～10 g 经均质处理的固体试样或 50 g 液体样品于 150 mL 平底烧瓶中，固体试样需加入 20～30 mL 温水，加入 1.00 mL 内标使用溶液（如测定维生素 D_2，用维生素 D_3 作内标；如测定维生素 D_3，用维生素 D_2 作内标。），再加入 1.0 g 抗坏血酸和 0.1 g BHT，混匀。加入 30 mL 无水乙醇，加入 10～20 mL 氢氧化钾溶液，边加边振摇，混匀后于恒温磁力搅拌器上 80℃ 回流皂化 30 min，皂化后立即用冷水冷却至室温。

②含淀粉样品。称取 5～10 g 经均质处理的固体试样或取 50 g 液体样品置于 150 mL 平底烧瓶中，固体试样需加入约 20 mL 温水，加入 1.00 mL 内标使用溶液（如测定维生素 D_2，用维生素 D_3 作内标；如测定维生素 D_3，用维生素 D_2 作内标）和 1 g 淀粉酶，放入 60℃ 恒温水浴中振荡 30 min，向酶解液中加入 1.0 g 抗坏血酸和 0.1 g BHT，混匀。加入 30 mL 无水乙醇，10～20 mL 氢氧化钾溶液，边加边振摇，混匀后于恒温磁力搅拌器上 80℃ 回流皂化 30 min，皂化后立即用冷水将其冷却至室温。

（2）提取

将皂化液用 30 mL 水转入 250 mL 的分液漏斗中，加入 50 mL 石油醚，振荡萃取 5 min，将下层溶液转移至另一 250 mL 的分液漏斗中，加入 50 mL 的石油醚再次萃取，合并醚层。

（3）洗涤

用约 150 mL 水洗涤醚层，重复 3 次，直至将醚层洗至中性（可用 pH 试纸检测下层溶液），去除下层水相。

（4）浓缩

将洗涤后的醚层经无水硫酸钠滤入 250 mL 旋转蒸发瓶或氮气浓缩管中，用约 15 mL 石油醚冲洗分液漏斗及无水硫酸钠 2 次，并入蒸发瓶内，并将其接在旋转蒸发器或气体浓缩仪上，于 40℃ 水浴中减压蒸馏或气流浓缩，待瓶中醚剩下约 2 mL 时，取下蒸发瓶，氮吹至干，用正己烷定容至 2 mL，0.22 μm 有机系滤膜过滤供半制备正相高效液相色谱系统半制备，净化待测液。

（5）测定条件

①维生素 D 待测液的净化。

色谱柱：硅胶柱，柱长 250 mm，内径 4.6 mm，粒径 5 μm，或具同等性能的色谱柱；流动相：环己烷＋正己烷（1+1），并按体积分数 0.8% 加入异丙醇；流速：1 mL/min；波长：264 nm；柱温：35℃±1℃；进样体积：500 μL。

②半制备正相高效液相色谱系统适用性实验。

取约 1.00 mL 维生素 D_2 和 D_3 标准中间使用液于 10 mL 具塞试管中，在 40℃± 2℃ 的氮吹仪上吹干。残渣用 10 mL 正己烷振荡溶解。取该溶液 100 μL 注入液相色谱仪中测定，确定维生素 D 保留时间。然后将 500 μL 待测液注入液相色谱仪中，根据维生素 D 标准溶液保留时间收集维生素 D 馏分于试管中。将试管置于 40℃ 水浴中，并用氮气吹干，取出准确加入 1.0 mL 甲醇，残渣振荡溶解，即为维生素 D 测定液。

③反相液相色谱参考条件。色谱柱：C_{18}柱，柱长 250 mm，柱内径 4.6 mm，粒径 5 μm，或具同等性能的色谱柱；流动相：甲醇＋水＝95＋5；流速：1 mL/min；检测波长：264 nm；柱温：35℃±1℃；进样量：100 μL。

（6）标准曲线的制作

分别将维生素 D_2 或维生素 D_3 标准系列工作液注入反相液相色谱仪中，得到维生素 D_2 和维生素 D_3 峰面积。以两者峰面积比为纵坐标，以维生素 D_2 或维生素 D_3 标准工作液浓度为横坐标分别绘制维生素 D_2 或维生素 D_3 标准曲线。

（7）样品测定

吸取维生素 D 测定液 100 μL 注入反相液相色谱仪中，得到待测物与内标物的峰面积比值，根据标准曲线得到待测液中维生素 D_2（或维生素 D_3）的浓度。

3. 结果计算

试样中维生素 D_2（或维生素 D_3）的含量按式（14-2）计算：

$$X=\frac{\rho \times V \times f \times 100\%}{m} \tag{14-2}$$

式中：X——试样中维生素 D_2（或维生素 D_3）的含量，μg/100 g；ρ——根据标准曲线计算得到的试样中维生素 D_2（或维生素 D_3）的浓度，μg/mL；V——正己烷定容体积，mL；f——待测液稀释过程的稀释倍数；100——试样中量以每 100 g 计算的换算系数；m——试样的称样量，g。

计算结果保留三位有效数字。

4. 讨论

①在重复性条件下获得的两次独立测定结果的绝对差值不得超过算术平均值的 15%。

②当取样量为 10 g 时，维生素 D_2 或维生素 D_3 的检出限为 0.7 μg/100 g，定量限为 2 μg/100 g。

14.2.3　维生素 E 的测定

维生素 E 又称生育酚，属于酚类物质。其各种异构体广泛存在于植物种子以及植物油脂中，可通过动物肝脏储存于动物体内，但不能由人体自身合成，只能通过食物或营养补充剂摄入。因此，维生素 E 在肉类、乳制品以及果蔬当中也有分布。自然存在的维生素 E，根据其色环上的甲基数目及位置的不同，可分为 4 种生育酚（α-T，β-T，γ-T，δ-T）以及它们不饱和形式的 4 种生育三烯酚（α-T3，β-T3，γ-T3，δ-T3）（见表 14-2）。

表 14-2　生育酚和生育三烯酚

生育酚结构	生育三烯酚结构	R_1	R_2
α-生育酚（α-T） （5，7，8-三甲基生育酚）	α-生育酚（α-T3） （5，7，8-三甲基生育三烯酚）	Me	Me
β-生育酚（β-T） （5，8-二甲基生育酚）	β-生育酚（β-T3） （5，8-二甲基生育三烯酚）	Me	H

续表

生育酚结构	生育三烯酚结构	R₁	R₂
γ-生育酚(γ-T) (7,8-二甲基生育酚)	γ-生育酚(γ-T3) (7,8-二甲基生育三烯酚)	H	Me
δ-生育酚(δ-T) (8-甲基生育酚)	δ-生育酚(δ-T3) (8-甲基生育三烯酚)	H	H

维生素 E 为黄色油状液体，溶于脂溶性溶剂，对热稳定，在酸性环境比碱性环境中稳定。在无氧条件下，对热与光以及对碱性环境也相对较为稳定。维生素 E 具有抗氧化的功能，可使细胞膜上不饱和脂肪酸免于被氧化破坏，也可以保护巯基不被氧化，而保持某些酶活性，有人把它用作防衰老剂。

维生素 E 的测定方法有比色法、荧光法、气相色谱法和液相色谱法等。比色法虽操作简单，但灵敏度不高，易受其他物质的干扰，荧光法适用于 α-生育酚含量较高的样品测定，对于 α-生育酚含量不多的植物性样品，由于其他异构体含量较多，且每一种同系物的激发波长和发射波长的荧光强度不尽相同，因此测定误差较大。这里介绍正相高效液相色谱法测定维生素 E 的方法(GB 5009.82—2016 第二法)。

1. 原理

试样中的维生素 E 经有机溶剂提取、浓缩后，用高效液相色谱酰氨基柱或硅胶柱分离，经荧光检测器检测，外标法定量。

2. 样品测定

将一定数量的样品按要求经过缩分、粉碎、均质后，储存于样品瓶中，避光冷藏，尽快测定。

(1)试样处理

①植物油脂：称取 0.5～2 g 油样于 25 mL 的棕色容量瓶中，加入 0.1 g BHT，加入 10 mL 流动相超声或涡旋振荡溶解后，用流动相定容至刻度，摇匀。溶液过孔径为 0.22 μm 的有机系滤头于棕色进样瓶中，待进样。

②奶油、黄油：称取 2～5 g 样品于 50 mL 的离心管中，加入 0.1 g BHT，45℃水浴融化，加入 5 g 无水硫酸钠，涡旋 1 min，混匀，加入 25 mL 流动相超声或涡旋振荡提取，离心，将上清液转移至浓缩瓶中，再用 20 mL 流动相重复提取 1 次，合并上清液至浓缩瓶中，在旋转蒸发器或气体浓缩仪上，于 45℃水浴中减压蒸馏或气流浓缩，待瓶中醚剩下约 2 mL 时，取下蒸发瓶，立即用氮气吹干。用流动相将浓缩瓶中残留物溶解并转移至 10 mL 容量瓶中，定容至刻度，摇匀。溶液过 0.22 μm 有机系滤膜后，可供高效液相色谱测定。

③坚果、豆类、辣椒粉等干基植物样品：称取 2～5 g 样品，用索氏提取仪或加速溶剂萃取仪提取其中的植物油脂，将含油脂的提取溶剂转移至 250 mL 蒸发瓶内，于 40℃水浴中减压蒸馏或气流浓缩至干，取下蒸发瓶，用 10 mL 流动相将油脂转移至 25 mL 容量瓶中，加入 0.1 g BHT，超声或涡旋振荡溶解后，用流动相定容至刻度，

摇匀。溶液过孔径为 0.22 μm 有机系滤头于棕色进样瓶中，待进样。

（2）色谱参考条件

色谱柱：酰氨基柱（柱长 150 mm，内径 3.0 mm，粒径 1.7 μm）或相当者；柱温：30℃；流动相：正己烷＋［叔丁基甲基醚－四氢呋喃－甲醇混合液（20＋1＋0.1）］＝90＋10；流速：0.8 mL/min；荧光检测波长：激发波长 294 nm，发射波长 328 nm；进样量：10 μL。

注：可用 Si_{60} 硅胶柱（柱长 250 mm，内径 4.6 mm，粒径 5 μm）分离 4 种生育酚异构体，推荐流动相为正己烷与 1，4-二氧六环按（95＋5）的比例混合。

（3）标准曲线的制作

本法采用外标法定量。将维生素 E 标准系列工作溶液从低浓度到高浓度分别注入高效液相色谱仪中，测定相应的峰面积。以峰面积为纵坐标，标准溶液浓度为横坐标绘制标准曲线，计算直线回归方程。

（4）样品测定

试样液经高效液相色谱仪分析，测得峰面积，采用外标法通过上述标准曲线计算其浓度。在测定过程中，建议每测定 10 个样品用同一份标准溶液或标准物质检查仪器的稳定性。

3. 结果计算

试样中 α-生育酚、β-生育酚、γ-生育酚或 δ-生育酚的含量，按式（14-3）计算。

$$X = \frac{\rho \times V \times F \times 100\%}{m} \qquad (14\text{-}3)$$

式中：X——试样中 α-生育酚、β-生育酚、γ-生育酚或 δ-生育酚的含量，mg/100 g；ρ——根据标准曲线计算得到的试样中 α-生育酚、β-生育酚、γ-生育酚或 δ-生育酚的浓度，μg/mL；V——定容体积，mL；f——换算因子（$f=0.001$）；100——试样中量以每百克计算的换算系数；m——试样的称样量，g。

计算结果保留三位有效数字。

注：如维生素 E 的测定结果要用 α-生育酚当量（α-TE）表示，可按下式计算：维生素 E（mgα-TE/100 g）＝α-生育酚（mg/100 g）＋β-生育酚（mg/100 g）×0.5＋γ-生育酚（mg/100 g）×0.1＋δ-生育酚（mg/100 g）×0.01。

4. 讨论

①在重复性条件下获得的两次独立测定结果的绝对差值不得超过算术平均值的 10%。

②当取样量为 2 g，定容 25 mL 时，各生育酚的检出限为 50 μg/100 g，定量限为 150 μg/100 g。

14.2.4　维生素 K 的测定

维生素 K，又叫凝血维生素，具有多种衍生物，自然界中有叶绿醌系 K_1、甲萘醌系维生素 K_2，还有人工合成的维生素 K_3 等。维生素 K_1 主要存在于天然绿叶蔬菜和动物内脏中，是维生素 K 检测的主要目标物。维生素 K_3 多用于强化食品和饲料，维生素

K_2 主要由肠道中的大肠杆菌、乳酸菌等合成，可被肠壁吸收。

GB 5009.158—2016 中第一法为高效液相色谱—荧光检测法，第二法为液相色谱—串联质谱法，均适用于各类配方食品、植物油、水果和蔬菜中维生素 K_1 的测定。在此介绍液相色谱—串联质谱法。

1. 原理

婴幼儿食品和乳品、植物油等样品经脂肪酶和淀粉酶酶解，用正己烷提取样品中的维生素 K_1 后，用 C_{18} 液相色谱柱将维生素 K_1 与其他杂质分离，串联质谱检测，采用同位素内标法定量。

水果、蔬菜等低脂性植物样品，用异丙醇和正己烷提取其中的维生素 K_1，经中性氧化铝柱净化，去除叶绿素等干扰物质。用 C_{18} 液相色谱柱将维生素 K_1 与其他杂质分离，串联质谱检测，采用同位素内标法定量。

2. 样品测定

(1)试样处理

米粉、乳粉等粉状样品经混匀后，直接取样；片状、颗粒状样品，经样本粉碎机磨成粉，储存于样品袋中备用；液态乳、植物油等液态样品摇匀后，直接取样；水果、蔬菜等取可食部分，水洗干净，用纱布擦去表面水分，经匀浆器匀浆，储存于样品瓶中备用。制样后，需尽快测定。

①婴幼儿食品和乳品、植物油。

a. 酶解。准确称取经均质的试样 1～5 g 于 50 mL 离心管中，加入同位素内标使用液(1 μg/mL)0.25 mL,加入 5 mL 温水溶解(液体样品直接吸取 5 mL，植物油需加水稀释)，加入磷酸盐缓冲液(pH 8.0)5 mL，混匀，加入 0.2 g 脂肪酶和 0.2 g 淀粉酶(不含淀粉的样品可以不加淀粉酶)，加盖，涡旋 2～3 min，混匀后，置于 37℃±2℃恒温水浴振荡器中振荡 2 h 以上，使其充分酶解。

b. 提取。取出酶解好的试样，分别加入 10 mL 乙醇及 1 g 碳酸钾，混匀后加入 10 mL 正己烷，涡旋提取 10 min，6 000 r/min 离心 3 min，转移上清液至另一个 50 mL 离心管中，向下层液再加入 10 mL 正己烷，涡旋 5 min，6 000 r/min 离心 3 min，合并上清液，将正己烷定容至 25 mL，待净化。

c. 净化。在上述提取液中加入 20 mL 水，振摇 0.5 min，静置分层后，分取 5 mL 上清液于 10 mL 的玻璃试管中，氮吹至干，加入 1 mL 甲醇溶解，用 0.22 μm 滤膜过滤，滤液待进样。

不加试样，按同一操作方法做空白实验。

②水果、蔬菜样品。

a. 提取。准确称取 1～5 g 经均质匀浆的样品于 50 mL 离心管中，加入同位素内标使用液(1μg/mL)0.25 mL，加入 5 mL 异丙醇，涡旋 1 min，超声提取 5 min，加入 10 mL 正己烷，涡旋振荡提取 3 min，6 000 r/min 离心 5 min，移取上清液于 25 mL 棕色容量瓶中，向下层溶液中再加入 10 mL 正己烷，重复提取 1 次，合并上清液于上述容量瓶中，将正己烷定容至刻度，用移液管准确分取上清液 5～10 mL 于试管中，采用氮气将其轻吹至干，加入 1 mL 正己烷溶解，待净化。

b. 净化。将上述 1 mL 提取液用少量正己烷转移至预先用 5 mL 正己烷活化的中性氧化铝柱中，待提取液流至近干时，用 5 mL 正己烷淋洗，用 6 mL 正己烷—乙酸乙酯混合液洗脱至 10 mL 试管中，氮气吹干后加入 1 mL 甲醇，过 0.22 μm 滤膜，滤液供分析测定。

不加试样，按同一操作方法做空白实验。

（2）色谱参考条件

色谱柱：C$_{18}$柱，柱长 50 mm，内径 2.1 mm，粒径 1.8 μm，或具同等性能的色谱柱；流动相：甲醇（含 0.025% 甲酸＋2.5 mmol/L 甲酸铵）；流速：0.3 mL/min；柱温：30℃；进样量：5 μL。

（3）质谱参考条件

电离方式：ESI＋；鞘气温度：375℃；鞘气流速：12 L/min；喷嘴电压：500 V；雾化器压力：172 kPa；毛细管电压：4500 V；干燥气温度：325℃；干燥气流速：10 L/min；多反应监测（MRM）模式。

锥孔电压和碰撞能量见表 14-3。

表 14-3　MRM 分析的质谱参数

化合物	母离子（m/z）	子离子（m/z）	碰撞能量/eV
维生素 K$_1$	451	187* 227	23 22
维生素 K$_1$—维生素 D$_7$	458	178 194*	30 23

（4）标准曲线的制作

将标准系列工作溶液按浓度由低到高注入液相色谱—质谱仪中进行测定，测得相应色谱峰的峰面积，以标准系列工作溶液中维生素 K$_1$ 的浓度为横坐标，维生素 K$_1$ 的色谱峰的峰面积与同位素内标色谱峰的峰面积的比值为纵坐标，绘制标准曲线。

（5）试样溶液的测定

将试样溶液注入液相色谱—质谱仪进行测定，测得相应色谱峰的峰面积，根据标准曲线得到试样溶液中维生素 K$_1$ 的浓度。如试样溶液中维生素 K$_1$ 的浓度超出线性范围，则需适当减少取样量按上述试样处理后重新测定。

（6）定性

试样中目标化合物色谱峰的保留时间与标准色谱峰的保留时间相比较，变化范围应在 ±2.5% 之内。待测化合物定性离子色谱峰的信噪比应≥3，定量离子色谱峰的信噪比应≥10。

每种化合物的质谱定性离子应出现，至少应包括一个母离子和两个子离子，而且同一检测批次，对同一化合物，样品中目标化合物的两个子离子的相对丰度比与浓度相当的标准溶液相比，其允许偏差不超过表 14-4 规定的范围。

表 14-4　定性时相对离子丰度的最大允许偏差

相对离子丰度	>50%	>20%～50%	>10%～20%	≤10%
允许相对偏差	±20%	±25%	±30%	±50%

3. 结果计算

试样中维生素 K_1 的含量按式(14-4)计算：

$$X=\frac{\rho \times V_1 \times V_3 \times 100\%}{m \times V_2 \times 1\ 000} \tag{14-4}$$

式中：X——试样中维生素 K_1 的含量，$\mu g/100\ g$；ρ——由标准曲线得到的试样溶液中维生素 K_1 的浓度，ng/mL；V_1——提取液总体积，mL；V_3——定容液的体积，mL；100——将结果单位由 $\mu g/g$ 换算为 $\mu g/100\ g$ 样品中含量的换算系数；m——试样的称样量，g；V_2——分取的提取液体积，mL；

1 000——将浓度单位由 ng/mL 换算为 $\mu g/mL$ 的换算系数。

计算结果保留三位有效数字。

4. 讨论

①在重复性条件下获得的两次独立测定结果的绝对差值不得超过算术平均值的10%。

②婴幼儿食品和乳品、植物油，当取样量为 1 g，提取液分取 5 mL，浓缩后定容 1 mL 时，检出限为 1.5 $\mu g/100\ g$，定量限为 5 $\mu g/100\ g$；果蔬样品当取样量为 5 g，提取液分取 5 mL，浓缩后定容 1 mL 时，检出限为 0.3 $\mu g/100\ g$，定量限为 1 $\mu g/100\ g$。

14.3　水溶性维生素的测定

水溶性维生素包括维生素 B_1（硫胺素）、维生素 B_2（核黄素）、维生素 B_6（吡哆醇、吡哆醛、吡哆胺）、维生素 PP（烟酸）、叶酸、泛酸（维生素 B_3）、生物素（维生素 B_7）、维生素 C 等，广泛存在于动植物组织中，在食物中常以辅酶的多种形式存在，满足组织需要后，多余的量都能从机体排出。

水溶性维生素都易溶于水，而不溶于苯、乙醚、氯仿等大多数有机溶剂。在酸性介质中很稳定，即使加热也不被破坏；但在碱性介质中不稳定，如果同时加热，更易于被破坏或分解。它们易受空气、光、热、酶、金属离子等影响。维生素 B_2 对光，特别是紫外线敏感，易被光线破坏；维生素 C 对氧、铜离子敏感，易被氧化。

根据上述性质，测定水溶性维生素时，一般多在酸性溶液中进行前处理。维生素 B_1、B_2 通常采用盐酸水解，或再经淀粉酶、木瓜蛋白酶等酶解作用，使结合态维生素游离出来，再进行提取。为进一步去除杂质，还可用活性人造浮石、硅镁吸附剂等进行纯化处理。维生素 C 通常用草酸、草酸—乙醇、偏磷酸—乙醇溶液直接提取。维生素 C 既具有有机酸的性质，也具有还原剂的性质。草酸价廉，使用方便，对维生素 C 有很好的稳定作用；偏磷酸本身不稳定，与水结合可逐渐变成磷酸，只能保存 7～10 d，且价格较贵，溶解费时，但它能沉淀蛋白质，澄清提取液，适合于蛋白质含量高的样品。

14.3.1 维生素 C 的测定

维生素 C 又名抗坏血酸，自然界存在的有 L-型、D-型两种，D-型的生物活性仅为 L 型的 1/10。维生素 C 广泛存在于植物组织中，新鲜的水果、蔬菜中含量都很丰富。维生素 C 具有较强的还原性，对光敏感，氧化后的产物称为脱氢抗坏血酸，仍然具有生理活性，进一步水解则生成 2，3-二酮古乐糖酸，失去生理作用。食品分析中的所谓总抗坏血酸是指抗坏血酸和脱氢抗坏血酸二者的总量，不包括二酮古乐糖酸和进一步的氧化产物。

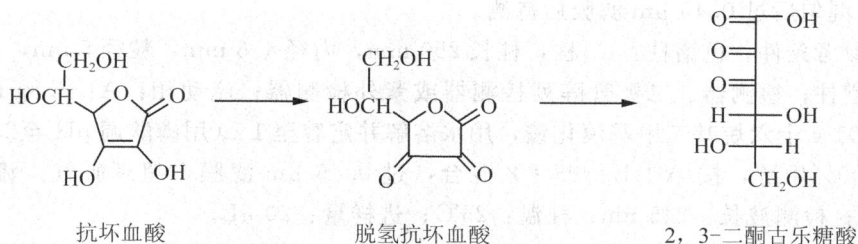

抗坏血酸　　　　　　　脱氢抗坏血酸　　　　　2，3-二酮古乐糖酸

测定维生素 C 的常用方法有靛酚滴定法、苯肼比色法、荧光法和高效液相色谱法等。靛酚滴定法测定的是还原型抗坏血酸，该法简便，也较灵敏，但特异性差，样品中的其他还原性物质（如 Fe^{2+}、Sn^{2+}、Cu^{2+} 等）会干扰测定，测定结果往往偏高。苯肼比色法和荧光比色法测得的都是抗坏血酸和脱氢抗坏血酸的总量，其中以荧光法受干扰的影响较小，准确度较高。GB 5009.86—2016 中高效液相色谱法、荧光法、2，6-二氯靛酚滴定法分别是第一法、第二法和第三法。

1. 高效液相色谱法

（1）原理

试样中的抗坏血酸用偏磷酸溶解超声提取后，以离子对试剂为流动相，经反相色谱柱分离，其中 L（＋）-抗坏血酸和 D（－）-抗坏血酸直接用配有紫外检测器的液相色谱仪（波长 245 nm）测定；试样中的 L（＋）-脱氢抗坏血酸经 L-半胱氨酸溶液进行还原后，用紫外检测器（波长 245 nm）测定 L（＋）-抗坏血酸总量，或减去原样品中测得的 L（＋）-抗坏血酸含量而获得 L（＋）-脱氢抗坏血酸的含量。以色谱峰的保留时间定性，外标法定量。

（2）样品测定

①试样制备。

a. 液体或固体粉末样品：混合均匀后，应立即用于检测。

b. 水果、蔬菜及其制品或其他固体样品：取 100 g 左右样品加入等质量 20 g/L 的偏磷酸溶液中，经均质机均质并混合均匀后，应立即测定。

②试样溶液的制备。称取相对于样品 0.5～2 g 混合均匀的固体试样或匀浆试样，或吸取 2～10 mL 液体试样［使所取试样含 L（＋）-抗坏血酸 0.03～6 mg］置于 50 mL 烧杯中，用 20 g/L 的偏磷酸溶液将试样转移至 50 mL 容量瓶中，振摇溶解并定容。摇

匀，全部转移至 50 mL 离心管中，超声提取 5 min 后，于 4 000 r/min 离心 5 min，取上清液过 0.45 μm 水相滤膜，滤液待测[由此试液可同时分别测定试样中 L(＋)-抗坏血酸和 D(－)-抗坏血酸的含量]。

③试样溶液的还原。准确吸取 20 mL 上述离心后的上清液于 50 mL 离心管中，加入 10 mL 40 g/L 的 L-半胱氨酸溶液，用 100 g/L 磷酸三钠溶液调节 pH 至 7.0～7.2，以 200 次/min 振荡 5 min。再用磷酸调节 pH 至 2.5～2.8，用水将试液全部转移至 50 mL 容量瓶中，并定容至刻度。混匀后取此试液过 0.45 μm 水相滤膜后待测[由此试液可测定试样中包括脱氢型的 L(＋)-抗坏血酸总量]。

若试样含有增稠剂，可准确吸取 4 mL 经 L-半胱氨酸溶液还原的试液，再准确加入 1 mL 甲醇，混匀后过 0.45 μm 滤膜后待测。

④仪器参考条件。色谱柱：C_{18}柱，柱长 250 mm，内径 4.6 mm，粒径 5 μm，或同等性能的色谱柱；检测器：二极管阵列检测器或紫外检测器；流动相：A：6.8g 磷酸二氢钾和 0.91 g 十六烷基三甲基溴化铵，用水溶解并定容至 1 L(用磷酸调 pH 至 2.5～2.8)，B：100％甲醇，按 A：B＝98：2 混合，过 0.45 μm 滤膜，超声脱气；流速：0.7 mL/min；检测波长：245 nm；柱温：25℃；进样量：20 μL。

⑤标准曲线制作。分别对抗坏血酸混合标准系列工作溶液进行测定，以 L(＋)-抗坏血酸[或 D(－)-抗坏血酸]标准溶液的质量浓度(μg/mL)为横坐标，L(＋)-抗坏血酸[或 D(－)-抗坏血酸]的峰高或峰面积为纵坐标，绘制标准曲线或计算回归方程。

⑥试样溶液的测定。对试样溶液进行测定，根据标准曲线得到测定液中 L(＋)-抗坏血酸[或 D(－)-抗坏血酸]的浓度(μg/mL)。

⑦空白实验。空白实验系指除不加试样外，采用完全相同的分析步骤、试剂和用量，进行平行操作。

(3)结果计算

试样中 L(＋)-抗坏血酸[或 D(－)-抗坏血酸]的含量和 L(＋)-抗坏血酸总量以毫克每百克表示，按式(14-5)计算：

$$X = \frac{(c_1 - c_0) \times V \times F \times 100\%}{m \times 100} \tag{14-5}$$

式中：X——试样中 L(＋)-抗坏血酸[或 D(－)-抗坏血酸、L(＋)-抗坏血酸总量]的含量，mg/100 g；c_1——样液中 L(＋)-抗坏血酸[或 D(－)-抗坏血酸]的质量浓度，μg/mL；c_0——样品空白液中 L(＋)-抗坏血酸[或 D(－)-抗坏血酸]的质量浓度，μg/mL；V——试样的最后定容体积，mL；m——实际检测试样质量，g；1 000——换算系数(由 μg/mL 换算成 mg/mL 的换算因子)；F——稀释倍数(若使用 6.3 还原步骤时，即为 2.5)；K——若使用 6.3 中甲醇沉淀步骤时，即为 1.25；100——换算系数(由 mg/g 换算成 mg/100 g 的换算因子)。

计算结果以重复性条件下获得的两次独立测定结果的算术平均值表示，结果保留三位有效数字。

(4)讨论

①在重复性条件下获得的两次独立测定结果的绝对差值不得超过算术平均值

的 10%。

②固体样品取样量为 2 g 时，L(+)-抗坏血酸和 D(-)-抗坏血酸的检出限均为 0.5 mg/100 g，定量限均为 2.0 mg/100 g。液体样品取样量为 10 g(或 10 mL)时，L(+)-抗坏血酸和 D(-)-抗坏血酸的检出限均为 0.1 mg/100 g(或 0.1 mg/100 mL)，定量限均为 0.4 mg/100 g(或 0.4 mg/100 mL)。

2. 荧光法

(1)原理

试样中 L(+)-抗坏血酸经活性炭氧化为 L(+)-脱氢抗坏血酸后，与邻苯二胺 (OPDA)反应生成有荧光的喹喔啉，其荧光强度与 L(+)-抗坏血酸的浓度在一定条件下成正比，以此测定试样中 L(+)-抗坏血酸总量。

注：L(+)-脱氢抗坏血酸与硼酸可形成复合物而不与 OPDA 反应，以此排除试样中荧光杂质产生的干扰。

(2)样品测定

①试液的制备。称取约 100 g 试样，加 100 g 偏磷酸—乙酸溶液，倒入捣碎机内打成匀浆，用百里酚蓝指示剂测试匀浆的酸碱度。若呈红色，即称取适量匀浆用偏磷酸—乙酸溶液稀释；若呈黄色或蓝色，则称取适量匀浆用偏磷酸—乙酸—硫酸溶液稀释，使其 pH 为 1.2。匀浆的取用量根据试样中抗坏血酸的含量而定。当试样液中抗坏血酸含量在 40~100 μg/mL，一般称取 20 g 匀浆，用相应溶液稀释至 100 mL，过滤，滤液备用。

②测定。

a. 氧化处理：分别准确吸取 50 mL 试样滤液及抗坏血酸标准工作液于 200 mL 具塞锥形瓶中，加入 2 g 活性炭，用力振摇 1 min，过滤，弃去最初数毫升滤液，分别收集其余全部滤液，即为试样氧化液和标准氧化液，待测定。

b. 分别准确吸取 10 mL 试样氧化液于两个 100 mL 容量瓶中，作为"试样液"和"试样空白液"。

c. 分别准确吸取 10 mL 标准氧化液于两个 100 mL 容量瓶中，作为"标准液"和"标准空白液"。

d. 于"试样空白液"和"标准空白液"中各加 5 mL 硼酸—乙酸钠溶液，混合摇动 15 min，用水稀释至 100 mL，在 4℃冰箱中放置 2~3 h，取出待测。

e. 于"试样液"和"标准液"中各加 5 mL 的 500 g/L 乙酸钠溶液，用水稀释至 100 mL，待测。

③标准曲线的制备。准确吸取上述"标准液"[L(+)-抗坏血酸含量 10 μg/mL]0.5、1.0、1.5、2.0 mL，分别置于 10 mL 具塞刻度试管中，用水补充至 2.0 mL。另准确吸取"标准空白液"2 mL 于 10 mL 带盖刻度试管中。在暗室中迅速向各管中加入 5 mL 邻苯二胺溶液，振摇混合，在室温下反应 35 min，于激发波长 338 nm、发射波长 420 nm 处测定荧光强度。以"标准液"系列荧光强度分别减去"标准空白液"荧光强度的差值为纵坐标，对应的 L(+)-抗坏血酸含量为横坐标，绘制标准曲线或计算直线回归方程。

④试样测定。分别准确吸取 2 mL"试样液"和"试样空白液"于 10 mL 具塞刻度试管

中，在暗室中迅速向各管中加入 5 mL 邻苯二胺溶液，振摇混合，在室温下反应 35 min，于激发波长 338 nm、发射波长 420 nm 处测定荧光强度。以"试样液"荧光强度减去"试样空白液"的荧光强度的差值于标准曲线上查得或在回归方程中计算测定试样溶液中 L(+)-抗坏血酸的总量。

（3）结果计算

试样中 L(+)-抗坏血酸总量，结果以毫克每百克表示，按式(14-6)计算：

$$X = \frac{c \times V \times F \times 100\%}{m \times 1\,000} \tag{14-6}$$

式中：X——试样中 L(+)-抗坏血酸的总量，mg/100 g；c——由标准曲线查得或回归方程计算的进样液中 L(+)-抗坏血酸的质量浓度，μg/mL；V——荧光反应所用试样体积，mL；m——实际检测试样质量，g；F——试样溶液的稀释倍数；100——换算系数；1 000——换算系数。

计算结果以重复性条件下获得的两次独立测定结果的算术平均值表示，结果保留三位有效数字。

（4）讨论

①在重复性条件下获得的两次独立测定结果的绝对差值不得超过算术平均值的 10%。

②当样品取样量为 10 g 时，L(+)-抗坏血酸总量的检出限为 0.044 mg/100 g，定量限为 0.7 mg/100 g。

3. 2，6-二氯靛酚滴定法

（1）原理

用蓝色的碱性染料 2，6-二氯靛酚标准溶液对含 L(+)-抗坏血酸的试样酸性浸出液进行氧化还原滴定，2，6-二氯靛酚被还原为无色，当到达滴定终点时，多余的 2，6-二氯靛酚在酸性介质中显浅红色，由 2，6-二氯靛酚的消耗量计算样品中 L(+)-抗坏血酸的含量。

（2）样品测定

①试液制备。称取具有代表性样品的可食部分 100 g，放入粉碎机中，加入 100 g 偏磷酸溶液或草酸溶液，迅速捣成匀浆。准确称取 10～40 g 匀浆样品于烧杯中，用偏磷酸溶液或草酸溶液将样品转移至 100 mL 容量瓶中，并稀释至刻度，摇匀后过滤。若滤液有颜色，可按每克样品加 0.4 g 白陶土脱色后再过滤。

②滴定。准确吸取 10 mL 滤液于 50 mL 锥形瓶中，用标定过的 2，6-二氯靛酚溶液滴定，直至溶液呈粉红色 15 s 不褪色为止。同时做空白实验。

（3）结果计算

试样中 L(+)-抗坏血酸含量按式(14-7)计算：

$$X = \frac{(V - V_0) \times T \times A \times 100\%}{m} \tag{14-7}$$

式中：X——试样中 L(+)-抗坏血酸含量，mg/100 g；V——滴定试样所消耗 2，6-二氯靛酚溶液的体积，mL；V_0——滴定空白所消耗 2，6-二氯靛酚溶液的体积，mL；

T——2，6-二氯靛酚溶液的滴定度，即每毫升 2，6-二氯靛酚溶液相当于抗坏血酸的毫克数（mg/mL）；A——稀释倍数；m——试样质量，g。

计算结果以重复性条件下获得的两次独立测定结果的算术平均值表示，结果保留三位有效数字。

（4）讨论

在重复性条件下获得的两次独立测定结果的绝对差值，在 L（＋）-抗坏血酸含量大于 20 mg/100 g 时，不得超过算术平均值的 2％。在 L（＋）-抗坏血酸含量小于或等于 20 mg/100 g 时，不得超过算术平均值的 5％。

14.3.2　维生素 B₁ 的测定

维生素 B₁ 又称抗神经炎素，它是由一个嘧啶环和一个噻唑环所组成的化合物，因其分子中既含有氮（N），又含有硫（S），故又称硫胺素。硫胺素常以盐酸盐的形式出现，为白色结晶，溶于水，微溶于乙醇，不易被氧化，比较耐热，特别是在酸性介质中相当稳定。但在碱性介质中对热极不稳定。亚硫酸盐在中性、碱性介质中能加速硫胺素的分解和破坏。硫胺素在碱性介质中可被铁氰化钾氧化产生硫色素，在紫外光照射下可产生蓝色荧光，可借此以荧光比色法定量。硫胺素能与多种重氮盐偶合呈现各种不同颜色，借此可用比色法测定。比色法灵敏度较低，准确度也稍差，适用于含硫胺素高的样品。高效液相色谱法和荧光法灵敏度很高，是目前常用的方法，也是GB 5009.84—2016 中第一法和第二法。在此仅介绍高效液相色谱法。

1. 原理

样品在稀盐酸介质中恒温水解、中和，再酶解，水解液用碱性铁氰化钾溶液衍生，正丁醇萃取后，经 C₁₈ 反相色谱柱分离，用高效液相色谱—荧光检测器检测，外标法定量。

2. 样品测定

（1）试样的制备

①液体或固体粉末样品：将样品混合均匀后，立即测定或于冰箱中冷藏。

②新鲜水果、蔬菜和肉类：取 500 g 左右样品（肉类取 250 g），用匀浆机或者粉碎机将样品均质后，制得均匀性一致的匀浆，立即测定或者于冰箱中冷冻保存。

③其他含水量较低的固体样品：如含水量在 15％ 左右的谷物，取 100 g 左右样品，用粉碎机将样品粉碎后，制得均匀性一致的粉末，立即测定或者于冰箱中冷藏保存。

（2）试样溶液的制备

①试液提取：称取 3～5 g 固体试样或者 10～20 g 液体试样置于 100 mL 锥形瓶中（带有软质塞子），加 60 mL 0.1 mol/L 盐酸溶液，充分摇匀，塞上软质塞子，在高压灭菌锅中于 121℃保持 30 min。水解结束待冷却至 40℃以下取出，轻摇数次；用 pH 计指示，用 2.0 mol/L 乙酸钠溶液调节 pH 至 4.0 左右，加入 2.0 mL 混合酶溶液，摇匀后，置于培养箱中 37℃过夜（约 16 h）；将酶解液全部转移至 100 mL 容量瓶中，用水定容至刻度，摇匀，离心或者过滤，取上清液备用。

②试液衍生化：准确移取上述上清液或者滤液 2.0 mL 于 10 mL 试管中，加入 1.0 mL 碱性铁氰化钾溶液，涡旋混匀后，准确加入 2.0 mL 正丁醇，再次涡旋混匀 1.5 min 后，静置约 10 min 或者离心，待充分分层后，吸取正丁醇相(上层)经 0.45 μm 有机微孔滤膜过滤，取滤液于 2 mL 棕色进样瓶中，供分析用。若试液中维生素 B_1 浓度超出线性范围的最高浓度值，应取上清液稀释适宜倍数，重新衍生后进样。

另取 2.0 mL 标准系列工作液，与试液同步进行衍生化。

(3)仪器参考条件

色谱柱：C_{18} 反相色谱柱(粒径 5 μm，250 mm×4.6 mm)或相当者；流动相：0.05 mol/L 乙酸钠溶液—甲醇(65+35)；流速：0.8 mL/min；检测波长：激发波长 375 nm，发射波长 435 nm；进样量：20 μL。

(4)标准曲线的制作

将标准系列工作液衍生物注入高效液相色谱仪中，测定相应的维生素 B_1 峰面积，以标准工作液的浓度(μg/mL)为横坐标，以峰面积为纵坐标，绘制标准曲线。

(5)试样溶液的测定

按照(3)的色谱条件，将试样衍生物溶液注入高效液相色谱仪中，得到维生素 B_1 的峰面积，根据标准曲线计算得到待测液中维生素 B_1 的浓度。

3. 结果计算

试样中维生素 B_1(以硫胺素计)含量按式(14-8)计算：

$$X = \frac{c \times V \times f}{m \times 1\ 000} \times 100\%$$ (14-8)

式中：X——试样中维生素 B_1(以硫胺素计)的含量，mg/100 g；c——由标准曲线计算得到的试液(提取液)中维生素 B_1 的浓度，μg/mL；V——试液(提取液)的定容体积，mL；f——试液(上清液)衍生前的稀释倍数；m——试样的质量，g。

计算结果以重复性条件下获得的两次独立测定结果的算术平均值表示，结果保留三位有效数字。

注：试样中测定的硫胺素含量乘换算系数 1.121，即得盐酸硫胺素的含量。

4. 讨论

在重复性条件下获得的两次独立测定结果的绝对差值不得超过算术平均值的 10%。

14.3.3　维生素 B_2 的测定

维生素 B_2 又名核黄素，是由核糖醇与异咯嗪连接而成的化合物。维生素 B_2 能溶于水，水溶液呈现强的黄绿色荧光，对空气、热稳定，在中性和酸性溶液中不易被破坏，即使短时间高压加热亦不至于破坏，在 120℃下加热 6 h 仅有少量破坏，但在碱性溶液中则较易被破坏。游离核黄素对光敏感，特别是紫外线，可产生不可逆分解。在碱性溶液中受光线照射很快能转化为光黄素，有较强的荧光强度。

测定核黄素常用的方法有荧光法和高效液相色谱法。荧光法又分为测定自身荧光的核黄素荧光法和测定光分解产物荧光的光黄素荧光法，前者分析精度不高，只适合于测定比较纯的试样，后者的灵敏度、精密度都较高，且只要提取完全，可省去将结合型核黄素转变为游离型的操作。高效液相色谱法具有简便、快速的特点。我国 GB 5009.85—2016 中第一法为高效液相色谱法，第二法为荧光分光光度法，在此仅介绍荧光分光光度法。

1. 原理

维生素 B_2 在 440～500 nm 波长光照射下发生黄绿色荧光。在稀溶液中其荧光强度与维生素 B_2 的浓度成正比。在波长 525 nm 下测定其荧光强度。试液再加入连二亚硫酸钠，将维生素 B_2 还原为无荧光的物质，然后再测定试液中残余荧光杂质的荧光强度，两者之差即为试样中维生素 B_2 所产生的荧光强度。

2. 样品测定

(1)试样制备

①试样的水解：取样品约 500 g，用组织捣碎机充分打匀均质，分装入洁净棕色磨口瓶中，密封，并做好标记，避光存放备用。

称取 2～10 g 均质后的试样于 100 mL 具塞锥形瓶中，加入 60 mL 0.1 mol/L 的盐酸溶液，充分摇匀，塞好瓶塞。将锥形瓶放入高压灭菌锅内，在 121℃下保持 30 min，冷却至室温后取出。用氢氧化钠溶液调 pH 至 6.0～6.5。

②试样的酶解：加入 2 mL 混合酶溶液，摇匀后，置于 37℃培养箱或恒温水浴锅中过夜酶解。

③过滤：将上述酶解液转移至 100 mL 容量瓶中，加水定容至刻度，用干滤纸过滤备用。此提取液在 4℃冰箱中可保存一周。

(2)氧化去杂质

视试样中核黄素的含量取一定体积的试样提取液及维生素 B_2 标准使用溶液分别置于 20 mL 的带盖刻度试管中，加水至 15 mL。各管加 0.5 mL 冰乙酸，混匀。加 0.5 mL 30 g/L 高锰酸钾溶液，摇匀，放置 2 min，使氧化去杂质。滴加 3％过氧化氢溶液数滴，直至高锰酸钾的颜色褪去。剧烈振摇试管，可使多余的氧气逸出。

(3)维生素 B_2 的吸附和洗脱

①维生素 B_2 吸附柱。硅镁吸附剂约 1 g 用湿法装入柱，占柱长 1/2～2/3(约 5 cm)为宜(吸附柱下端用一小团脱脂棉垫上)，勿使柱内产生气泡，调节流速约为 60 滴/min。

②过柱与洗脱。将全部氧化后的样液及标准液通过吸附柱后，用约 20 mL 热水淋洗样液中的杂质。然后用 5 mL 洗脱液将试样中维生素 B_2 洗脱至 10 mL 容量瓶中，再用 3～4 mL 水洗吸附柱，将洗出液合并至容量瓶中，用水定容至刻度，混匀后待测定。

(4)标准曲线的制备

分别精确吸取维生素 B_2 标准使用液 0.3、0.6、0.9、1.25、2.5、5.0、10.0、20.0 mL(相当于 0.3、0.6、0.9、1.25、2.5、5.0、10.0、20.0 μg 维生素 B_2)或取与试样含量相近的单点标准，按维生素 B_2 的吸附和洗脱步骤操作。

(5)试样溶液的测定

于激发光波长 440 nm、发射光波长 525 nm 处，测量试样管及标准管的荧光值。待试样管及标准管的荧光值测量后，在各管的剩余液中加 0.1 mL 20％连二亚硫酸钠溶液，立即混匀，在 20 s 内测出各管的荧光值，作各自的空白值。

3. 结果计算

试样中维生素 B_2 的含量按式(14-9)计算：

$$X = \frac{(A-B) \times S \times 100}{(C-D) \times m \times 1\,000} \times f \times \frac{100}{1\,000} \tag{14-9}$$

式中：X——试样中维生素 B_2（以核黄素计）的含量，mg/100 g；A——试样管的荧光值；B——试样管空白荧光值；S——标准管中维生素 B_2 的质量，μg；C——标准管的荧光值；D——标准管空白荧光值；m——试样质量，g；f——稀释倍数；100——换算为 100 g 样品中含量的换算系数；1 000——将浓度单位 $\mu g/100$ g 换算为 mg/100 g 的换算系数。

计算结果保留至小数点后两位。

4. 讨论

①在重复性条件下获得的两次独立测定结果的绝对差值不得超过算术平均值的 10%。

②当取样量为 10.00 g 时，方法检出限为 0.006 mg/100 g，定量限为 0.02 mg/100 g。

14.3.4　维生素 B_5 的测定

维生素 B_5 即烟酸或称维生素 PP，它包括烟酸和烟酰胺。在生物体内，它是脱氢酶的辅酶烟酰胺腺嘌呤二核苷酸（NAD^+）和烟酰胺腺嘌呤二核苷酸磷酸（$NADP^+$）的重要塑成成分，在代谢中起重要作用，参与葡萄糖的酵解、脂类代谢、丙酮酸代谢、戊糖合成以及高能磷酸键的形成。机体若缺乏烟酸，会患癞皮病。

烟酸的测定方法有比色法、色谱法和微生物法等。GB 5009.89—2016 中第一法为微生物法，第二法为高效液相色谱法，在此仅介绍微生物法。

1. 原理

烟酸（烟酰胺）是植物乳杆菌 *Lactobacillus plantarum*（ATCC8014）生长所必需的营养素，在一定控制条件下，其利用植物乳杆菌对烟酸和烟酰胺的特异性，在含有烟酸和烟酰胺的样品中生长形成的光密度来测定烟酸和烟酰胺的含量。

2. 样品测定

(1)储备菌种的制备

将菌种植物乳杆菌（ATCC8014）转接至乳酸杆菌琼脂培养基中，在 36℃±1℃ 恒温培养箱中培养 20~24 h，取出后放入 2~4℃ 冰箱中保存。每月至少传种一次，作为储备菌株保存。

实验前将储备菌株接种至乳酸杆菌琼脂培养基中，在 36℃±1℃ 恒温培养箱中培养 20~24 h 以活化菌株，用于接种液的制备。保存数周以上的储备菌种，不能立即用作接种液制备，实验前宜连续传种 2~3 代以保证菌株活力。

(2)接种液的制备

实验前一天，从乳酸杆菌琼脂培养基移取部分菌种于灭菌的 10 mL 乳酸杆菌肉汤培养基中，于 $36℃\pm1℃$ 恒温培养箱中培养 $6\sim18$ h。在无菌条件下离心该培养液 15 min，倾去上清液。加入 10 mL 已灭菌的生理盐水重新分散细胞，于旋涡混合器上快速混合均匀，离心 15 min，倾去上清液。重复离心和清洗步骤三次。从第三次细胞分散液中吸取 1 mL 加入 10 mL 已灭菌的生理盐水，使其充分混合均匀制成混悬液，备用。用 721 分光光度计，在 550 nm 波长下，以 0.9% 生理盐水为参比，读取该菌混悬液的透光值，用 0.9% 生理盐水或第三次细胞分散液调整透光值，使其范围在 $60\%\sim80\%$。立即使用。

（3）试样制备

谷薯类、豆类、坚果（去壳）等试样需粉碎、研磨、过筛（筛板孔径 $0.3\sim0.5$ mm）；乳粉、米粉等试样混匀；肉、蛋、鱼、动物内脏等用打碎机制成食糜；果蔬、半固体食品等试样需匀浆混匀；液体试样用前振摇混合。如不能马上检测，于 4℃ 冰箱保存。

（4）试样提取

准确称取烟酸试样，一般乳类、新鲜果蔬试样 $2\sim5$ g；谷类、豆类、坚果类、内脏、生肉、干制试样 $0.2\sim1$ g，液态试样 5 g；乳粉、米粉等准确称取适量试样 2 g；一般营养素补充剂、复合营养强化剂 $0.1\sim0.5$ g；食品 $0.2\sim1$ g；液体饮料或流质、半流质试样 $5\sim10$ g 于 100 mL 锥形瓶中，加入被检验物质干重 10 倍的硫酸溶液。在 121℃ 下，水解 30 min 后冷却至室温。用 0.1 mol/L 氢氧化钠溶液调 pH 至 $6.0\sim6.5$，再用 0.1 mol/L 盐酸调 pH 至 4.5 ± 0.1，用水定容至 100 mL，用无灰滤纸过滤，滤液备用。

（5）稀释

根据试样中烟酸含量用水对试样提取液进行适当稀释，使稀释后试样提取液中烟酸含量在 $50.0\sim500.0$ ng 范围内。

（6）测定系列管制备

①标准系列管：取试管分别加入烟酸标准工作液 0.00、0.5、1.0、1.5、2.0、2.5、3.0、4.0 和 5.00 mL，补水至 5.0 mL，相当于标准系列管中烟酸含量为 0.0、50、100、150、200、250、300、400、500 ng。加 5.0 mL 烟酸测定用培养基，见表 14-5。混匀。每个标准点应制备 3 管。

表 14-5　标准曲线管的制作

试管号/No.	1	2	3	4	5	6	7	8	9	10
蒸馏水/mL	5	5	4.5	4	3.5	3	2.5	2	1	0
标准溶液*/mL	0	0	0.5	1	1.5	2	2.5	3	4	5
培养基/mL	5	5	5	5	5	5	5	5	5	5

注：* 试管 No.1～2 中不添加标准溶液；2 中滴加菌液；

No.3～10 中添加标准品溶液的浓度依次增高。3 个重复。

②试样系列管：取 4 支试管，分别加入 1.0、2.0、3.0、4.0 mL 试样提取液，补水至 5.0 mL，加入 5.0 mL 烟酸测定用培养液，见表 14-6。混匀，每个浓度做 3 个重复。

表 14-6　试样管的制作

试管号/No.	1	2	3	4
蒸馏水/mL	4	3	2	1
样品/mL	1	2	3	4
培养基/mL	5	5	5	5

③灭菌：将所有的标准系列管和试样系列管测定管塞好棉塞，于 121℃（0.10～0.12 MPa）高压灭菌 5 min。灭菌完成后，迅速冷却，备用。

（7）培养

①接种：在无菌操作条件下，将接种液转入无菌滴管，向每支测定管中接种一滴。

②培养：将加完菌液的试管置于 36℃±1℃恒温培养箱中培养 16～24 h，直至获得最大浊度时，再培养 2 h 浊度无明显变化。另准备一支标准 0 管（含 0.0 ng 烟酸）不接种作为 0 对照管。

（8）测定

用厚度为 1 cm 比色杯，在波长为 550 nm 条件下读取光密度值，将培养好的测定管用涡旋混匀器混匀。以未接种 0 对照管调节透光率为 100%，然后依次测定标准系列管、试样系列管的透光率。取出最高浓度标准曲线管振荡 5 s，测定光密度值后，放回重新培养。2 h 后同等条件重新测该管的光密度，如果两次光密度的绝对差结果≤2%，则取出全部检验管测定标准溶液和试样的光密度。

（9）标准曲线的制作

以标准系列管烟酸含量为横坐标，光密度值为纵坐标，绘制标准曲线，也可对各个标准点做拟合曲线。各个标准点 3 支试管之间的光密度值的相对标准偏差应小于 10%，如果某一标准点 3 支试样管中有 2 支烟酸含量落在 50～500 ng 范围内，且该两管之间折合为每毫升试样提取液中烟酸含量的偏差小于 10%，则该结果可用，如果 3 支试样管中烟酸含量的相对标准偏差大于 10%，则该点舍去，不参与标准曲线的绘制。

3. 结果计算

试样结果计算：从标准曲线查得试样系列管中烟酸的相应含量（c），按式（14-10）进行结果计算。

测定液浓度按式（14-10）计算：

$$X = \frac{\rho \times V_1 \times f}{m} \times \frac{100}{1\,000} \tag{14-10}$$

式中：X——试样中烟酸含量，mg/100 g；ρ——试样系列管折合为试样提取液中烟酸浓度平均值，ng/mL；V_1——试样提取液定容体积，mL；f——试样提取液稀释倍数；m——试样质量，g；100/1 000——折算成每百克试样中烟酸毫克数的换算系数。

结果保留三位有效数字。

4. 讨论

①普通食品在重复性条件下获得的两次独立测定结果的绝对差值不得超过算术平

均值的 15％；强化食品在重复性条件下获得的两次独立测定结果的绝对差值不得超过算术平均值的 5％。

②本标准试管法线性范围 50～500 ng/mL；天然类等含量较低的食品试样称样量为 5 g 时，检出限为 0.05 mg/100 g，定量限为 0.1 mg/100 g；强化食品等含量较高的食品试样称样量为 1 g 时，检出限为 0.25 mg/100 g，定量限为 0.5 mg/100 g。

14.3.5　维生素 B_6 的测定

维生素 B_6 又称抗皮炎维生素，主要以 3 种天然形式存在：吡哆醇、吡哆醛及吡哆胺。结构式如下所述。

这 3 种化合物均易溶于水，微溶于丙酮及醇，不溶于醚及氯仿。在酸性溶液中对热稳定，但在碱性溶液中受光照射时易被破坏。测定维生素 B_6 的方法有微生物法、荧光法和高效液相色谱法等。其中，微生物法是经典法，它的优点是：特异性高、精密度好、准确度高、操作简单、样品不需要提纯。缺点是：耗时长、必须经常保存菌种、试剂较贵。国家标准 GB 5009.154—2016 中第一法为高效液相色谱法，适用于添加了维生素 B_6 的食品测定；第二法为微生物法，适用于各类食品中维生素 B_6 的测定。这里仅介绍微生物法。

1. 原理

食品中某一种细菌的生长必须要有某一种维生素的存在，卡尔斯伯酵母菌（*Saccharomyces Carlsbrgensis*）在有维生素 B_6 存在的条件下才能生长，在一定条作下，维生素 B_6 的量与其生长呈正比关系。用比浊法测定该菌在试样液中生长的浑浊度，与标准曲线相比较得出试样中维生素 B_6 的含量。

2. 样品测定

（1）菌种的制备及保存

①菌种复壮：卡尔斯伯酵母，ATCC♯9080 菌种或等效菌种冻干品，加入约 0.5 mL YM 肉汤培养基或生理盐水中复溶，取几滴复溶的菌液分别接种于 2 支装有 10 mL YM 肉汤培养基的试管中，于 30℃水浴中振荡培养 20～24 h。

②月储备菌种制备：将菌种复壮培养液划线接种于 YM 肉汤琼脂培养基（传代培养基）斜面上，于 30℃培养 20～24 h，于 2～8℃冰箱内保存，此菌种为第一代月储备菌种；以后每月将上一代的月储备菌种划线接种于 YM 肉汤琼脂培养基（传代培养基）斜面，于 30℃培养 20～24 h，于 2～8℃冰箱内保存，有效期为一个月，此菌种为当月储备菌种。

③周储备菌种制备：每周从当月储备菌种接种于 YM 肉汤琼脂培养基（传代培养基）斜面，于 30℃培养 20～24 h，于 2～8℃冰箱内保存，有效期为 7 d。保存数星期以上的菌种，不能立即用作制备接种液，一定要在使用前每天移种一次，连续 2～3 d，方可使用，否则细菌生长不好。

④接种菌悬液制备：在维生素 B_6 测定实验前一天，将周储备菌种转接于 10 mL YM 肉汤培养基（种子培养液）中，可同时制备 2 管，于 30℃振荡培养 20～24 h，得到

测定用的种子培养液，从月储备菌种到种子培养液总代数不超过 5 代。将该种子培养液于 3 000 r/min 下离心 10 min，倾去上清液；用 10 mL 生理盐水洗涤，离心，倾去上清液，用生理盐水重复洗涤 2 次；再加 10 mL 消毒过的生理盐水，将离心管置于涡旋混匀器上充分混合，使菌种成为混悬液，将此菌悬液倒入已消毒的注射器内，立即使用。

（2）试样处理

①称取试样 0.5 g～10 g 放入 100 mL 锥形瓶中，加 72 mL 0.22 mol/L 硫酸溶液。放入高压釜 121℃下水解 5 h，取出冷却，用 10.0 mol/L 氢氧化钠溶液和 0.5 mol/L 硫酸溶液调 pH 至 4.5，用溴甲酚绿做指示剂（指示剂由黄—黄绿色），将锥形瓶内的溶液转移到 100 mL 容量瓶中，用蒸馏水定容至 100 mL，滤纸过滤，保存滤液于冰箱内备用。

②标准曲线的制备：3 组试管各加 0.00、0.02、0.04、0.08、0.12 和 0.16 mL 吡哆醇工作液，再加吡哆醇 Y 培养基补至 5.00 mL，混匀，加棉塞。

③试样管的制备：在试管中分别加入 0.05、0.10、0.20 mL 样液，再加入吡哆醇 Y 培养基补至 5.00 mL，用棉塞塞住试管，将制备好的标准曲线和试样测定管放入高压釜于 121℃高压灭菌 10 min，冷至室温备用。

④接种和培养：每管种一滴接种液，于 30℃±0.5℃恒温箱中培养 18～22 h。

（3）测定

将培养后的标准管和试样管从恒温箱中取出后，用分光光度计于 550 nm 波长下，以标准管的零管调零，测定各管的吸光度值。以标准管维生素 B6 所含的浓度为横坐标，吸光度值为纵坐标，绘制维生素 B6 标准工作曲线，用试样管得到的吸光度值，在标准曲线上查到试样管维生素 B6 的含量。

3. 结果计算

试样提取液中维生素 B6 的浓度按式（14-11）计算：

$$\rho = \frac{\rho_1 + \rho_2 + \rho_3}{3} \tag{14-11}$$

式中：ρ——试样提取液中维生素 B6 的浓度，ng/mL；ρ_i——各试样测定管中维生素 B6 的浓度，ng/mL。

试样中维生素 B6 的含量按式（14-12）计算：

$$X = \frac{\rho \times V \times 100}{m \times 10^6} \tag{14-12}$$

式中：X——试样中维生素 B6（以吡哆醇计）的含量，mg/100 g；ρ——试样提取液中维生素 B6 的浓度，ng/mL；V——试样提取液的定容体积与稀释体积总和，mL；m——试样质量，g；$100/10^6$——折算成每 100 g 试样中维生素 B6 的毫克数。

计算结果保留到小数点后两位。

4. 讨论

①在重复性条件下获得的两次独立测定结果的绝对差值不得超过算术平均值的 15%。

②当取样量为 1.00 g 时，定量限为 0.002 mg/100 g。

复习思考题

1. 测定食品中维生素有哪些方法？各有什么优缺点？
2. 测定脂溶性维生素时样品需如何处理？
3. 测定水溶性维生素时，从样品中提取浓缩可采用哪些方法？
4. 说明用高效液相色谱法测定维生素 A、维生素 E 的原理。
5. 维生素 C 的测定方法有哪些？其依据原理是什么？
6. 测定维生素 A 时，为什么要先用皂化法处理样品？
7. 用染料法测定维生素 C 时，若样品有颜色应如何处理？
8. 维生素 A 及维生素 C 的测定中样品处理及提取有何不同之处？为什么？

第 15 章　酸度的测定

15.1　概述

15.1.1　酸度的概念

酸性是指一种物质在溶剂中能向其他物质提供氢离子的能力，酸度是对物质酸性大小的度量。食品中的酸性物质主要是溶于水的一些有机酸、无机酸及酸性化合物（单宁等）。

根据不同食品中酸性物质的不同，酸度有以下几种有效的表达方式。

1. 总酸度

总酸度是指食品中所有酸性成分的总量，它包括解离的和未解离的酸性物质的浓度总和，常用标准碱溶液进行滴定，并用样品中主要代表酸的质量分数表示，故总酸度又称为"可滴定酸度"。

2. 有效酸度

有效酸度是指被测溶液中 H^+ 的浓度，准确地说应该是 H^+ 的活度，所反应的是已离解的那部分酸性物质的浓度，常用 pH 来表示，大小可使用酸度计（pH 计）来测定。

我们感受到的食品酸味，除与食品中酸性物质的种类和含量有一定关系外，其酸味大小主要受 pH 影响，食品 pH 小于 3.0 时，酸味感较强，难以适口；食品 pH 小于 5.0 时，能表现出酸味。平时，我们接触大多数食品的 pH 在 5.0～6.5，所以基本无酸味感觉。

3. 挥发酸

挥发酸是指食品中易挥发的有机酸，如甲酸、乙酸（醋酸）及丁酸等低碳链的直链脂肪酸，其大小可通过蒸馏法分离，再用标准碱溶液进行滴定来测量。挥发酸包含游离的和结合的两部分。

4. 乳及乳产品酸度

牛乳中多含有乳酸菌，其发酵后产生乳酸，具有酸性。一般牛乳的酸度，包含两部分，即外表酸度和真实酸度。

外表酸度，也称固有酸度，是指刚挤出来的新鲜牛乳本身所具有的酸度，主要来源于牛乳中的磷酸盐、酪蛋白、白蛋白、柠檬酸盐等酸性成分，在鲜牛乳中占比例为0.15％～0.18％（以乳酸计）。

真实酸度，也称发酵酸度，是指牛乳在放置过程中，由乳酸菌发酵乳糖产生乳酸，从而使酸度升高的那一部分。若牛乳中酸度含量超过 0.20％，即认为有乳酸的存在。因此，习惯上将酸度含量在 0.20％以下称为新鲜牛乳，0.20％以上的就列为不新鲜牛乳，若达到 0.30％就有酸味，达到 0.60％时就能使牛乳中酪蛋白变性而凝固。

牛乳的总酸度为外表酸度与真实酸度之和。在表示方式上，有吉尔涅尔度(°T)和百分含量两种。

①用°T(吉尔涅尔度)表示牛乳的酸度：1°T 指滴定 100 mL 牛乳样品消耗 0.1000 mol/L NaOH 溶液的体积(mL)，或滴定 10 mL 牛乳所去的 0.1000 mol/L NaOH 溶液的体积(mL)乘 10。新鲜牛乳的酸度一般为 16～18°T。

②用乳酸的质量分数表示：与总酸度的计算方法相同，用乳酸表示乳品的酸度。

15.1.2　酸度测定的意义

酸类物质作为食品的重要成分，除作为酸味成分调节酸度外，其对食品的色、香、成熟度、稳定性和质量好坏都有影响。测定食品中的酸度具有重要的意义。

1. 测定酸度可以判断果蔬的成熟程度

有机酸在果蔬中的含量因其成熟度及生长条件不同而异，一般随着果蔬的逐渐成熟，有机酸含量下降，含糖量增加，糖酸比增大。所以测定酸度可判断某些果蔬的成熟度，以确定最佳的收获期。

2. 测定酸度可以判断食品的新鲜程度

一些酸类，尤其是挥发酸是判断某些食品腐败的标准。如发酵食品中，醋酸含量达到 0.1％以上时，说明制品已腐败；乳及其加工制品、番茄制品、啤酒等乳酸含量高时，说明已有乳酸菌发酵引起腐败；水果制品中含有游离半乳糖醛酸时，说明果胶成分已开始分解，水果制品可能已受到霉菌污染；新鲜的油脂常是中性的，但在存放过程中，本身含有的脂肪酶会分解油脂产生游离脂肪酸，使油脂酸败，故测定油脂酸度(以酸价表示)可判断其新鲜程度。

3. 测定酸度可以指导食品加工工艺

酸度的测定对微生物发酵过程具有一定的指导意义，如在酒和酒精的发酵过程中，测定麦芽汁、发酵糟/液、酒曲的酸度，可为后续选择具体的工艺参数提供参考。

4. 测定酸度可以判断食品的质量

食品中有机酸含量的多少，直接影响食品的色泽、风味、稳定性和品质的高低。

色素所形成的色调与酸度密切相关，色素会在不同的酸度条件下可发生变色反应。如叶绿素在酸性条件下变成黄褐色的脱镁叶绿素；花青素在不同的酸度下，颜色也不相同。

水果及其制品的口味取决于其中的糖、酸的种类、含量及其比例，酸度降低则甜味增加，酸度增高则甜味减弱，调控好适宜的酸味和甜味，才能使食品具有各自独特的风味。

酸度的高低对食品稳定性有一定影响。如降低 pH，能减弱微生物的抗热性和抑制其生长，所以，罐头制品行业中 pH 是保存条件的主要参考指标。在水果加工过程中，控制介质的 pH 可以抑制水果发生酶促褐变。有机酸也可以提高维生素 C 的稳定性，防止其氧化。

15.1.3　食品中酸的来源

食品中酸的种类很多，可分为无机酸和有机酸两大类，但主要以有机酸为主。通常有机酸一部分呈游离状态，一部分呈酸式盐状态存在于食品中；而无机酸主要呈中性盐化合态存在于食品中。食品中常见的无机酸主要是磷酸及其盐类；有机酸有苹果酸、柠檬酸、酒石酸、草酸、乳酸、醋酸等。

这些酸性物质有的是食品固有的，如草莓的 pH 在 3.8～4.4，其柠檬酸含量约为 0.91%，苹果酸含量约为 0.1%。

有的酸类物质是加工过程中人为加入的，如可乐一般会添加磷酸、柠檬酸作为酸味调节剂。酒石酸、苹果酸、己二酸、富马酸、乳酸、盐酸、硫酸钙等也被允许作为酸度调节剂或风味成分在部分食品中使用。

有的酸类物质是在生产过程中有意让原料产生的。如酸乳在发酵中产生的乳酸、食醋发酵过程中产生的有机酸。还有一些酸类是食品在加工、储藏、运输中由于污染而出现的。

15.2　酸度的测定

15.2.1　总酸度的测定(滴定法)

1. 原理

试样经过处理后，利用标准强碱溶液滴定食品中的酸性物质，根据所消耗的标准碱溶液的浓度和体积，可计算出样品中的总酸含量。一般食品中多是乙酸、酒石酸、柠檬酸等有机弱酸的混合物，用强碱滴定至终点时溶液偏碱性，pH 在 8.2 左右，故可选用变色范围 pH 为 8.2～10 的酚酞做指示剂。

2. 操作方法

(1)试样制备

①乳粉试样：将样品移至两倍于样品体积的干净容器内，盖紧容器，反复旋转振荡，使样品充分混合均匀。测量时取 4 g 样品，溶于 96 mL 约 20℃的水中，使样品复溶，然后静置 20 min。配置好溶液作为滴定用试样。

②乳制品试样：将样品混合均匀，准确称取 10 g(精确至 0.001 g)置于 150 mL 锥形瓶中，加 20 mL 煮沸后冷却至室温的水，搅拌均匀后作为滴定用试样。奶油试样，使用 30 mL 中性乙醇—乙醚混合液混匀；炼乳使用 60 mL 水溶解；干酪素试样处理，需在室温放置 4～5 h 或在 45℃水浴中保持 30 min 以充分溶解，使用滤纸过滤，取一定体积的滤液作为滴定用试样。

③淀粉及其衍生物试样：样品充分混匀，称取 10 g(精确至 0.1 g)，移入 250 mL 锥形瓶内，加入 100 mL 水后振荡均匀。配置好溶液作为滴定用试样。

④粮食及其制品：取混合均匀的样品 80～100 g，用粉碎机粉碎，细度要求 95%以

上可通过 40 目筛。称取试样 15 g，移入 250 mL 锥形瓶中，加水 150 mL 后混合成糊状，滴入 5 滴三氯甲烷(防止浸提期间微生物作用对酸度的影响)后摇匀。室温下放置 2 h(每隔 15 min 摇动一次)或振荡 70 min，浸提完毕后用中速滤纸过滤，取滤液 10 mL 作为滴定用试样。

⑤含 CO_2 的饮料、酒类：将样品置于 40℃ 水浴加热 30 min，以除去 CO_2，冷却后备用。

(2)测定

①试样滴定：取准备好的用于滴定的试样，加 2～3 滴酚酞指示剂，混匀后用氢氧化钠标准溶液(0.1000 mol/L)滴定，边滴加边转动容器，直到颜色至微红色为止，且 30 s 内不消退，整个滴定过程应在 45 s 内完成。

②空白滴定：用等体积的处理试样溶剂做空白实验，读取所用氢氧化钠标准溶液的毫升数。空白消耗的氢氧化钠的体积应不小于零。

(3)结果计算

①结果以具体酸的含量表示，计算式如式(15-1)所示。

$$X = \frac{c \times (V - V_0)}{m} \times K \times 100\%$$
(15-1)

式中：X——总酸度，%；c——氢氧化钠标准溶液浓度，mol/L；V——消耗氢氧化钠标准溶液的体积，mL；V_0——空白实验所消耗氢氧化钠标准溶液的体积，mL；m——滴定用试样的质量，g；K——换算成具体酸的系数。

大多情况下，一种食品中含有多种有机酸，总酸度的测定结果通常以样品中含量最多的那种酸表示，每种酸的换算系数(K)大小不一，常见酸的换算系数见表 15-1。

表 15-1　常见有机酸的换算系数

常见有机酸	换算系数(K)	常见有机酸	换算系数(K)
酒石酸	0.075	乳酸	0.090
无水柠檬酸	0.064	乙酸	0.060
苹果酸	0.067	草酸	0.045
琥珀酸	0.059	磷酸	0.049

注：资料来源于，王永华. 食品分析[M]. 北京，中国轻工业出版社，2012.

②如果结果以"°T"表示，计算式如式(15-2)所示。

$$X_1 = \frac{c \times (V - V_0) \times 100}{m \times 0.1}$$
(15-2)

式中：X_1——总酸度，°T；c——氢氧化钠标准溶液浓度，mol/L；V——消耗氢氧化钠标准溶液的体积，mL；V_0——空白实验所消耗氢氧化钠标准溶液的体积，mL；m——滴定用试样的质量，g；100——100 g 试样；0.1——酸度理论定义氢氧化钠的摩尔浓度，mol/L。

(4)精密度

在重复性条件下获得的两次独立测定结果的绝对差值不得超过算术平均值的 10%。

3. 注意事项

①为降低终点判定时的颜色判定误差，实验过程中可配制参比溶液：将 3 g 七水硫酸钴溶于水中，定容至 100 mL 作为参比溶液。向装有相同试样稀释溶液锥形瓶中加入 2.0 mL 参比溶液，混合均匀，可得到标准参比颜色。滴定至与参比溶液颜色相似，且 5 s 内不消退，可确认滴定到达终点。

②对于颜色较深的食品，因它使终点颜色变化不明显，遇此情况，可通过加水稀释、用活性炭脱色等方法处理后再滴定。若试样过深或浑浊，可采用 pH 计法滴定至终点 pH 为 8.30（如乳粉试样）；或采用电位滴定法，可根据电位的"突跃"来判断滴定的终点。

③样品浸渍、稀释用蒸馏水不能含有 CO_2，蒸馏水在使用前宜煮沸 15 min，并迅速冷却备用。滴定过程中，为防止溶液吸收空气中的 CO_2，可向溶液中吹氮气。

④为使误差不超过允许范围，样品的称取量和稀释要根据其含酸量慎重选择，一般要求最后滴定时，消耗 0.100 0 mol/L 氢氧化钠溶液不少于 5 mL，最好在 10～15 mL。

⑤测量结果以重复性条件下获得的两次独立测定结果的算术平均值表示。

15.2.2 有效酸度(pH)的测定

有效酸度(pH)反应的是食品中 H^+ 的活度，近似认为是其浓度。在食品酸度测定中，pH 的测定，往往比测定总酸度更有实际意义，更能说明问题，能直接表示食品介质的酸碱性。食品的 pH 大小，不仅取决于酸的数量和性质，而且受该食品中缓冲物质的影响。

常用的测定溶液 pH 的方法有两种：比色法和电位法。

1. 比色法

比色法是利用不同的酸碱指示剂来显示 pH 的，由于各种不同酸碱指示剂在不同的 pH 范围内显示不同的颜色，因此，可以用不同指示剂的混合物显示各种不同的颜色来指示溶液的 pH。常用的有 pH 试纸法和标准管比色法。

①pH 试纸的使用方法：用玻璃棒蘸一点待测溶液到试纸上（有广泛和精密试纸之分），2～3 s 后根据试纸颜色变化对照比色卡，颜色相近的对应值就是待测液的 pH。此法简便、快速、经济，但结果不够准确，仅能粗略估计样液的 pH。

②标准管比色法：用标准缓冲液配置成不同 pH 的标准溶液，再滴加适当酸碱指示剂使其呈不同的颜色，即形成标准色。在待测溶液中滴加与标准缓冲液相同的酸碱指示剂，显色后与标准色管进行比较。此法适用于色度和浑浊度不高的样液 pH 的测定，测量结果的准确性不高，仅能准确到 0.1 个 pH 单位。

2. 电位法(pH 计法)

(1)原理

利用电极在不同溶液中所产生的点位变化来测定溶液的 pH。以玻璃电极作为指示电极，甘汞电极或银—氯化银电极作为参比电极，当溶液中氢离子浓度发生变化时，指示电极和参比电极之间的电动势也会随着变化而产生直流电势，即电位差，其大小与溶液 pH 有直接关系：

$$E = E_0 - 0.059\,1\,pH(25℃)　　　　　　　(15\text{-}3)$$

即在 25℃时，每差一个 pH 单位，两个电极之间就产生 59.1 mV 的电动势，利用 pH 计测量电动势直接以 pH 表示，以达到 pH 测量的目的。

（2）样品处理

①一般液体样品，如牛乳，混合均匀和可直接取样测定。

②含有 CO_2 的液体样品，如碳酸饮料、啤酒等，可将样品置于 40℃ 水浴加热 30 min，以除去 CO_2，冷却后备用。

③果蔬样品：将果蔬样品榨汁后，取果汁直接测量；果蔬干制品，将样品添加数倍水后于水浴上加热 30 min，再绞碎、过滤，取滤液测量。

④肉类制品：取试样进行捣碎或通过绞肉机绞碎均质，加入 10 倍于待测试样质量的氯化钾溶液（0.1 mol/L），均质器均质后进行测量；非均质样品可在试样中选取有代表性的测试点进行测量。

⑤罐头制品：液态制品混匀备用，固相和液相分开的制品则取混匀的液相部分备用；稠厚制品难以从中分出汁液的制品，如果酱、果冻、糖浆等，取一部分样品在混合机或研钵中研磨，如果得到的样品仍较稠，加入等量的水混匀。

（3）pH 计校正

常用于校正 pH 计的缓冲溶液（20℃）。

①pH＝3.57 的缓冲液：酒石酸氢钾饱和溶液。

②pH＝4.00 的缓冲液：称取恒重的邻苯二甲酸氢钾 10.211 g（精确到 0.001 g），加水溶解后定容至 1 000 mL。

③pH＝5.00 的缓冲液：0.1 mol/L 柠檬酸氢二钠溶液。

④pH＝5.45 的缓冲液：称取 7.010 g 一水柠檬酸，加入 500 mL 水溶解，加入 1.0 mol/L 的氢氧化钠溶液 375 mL，用水定容至 1 000 mL。

⑤pH＝6.88 的缓冲液：称取恒重后的磷酸二氢钾 3.402 g 和磷酸氢二钠 3.549 g，加水溶解，用水定容至 1 000 mL。

选择两个已知 pH 的缓冲溶液，尽可能接近待测溶液的 pH，在测定的温度下用磁力搅拌器搅拌的同时测定校正 pH 计。若 pH 计无自带温度补偿系统，应保证缓冲溶液的温度在 20℃±2℃范围内。

（4）测定

取适量待测试样（能浸没或埋置电极），将电极插入其中，将 pH 计的温度补偿系统调至试样温度。若 pH 计不带温度补偿系统，应保证待测试样的温度在 20℃±2℃范围内。待读数稳定后，直接读数，准确至 0.01。

测量完毕后，使用乙醇和蒸馏水清洗电极，并按要求妥善保管。

（5）精密度

在重复性条件下获得的两次独立测定结果的绝对差值不得超过 0.1 个单位 pH。

15.2.3 挥发酸的测定

食品中的挥发酸主要是醋酸、甲酸、丁酸等一些低碳链的直链脂肪酸，不包括可用水蒸气蒸馏的乳酸、山梨酸、CO_2 和 SO_2 等。正常食品中，挥发酸的含量比较稳定，如果在生产中使用了不合格的原料，或者违反了正常的操作规范，都会因为食品中糖的发酵而使挥发酸增加，从而降低了食品的品质。所以，挥发酸含量是某些食品的一项重要的控制指标，如葡萄酒中的挥发酸含量要求小于等于 1.2 g/L（以乙酸计）。

挥发酸的测定可用直接法和间接法。直接法是通过水蒸气蒸馏和溶剂萃取把挥发酸分离出来，然后使用标准碱溶液进行滴定；间接法是将挥发酸蒸发去除后，以测定总酸度的方法滴定不挥发酸的，最后从总酸度中减去不挥发酸，即可得到挥发酸的含量。直接法操作方便，适用于挥发酸含量较高的样品，如果样品中挥发酸含量较低，或蒸馏液有损失时，应当选用间接法。下面介绍食品分析中常用的水蒸气蒸馏法测定挥发酸的方法。

1. 原理

样品经适当处理后，加入适量的磷酸酸化使结合态的挥发酸游离出来（果蔬及其制品挥发酸的测定多使用酒石酸酸化），用水蒸气使挥发酸分离出来，经冷凝、收集后，用标准碱溶液滴定，根据所消耗的标准碱溶液的体积和浓度，计算挥发酸含量。

2. 样品处理

（1）一般果蔬及饮料可直接取样。

（2）含 CO_2 的饮料、酒类，需将样品置于 40℃ 水浴加热 30 min，以除去 CO_2。

（3）固体样品及冷冻、黏稠制品，可取样后加入一定量无 CO_2 的蒸馏水（冻品须先解冻）并捣碎匀浆，再称取 10 g 加入定容至 25 mL。

3. 测定和计算

取 25 mL 处理好的样品移入蒸馏瓶中，加入 25 mL 无 CO_2 的蒸馏水和 1 mL 10% 的磷酸溶液，按照图 15-1 连接水蒸气蒸馏装置，加热蒸馏至馏出液约 300 mL 为止。于同一条件下做一空白实验。

滴定操作、结果计算参考总酸度的滴定。

4. 说明

①食品中挥发酸的蒸馏方式可采用直接蒸馏和间接蒸馏，但直接蒸馏挥发酸较困难，因为挥发酸与水构成有一定百分比的混溶体，并有固定沸点，在一定的沸点下，蒸气中的酸与留在溶液中的酸之间有一平衡关系，在整个平衡时间内，这个平衡关系不变。若用水蒸气间接进行蒸馏，则挥发酸与水蒸气是和水蒸气分压成比例地自溶液中一起蒸馏出来的，从而加速挥发酸的蒸馏。

②溶液中的挥发酸部分与其他组分成结合态，由于水蒸气在蒸馏时结合态的挥发酸不易挥发，会给测定结果带来较大误差。所以在蒸馏之前向样品中添加少许磷酸会使结合态挥发酸游离出来，便于蒸馏。

③样品中含有 CO_2 和 SO_2 将影响最终测定结果，CO_2 可在蒸馏前加热除去。SO_2

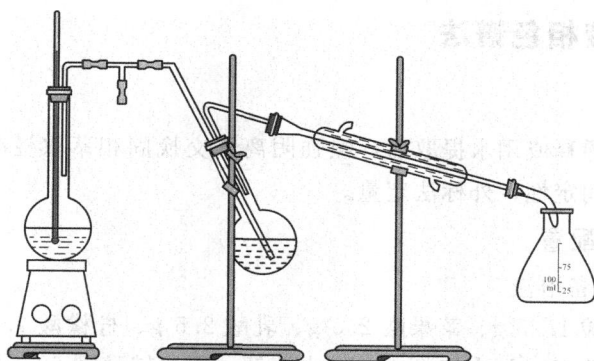

图 15-1　水蒸气蒸馏装置

在样品中分为游离态和结合态，游离 SO_2 的除去方法为：在已滴定的溶液中加入 1 滴盐酸溶液酸化，以淀粉溶液为指示剂，用 0.02 mol/L 的碘标准液滴定至蓝色，并从计算结果扣除此标准量（以乙酸计）；结合 SO_2 的除去方法：上述溶液中加入硼酸钠饱和溶液，至溶液显粉红色，继续用碘标准溶液滴定至溶液呈蓝色，从计算结果中扣除此标准量（以乙酸计）。

15.3　食品中有机酸的分离与测定

15.3.1　概述

　　分析食品中的有机酸可分为两种情况，一是要求了解总酸量，这可以使用酸度指示剂以规定的碱溶液进行滴定来计算；二是要求了解特的酸的含量，有时需要了解全部有机酸的组成，这正是食品科学研究发展所需要的分析项目。有机酸不仅作为酸味成分，而且在食品的加工、储存、品质管理、质量评价以及生物化学等广泛领域，被认为是重要的成分，因此，对其有机酸的分离与定量具有现实意义。

　　20 世纪 50 年代前，食品中有机酸的分离和定量都比较困难。1966 年，在硅胶色谱基础上，利用稳流泵将指示剂连续不断地与洗出液混合，对其吸光度进行检测，实现了有机酸测定的一定自动化分析，但此法存在的最大问题是柱子制备麻烦、洗提液组分复杂、分析时间较长，所以实际的应用比较困难。纸色谱和薄层色谱法也可用于食品中有机酸的分析，但只是定性和半定量分析，且样品预处理操作繁琐，在实际应用中不多。目前，比较常用的方法是高效液相色谱法和气相色谱法。

　　高效液相色谱法测定有机酸，只需对样品进行离心或过滤等简单预处理，不需要太多的分离处理手续，操作简便，其他组分的干扰也少，且随着键合材料在 HPLC 上的应用，采用 C_{18} 等反向柱分离食品中有机酸，并以紫外分光检测器或电化学检测器检测沉淀的方法越来越完善、准确。

15.3.2 高效液相色谱法

1. 原理

样品直接用水稀释或用水提取后，经强阴离子交换固相萃取柱净化、C_{18} 反向色谱柱分离，以保留时间定性，外标法定量。

2. 标准溶液配置

（1）混合标准储备溶液

分别称取酒石酸 1.25 g、苹果酸 2.5 g、乳酸 2.5 g、柠檬酸 2.5 g、丁二酸 6.25 g 和富马酸 2.50 mg 于 50 mL 小烧杯中，加水溶解，用水转移到 50 mL 容量瓶中，定容，于 4℃ 条件下保存。其中，酒石酸质量浓度为 25 000 μg/mL、苹果酸 50 000 μg/mL、乳酸 50 000 μg/mL、柠檬酸 50 000 μg/mL、丁二酸 125 000 μg/mL 和富马酸 50 μg/mL。

（2）混合标准曲线工作液

分别吸取混合标准储备溶液 0.50、1.00、2.00、5.00、10.00 mL 于 25 mL 容量瓶中，用磷酸溶液（磷酸 0.1 mL 加水至 100 mL）定容至刻度，于 4℃ 条件下保存。

（3）己二酸标准储备溶液（500 μg/mL）

准确称取按其纯度折算为 100% 质量的己二酸 12.5 mg，置 25 mL 容量瓶中，加水到刻度，于 4℃ 条件下保存。

（4）己二酸标准曲线工作液

分别吸取标准储备溶液 0.50、1.00、2.00、5.00、10.00 mL 于 25 mL 容量瓶中，用磷酸溶液定容至刻度，于 4℃ 条件下保存。

3. 操作方法

（1）试样制备

①液体样品：充分摇匀，密闭常温或冷藏保存。

②半固态样品：对果冻、水果罐头等样品取可食部分匀浆后，搅拌均匀，密闭冷冻或冷藏保存。

③固态样品：饼干、糕点等低含水量样品，经高速粉碎机粉碎、分装，于室温下密闭保存；对于呈均匀状的粉状样品，可直接分装取样。

④对胶基糖果等黏度大的样品，可用剪刀剪成 2 mm 的方形碎块，放入研钵内，缓慢加入液氮，待样品迅速冷冻后用研磨方式均匀取样。

（2）试样处理

①果汁等饮料类：称取 5.00 g 均匀试样，放入 50 mL 塑料离心管内，加入 20 mL 蒸馏水后在 15 000 r/min 的转速下提取 2 min，4 000 r/min 离心 5 min，取上层提取液于 50 mL 容量瓶中，残留物再用 20 mL 水重复提取一次，合并提取液，加水定容至刻度。经 0.45 μm 水相滤膜过滤，作为待测样。

②果冻、水果罐头：称取 10.00 g 均匀试样，放入 50 mL 塑料离心管内，处理步骤同上。

③固态样品：称取 1.00～10.00 g（视有机酸含量而定）均匀试样于离心管内，加水

20 mL 后振荡 5 min，在 4 000 r/min 转速下离心 3 min，上清液转入 100 mL 容量瓶内，残渣用 20 mL 水重复提取 1 次，合并上清液后用无水乙醇定容。移取上清液 10～20 mL 于 100 mL 的鸡心瓶内，加入 10 mL 无水乙醇，在 80℃下旋转蒸发至近干，再加入 5 mL 乙醇继续浓缩至彻底干燥后，用 1 mL×1 mL 水洗涤鸡心瓶 2 次。将待净化液全部转入至经过预活化的 SAX 固相萃取柱中时，控制流速 1～2 mL/min，弃去流出液。用 5 mL 水淋洗净化柱，再用 5 mL 磷酸—甲醇溶液（2 mL 磷酸加甲醇至 100 mL）洗脱，控制流速在 1～2 mL/min，收集洗脱液于鸡心瓶内，洗脱液在 45℃下旋转蒸发近干后，再加入 5 mL 无水乙醇继续浓缩至彻底干燥，用 1.0～5.0 mL 磷酸溶液（0.1 mL 磷酸加水至 100 mL）振荡溶解残渣后过 0.45 μm 水相滤膜过滤，作为待测样。

注：强阴离子固相萃取柱（SAX），1 000 mg，6 mL。使用前依次用 5 mL 甲醇、5 mL 水活化。

（3）仪器参考条件

①酒石酸、苹果酸、乳酸、柠檬酸、丁二酸和富马酸的测定。

色谱柱：C_{18}柱，4.6 mm×250 mm，5 μm，或等效柱。

流动相：用 0.1% 磷酸溶液—甲醇＝97.5＋2.5（体积比）比例的流动相等度洗脱 10 min，然后用较短的时间梯度让甲醇相达到 100% 并平衡 5 min，再将流动相调整为 0.1% 磷酸溶液—甲醇＝97.5＋2.5（体积比）的比例，平衡 5 min。

柱温：40℃。

进样量：20 μL。

检测波长：210 nm。

②己二酸的测定。

色谱柱：C_{18}柱，4.6 mm×250 mm，5 μm，或等效柱。

流动相：0.1% 磷酸溶液—甲醇＝75＋25（体积比）等度洗脱 10 min。

柱温：40℃。

进样量：20 μL。

检测波长：210 nm。

（4）标准曲线制作

将标准系列工作液分别注入高效液相色谱仪中，测定相应的峰高或峰面积。以标准工作液的浓度为横坐标，以色谱峰高或峰面积为纵坐标，绘制标准曲线。

（5）试样溶液的测定

将试样溶液注入高效液相色谱仪中，得到峰高或峰面积，根据标准曲线得到待测液中有机酸的浓度。

（6）精密度

在重复性条件下获得的两次独立测定结果的绝对差值不得超过算术平均值的 10%。

4. 说明

①本方法的回收率实验结果表明，除易挥发的乙酸外，其他有机酸的回收率都较为理想。不同的有机酸回收率不同，同种有机酸在不同的样品中，回收率略有区别。

②由于本方法取样量和试样处理方法存在差异，本方法的检出限在不同的样品中略

有不同。在果汁、果冻类样品中，检出限为：酒石酸 250 mg/kg、苹果酸 500 mg/kg、乳酸 250 mg/kg、柠檬酸 250 mg/kg、丁二酸 1 250 mg/kg、富马酸 1.25 mg/kg、己二酸 25 mg/kg。

15.3.3　气相色谱法

1. 原理

在硫酸催化下，有机酸成为了丁酸衍生物，用气相色谱法定量测定。

2. 适用范围

气相色谱法适用于果蔬、腌制的农产品、清凉饮料、酒精饮料、酱油、蛋黄酱、咖啡等。可分别定量的有机酸有甲酸、乙酸、丙酸、异丁酸、正丁酸、乳酸、异戊酸、正戊酸、异己酸、正己酸、乙酰丙酸、草酸、丙二酸、琥珀酸、反丁烯二酸、苹果酸、酒石酸、反丙烯酸以及柠檬酸等。分析时需要酸的最小含量：甲酸、乙酸等为 1 mg，苹果酸、柠檬酸为 10 mg，酒石酸为 10 mg，若小于该值不能获得高精度分析结果。

3. 试剂

离子交换树脂，使用阳离子交换树脂 amberlite（一种人工合成的酚甲醛离子交换树脂）CG120，阴离子交换树脂 CG4B，amberlite IRA410。

4. 仪器

(1)气相色谱仪

装有氯离子检测器，程序升温装置。温度：柱温 60℃。气化室和监测器温度 260℃；升温速度，5℃/min；流速：氮气 60 mL/min，氢气 50 mL/min，空气 900 mL/min。

(2)色谱柱

填充 10% Silicone Dc560(60～80 目)的 3 mm×2 m 不锈钢柱或玻璃柱。

5. 操作要点

(1)试样制备

将试样在 60℃热水中均质，离心分离得有机酸提取液。取一定量的有机酸提取液通过离子交换色谱柱，使有机酸被阴阳离子交换树脂吸附。

取下阳离子交换色谱柱，将 50 mL 氨水(2 mol/L)通过阴离子交换树脂柱，使酸转换为铵盐从而被洗脱。洗脱液用旋转式蒸发器浓缩，馏出过剩的氨后，再通过阳离子交换树脂柱，使有机酸成为游离态。用酚酞做指示剂，用 0.1 mol/L NaOH 溶液滴定，求酸总量。同时使酸成为钠盐。将相当于滴定值约 10 mL 的试样浓缩，在具塞试管内干涸。

(2)酯化

在用上述方法制备有机酸的过程中，加 2 mL 丁醇、2 g 无水硫酸钠、0.2 mL 浓硫酸，连接冷凝管，在电热板上平衡沸腾约 30 min(不断搅拌)，使有机酸酯化。

(3)酯的提取

酯化结束后，加水和己烷 5 mL，使酯转溶于己烷中，每次用 5 mL 己烷提取 3 次，用安全移液管移入 20 mL 容量瓶（提前装有 0.5％十九烷的己烷溶液 1 mL）中，用己烷定容。再加入 0.5 g 无水硫酸钠，去除混入的微量硫酸。取 5 μL 进行气相色谱分析。

（4）分析

柱子在 60℃下保持 6 min 后，以 5℃/min 的速度升至 250℃，氮气、氢气、空气的流量分别是 60、50、90 mL/min，气化室和监测器温度为 260℃。

将已知浓度的标准有机酸用上述方法制成丁酯后，用气相色谱仪分析，制作标准工作曲线，将样品与标准工作曲线相比较，计算出样品含量。

复习思考题

1．什么是食品酸度？食品酸度的测量有何意义？

2．牛乳酸度定义是什么？如何表示？

3．对于颜色较深的样品，在测定其总酸度时应如何保证测定结果的准确性？

4．用水蒸气蒸馏测定测定挥发酸时，加入磷酸或者酒石酸的作用是什么？

5．食品中有机酸分离、测定的主要方法有哪些？试对高效液相色谱法进行说明。

第 16 章　食品添加剂的测定

16.1　概述

　　食品添加剂是指为改善食品品质和色、香、味,以及为防腐、保鲜和加工工艺的需要而加入食品中的人工合成或者天然物质。食品用香料、胶基糖果中基础剂物质、食品工业用加工助剂也包括在内。

　　世界范围内,目前允许使用的添加剂有 14 000 多种,我国在使用的添加剂有 2 000多种,按其功能可划分为 23 类,分别是酸度调节剂、抗结剂、消泡剂、抗氧化剂、漂白剂、膨松剂、胶基糖果中基础剂物质、着色剂、护色剂、乳化剂、酶制剂、增味剂、面粉处理剂、被膜剂、水分保持剂、营养强化剂、防腐剂、稳定剂和凝固剂、甜味剂、增稠剂、食品用香料、食品工业用加工助剂、其他类。食品添加剂从来源上都属于化学合成物或者动植物提取物,在允许使用之前多经过了风险评估,但其毕竟不是食品的基本成分,因此,食品添加剂存在安全性问题,世界各国都十分重视其质量和使用中的安全管理。FAO/WHO 成立的食品添加剂联合专家委员会(JECFA)评估食品添加剂、污染物等物质的安全性;国际食品法典委员会(CAC)的分委员会——食品添加剂和污染物法典委员会(CCFAC)制定出了食品添加剂的法典通用标准,供各国参考。我国国家卫生和计划生育委员会发布的国家标准《食品添加剂使用标准》,明确规定了食品添加剂的使用原则,允许使用的品种、使用范围及最大使用量或残留量,以确保食品添加剂食用安全。

　　选择合适的检测方法测定食品添加剂的残留量,对保证食品安全具有重要的意义。

16.2　甜味剂的测定

16.2.1　概述

　　甜味剂的作用是赋予食品甜味,应用十分广泛。目前,我国批准使用的甜味剂约有 20 种。甜味剂可分为营养型和非营养型甜味剂,前者与蔗糖甜度相等的重量,其热值相当于蔗糖热值 2% 以上,它主要包括各种糖醇类,如麦芽糖、乳糖醇、木糖醇等,后者与蔗糖相等甜度的重量,热值低于蔗糖热值的 2%,包括天然甜味剂,如甜菊糖苷、索马甜,和合成甜味剂如糖精钠、甜蜜素、阿斯巴甜,且以人工合成甜味剂为多。这是因为大多人工合成甜味剂热值较低,且高效、经济,所以在食品中被广泛应用,但是其带来的安全性问题已引起人们关注,人们对其使用范围和使用量有严格的规定。

　　下面介绍下目前使用较多的合成类甜味剂糖精钠和甜蜜素的测定方法。

16.2.2　糖精钠的测定

糖精钠的化学名称是邻苯甲酰磺酰亚胺钠，其结构式如图 16-1 所示，无色或稍带白色、无臭或有微弱香气的结晶性粉末，其甜度相当于蔗糖的 300～500 倍。

糖精钠的检测方法很多，有液相色谱法、气相色谱法、酚磺酞比色法、紫外分光光度法、薄层色谱法等。随着仪器的普及，液相色谱法以其高效、灵敏度高（检出限 0.005 g/kg）、分析结果准确的优点被广泛采用，可同时测定苯甲酸和山梨酸钾的含量。

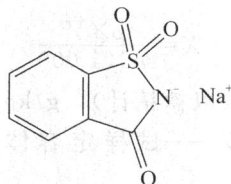

图 16-1

液相色谱的检测法如下所述。

1. 原理

样品经水提取，采用液相色谱分离，紫外检测器检测，外标法定量。对高脂肪含量样品，提前使用正己烷脱脂；高蛋白质含量样品，提前用亚铁氰化钾和乙酸锌沉淀蛋白质。

2. 样品处理

一般性试样准确称取 2.000 g 于 50 mL 离心管内，加水 25 mL，混匀。在 50℃ 水浴中超声 20 min，8 000 r/min 离心 5 min，转移上清液于 50 mL 容量瓶中。残渣加水 20 mL 后再次超声和离心，合并两次上清液，定容至 50 mL，过 0.22 μm 滤膜后，即为色谱进样试样。

3. 色谱条件

检测器：紫外检测器，波长 230 nm；

色谱柱：C_{18}柱，46 mm×250 mm，粒径 5 μm，或等效色谱柱；

流动相：甲醇＋乙酸铵溶液（0.02 mol/L）＝5＋95；

流速：1 mL/min；

进样量：10 μL。

4. 标准曲线的制作

根据添加剂使用标准规定的最大添加量，用糖精钠、苯甲酸、山梨酸的标准物质，采用梯度配比的方法，配制成质量浓度分别为 0、1.00、5.00、10.0、20.0、50.0、100 和 200 mg/L 的混合标准系列工作溶液。临用现配。

分别取混合标准系列工作溶液 10 μL 注入液相色谱仪中，测定相应的峰面积，质量浓度为横坐标，以峰面积为纵坐标，绘制标准曲线。

5. 试样测定

将处理好的试样 10 μL 注入液相色谱仪中，得到峰面积，根据标准曲线计算其中的苯甲酸、山梨酸和糖精钠(以糖精计)的质量浓度。

在重复性条件下获得的两次独立测定结果的绝对差值不得超过算术平均值的 10%。

6. 结果计算

以标准溶液峰的保留时间为依据进行定性，以峰面积求试样中被测物质的含量。

计算式如式(16-1)所示。

$$X = \frac{\rho \times V}{m \times 1\,000} \tag{16-1}$$

式中：X——试样中待测组分含量(以糖精计)，g/kg；ρ——由标准曲线得出的试样液中待测物的质量浓度，mg/L；V——试样定容体积，mL；m——试样质量，g；1 000——单位换算因子。

7. 讨论

①取样 2 g，定容 50 mL 时，苯甲酸、山梨酸和糖精钠(以糖精计)的检出限 0.005 g/kg，定量限为 0.01 g/kg。

②本法为国家标准分析法(GB 500928—2016，第一法)，适用于各类食品中苯甲酸、山梨酸和糖精钠的测定。

③测定苯甲酸钠盐时，结果以苯甲酸计；测定山梨酸钾盐时，以山梨酸计；糖精钠测定结果以糖精计。

16.2.3　甜蜜素的测定

甜蜜素的化学名称为环己基氨基磺酸钠，白色、无臭的针状、片状结晶或结晶粉末，其结构式如图 16-2 所示。其甜度是蔗糖的 30～40 倍，属于非营养型合成类添加剂，1994 年，FAO/WHO 对其 ADI 值规定为 0～11 mg/kg 体重。《食品添加剂使用标准》中规定甜蜜素可用于 8 大类别中的部分食品(上述标准将食品划分为 16 个类别)，包括饮品、酱菜、配制酒、糕点等。

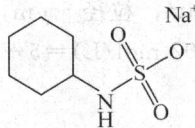

图 16-2

甜蜜素的检测方法，GB 5009.97—2016 食品中环己基氨基磺酸钠的测定中有气相色谱法、高效液相色谱法、液相色谱—质谱/质谱法三种，这里做简要介绍。

1. 气相色谱法

(1)原理

食品中的环己基氨基磺酸钠用水提取后，在硫酸介质下与亚硝酸钠反应，生成环己醇亚硝酸酯，用正庚烷萃取后，利用气相色谱氢火焰离子化检测器进行分离分析，保留时间定性，外标法定量。

（2）样品处理

①固体和半固体样品：取均质后的试样 3.00～5.00 g 于 50 mL 离心管内，加入 30 mL 蒸馏水，振摇混匀，超声提取 20 min，3 000 r/min 离心 20 min，过滤收集滤液；用蒸馏水分次洗涤残渣，合并滤液并定容至 50 mL，备用。普通液体试样摇匀后可直接称取样品 25.0 g，用水定容至 50 mL 备用。

②衍生化：取 10 mL 备用试样于 50 mL 离心管内，加入 2.5 mL 硫酸、5.00 mL 正庚烷和 2.5 mL 亚硝酸钠（50 g/L），在冰浴中放置 30 min，期间振摇 3～5 次。加入 2.5 g 氯化钠，充分混合，低温 3 000 r/min 离心 10 min，静置分层，取上清液冷藏备用进样。

（3）色谱条件

检测器：氢火焰离子化检测器（FID），温度 260℃；

色谱柱：弱极性石英毛细管柱（内涂 5% 苯基甲基聚硅氧烷，3 m×0.53 mm×1.0 μm），或等效柱；

柱温升温程序：初温 230℃ 保持 3 min，10℃/min 升温至 90℃ 保持 0.5 min，20℃/min 升温至 200℃ 保持 3 min；

进样口：温度 230℃；

柱温：40℃；

进样量：1 μL，不分流/分流进样，分流比 1∶5（根据实际色谱仪调整）；

载气：高纯氮气，流量 12.0 mL/min，尾吹 20 mL/min；

氢气：30 mL/min；空气 330 mL/min（可根据仪器条件调整）。

（4）标准曲线的制作

用环己基氨基磺酸标准物质，采用梯度配比的方式，配制成质量浓度分别为 0.01、0.02、0.05、0.10、0.20、0.50 mg/mL 的系列标准工作溶液。

取 10 mL 环己基氨基磺酸标准系列工作液进行衍生化，进样 1 μL，可测得不同浓度被测物响应值峰面积，以标准工作溶液的浓度为横坐标，以环环己醇硝酸酯和环己醇两峰面积之和为纵坐标，绘制标准曲线。

（5）试样测定

将衍生后的试样 1 μL 注入气相色谱仪中，测定试样色谱图，根据标准曲线计算试样中的组分浓度。

在重复性条件下获得的两次独立测定结果的绝对差值不得超过算术平均值的 10%。

（6）结果计算

以标准溶液峰的保留时间为依据进行定性，以峰面积求试样中被测物质的含量。如式（16-2）所示。

$$X = \frac{c}{m} \times V \qquad (16\text{-}2)$$

式中：X——试样中环己基氨基磺酸的含量，g/kg；c——由标准曲线得出的定容样液中环己基氨基磺酸的浓度，mg/mL；V——试样定容体积，mL；m——试样质量，g。

2. 高效液相色谱

高效液相色谱法测定环己基氨基磺酸钠的原理是：试样用水提取后，在酸性介质（如盐酸）中与次氯酸钠反应，生产 N，N-二氯环己胺，用正庚烷萃取后，利用高效液相色谱法检测，保留时间定性，外标法定量。

检测步骤：略。

3. 液相色谱—质谱/质谱法

（1）原理

酒样经水浴加热除去乙醇后以水定容，用液相色谱—质谱/质谱仪测定其中的环己基氨基磺酸钠，外标法定量。

（2）试样制备

取酒样 10.0 g，置于烧杯中，于 60℃水浴加热 30 min 以除去其中乙醇。残留液转移至 100 mL 容量瓶中，用蒸馏水定容，用 0.22 μm 水相微孔滤膜过滤后备用。

（3）仪器参考条件

①色谱条件：

色谱柱：C_{18}柱，1.7 μm，100 mm×2.1 mm，或等效柱；

流动相：甲醇、10 mmol/L 乙酸铵溶液；梯度洗脱条件参考表 16-1；

进样量：10 μL；柱温升温程序：350℃。

表 16-1　液相色谱梯度洗脱条件参考

序号	时间/min	甲醇/%	乙酸铵溶液/%
1	0	5	95
2	2.0	5	95
3	5.0	50	50
4	5.1	90	10
5	6.0	90	10
6	6.1	5	95
7	9	5	95

②质谱操作条件：

离子源：电喷雾电离源（ESI）；

扫描方式：多反应检测（MRM）扫描；

质谱调谐参数应优化至最佳条件。

（4）标准曲线的制作

用环己基氨基磺酸钠标准物质，采用梯度配比的方式，配制成质量浓度分别为 0.01、0.05、0.1、0.5、1.0、2.0 μg/mL 的系列标准工作溶液。

按浓度由低到高顺序进样，以环己基氨基磺酸钠定量离子的色谱峰面积对响应的浓度作图，得到标准曲线。

（5）测定

①定性测定：在与标准工作溶液相同的实验条件下测定试样溶液，若试样溶液质量色谱图中环己基氨基磺酸钠的保留时间与标准溶液一致（变化范围在 ±2.5％ 以内），且试样定性离子的相对丰度与浓度相当的标准溶液中定性离子的相对丰度，其偏差不超过表 16-2 的规定，则可判定样品中存在环己基氨基磺酸钠。

表 16-2　定性离子相对丰度的最大允许偏差

相对离子丰度/％	＞50	＞20～50	＞10～20	≤10
允许的相对偏差/％	±20	±25	±30	±50

②定量测定：将制备的试样注入液相色谱—质谱/质谱仪中，得到环己基氨基磺酸钠定量离子峰面积，根据标准曲线计算其含量。

4. 精密度

在重复性条件下获得的两次独立测定结果的绝对差值不得超过算术平均值的 10％。

5. 讨论

①高脂类样品，可在提取前加入石油醚振荡后抽去脂层；含高蛋白类样品可在提取样品过程中加入硫酸锌和亚铁氰化钾沉淀除去蛋白质；含 CO_2 或酒精样品，可在提取前于 60℃ 水浴中除去 CO_2 或酒精。

②气相色谱法不推荐用于白酒中环己基氨基磺酸钠的测定，主要因为酿造用原料和工艺复杂多样，白酒中可能的环己醇及其类似物与亚硝酸钠反应的产物可出现阳性峰，会造成误判。酒类试样可选用液相色谱—质谱/质谱法测定。

③液相色谱—质谱/质谱法最大优点是试样不需要衍生化，简化了操作，且灵敏度高，检出限为 0.03 mg/kg。在取样量为 5 g 时，气相和高效液相色谱法的检出限为 0.010 g/kg，定量限为 0.030 g/kg。

16.3　防腐剂的测定

16.3.1　概述

为防止食品在生产、销售和存放过程中因微生物的作用而发生变质，一方面我们可以用物理方法控制微生物生存所需要的条件，如温度、水分、氧气等，以杀灭或抑制微生物的生命活动。另一方面也可以使用化学方法，使用食品防腐剂延长食品的保藏期。

防腐剂是指防止食品腐败变质、延长食品储存期的物质。天然防腐剂一般都是植物提取或生物分泌的抗菌物质，具有较好的安全性，但防腐广谱性差、适用范围较窄。目前，工业上多使用合成防腐剂，其中使用比较广泛的有苯甲酸及其钠盐和山梨酸及其钾盐。

苯甲酸又称安息香酸，分子式为 C_6H_5COOH，是苯环上一个氢被羧基取代形成的化合物，苯甲酸分子态的抑菌活性高于离子态，所以其在酸性条件(尤其是 pH 2.5～4.0)有较好的抑菌效果。山梨酸分子式为 $C_6H_8O_2$，化学名称是 2，4-己二烯酸，其能够控制食品中微生物的脱氢酶活力，阻止脂肪的酸氧化和脱氢，从而可达到抑菌作用，在酸性和弱碱条件下，都能表现出较好的抗菌活性。

一般在使用气相色谱法或液相色谱法的同时测定苯甲酸和山梨酸的含量。

16.3.2　气相色谱法

1. 原理

食品中的苯甲酸、山梨酸的钾盐和钠盐，经盐酸酸化后苯甲酸和山梨酸会游离出来，再使用乙醚进行提取，采用附氢火焰离子化检测器的气相色谱仪进行分离测定，外标法定量。

2. 样品处理(提取)

称取混合均匀的样品 2.500 g 于 50 mL 离心管中，加入 0.5 g 氯化钠、0.5 mL 盐酸溶液(1+1)和 0.5 mL 乙醇，使用 15 mL 和 10 mL 乙醚提取两次，每次振摇 1 min、8 000 r/min 离心 3 min。乙醚提取液通过无水碳酸钠后，并入 25 mL 容量瓶中，使用乙醚定容。

取 5 mL 乙醚提取液于具塞试管中，于 35℃氮吹至干，加入 2 mL 正己烷—乙酸乙酯(1+1)混合溶剂溶解残留物，备用。

3. 色谱条件

色谱柱：聚乙二醇毛细管气相色谱柱，内径 320 μm，长 30 m，膜厚度 0.25 μm，或等效柱；

载气：氮气，流速 3 mL/min；空气：400 L/min；氢气：40 L/min；

进样口温度：250℃；

检测器温度：250℃；

柱温程序：初始温度 80℃，保持 2 min，以 15℃/min 的速率升温至 250℃，保持 5 min；

进样量：2 μL；

分流比：10∶1。

4. 标准曲线的制作

用苯甲酸、山梨酸标准物质，采用梯度配比的方式，配制成质量浓度分别为 0、1.00、5.0、10.0、20.0、50.0、100、200 mg/L 的混合标准系列工作溶液。

将混合标准系列工作溶液分别注入气相色谱仪中，以质量浓度为横坐标，以峰面积为纵坐标，绘制标准曲线。

5. 试样测定

将提取好备用的试样注入气相色谱仪中，得到响应物质峰面积，根据标准曲线计算待测液中的苯甲酸、山梨酸的质量浓度。

在重复性条件下获得的两次独立测定结果的绝对差值不得超过算术平均值的 10％。

6. 结果计算

计算式如式(16-3)所示

$$X = \frac{\rho \times V \times 25}{m \times 5 \times 1\,000}$$

(16-3)

式中：X——试样中待测组分的含量，g/kg；ρ——由标准曲线得出的样液中待测物质的质量浓度，mg/L；V——加入正己烷—乙酸乙酯（1＋1）混合溶剂的体积，mL；25——试样乙醚提取液的总体积，mL；M——试样的质量，g；5——测定时吸取乙醚提取液的体积，mL；1 000——单位换算因子。

16.3.3　液相色谱法

1. 测定方法

同 16.2.2 中糖精钠的液相色谱法测定。

2. 讨论

①苯甲酸和山梨酸对水的溶解度低，所以在使用上多选择其钠盐或钾盐，但食品检测结果一般以苯甲酸或山梨酸计。

②气相色谱法测定苯甲酸和山梨酸含量时，样品前处理较复杂、产品回收率低，一般只适用于酱油、水果汁、果酱食品，而液相色谱法适用于各类食品。

③气相和液相色谱法测定苯甲酸和山梨酸的检出限为 0.005 g/kg，定量限均为 0.01 g/kg。

16.4　发色剂的测定

16.4.1　概述

发色剂也称护色剂，我国首批批准是能用于肉制品的发色剂，指与肉及肉制品中呈色物质作用，使之在食品加工、保藏等过程中不致分解、破坏，呈现良好色泽的物质。目前，我国《食品添加剂使用标准》中允许使用的护色剂种类不多，主要有硝酸盐及亚硝酸盐、葡萄糖酸亚铁、D-异抗坏血酸及其钠盐、亚硫酸钠和焦亚硫酸钠。其中，用于肉及肉制品中的硝酸盐和亚硝酸盐，不但能起到护色作用，而且具有一定的防腐能力，可以抑制肉毒梭菌的生长和繁殖。亚硝酸盐是有毒物质，外观及滋味与食盐相似，能使血液中亚铁血红蛋白氧化为高铁血红蛋白，从而失去携氧的能力引起组织缺氧；能与胺类物质在酸性条件下反应生成致癌物亚硝胺。在作为添加剂使用的时候，有严格的限量范围。

硝酸盐和亚硝酸盐的检测方法有很多，其中离子色谱法检测步骤少、操作简便、灵敏度高，已纳入国标方法；紫外分光光度法在果蔬样品的检测中有一定优势。

16.4.2 离子色谱法

1. 原理

试样经沉淀蛋白质、去除脂肪后，根据样品种类提取和净化待测物，以氢氧化钾为淋洗液，经阴离子交换柱分离，电导检测器或紫外检测器检测（波长 226 nm）。以保留时间定性，外标法定量。可用醋酸或者亚铁氰化钾和乙酸锌联用沉淀蛋白质，可用有机溶剂乙醚等去除脂肪。

2. 样品处理

(1)试样准备

①果蔬及植物样品。

前处理：果蔬样品，清洗晾干后，取可食部分切碎混匀，用四分法取适量用粉碎机制成匀浆，黏稠样品，可加蒸馏水稀释，记录加水量。植物样品，去除可见杂质后，取具有代表性样品 50～100 g，粉碎，过 0.3 mm 孔筛。

提取：称取 5.000 g 粉碎的试样，放入具塞锥形瓶中，加入 80 mL 蒸馏水，1 mL 的 1 mol/L 氢氧化钾溶液，经超声提取 30 min，保持固相呈分散状态，每隔 5 min 振摇 1 次。75℃放置 5 min 后，放置至室温，转移至 100 mL 容量瓶中，加蒸馏水定容。溶液经滤纸过滤后，10 000 r/min 离心 15 min，取上清液备用。

②肉类、蛋类、鱼类及其制品。

前处理：四分法取适量，用食物粉碎机制成匀浆。

提取：称取 5.000 g 粉碎的匀浆试样，放入具塞锥形瓶中，加入 80 mL 蒸馏水，超声提取 30 min，保持固相呈分散状态，每隔 5 min 振摇 1 次。75℃放置 5 min 后，放置至室温，转移至 100 mL 容量瓶中，加蒸馏水定容。溶液经滤纸过滤后，10 000 r/min 离心 15 min，取上清液备用。腌制品取样品为 2.000 g，提取步骤同一般肉制品。

③乳及乳制品。

前处理：试样装入合适的容器内，充分搅拌或振摇混匀；干酪试样，取适量样品研磨成均匀泥浆状。

提取：液态乳制品，称取 10.00 g，置于 100 mL 具塞锥形瓶中，加蒸馏水 80 mL 摇匀，超声提取 30 min，加入 3‰乙酸溶液 2 mL，于 4℃放置 20 min。取出放置至室温，加蒸馏水稀释至刻度。溶液经滤纸过滤，备用。乳粉及干酪样品取样量为 2.50 g，提取步骤同液态乳制品。

(2)试样过滤萃取

取上述备用溶液 15 mL，用 0.22 μm 水性滤膜针头滤器、C_{18}柱，弃去前面 3 mL；如果氯离子超过 100 mg/L，需要依次通过水性滤膜针头滤器、C_{18}柱、Ag 柱和 Na 柱，弃去前面 7 mL。收集洗脱液。

C_{18}柱使用前依次用 10 mL 甲醇、15 mL 蒸馏水通过活化；Ag 柱和 Na 柱使用前用 10 mL 水通过活化。

3. 仪器参考条件

（1）色谱柱

氢氧化物选择性，可兼容梯度洗脱的二乙烯基苯—乙基苯乙烯共聚物基质，烷醇基季铵盐功能团的高容量阴离子交换柱，4 mm×250 mm，或相当离子色谱柱。

（2）淋洗液

氢氧化钾溶液，浓度为 6 mmol/L 和 70 mmol/L；洗脱梯度为 6 mmol/L 30 min，70 mmol/L 5 min，6 mmol/L 5 min；流速 1.0 mL/min。

粉状婴幼儿配方食品的淋洗液：氢氧化钾溶液，浓度为 5 mmol/L 和 50 mmol/L；洗脱梯度为 5 mmol/L 33 min，50 mmol/L 5 min，5 mmol/L 5 min；流速 1.3 mL/min。

（3）抑制器

检测器：电导检测器，检测池温度为 35℃；或紫外检测器，检测波长 226 nm。

进样体积：50 μL。

4. 标准曲线制作

（1）配置标准混合标准使用液

亚硝酸盐和硝酸盐分别以 NO_2^- 和 NO_3^- 计，采用梯度配比的方法，配制成亚硝酸根质量浓度分别为 0.02、0.04、0.06、0.08、0.10、0.15、0.20 mg/L；配制成硝酸根质量浓度分别为 0.2、0.4、0.6、0.8、1.0、1.5、2.0 mg/L。

（2）绘制标准曲线

将上述标准使用液分别注入离子色谱仪中，得到各浓度色谱图，测定相应的峰高（μS）或峰面积，以标准工作液的浓度为横坐标，以峰高（μS）或峰面积为纵坐标，绘制标准曲线。亚硝酸盐和硝酸盐的标准色谱图见图 16-1。

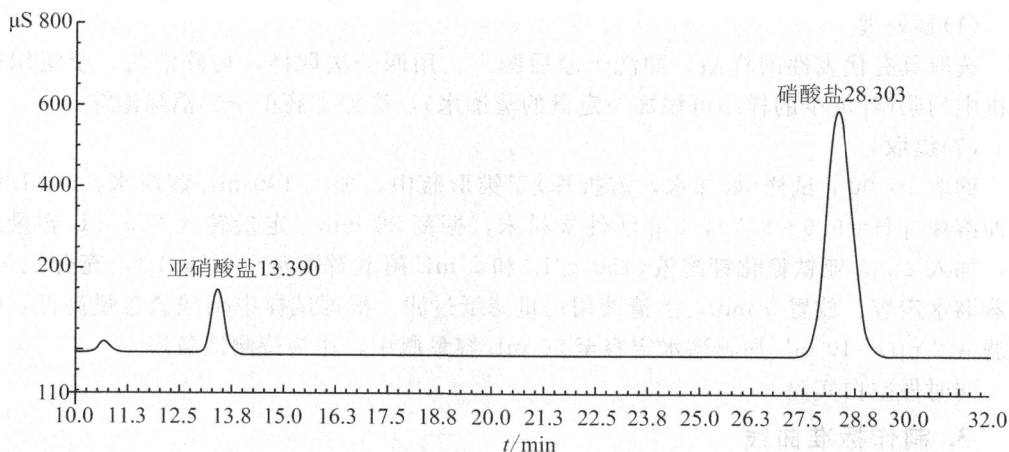

图 16-1　亚硝酸盐和硝酸盐标准色谱图

5. 试样测定

将试样溶液注入离子色谱仪中，得到试样峰高（μS）或峰面积，根据标准曲线计算待测液中亚硝酸根离子或硝酸根离子的浓度。

在重复性条件下获得的两次独立测定结果的绝对差值不得超过算术平均值的10%。同时做空白实验。

6. 结果计算

计算式如式(16-4)所示。

$$X=\frac{(\rho-\rho_0)\times V\times f\times 1\,000}{m\times 1\,000}$$ (16-4)

式中：X——试样中亚硝酸根离子或硝酸根离子的含量，mg/kg；ρ——测定用试样溶液中的亚硝酸根离子或硝酸根离子浓度，mg/L；ρ_0——空白样中的亚硝酸根离子或硝酸根离子浓度，mg/L；V——试样溶液体积，mL；f——试样溶液稀释倍数；m——试样取样量，g；1 000——单位换算系数；m——试样取样量，g。

7. 讨论

①结果测定的是亚硝酸根和硝酸根离子的质量浓度。亚硝酸根、硝酸根离子含量分别乘系数1.5、1.37，即为亚硝钠含量和硝酸钠的含量。

②亚硝酸盐和硝酸盐检出限分别为0.2 mg/kg和0.4 mg/kg。

16.4.3 紫外分光光度法

1. 原理

利用硝酸根和亚硝酸根离子在紫外光219 nm处具有等吸收波长的特性，测定提取液的吸光度，使用标准曲线法定量。提取液使用pH＝9.6～9.7的氨缓冲液，采用活性炭去除色素、亚铁氰化钾和硫酸锌沉淀蛋白质的干扰。

2. 样品处理

(1)预处理

选取具有代表性的样品，冲洗干净后晾干。用四分法取样，切碎混匀，于组织捣碎机中匀浆（汁液少的样品可添加一定量的蒸馏水），滴加1滴正辛醇消除泡沫。

(2)提取

称取10.00 g试样（如加水，需折算）于锥形瓶中，加入100 mL蒸馏水，5 mL氨缓冲溶液（pH＝9.6～9.7），2 g活性炭粉末，振荡30 min。定量转入250 mL容量瓶中，加入2 mL亚铁氰化钾溶液（150 g/L）和2 mL硫酸锌溶液（300 g/L），充分混匀，加蒸馏水定容。放置5 min，上清液用定量滤纸过滤。根据试样中硝酸盐含量高低，吸取滤液2 mL～10 mL加蒸馏水定容至50 mL容量瓶中，作为待测液备用。

同时做空白实验。

3. 制作标准曲线

标准溶液配制：首先配制500 mg/L（以硝酸根计）的硝酸盐（如硝酸钾）储备液。使用储备液配制硝酸盐标准曲线工作液，最终硝酸根浓度为0、2.0、4.0、6.0、8.0、10.0和12.0 mg/L。

标准曲线制作：使用1 cm石英比色皿，将标准曲线工作液于219 nm处测定吸光度。以标准溶液质量浓度为横坐标，吸光度为纵坐标绘制工作曲线。

4. 测定

将待测液用 1 cm 石英比色皿，于 219 nm 处测定吸光度。根据标准曲线，计算待测物质的含量。

在重复性条件下获得的两次独立测定结果的绝对差值不得超过算术平均值的 10%。

5. 结果计算

计算式如式(16-5)所示。

$$X = \frac{\rho \times V_1 \times V_2}{m \times V_3} \tag{16-5}$$

式中：X——试样中硝酸盐的含量，mg/kg；ρ——由工作曲线获得的溶液中硝酸盐的质量浓度，mg/L；V_1——提取液定容体积，mL；V_2——待测液定容体积，mL；V_3——吸取的滤液体积，mL；m——试样质量，g。

6. 讨论

①因为溶解性的有机物在 219 nm 处也有吸收，可根据实践经验，引入一个校正值，为在 275 nm 处(硝酸根在此波长下无吸收)测得吸光度的 2 倍。将 219 nm 处的吸光度减去校正值即为净硝酸根离子的吸光度。这种校正值是经验性的，和有机物的性质、浓度有关，所以此法不适宜分析对有机物含量复杂的样品，一般推荐检测无显著污染的果蔬类产品。

②测得的吸光度为硝酸盐和亚硝酸盐的总和，鉴于新鲜果蔬样品中亚硝酸盐含量甚微，可忽略不计。最后计算结果可认定为硝酸盐的含量。

③本方法硝酸盐的检出限为 1.2 mg/kg。

16.5　漂白剂的检测

16.5.1　概述

在食品的加工过程中，为使食品保持特有的色泽，常加入漂白剂。漂白剂是指能够破坏、抑制食品的发色因素，使其褪色或使食品免于褐变的物质。食品添加剂使用标准中允许添加的漂白剂大都属于亚硫酸及其盐类，可通过产生的二氧化硫的还原作用，破坏和抑制食品的变色因子。二氧化硫和亚硫酸本身无营养价值，也非食品的必需成分，而且还有一定的腐蚀性，对人体健康有一点影响，所以在食品中添加时需要加以限制。

亚硫酸类漂白剂的检测指标是以二氧化硫的残留量计的。测定二氧化硫的方法很多，如盐酸副玫瑰苯胺比色法、蒸馏滴定法、碘量法、高效液相色谱法等，GB 5009.34—2016《食品中二氧化硫的测定》规定使用蒸馏滴定法测定食品中二氧化硫的残留量。

16.5.2　蒸馏滴定法

1. 原理

样品经释放处理后，放在一个密闭的容器内酸化，并加热蒸馏，以释放出其中的二氧化硫，用乙酸铅溶液吸收。吸收后的溶液用盐酸再次酸化后，使用碘标准溶液进行滴定，以淀粉溶液作指示剂，可根据所消耗的碘标准溶液计算出样品中的二氧化硫含量。

滴定反应式为：$I_2 + SO_2 + 2H_2O \longrightarrow 2HI + H_2SO_4$

2. 样品处理

预处理：将固态样品适当剪成小块，用粉碎机粉碎后，搅拌均匀，备用。液态样品，可直接吸取使用。

3. 分析步骤

（1）样品蒸馏

称取样品 5.000 g（液体样品可吸取 5.00～10.00 mL），置于蒸馏烧瓶内。加入 250 mL 蒸馏水，装上冷凝装置，接入备有 25 mL 乙酸铅吸收液的碘量瓶液面下。连接好装置后在蒸馏烧瓶内快速加入 10 mL 盐酸溶液，立即盖塞，加热蒸馏。当蒸馏液约 200 mL 时，可使冷凝管离开液面，再蒸馏 1 min。用少量蒸馏水冲洗插入乙酸铅溶液的部分装置。同时做空白实验。

（2）滴定

向取下的碘量瓶内依次加入 10 mL 盐酸、1 mL 淀粉指示液（10 g/L），摇匀后用碘标准溶液（0.01000 mol/L）滴定至溶液颜色变蓝且以 30 s 内不褪色为止，记录消耗的碘标准溶液体积。

4. 结果计算

计算式如式（16-6）所示。

$$X = \frac{(V - V_0) \times 0.032 \times c \times 1\,000}{m} \tag{16-6}$$

式中：X——试样中二氧化硫总含量（以 SO_2 计），mg/kg 或 mg/L；V——滴定样品所用的碘标准溶液体积，mL；V_0——空白试样所用的碘标准溶液体积，mL；0.032——1 mL 碘标准溶液（1.0 mol/L）相当于二氧化硫的质量，g；c——碘标准溶液浓度，mol/L；m——试样质量，g。

5. 精密度

在重复性条件下获得的两次独立测定结果的绝对差值不得超过算术平均值的 10%。

6. 讨论

①乙酸铅吸收二氧化硫可生成白色的 $PbSO_3$ 沉淀，酸化可使沉淀转化为 Pb^{2+} 和 H_2SO_3，便于滴定的进行。为防止酸化后 SO_2 的溢出，应快速进行以下操作。

②当取 5 g 固体样品时，方法的检出限为 3.0 mg/kg，定量限为 10.0 mg/kg；当

取 10 mL 液体样品时，方法的检出限为 1.5 mg/L，定量限为 5.0 mg/L。

16.6　着色剂的检测

16.6.1　概述

着色剂是使食品赋予色泽和改善食品色泽的物质，可分为天然着色剂和合成色素。随着人们安全意识的提高，天然、营养、多功能的天然着色剂成为着色剂的发展方向，但是目前天然着色剂还是存在资源短缺、呈色效果不佳等缺点，还不能完全替代市场上的合成着色剂。由于很多合成类色素本身具有一定毒性，因此必须对合成色素的使用范围和用量加以限制，以保证食用的安全性。

目前，食品行业中使用较多的合成着色剂有柠檬黄、新红、苋菜红、日落黄、亮蓝、赤藓红等，以及有些情况下使用它们之间复合的色素才能达到满意的色泽。合成类着色剂的检测方法常使用高效液相色谱法，一起测定。

16.6.2　高效液相色谱法

1. 原理

食品中的合成色素在酸性条件下用聚酰胺吸附法或液—液分配法进行提取，制成水溶液后注入高效液相色谱仪，经反向色谱分离，根据保留时间和峰面积进行定性和定量。

2. 样品处理

（1）试样制备

①果汁饮料类样品：称取 20.000～40.000 g 样品，放入 100 mL 烧杯中（含 CO_2 样品，需提前加热或超声去除）。

②配置酒类：称取 20.000～40.000 g 样品，放入 100 mL 烧杯中，加热去除乙醇。

③软硬糖、蜜饯类：称取 5.000～10.000 g 粉碎样品，放入 100 mL 烧杯中，加蒸馏水 30 mL，温热溶解。若样品 pH 较高，可用 20% 左右的柠檬酸溶液调节 pH 至 6 左右。

④巧克力及着色糖衣制品：称取 5.000～10.000 g 样品，放入 100 mL 烧杯内，用水反复洗涤色素，到样品无色素为止。合并色素漂洗液为样品溶液。

（2）色素提取

①聚酰胺吸附法：样品溶液加 20% 左右的柠檬酸溶液调节 pH 至 6 左右，加热到 60℃。将用水调成糊状的 1 g 聚酰胺倒入样品内，搅拌片刻，使色素吸附完全。转入 G_3 垂融漏斗抽滤，用 60℃ pH 为 4 的水洗涤 3～5 次，然后用甲醇—甲酸混合液洗涤 3～5 次，再用蒸馏水洗至中性，用乙醇—氨水—水混合溶液（体积比 7：2：1）解吸 3～5 次，至色素完全吸收，收集解吸液，加乙酸中和。70～80℃ 蒸发浓缩至近干，加水溶解，定容至 5 mL。经 0.45 μm 微孔滤膜过滤，取适量进高效液相色谱仪。

②液—液分配法(适用于含赤藓红的样品):将样品溶液放入分液漏斗中,加 2 mL 盐酸、三正辛胺—正丁醇溶液(5%)10~20 mL,振摇提取,分取有机相,重复提取,至有机相无色,合并有机相,用饱和硫酸钠溶液洗 2 次,每次 10 mL,分取有机相,放置于蒸发皿内,水浴加热浓缩至 10 mL,转移至分液漏斗中,加入 10 mL 正己烷,混匀,加氨水溶液提取 2~3 次,每次 5 mL,合并氨水溶液层(含水溶性酸性色素),用正己烷洗 2 次,氨水层加乙酸调至成中性,水浴加热蒸发至近干,加水定容至 5 mL。经 0.45 μm 微孔滤膜过滤,取适量进高效液相色谱仪。

3. 仪器参考条件

色谱柱:C$_{18}$柱,46 mm×250 mm,5 μm;

进样量:10 μL;

柱温:35℃;

检测器:二极管阵列检测器波长范围:400 nm~800 nm;或紫外线检测器:波长 254 nm;

梯度洗脱顺序见表 16-3。

表 16-3　高效液相色谱梯度洗脱条件

时间/min	流速/(mL/min)	0.02mol/L 乙酸铵溶液/%	甲醇/%
0	1	95	5
3	1	65	35
7	1	0	100
10	1	0	100
10.1	1	95	5
21	1	95	5

4. 合成着色剂标准使用液制备

(1)标准品:柠檬黄、新红、苋菜红、胭脂红、日落黄、亮蓝、赤藓红。

(2)着色剂标准储备液:各标准品按纯度折算,加水(pH6.0)配成浓度为 1 mg/mL 的储备液。

(3)合成着色剂标准使用液:将储备液加水稀释 20 倍,配成 50 μg/mL 的混合合成着色剂。经 0.45 μm 微孔滤膜过滤。

5. 测定

将样品提取液和合成着色剂标准使用液分别注入高效液相色谱仪中,根据保留时间定性,外标峰面积法定量。

6. 结果计算

计算式,如式(16-7)所示。

$$X = \frac{c \times V \times 1\,000}{m \times 1\,000 \times 1\,000}$$

(16-7)

式中：X——试样中着色剂的含量，g/kg；V——试样稀释总体积，mL；c——进样液中着色剂的浓度，μg/mL；m——试样质量，g；1 000——换算系数。

在重复性条件下获得的两次独立测定结果的绝对差值不得超过算术平均值的 10%。

7. 讨论

①铝色淀类色素是将水溶性色素沉淀在氧化铝上制备的特殊着色剂，不溶于任何介质，遇水不迁移，相对于水溶性色素，应用于生产过程中希望没有水或水分含量越少越好的产品中，如糖包衣等。本检测方法并不直接适用于铝色淀含量的检验，需将其解离（如采用硫酸浸泡）形成一般着色剂后再依据方法检验。

②聚酰胺在 pH＝4～6 时吸附色素能力较好，所以选用聚酰胺吸附法时，常将 pH 调至 4～6。

③方法检出限：柠檬黄、新红、苋菜红、胭脂红、日落黄均为 0.5 mg/kg；亮蓝、赤藓红均为 0.2 mg/kg（检测波长 254 nm 时亮蓝检出限为 1.0 mg/kg、赤藓红检出限为 0.5 mg/kg）。

16.7　抗氧化剂的检测

16.7.1　概述

抗氧化剂是指能防止或延缓油脂或食品成分氧化分解、变质，提高食品稳定性的物质。食品成分中含有脂肪及油类、维生素和氨基酸时易受氧化作用的影响，就会产生不良的气味，令食品出现酸败。酸败食品未必引起食物中毒，但会发出异味变得难吃，所以常在含有油脂、维生素或氨基酸的食品中加入抗氧化剂，以延缓或减慢氧化作用引起的酸败。抗氧化剂按其来源可分为天然和人工合成两类，近年天然抗氧化剂的研究较为突出，如异抗坏血酸、茶多酚、迷迭香提取物等，在部分产品中已有比较成熟的应用，但目前阶段，使用较多的还是合成类抗氧化剂，如丁基羟基茴香醚（BHA）、二丁基羟基甲苯（BHT）和没食子酸丙酯（PG）等。

合成类抗氧化剂 BHA 和 BHT 在允许添加的大部分食品中，最大允许添加量为 0.2 g/kg。其检测方法主要有气相色谱法、薄层色谱法和分光光度法。其中薄层色谱法在检出物的定量上为概略定量，对高脂肪样品中 BHA、BHT、PG 能定性检出。

16.7.2　气相色谱法

1. 原理

BHA 和 BHT 属于脂溶性抗氧化剂。试样首先选用石油醚提取，通过层析柱使其净化，再经浓缩，然后使用气相色谱分离、氢火焰离子化检测器检测，以试样峰高与标准物峰高对比定量。

2. 试样制备

(1)试样处理

①预处理：取有代表性试样，在玻璃乳钵中研碎，混合均匀后密封于冰箱内保存。

②脂肪提取：含油脂高的试样，称取均匀的试样 50 g，置具塞锥形瓶中，加 50 mL 石油醚(沸程 30～60℃)，放置过夜；含油脂中等试样，取均匀试样 100 g 左右，置具塞锥形瓶中，加 100～200 mL 石油醚(沸程 30～60℃)，放置过夜；含油脂较少的试样，取均匀试样 250～300 g，置于具塞锥形瓶中，加入适量石油醚(能浸泡试样)，放置过夜。

用快速滤纸过滤后，减压回收溶剂，残留脂肪备用。

(2)试样净化、浓缩

称取 0.50～1.00 g 残留脂肪，用 25 mL 石油醚溶解移入层析柱上(制备层析柱方的方法：层析柱 1 cm×30 cm，在柱的底部加少量玻璃棉和少量无水硫酸钠，用石油醚湿法将硅胶—弗罗里矽土(6：4)10 g 混合填柱，柱顶部再加少量无水硫酸钠)；对于植物油试样，取样 2.00 g，置于烧杯内，加 30 mL 石油醚溶解，转移至层析柱上，再用 10 mL 石油醚分数次洗涤烧杯，同转移至层析柱。

再以 100 mL 二氯甲烷分 5 次淋洗，合并淋洗液，减压浓缩至近干，用二硫化碳定容至 2.0 mL，作为色谱进样待测液。

3. 标准液制备

(1)BHA、BHT 混合标准储备液(1.0 mg/mL)

各取 0.1 g 标品混合后，用二硫化碳溶解定容至 100 mL。

(2)BHA、BHT 混合标准储备液(0.40 mg/mL)

吸取标准储备液用二硫化碳定容至 100 mL。

4. 色谱条件

色谱柱：长 1.5 m，内径 3 mm 玻璃柱；

检测器：FID；

温度：检测室 200℃，进样口 200℃，柱温 140℃；

载气流量：氮气 70 mL/min，氢气 50 mL/min，空气 500 mL/min；

进样量：3.0 μL。

5. 测定

分别将样品标准使用液和试样待测液注入气相色谱，绘制色谱图，对比标准使用液和待测液各组分峰高或面积，计算含量。

6. 结果计算

计算式如式(16-8)所示。

$$X = \frac{h \times V \times c}{h_1 \times m}$$
(16-8)

式中：X——BHA 或 BHT 浓度，g/kg；h——注入的试样待测液中 BHA 或 BHT 的峰高或面积；h_1——注入的标准试样液中 BHA 或 BHT 的峰高或面积；V——待测试样定容体积，mL；c——标准使用液的浓度，mg/mL；m——试样质量，g。

7. 讨论

①在重复性条件下获得的两次独立测定结果的绝对差值不得超过算术平均值的 10%。

②本方法的检出限为 2.0 μg/kg。最佳的线性范围：0.0～100.0 μg。

16.7.3　分光光度法

1. 原理

样品通过水蒸气蒸馏，使 BHT 分离，用甲醇吸收，遇邻苯二茴香胺与亚硝酸钠溶液生成橙红色物质，用三氯甲烷提取，与标准物质同测吸光度比较定量。

2. 样品处理

称取 2～5 g 样品(约含 0.40 mg BHT)于 100 mL 蒸馏瓶内，加 16.0 g 无水氯化钙粉末和 10 mL 蒸馏水，浸入 165℃的甘油浴中，连接好蒸气发生装置和冷凝管，冷凝管下端浸入含有 50 mL 甲醇的 200 mL 容量瓶内，进行蒸馏，蒸馏速度每分钟 1.5～2 mL。在 50～60 min 内收集 100 mL 馏出液(蒸气压不可太高，以免带出油脂)，用温热的甲醇分次洗涤冷凝管，洗液并入容量瓶中并定容。

3. 配置 BHT 标准使用液

(1)BHT 标准溶液(0.5 mg/mL)

称取 BHT 标准品 0.050 g，用甲醇定容至 100 mL 棕色容量瓶内。

(2)BHT 标准使用液(10 μg/mL)

吸取 1.0 mL BHT 标准溶液，置于 50 mL 棕色容量瓶内，用甲醇定容。

4. 测定

准确吸取 25.0 mL 处理后的试样溶液，移入 100 mL 用黑纸包扎的分液漏斗中，加入 5 mL 邻联二茴香胺溶液，混匀，再加入 2 mL 亚硝酸钠溶液(3 g/L)，振摇 1 min，放置 10 min，再加入 10 mL 三氯甲烷，振摇 1 min，静置 3 min，将三氯甲烷层分入黑纸包扎的 10 mL 比色管内(管内预先加入 2 mL 甲醇)，混匀。用 1 cm 比色杯，以三氯甲烷调节零点，在波长 520 nm 出测吸光度。

吸取 BHT 标准使用液 0、1.0、2.0、3.0、4.0、5.0 mL(相当于 0.0、10.0、20.0、30.0、40.0、50.0 μg BHT)分别置于黑纸包扎的 60 mL 分液漏斗内，加入甲醇至 25 mL。同试样测定处理，测量吸光度后，制作标准曲线。

注：邻联二茴香胺溶液配置方法为称取 125 g 邻联二茴香胺于 50 mL 棕色容量瓶内，加 25 mL 甲醇，振摇溶解，加 50 mg 活性炭，混匀后过滤。取滤液 20.0 mL 置于另一个 50 mL 棕色容量瓶内，加盐酸(1+11)定容。避光保存。

5. 结果计算

计算式如式(16-9)所示。

$$X = \frac{m_1 \times V_1}{m \times V_2 \times 1\,000 \times 1\,000} \tag{16-9}$$

式中：X——样品中 BHT 的含量，g/kg；m_1——测定用试样中 BHT 的质量，μg；m——试样质量，g；V_1——蒸馏后样液总体积，mL；V_2——测定用吸取样液的体积，mL；1 000——单位换算系数。

7. 讨论

①在重复性条件下获得的两次独立测定结果的绝对差值不得超过算术平均值的 10%。

②本方法的检出限为 4.0 mg/kg。

复习思考题

1. 什么是食品添加剂？按功能区分，添加剂的种类有哪几种？

2. 简述一种糖精钠的测定方法。

3. 用气相色谱法测定苯甲酸和山梨酸含量时，如何对样品进行处理？

4. 简述一种测定食品中亚硫酸盐和硝酸盐的测定方法和原理。

5. 简述蒸馏滴定法测定食品中残留二氧化硫的原理。

6. 测定食品中合成色素时，样品溶液为什么用柠檬酸调节 pH？

7. 一般采用什么方法测定抗氧化剂的含量？简述 BHT 的分光光度法测定原理和简要的操作步骤。

第 17 章 食品中有害物质的检测

食品，是指各种供人食用或者饮用的成品和原料以及按照传统既是食品又是药品的物品，但是不包括以治疗为目的的物品。世界卫生组织定义有害物质：在自然界所有的物质中，当某物质或含有该物质的物质被按其原来的用途正常使用时，若因该物质导致人体健康、自然环境或者生态环境平衡遭受破坏时，则称该物质为有害物质。那么，什么是食品中有害物质呢？食品中的有害物质应当理解为在正常食用含有该物质的食品时对人体的组织器官或生理机能或者精神造成任何急性、亚急性、慢性或者致畸、致癌的物质。例如，我们生活的地球生物圈中无处不存在或多或少天然的人工的有害物质，如天然放射性元素、农兽药残留等，生长在该环境中的动物或者植物不可避免地会受到这些物质的污染；食品储存方式不恰当而产生的各种生物毒素也会威胁到人类的生命健康；不同的加工方式也可能导致食品中产生新的已知或者未知的有害物质。

食品中的有害物质的分类包括，一是生物性有害物质，主要包括细菌、霉菌、寄生虫、害虫等生物污染；二是化学性有害物质，是食品有害物质的主要形式，主要包括生物代谢物或毒素，天然的或者人工合成的化学污染物质，食品加工或包装过程中生成的或转移到食品中的有害化学物质；三是物理性有害物质，如混入食品中的金属或非金属碎屑及其他物理性杂质等。

食品质量安全已经成为全球的焦点，不合格的食品给人们的健康、财产及生活带来很大的危害，在国内外造成了很多不良的影响。因此，加强食品中有害物质的检测对提高食品质量具有重要意义。

17.1 食品中限量元素的检测

食品中元素从营养的角度可以分为必需元素、非必需元素和有害元素。其中有害元素是指目前未发现对人体有生理功能、且人体耐受力极小、进入体内量稍大就中毒的元素。如 Hg、Cd、Pb、As、Sn、Cu、Cr 等，这些元素在体内不易排出，有积蓄性，半衰期都很长。例如甲基汞其在人体内的半衰期为 70 d，铅在人体内半衰期为 1460 d 而在骨骼中为 10 年，镉在体内半衰期为 16～31 年。而从人体对其需要量可以分为：常量元素，即每日膳食需要量在 100 mg 以上，主要包括 Ca、P、Mg、K 等；微量元素，在代谢上同样重要，但含量相对较少，包括 Fe、Zn、Cu、Mn、Ni、Co 等。

微量元素和有害元素在食品卫生要求中都有一定的限量规定，从食品分析的角度，我们统称为限量元素。这些物质进入人体的渠道多种多样包括：水源、土壤、环境、原料、辅料、添加剂、农药、化肥的使用、加工、制造、运输等带入；容器本身不纯，金属带入铅、锌；罐头中酸性锡的溶出；铜器带入过量铜；另外，还有呼吸、皮肤等。一些重金属对人体的伤害极大，例如，铅、镉、汞、锰。①铅：是重金属污染中毒性较大的一种。一旦进入人体将很难排除。能直接伤害人的脑细胞，特别是胎儿的神经系统，可造成先天智力低下；另外还有致癌、致突变作用。②镉：导致高血压，引起心脑血管疾病，破坏骨骼和肝肾，并能引起肾衰竭。③汞：食用后直接沉入肝脏，对大脑、神经、视力破坏极大。天然水中每升含有 0.01 mg 汞，就会导致人中毒。④锰：超量时会使人甲状腺功能亢进。

17.1.1　我国食品中有害元素限量

GB 2762—2017《食品安全国家标准　食品中污染物限量》中规定了我国食品中铅、镉、汞、砷、锡、镍、铬的限量标准。该标准根据不同有害元素可能对公众健康构成风险的高低以及消费者的膳食结构，对不同食品设定了不同的限量值，铅的限量值范围为 0.01～5 mg/kg，镉的限量值范围为 0.05～1 mg/kg，总汞的限量值范围为 0.01～0.1 mg/kg，总砷的限量值范围为 0.1～0.5 mg/kg，锡的限量值范围为 50～250 mg/kg，镍限量值为 1.0 mg/kg，铬的限量值范围为 0.5～1 mg/kg。

17.1.2　重金属的检测

GB 2762—2017《食品安全国家标准　食品中污染物限量》给出了几种常见金属的检测方法，详见表 17-1。

表 17-1　常见重金属的检测方法标准

食品安全国家标准　食品中铅的测定	GB 5009.12—2017
食品安全国家标准　食品中镉的测定	GB 5009.15—2014
食品安全国家标准　食品中总汞及有机汞的测定	GB 5009.17—2014
食品安全国家标准　食品中锡的测定	GB 5009.16—2014
食品安全国家标准　食品中镍的测定	GB 5009.138—2017
食品安全国家标准　食品中铬的测定	GB 5009.123—2014

食品安全国家标准中常用的检测重金属的方法为原子吸收分光光度法，其基本原理是将光源辐射出的待测元素的特征光谱通过样品的原子蒸气时，被待测元素的基态原子所吸收，在一定范围与条件下，入射光被吸收而减弱的程度与样品中待测元素的含量呈正相关，因此可以测出样品中待测元素的含量。具有选择性好、灵敏度高、简便、快速、可同时测定多中元素等特性。原子吸收分光光度计的组成系统主要包括四个基本单元，即光源系统、原子化系统、分光系统和检测系统。其中，光源的作用是发射待测元素的特征谱线（一般是共振线，基态到第一激发态）。半宽小、高强度、低背景的光源是取得良好分析效果的基础。目前最常用的光源是空心阴极灯（HCl）：空心阴极灯的阴极由高纯待测金属制成，当在外加电源作用下惰性气体被电离时，其中阴离子飞向阴极，阴极的原子受激产生出窄而强的该元素特征谱线，由灯头前面的石英窗射出。市面上可买到大约 40 种金属元素的空心阴极灯。而原子化器的作用是将样品中的元素转化为自由态原子蒸气，并使其处于基态。火焰原子化器包括雾化器、雾化室和燃烧器三个部分。样品溶液经雾化器喷成细雾状，进入雾化室经

撞击球的作用后形成稳定的小雾滴，借助于助燃气可使溶液样品形成气溶胶，然后气溶胶与燃气混合，点火引起燃烧，最终获得一个稳定火焰吸收层。常用的火焰有空气—乙炔和氧化亚氮(N_2O)—乙炔火焰。燃烧器通常为一条 5～10 cm 的缝槽状。由于火焰原子化法的原子化程度较低，且被火焰气体大量稀释，对于要求灵敏度较高的一些重金属含量测定，石墨炉原子化法是理想的选择。电热原子化器(ETA)是采用电热难熔材料(石墨)作为原子化器样品在其中高温熔融，可获得瞬态自由原子。它的优点是自由电子滞留时间较长、加热时间短、操作简单、成本低、抗氧化能力强、使用寿命长等。

以上这些元素都以金属有机化合物的形式存在于食品中，要测定这些元素先要做两件事。第一，用灰化法和湿化法先将有机物质破坏掉，释放出被测元素。以不丢失要测的成分为原则。第二，破坏掉有机物后的样液中，多数情况下是待测元素浓度很低，另外还有其他元素的干扰，所以要浓缩和除去干扰。螯合剂萃取法提取分离重金属元素是一种较为有效的方法。螯合剂萃取法的原理是金属离子先与螯合剂生成金属螯合物，然后利用与水不相溶的有机溶剂同试液一起振荡，金属螯合物进入有机相，另一些组分仍留在水相中，从而达到提取分离的目的，这个方法称为液—液溶剂萃取法。

(1)常用的螯合物

螯合物是指当金属离子与可提供两个或两个以上配位键的络合剂起反应，生成两个或两个以上环状结构的络合物。螯合物的环通常为五元环或六元环，结构比较稳定，溶于有机溶剂，而不溶于水。螯合剂一般是有机弱酸或弱碱，目前已得到实际应用的螯合剂已达 100 多种，在食品分析中应用最普遍的有二硫腙(HOZ)、二乙基二硫代氨基甲酸钠(NaDDTC)、丁二酮肟、铜铁试剂等，它们所生成的金属螯合物都相当稳定，难溶于水而易溶于有机溶剂，很多都带有可直接比色的颜色。故用于金属离子的测定十分简便。

(2)金属螯合物的萃取平衡

用有机溶剂萃取金属螯合物，金属在有机相和水相中的分配比与许多因素有关，当其他因素固定下来以后，金属分配率与 pH 有关。

(3)影响分配比值的几个因素

螯合剂的影响：螯合剂与金属离子生成的螯合物越稳定，萃取效率就越高。pH 的影响：pH 越高，有利于萃取，但金属离子可能发生水解反应。要正确控制溶液的酸度，对萃取有利，还可提高螯合剂对金属离子的选择性。例如，Zn^{2+} 的最适宜 pH 为 6.5～10.0 萃取溶剂的选择：溶剂是否有利于萃取的分离主要取决于它们的物理性质和化学性质。①一般尽量采用惰性溶剂，避免产生副反应。②根据螯合物的结构，由相似相溶原理来选：含烷基螯合物选卤代烃(CCl_4、$CHCl_3$ 等)，含芳香基螯合物选芳香烃(苯、甲苯等)。③溶剂的相对密度与溶液差别要大、黏度小。④无毒。无特殊气体、挥发性较小。

(4)干扰离子的消除

一种螯合剂往往同时和几种金属离子形成螯合物，控制条件可有选择地只萃取一种离子或连续萃取几种离子，使之相互分离。

①控制酸度控制溶液的 pH。

②使用掩蔽剂。例如，KCN 可掩蔽 Zn^{2+}、Cu^{2+}；柠檬酸铵可掩蔽 Ca^{2+}、Mg^{2+}、Al^{3+}、Fe^{3+}；EDTA 可以掩蔽除 Hg^{2+}、Au^{2+} 以外的许多金属离子。掩蔽剂的使用与溶液 pH 有关。例如，碱性液＋氰化物掩蔽 Pb、Sn^{2+}、Ti、Bi；弱酸性液＋氰化物掩蔽 Pb、Hg、Ag、Cu。此外，目前国家正在修订关于食品中维生素 K_2 测定的食品安全国家标准，且正在征求食品中碘的测定的意见稿。以期能够更加完善相关法律法规，保护消费者的身体健康。

17.2　食品中药物残留及其检测

农药是指用于预防、消灭或者控制危害农业、林业的病、虫、草及其他有害生物，以及有目的地调节植物、昆虫生长的药物的通称。目前，全世界实际生产和使用的农药品种有上千种，其中绝大部分为化学合成农药。农药按用途可分为杀虫剂、杀菌剂、除草剂、杀螨剂、植物生长调节剂和杀鼠药等；按化学成分可分为有机磷类、氨基甲酸酯类、有机氯类、拟除虫菊酯类、苯氧乙酸类、有机锡类等；按药剂的作用方式，可分为触杀剂、胃毒剂、熏蒸剂、内吸剂、引诱剂、驱避剂、拒食剂、不育剂等。按其毒性可分为高毒、中毒、低毒三类；按杀虫效率可分为高效、中效、低效三类；按农药在植物体内残留时间的长短可分为高残留、中残留和低残留三类。

农药残留是指由于喷施农药后存留在环境和农产品、食品、饲料、药材中的农药及其降解代谢产物，还包括环境背景中存在的污染物或持久性农药的残留物，再次在商品中形成的残留。一般来说，农药残留量是指农药本体物及其代谢物的残留量的总和，表示单位为 mg/kg。农药的过量或长期施用，导致食物中农药残存数量超过最大残留限量（MRL）时，将对人和动物产生不良影响，或通过食物链对生态系统中的其他生物造成毒害。

17.2.1　食品中农药残留检测

1. 食品中农药残留类型

本节以目前市面上使用比较普遍的几类农药为例，包括有机氯类农药、有机磷类农药、氨基甲酸酯类农药、拟除虫菊酯类农药等，介绍其常用的残留分析技术。

（1）有机氯农药

有机氯农药是一类由人工合成的杀虫广谱、毒性较低、残效期长的化学杀虫剂。有机氯农药主要分为以环戊二烯为原料和以苯为原料的两大类。以苯为原料的包括 HCHs、DDTs 和六氯苯等；以环戊二烯为原料的包括七氯、艾氏剂、狄氏剂和异狄氏剂等。有机氯农药的物理、化学性质稳定，在环境中不易降解而长期存在。

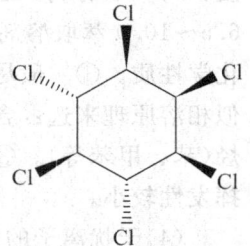

图 17-1　六六六

①六六六(HCHs)。分子式为 $C_6H_6Cl_6$，又可以写作 666，是苯添加六个氯原子形成的饱和化合物(图 17-1)。对昆虫有熏杀、触杀和胃毒作用，其中又以 γ-异构体杀虫效力最高，α-异构体次之，δ-异构体又次之，β-异构体效率极低。而在工业上则是由苯与氯气在紫外线照射下合成。其用途过去主要用于防治蝗虫、稻螟虫、小麦吸浆虫和蚊、蝇、臭虫等。由于六六六对人、畜都有一定毒性，所以在 20 世纪 60 年代末就已经停止生产或禁止使用。六六六主要蓄积在人体脂肪内，存留最久的是 β-六六六，它的蓄积作用最强。六六六和其他有机氯农药一样，进入环境以后，在各种物理、化学和生物学因素的作用下，最终逐渐导致消失。而农药在环境中的最终消失是通过扩散、分解和生物富集途径进行的。人和大多数其他生物体具有中等强度的急性毒性。

②DDTs 及其类似物。分子式为 $C_{14}H_9Cl_5$。DDTs 化学性质稳定，在常温下不分解。对酸稳定，强碱及含铁溶液易促进其分解。可用作农用杀虫剂。DDTs 一般毒性与六六六相同，属神经及实质脏器毒物，对人和大多数其他生物体具有中等强度的急性毒性。对人不论是故意的或是过失造成大量服用时，即能引起中毒。环境中的 DDTs或经受一系列较为复杂的生物学和环境的降解变化，主要反应是脱去氯化氢生成 DDE。DDE 对昆虫和高等动物的毒性较低，几乎不被生物和环境所降解，因此，DDE 是储存在组织中的主要残留物。DDTs 在环境中的转化途径包括光解转化、生物转化、土壤转化等。

③六氯苯(HCB)。分子式为 C_6Cl_6。六氯苯不溶于水，溶于乙醚、氯仿等多数有机溶剂。可用作防治麦类黑穗病，及种子和土壤的消毒。人体或动物接触后可引起眼刺激、烧灼感、口鼻发干、疲乏、头痛、恶心等。中毒时可影响肝脏、中枢神经系统和心血管系统，可致皮肤溃疡，对环境有严重危害，对水体可造成污染。六氯苯为可燃性物质，为可疑致癌物，具刺激性，受高热分解可产生有毒的腐蚀性烟气。

④氯丹(chlordane)。分子式为 $C_{10}H_6Cl_8$。氯丹为无色或淡黄色液体，工业品为有杉木气味的琥珀色液体，主要成分有 α-氯丹和 β-氯丹。对环境有严重危害，对水体、土壤和大气都能造成污染。氯丹可用作残留性杀虫剂。对人体健康可以造成危害，其中毒症状发生较快，几小时内即可能死亡。主要症状为中枢神经系统兴奋症状，如激动、震颤、全身抽搐；摄入中毒的症状出现更快，有恶心、呕吐、全身抽搐。严重中毒在抽搐剧烈和反复发作后陷于木僵、昏迷和呼吸衰竭。对环境有严重危害，对水体、土壤和大气可造成污染。

⑤硫丹(endosulfan)。分子式为 $C_9H_6Cl_6O_3S$。硫丹是一种有机氯杀虫剂，有 2 种同分异构体：α-硫丹、β-硫丹。纯品为白色晶体。粗制品为棕色无定形粉末。熔点是70~100℃。它是两种异构体的混合物，熔点分别是 108℃到 110℃ 和 208℃ 到 210℃。硫丹不溶于水，但溶于氯仿、丙酮、二甲苯等有机溶剂。在碱性溶液中易分解释放出二氧化硫。遇湿气逐渐分解进而失效。用白鼠进行实验，LD_{50} 是 40~60 mg/kg。

⑥七氯(heptachlor)。分子式为 $C_{10}H_5Cl_7$，七氯在土壤中是持久的和相对稳定的。然而，它可通过以下途径从土壤中减少，即缓慢地蒸发、氧化成为七氯环氧化物(一种具有类似毒性，更持久的难降解产物)、被光合作用转换成光－七氯或者被土壤菌转换

成低毒性的代谢物。尽管还没有由于七氯而引起水体大面积污染的报告，但在各种水体的鱼类中已发现了七氯的残留物。

（2）有机磷农药

有机磷农药（OPPs）是含有 C—P 键或 C—O—P，C—S—P，C—N—P 键的有机化合物，其结构式中 R_1、R_2 多为甲氧基（$CH_3O—$）或乙氧基（$C_2H_5O—$）；Z 为氧（O）或硫（S）原子：X 为烷氧基、芳氧基或其他取代基团。在农药方面，它不但可以作为杀虫剂、杀菌剂，而且也可以作为除草剂和植物生长调节剂。大部分有机磷农药不溶于水，而溶于有机溶剂，在中性和酸性条件下稳定，不易水解，在碱性条件下易水解而失效。有机磷农药（organophosphorus pesticide）种类很多，根据其毒性强弱分为高毒、中毒、低毒三类。我国现常用有机磷农药的大数口服半数致死量（mg/kg）分别如下所示。①高毒类。对硫磷（1605）为 3.5～15 mg；内吸磷（1059）为 4～10 mg；甲拌磷（3911）为 2.1～3.7 mg；乙拌磷为 4 mg；硫特普为 5 mg；磷胺为 7.5 mg。②低毒类。敌敌畏 50～110 mg；甲基对硫磷（甲基 1065）为 14～42 mg；甲基内吸磷（甲基 1059，4044）为 80～130 mg（以上属中毒类），敌百虫为 450～500 mg；乐果为 230～450 mg；马拉硫磷（4049，马拉松）为 1800 mg；二溴磷为 430 mg；杀螟松（杀螟硫磷）为 250 mg。高毒类有机磷农药少量接触即可中毒，低毒类大量进入体内亦可发生危害。人体对有机磷的中毒量、致死量差异很大，由消化道进入较一般浓度的呼吸道吸入或皮肤吸收中毒症状重、发病急；但如吸入大量或浓度过高的有机磷农药，可在 5 min 内发病，迅速致死。有机磷类农药对人的危害作用从剧毒到低毒不等。能抑制乙酰胆碱酯酶，使乙酰胆碱积聚，引起毒蕈碱样症状、烟碱样症状以及中枢神经系统症状，严重时可因肺水肿、脑水肿、呼吸麻痹而死亡。重度急性中毒者还会发生迟发性猝死。

（3）氨基甲酸酯类农药

氨基甲酸酯类农药（carbamates）用作农药的杀虫剂、除草剂、杀菌剂等。其毒理机制是抑制昆虫乙酰胆碱酶（Ache）和羧酸酯酶的活性，造成乙酰胆碱（Ach）和羧酸酯的积累，影响昆虫正常的神经传导以致致死。这类杀虫剂分为三大类。

①稠环基氨基甲酸酯类。甲萘威（西维因）：具有触杀、胃毒和微弱的内吸作用。低毒，大白鼠 LD_{50} 口服 540～710 mg/kg，LD_{50} 经皮≥2 000 mg/kg。人体中酯酶水解为主，昆虫中 MFO 酶分解（非水解酶），在酸性条件下能转化为亚硝基苯化合物，具有致癌作用；克百威（呋喃丹）：广谱性杀虫、杀线虫剂，可防治 300 多种害虫，如稻、棉、玉米、马铃薯、地下害虫。胃毒、触杀、内吸，残效长、残留低。高毒，鱼、牛、水生动物有毒。不易积累，代谢快（水解、羟基化）；丙硫克百威（安克力，benfuracarb）：难溶于水，溶于大多数有机溶剂，对光不稳定。触杀、胃毒和内吸作用，持效期长。中毒，大鼠急性经口 LD_{50} 为 138 mg/L，急性经皮 LD_{50}＞2200 mg/L；丁硫克百威（好安威，carbosulfan）：不溶于水，与丙酮、二氯甲烷、乙醇、二甲苯互溶，酸性介质中易分解。克百威低毒化衍生物，杀虫谱广，有内吸性。

②取代苯基类。异丙威（叶蝉散，isoprocorb）：不溶于卤代烷烃和水，难溶于芳烃，溶于丙醇、甲醇、乙醇、二甲亚砜、乙酸乙酯等有机溶剂。有较强的触杀作用，速效性强，主要防治水稻叶蝉、飞虱类害虫。中等毒性。不能与敌稗混用，否则易发

生药害；仲丁威(巴沙，fenobucarb)：微溶于水，易溶于一般有机溶剂，如氯仿、丙酮、苯、甲苯、二甲苯、石油醚、甲醇等。遇碱或强酸易分解，弱酸介质中稳定，高温下热分解。杀虫作用快，有杀卵和内吸作用，低温下仍有良好的杀虫效果。

③氨基甲酸肟类。涕灭威，水中溶解度 6 000 ppm($>$33％)，溶于大多数有机溶剂。LD_{50}经皮＝5 mg/kg。内吸作用。有一定的水溶性，可使地下水受污染。我国规定在下列地区禁止使用：地下水埋深不足 1.0 m 的地区；地下水埋深不足 1.5 m 的地区，月降雨量大于 150 mm 的砂性土地区(砂粒含量大于 85％)；地下水埋深不足 1.5 m，月降雨量大于 200 mm 的壤砂土地区(砂粒含量 70％～85％)；地下水埋深不足 3.0 m，月降雨量大于 200 mm 的砂性土地区(砂粒含量 90％)；所用施药区距饮水源必须在 30 m 以上；灭多威(万灵，methomyl)：内吸、触杀、胃毒作用；高毒：LD_{50}口服＝17～24 mg/kg，LD_{50}兔经皮$>$5 000 mg/kg；硫双灭多威(拉维因，thiodicarb)：胃毒，较弱的触杀；中毒：LD_{50}口服 66 mg/kg；苯氧威(fenoxycarb)：又名双氧威、苯醚威，具胃毒、触杀作用，杀虫谱广；选择性很强，通过干扰昆虫特有的发育和变态过程而产生杀虫作用，因此对哺乳动物低毒。当苯氧威进入昆虫体内后，很低的浓度就可以使昆虫体内的保幼激素超过正常值，可严重干扰昆虫的正常发育而导致死亡，因此剂量很少就可以起到较好的杀虫效果；持效期长，对环境无污染。茚虫威为钠通道抑制剂，而并非胆碱酯酶抑制剂，故无交互抗性。茚虫威主要通过阻断害虫神经细胞中的钠通道，使靶标害虫的协调受损，出现麻痹，最终致死。同时，害虫经皮或经口摄入药物后，很快会出现厌食。

(4)菊酯类农药

拟除虫菊酯类(Pyrethroids)农药是 20 世纪 70 年代发明的一类具有高效、低毒、光稳定性、残效时间长等特点的仿生杀虫剂。天然除虫菊酯是除虫菊花的有效成分，其化学结构在 20 世纪 40 年代被确定，此后，开始了有杀虫活性的类似物的合成研究。1973 年，第一个对光稳定的拟除虫菊脂－醚菊酯开发成功后，溴氰菊酯、氯氰菊酯等优良品种相继问世。由于菊酯类农药是广谱性杀虫剂，具有速效、高效、低毒、低残留、对作物安全等特点。拟除虫菊酯主要应用在农业上，如防治棉花、蔬菜和果树的食叶和食果害虫，特别是在有机磷、氨基甲酸酯出现抗药性的情况下，其优点更为明显。除此之外，拟除虫菊酯还作为家庭用杀虫剂被广泛应用，它对地下害虫、蚊蝇、蟑螂等有较好的防治效果。

拟除虫菊酯分子较大，亲脂性强，多溶于多种有机溶剂，在水中的溶解度小，在酸性条件下稳定，在碱性条件下易分解。拟除虫菊酯类农药的杀虫毒力比有机氯、有机磷、氨基甲酸酯类提高 10～100 倍，因而，拟除虫菊酯的用量小、使用浓度低，对人畜安全，可生物降解，对环境的污染很小。拟除虫菊酯类对昆虫具有强烈的触杀作用，其作用机理是扰乱昆虫神经的正常生理活动，使其兴奋、痉挛到麻痹死亡。其缺点主要是对鱼毒性高，对某些益虫也有伤害，长期使用也会导致害虫产生抗药性。常见的拟除虫菊酯有丙烯菊酯(allethrin)、胺菊酯(tetramethrin)、醚菊酯(ethofenprox)、苯醚菊酯(phenothrin)、甲醚菊酯(methothrin)、氯菊酯(permethrin)、氯氰菊酯(cypermethrin)、溴氰菊酯(deltamethrin)、氰菊酯(fenpropanate)、杀螟菊酯

(fencyclae)、氰戊菊酯(fenvalerate)、氟氰菊酯(flucythrin)、氟胺氰菊酯(fluvalinate)、氟氰戊菊酯(flucythrinate)、溴氟菊酯(brothrinate)等。

2. 食品中农药残留的检测

农药具有一定的免疫系统毒性、心血管毒性、遗传毒性和蓄积毒性，如果长时间接触会对人和哺乳动物产生一定的危害，引起慢性疾病的发生，甚至致癌、致畸、致突变。因此，针对农药危害的研究越来越受到人们的重视。许多国家制订了食品中农药残留限量，加强了关键检测技术的研究和应用。GB 2763—2014《食品安全国家标准 食品中农药残留限量》规定了300多种农药的残留限量，也给出了大部分农药的检测方法指引。部分方法标准的名称见表17-2。

表 17-2 部分食品中农药残留的检测国家标准

标准名称	标准号
食品中有机氯农药多组分残留量的测定	GB/T 5009.19—2008
植物性食品中有机氯和拟除虫菊酯类农药多种残留量的测定	GB/T 5009.146—2008
粮谷中敌草快残留量的测定	GB/T 5009.221—2008
粮谷中矮壮素残留量的测定	GB/T 5009.219—2008
水果和蔬菜中 450 种农药及相关化学品残留量的测定 液相色谱—串联质谱法	GB/T 20769—2008
茶叶中 519 种农药及相关化学品残留量的测定 气相色谱—质谱法	GB/T 23204—2008
蔬菜和水果中有机磷、有机氯、拟除虫菊酯和氨基甲酸酯类农药多残留的测定	NY/T 761—2008
水果、蔬菜中杀铃脲等七种苯甲酰脲类农药残留量的测定 高效液相色谱法	NY/T 1720—2009
大豆中咪唑啉酮类除草剂残留量的测定	GB/T 23818—2009
大豆中三嗪类除草剂残留量的测定	GB/T 23816—2009
粮油检验 粮食中磷化物残留量的测定 分光光度法	GB/T 25222—2010
水产品中三嗪类、酰胺类、二硝基苯胺类除草剂残留量的测定 气相色谱—质谱法	DB37/T 3406—2018

另外，针对出口口岸的农药残留限量要求，我国也制订了系列的出入境检验检疫行业标准，如 SN/T 0134—2010(进出口食品中杀线威等 12 种氨基甲酸酯类农药残留量的检测方法液相色谱—质谱/质谱法)、SN/T 2085—2008(进出口粮谷中多种氨基甲酸酯类农药残留量检测方法 液相色谱串联质谱法)、SN/T 2915—2011(出口食品中甲草胺、乙草胺、甲基吡恶磷等 160 种农药残留量的检测方法 气相色谱—质谱法)、SN/T 0148—2011(进出口水果蔬菜中有机磷农药残留量检测方法 气相色谱和气相色谱—质谱法)等。

各种农药脂溶性及挥发或者半挥发的特点，决定了提取溶剂采用的是非极性的有机溶剂，检测方法绝大多数采用气相色谱技术进行分析，不同的是样品前处理及检测器会因分析样品及农药种类而有所不同。具体分析农药残留时，根据分析的目的不同，请参考相关的国家标准或行业标准。

3. 农药残留快速检测技术研究现状

传统色谱技术的检测成本高、耗时长，不能对食品或果蔬进行有效的产前、产中、产后监督管理，为了有效地快速监督管理农药残留的直接危害，快速检测技术也获得了突飞猛进的发展。免疫分析法是利用以待检测物或其代谢物作为抗原与抗体发生特异性反应的原理而建立的分析方法。大相对分子质量的农药可以直接作为抗原，而小相对分子量(小于2500)的农药(或其他有机物质)不能在动物体内引发免疫防疫，一般要与相对分子质量大的载体如牛血清白蛋白等生物大分子偶联，使其具有免疫抗原活性，再注入纯种动物体内，产生抗体，经杂交瘤技术制得相应于该农药的单克隆抗体，这样就可以采用酶联免疫法测定相应的农药残留。近年来，国内外报道了很多关于利用抗体检测多种有机磷农药残留的酶联免疫检测技术。该免疫分析法据业内有简便快捷、特异性强、分析成本低、分析速度快、通量高等优点，已成为农药残留检测的研究热点和突破点，被认为是21世纪最具竞争力和挑战性的检测技术。

4. 应用举例

食品安全国家标准 GB 23200.93—2016 食品中有机磷农药残留量的测定 气相色谱—质谱法，规定了进出口动物源食品中10种有机磷农药残留量(敌敌畏、二嗪磷、皮蝇磷、杀螟硫磷、马拉硫磷、毒死蜱、倍硫磷、对硫磷、乙硫磷、蝇毒磷)的气相色谱—质谱检测方法。本标准适用于清蒸猪肉罐头、猪肉、鸡肉、牛肉、鱼肉中有机磷农药残留量的测定和确证，其他食品可参照执行。

(1)原理为试样用水—丙酮溶液均质提取，二氯甲烷液—液分配，凝胶色谱柱净化，再经石墨化炭黑固相萃取柱净化，气相色谱—质谱检测，外标法定量。

(2)试剂和材料除另有规定外，所用试剂均为分析纯，水为 GB/T 6682—2008 规定的一级水。

(3)试剂

丙酮(C_3H_6O)：残留级。二氯甲烷(CH_2Cl_2)：残留级。环己烷(C_6H_{12})：残留级。乙酸乙酯($C_4H_8O_2$)：残留级。正己烷(C_6H_{14})：残留级。氯化钠(NaCl)。

(4)溶液配制

无水硫酸钠：650℃灼烧4 h，储于密封容器中备用。氯化钠水溶液(5%)：称取5.0 g氯化钠，用水溶解，并定容至100 mL。乙酸乙酯—正己烷(1+1，V/V)：量取100 mL乙酸乙酯和100 mL正己烷，混匀。环己烷—乙酸乙酯(1+1，V/V)：量取100 mL环己烷和100 mL正己烷，混匀。

(5)标准溶液配制

标准储备溶液：分别准确称取适量的每种农药标准品(见附录A)，用丙酮分别配制成浓度为100~1 000 g/mL的标准储备溶液。

混合标准工作溶液：根据需要再用丙酮逐级稀释成适用浓度的系列混合标准工作溶液。保存于4℃冰箱内。

(6)材料

氟罗里硅土固相萃取柱：Florisil，500 mg，6 mL，或相当者。

石墨化炭黑固相萃取柱：ENVI-Carb，250 mg，6 mL，或相当者，使用前用 6 mL 乙酸乙酯—正己预淋洗。

有机相微孔滤膜：0.45 μm。石墨化炭黑：60～80 目。

(7)仪器和设备

气相色谱—质谱仪：配有电子轰击源(EI)。电子天平：感量 0.01 g 和 0.0001 g。凝胶色谱仪：配有单元泵、馏分收集器。均质器。旋转蒸发器。具塞锥形瓶：250 mL。分液漏斗：250 mL。浓缩瓶：250 mL。离心机：4 000 r/min 以上。

(8)样品分析步骤

提取称取解冻后的试样 20 g(精确到 0.01 g)于 250 mL 具塞锥形瓶中，加入 20 mL 水和 100 mL 丙酮，均质提取 3 min。将提取液过滤，残渣再用 50 mL 丙酮重复提取一次，合并滤液于 250 mL 浓缩瓶中，于 40℃水浴中浓缩至约 20 mL。将浓缩提取液转移至 250 mL 分液漏斗中，加入 150 mL 氯化钠水溶液和 50 mL 二氯甲烷，振摇 3 min，静置分层，收集二氯甲烷相。水相再用 50 mL 二氯甲烷重复提取两次，合并二氯甲烷相。经无水硫酸钠脱水，收集于 250 mL 浓缩瓶中，于 40℃水浴中浓缩至近干。加入 10 mL 环己烷—乙酸乙酯溶解残渣，用 0.45 m 滤膜过滤，待凝胶色谱(GPC)净化。

(9)净化

凝胶色谱(GPC)净化：凝胶色谱条件如下所述。

①凝胶净化柱：BioBeadsS-X3，700 mm×25 mm(i.d.)，或相当者；②流动相：乙酸乙酯—环己烷(1+1，V/V)；③流速：4.7 mL/min；④样品定量环：10 mL；⑤预淋洗时间：10 min；⑥凝胶色谱平衡时间：5 min；⑦收集时间：23～31 min。

凝胶色谱净化步骤：将 10 mL 待净化液按上述条件进行净化，收集 23～31 min 区间的组分，于 40℃下浓缩至近干，并用 2 mL 乙酸乙酯—正己烷溶解残渣，待固相萃取净化。

固相萃取(SPE)净化将石墨化炭黑固相萃取柱(对于色素较深试样，在石墨化炭黑固相萃取柱上加 1.5 cm 高的石墨化炭黑)用 6 mL 乙酸乙酯—正己烷预淋洗，弃去淋洗液；将 2 mL 待净化液倾入上述连接柱中，并用 3 mL 乙酸乙酯—正己烷分 3 次洗涤浓缩瓶，将洗涤液倾入石墨化炭黑固相萃取柱中，再用 12 mL 乙酸乙酯—正己烷洗脱，收集上述洗脱液至浓缩瓶中，于 40℃水浴中旋转蒸发至近干，用乙酸乙酯溶解并定容至 1.0 mL，供气相色谱—质谱测定和确证。

(10)测定

GB 23200.93—2016 气相色谱—质谱参考条件

①色谱柱：30 m×0.25 mm(i.d.)，膜厚 0.25 μm，DB—5MS 石英毛细管柱，或相当者；

②色谱柱温度：50℃(2 min)30℃/min180℃(10 min)30℃/min270℃(10 min)；

③进样口温度：280℃；

④色谱—质谱接口温度：270℃；

⑤载气：氦气，纯度≥99.999%，流速 1.2 mL/min；

⑥进样量：1 L；

⑦进样方式：无分流进样，1.5 min 后开阀；

⑧电离方式：EI；

⑨电离能量：70 eV；

⑩ 测定方式：选择离子监测方式；

⑪溶剂延迟：5 min；

⑫离子源温度：150℃；

⑬四级杆温度：200℃。

17.2.2　食品中兽药残留检测

兽药残留是指食物动物在使用兽药（包含药物添加剂）后，积蓄或储存在细胞、组织或器官内或进入乳和蛋等产物中的药物原型和有毒理学意义的代谢物和药物杂质。世界卫生组织食品添加剂联合专家委员会（JECFA）1987 年第 32 次会议将兽药残留分为七类：抗生素类、驱肠虫药类、生长促进剂类、抗原虫药类、灭锥虫药类、镇静剂类和 β 肾上腺素类。造成兽药残留的原因大致有以下五个方面。①非法使用违禁或淘汰药物。我国农业部在 2003 年(265)号公告中明文规定，不得使用不符合《兽药标签和说明书管理办法》规定的兽药产品，不得使用《食品动物禁用的兽药及其他化合物清单》所列 21 类药物及未经农业部批准的兽药，不得使用进口国明令禁用的兽药，畜禽产品中不得检出禁用药物。但事实上，养殖户为了追求最大的经济效益，将禁用药物当作添加剂使用的现象相当普遍，如饲料中添加盐酸克仑特罗（瘦肉精）引起的猪肉中毒事件等。②不遵守休药期规定。休药期的长短与药物在动物体内的消除率和残留量有关，而且与动物种类，用药剂量和给药途径有关。国家对有些兽药特别是药物饲料添加剂都规定了休药期，但是大部分养殖场（户）使用含药物添加剂的饲料时很少按规定施行休药期。③滥用药物。在养殖过程中，普遍存在长期使用药物添加剂，随意使用新的或高效抗生素，大量使用医用药物等现象。此外，还大量存在不符合用药剂量、给药途径、用药部位和用药动物种类等用药规定，以及重复使用几种商品名不同但成分相同药物的现象。所有这些因素都能造成药物在体内的过量积累，导致兽药残留。④违背有关标签的规定。《兽药管理条例》明确规定，标签必须写明兽药的主要成分及其含量等。可是，有些兽药企业为了逃避报批，在产品中添加一些化学物质，但不在标签中进行说明，从而造成用户盲目用药。这些违规做法均可造成兽药残留超标。⑤屠宰前用药。屠宰前使用兽药用来掩饰有病畜禽临床症状，以逃避宰前检验，这也能造成肉食畜产品中的兽药残留。此外，在休药期结束前屠宰动物同样能造成兽药残留量超标。

1. 常见兽药残留的种类

(1)抗生素类药物

这类药物多为天然发酵产物，是临床应用最多的一类抗菌药物，如青霉素类、氨基糖苷类、大环内酯类、四环素类、螺旋霉素、链霉素、土霉素、金霉素等。青霉素类最容易引发超敏反应，四环素类、链霉素有时也能引起超敏反应。

（2）磺胺类药物

主要用于抗菌消炎，如磺胺嘧啶、磺胺二甲嘧啶、磺胺脒、菌得清、磺胺甲唑等。近年来，磺胺类药物在动物性食品中的残留超标现象，在所有兽药当中是最严重的。长期摄入含磺胺类药物残留的动物性食品后，药物可不断在体内蓄积。磺胺类药主要以原形及乙酸磺胺的形式经肾脏排出，在尿中浓度较高，其溶解度又较低，尤其当尿液偏酸性时，可在肾盂、输尿管或膀胱内析出结晶，产生刺激和阻塞，造成泌尿系统损伤，引起结晶尿、血尿、管型尿、尿痛、尿少，甚至尿闭。

（3）硝基呋喃类药物

主要用于抗菌消炎，如呋喃西林、呋喃妥因等。通过食品摄入超量硝基呋喃类残留后，对人体造成的危害主要是胃肠反应和超敏反应。剂量过大或肾功能不全者，可引起严重毒性反应，主要表现为周围神经炎、嗜酸性白细胞增多、溶血性贫血等。长期摄入可引起不可逆性末端神经损害，如感觉异常、疼痛及肌肉萎缩等。

（4）抗寄生虫类药物

这类药物主要用于驱虫或杀虫，如氨丙啉、马杜霉素、左旋咪唑、甲苯咪唑等。对人主要的潜在危害是致畸作用和致突变作用。对于妊娠期的孕妇有可能发生胎儿畸形，如短肢、兔唇等；对所有消费者来说，可能由于其致突变作用使消费者发生癌变和性染色体畸变，从而导致其后代有发生畸形的危险。

（5）激素类药物

这类药物主要用于提高动物的繁殖和加快其生长发育速度，用于动物的激素有性激素和皮质激素，以性激素最常用，包括多种内源性性激素、人工合成的类似性激素的类固醇化合物、人工合成的具有性激素某些特性的非类固醇化合物等，如孕酮、雌二醇、甲地孕酮、丙酸睾丸素、己烯孕酮等。正常情况下，动物性食品中天然存在的性激素含量是很低的，因此不会干扰消费者的激素代谢和生理机能。但摄入性激素残留超标的动物性食品，可能会影响消费者的正常生理机能，并具有一定的致癌性，可能导致儿童早熟、儿童发育异常、儿童异性趋向等。

2. 兽药残留检测

动物源性食品中兽药残留已逐渐成为全世界关注的焦点之一，加强兽药的生产、使用监管及兽药残留的检测十分必要。根据《兽药管理条例》规定，我国农业部组织修订了动物性食品中兽药最高残留限量标准，并于2002年12月24日发布了修订后的《动物性食品中兽药最高残留限量》（第235号公告，注：农业部关于食品中有害物质的限量或检测方法等公告与国家标准等同）。目前，动物性食品中兽药残留的检测方法的标准大部分都是以农业部公告的形式发布。表17-3所示为部分兽药残留检测方法标准。当然，每年也都会有一些新的兽药被批准使用，因此，从事与动物食品的生产、加工及兽药检测的人员需要密切注意农业部关于兽药的允废及兽药残留检测方法的公告。

表 17-3　部分兽药残留检测方法标准

序号	标准名称	标准代号
1	动物性食品中乙烯雌酚残留检测酶联免疫吸附测定法	农业部 1163 号公号－1—2009
2	水产品中阿苯达唑及其代谢物多残留的测定　高效液相色谱法	GB 29687—2013 食品安全国家标准
3	动物性食品中氨苄西林残留检测　高效液相色谱法	农业部 1163 号公告－5—2009
4	动物性食品中泰乐菌素残留检测　高效液相色谱法	农业部 1163 号公告－6—2009
5	动物性食品中庆大霉素残留检测　高效液相色谱法	农业部 1163 号公告－7—2009
6	猪肝中氯丙嗪残留检测　气相色谱－质谱法	农业部 1163 号公告－8—2009
7	牛奶中氨基苷类多残留检测—柱后衍生高效液相色谱法	农业部 1025 号公告－1—2008
8	动物性食品中安定残留检测酶联免疫吸附法	农业部 1025 号公告－4—2008
9	食品中阿维菌素残留量的测定　液相色谱—质谱/质谱法	GB 23200.20—2016 食品安全国家标准
10	动物性食品中 13 种磺胺类药物多残留的测定　高效液相色谱法	GB 29694—2013 食品安全国家标准
11	动物性食品中氟喹诺酮类药物残留检测　高效液相色谱法	农业部 1025 号公告－14—2008
12	动物性食品中多拉菌素残留检测　高效液相色谱法	农业部 1025 号公告－9—2008
13	动物性食品中替米考星残留检测　高效液相色谱法	农业部 1025 号公告－10—2008
14	动物性食品中头孢噻呋残留检测　高效液相色谱法	农业部 1025 号公告－13—2008
15	动物源性食品中呋喃唑酮残留标示物残留检测酶联免疫吸附法	农业部 1025 号公告－17—2008
16	动物性食品中四环素类药物残留检测酶联免疫吸附法	农业部 1025 号公告－20—2008
17	动物源食品中恩诺沙星残留检测酶联免疫吸附法	农业部 1025 号公告－25—2008
18	动物源性食品中糖皮质激素类药物多残留检测液相色谱—串联质谱法	农业部 1031 号公告－2—2008
19	动物源性食品中糖皮质激素类药物多残留检测液相色谱—串联质谱法	农业部 1031 号公告－2—2008
20	动物源性食品中多种 β-受体激动剂残留量的测定液相色谱串联质谱法	GB/T 22286—2008
21	动物源食品中激素多残留检测方法液相色谱—质谱/质谱法	GB/T 21981—2008
22	动物源性食品中四环素类兽药残留量检测方法液相色谱—质谱/质谱法与高效液相色谱法	GB/T 21317—2007
23	牛奶和奶粉中甲硝唑、洛硝哒唑、二甲硝唑及其代谢物残留量的测定液相色谱—串联质谱法	GB/T 22982—2008

序号	标准名称	标准代号
24	牛奶和奶粉中玉米赤霉醇、玉米赤霉酮、己烯雌酚、己烷雌酚、双烯雌酚残留量的测定液相色谱—串联质谱法	GB/T 22992—2008
25	牛奶中双甲脒残留标志物残留量的测定气相色谱法	GB 29707—2013 食品安全国家标准

3. 兽药残留检测举例

农业部 1025 号公告－25—2008 动物食品中恩诺沙星残留检测酶联免疫吸附法。其基本原理为基于抗原抗体反应竞争性抑制测定。酶标板的微孔包被有偶联抗原，加入标准品或待测样品，再加入恩诺沙星单克隆抗体和酶标记物。包被抗原与加入的标准品或待测样品竞争抗体，酶标记物与抗体结合。通过洗涤除去游离的抗原、抗体及抗原抗体复合物。加入底物液，使结合到板上的酶标记物将底物转化为有色产物。加入终止液，在 450 nm 处测定吸光度值，吸光度值与试样中恩诺沙星浓度的自然对数成反比。

(1)试剂和材料

以下所有试剂，均为分析纯试剂，水位符合 GB/T 6682—2008 规定的二级水。

乙腈、二氯甲烷、氢氧化钠、正己烷、磷酸氢二钠、磷酸二氢钠、恩诺沙星检测试剂盒(2～8℃冰箱中保存)、酶标板(8 条×12 孔，包被有偶联抗原)、恩诺沙星系列标准溶液(0、0.5、1.5、4.5、13.5、40.5 $\mu g/L$)、酶标记物、恩诺沙星抗体、底物液(A、B)、终止液、洗涤液、缓冲液；酶标仪、匀浆机、振荡器、离心机、微量移液器、天平、氮气吹干装置。

(2)样本制备

称组织试样(3.0＋0.01 g)，置 50 mL 离心管中加入乙腈－0.1 mol/L NaOH 溶液 9 mL，充分混合 10 min，3800 r/min 以上、15℃离心 10 min，取上清液 3 mL，加入 0.02 mol/LPB 缓冲液 3 mL，加入二氯甲烷 8 mL，充分混合 10 min，3800 r/min 以上、15℃离心 10 min，去除上层液，取下层有机相 4 mL 至干燥容器中，50℃氮气吹干，用缓冲液工作液 1 mL 溶解干燥的残留物，加入正己烷 1 mL 混合 2 min，3800 r/min 以上、15℃离心 5 min，轻轻吸掉上层和中间部分液体，取下层液体 50 μL 用于分析。稀释倍数为 2 倍。

(3)样品测定

从 4℃冷藏环境中取出所需试剂，置室温(20～25℃)平衡 30 min 以上，注意每种液体试剂使用前均需摇匀。将样本和标准品对应微孔按序编号，每个样本和标准品做 2 孔平行，并记录标准孔金额样品孔所在的位置。加入标准品或处理好的试样 50 μL 到各自的微孔中，然后加入酶标记物 50 μL 到每个微孔中，再加入恩诺沙星抗体 50 μL 到每个微孔。轻轻振荡均匀，盖盖板，室温环境反应 1 h，取出酶标板，将孔内液体甩干，加入洗涤液工作液 250 μL 到每个板孔中，洗板 4～5 次，用吸水纸拍干。加入底物 A 液 50 μL 和底物液 B50 μL 到微孔中，轻轻振荡均匀，室温环境避光显色 30 min。加入终止液 50 μL 到微孔中，轻轻振荡混匀，设定酶标仪于 450 nm 处，测定每孔吸光度值。

（4）结果判定和表达

定性测定，以 4.5 μg/L 标准液的吸光度值为判定标准，样品吸光度值大于或等于该值为未检出，小于该值为可疑，建议用确证法确证。

按照公式（17-1）计算百分吸光度值：

$$相对吸光度值＝B/B_0 \times 100\%$$ (17-1)

式中：B——标准溶液或样品的平均吸光度值；B_0——0 浓度的标准溶液平均吸光度值。

将计算的相对吸光度值（%）对应恩诺沙星（μg/L）的自然对数作半对数坐标系统曲线图，对应的试样浓度可从校正曲线算出，如式（17-2）所示。

$$X＝A \times f/(m \times 1\,000)$$ (17-2)

式中：X——试样中恩诺沙星的含量，μg/kg 或 μg/L；A——试样的相对吸光度值（%）对应的恩诺沙星含量，μg/L；f——试样稀释倍数；m——试样的取样量，g 或 mL。计算结果表示到小数点后两位。

17.3　食品中生物毒素及其检测

生物毒素，又称天然毒素，是指生物来源并不可自复制的有毒化学物质，包括动物、植物、微生物在其生长繁殖过程中或一定条件下产生的，对其他生物物种有毒害作用的各种化学物质。现已发现的生物毒素有 2 000 多种，其多样性反映了机能上的多样性。按来源可分为动物毒素、植物毒素、微生物毒素、海洋生物毒素。生物毒素具有较高的生物毒性，污染了真菌毒素和微藻毒素等的食品，对大众健康会造成极大危害；而具有极高毒性的肉毒毒素等还具备发展成为潜在生物武器的可能性，从而威胁到国家公共安全。因此，对食品、环境样本中生物毒素的检测已得到各国化学与生物分析工作者的重点关注。

17.3.1　生物毒素的种类

1. 动物毒素

来源于动物的生物毒素，包括蛇毒、蛙毒、蜘蛛毒、蝎毒、蜂毒等，化学结构多种多样，包括碳氢化合物、杂环化合物、生物碱、生物胺、萜烯、甾配糖体、多肽和蛋白质等。许多动物毒素具有抗病毒、抗细菌、抗炎症、抗肿瘤及抗凝血的作用。动物肝中主要的毒素是胆酸、牛磺胆酸和脱氧胆酸。它们是中枢神经系统的抑制剂，其中牛磺胆酸的毒性最强，脱氧胆酸次之。许多实验研究还发现，脱氧胆酸对结肠癌、直肠癌的发生有促进作用。猪肝脏中的胆酸含量较少，一般不会产生明显的毒性作用，但食用过多或食用时处理不当也会对人体健康产生一定的危害。例如：动物的肝脏中维生素 A 的含量较高，尤其在鱼类肝脏中含量最多。一般偶尔进食普通动物的肝脏是有益而无害的，只有当摄入量超过 20 万 U 以上时（约相当于 30 g 比目鱼肝、10 kg 牛肝），才可引起急性中毒，表现为前额和眼睛疼痛、眩晕、呕吐及皮肤发红、出现红斑、脱皮等症状。

2. 植物毒素

植物毒素主要包括 4 大类，即非蛋白质氨基酸（刀豆氨酸、β-氰基丙氨酸等）、生物碱、（相思子毒素、蓖麻毒素、蛋白酶抑制剂和植物凝集素）、不含氮毒素（萜类化合物、银杏酸等）和生氰糖苷类毒素（生氰单糖苷、生氰二糖苷等）。植物毒素在农业科学中的应用，包括生产植物源杀虫剂、杀草剂、天然植物激素等。

3. 微生物毒素

微生物源毒素是危害性较大的生物毒素，主要包括小分子类的霉菌毒素、蛋白质类毒素、脂多糖内毒素等。霉菌毒素是霉菌产生的一类具有致癌、致畸、致突变性的毒性极强的次级代谢产物。目前，产生霉菌毒素的霉菌有 150 多种，霉菌毒素有 200 余种。常见的霉菌毒素种类有黄曲霉毒素（aflatoxin，AFT）、杂色曲霉菌（sterigmatocystin，ST）、展青霉素（patulin）、赭曲霉毒素（ochratoxin，OTA）、玉米烯酮（zearalenone，ZEN）、单端孢霉烯族毒素（trichothecenes）、伏马菌素（fumonisin，FB）、串珠镰刀菌素（moniliformin）等。目前已分离鉴定出的黄曲霉毒素有 17 种，在天然污染的食品中以黄曲霉毒素 B_1 最为多见，B_1 在动物体内会转化为黄曲霉毒素 M_1、M_2 等。黄曲霉毒素在水中的溶解度很低，易溶解在油和一些有机溶剂中，如氯仿、甲醇、乙醇等，但不溶于乙醚、石油醚、己烷。黄曲霉毒素耐热，20 h 也不能将其全部破坏，在普通烹调加工的温度下破坏很少，在 280℃ 时发生裂解。黄曲霉毒素 B_1 可诱发人类肝癌，对肝癌高发区人们的膳食进行调查发现，膳食中黄曲霉毒素的污染水平与人类原发性肝癌的发病率呈很强的正相关。因此，在食品卫生监测中，主要以黄曲霉毒素 B_1 为污染指标；展青霉毒素是多种真菌的有毒代谢产物，其分子式为 $C_7H_6O_4$，该物质一方面是一种广谱的抗生素，另一方面对小鼠、兔子等实验动物具有较强的毒性。其污染食品和饲料后产生的毒性远大于其抗菌作用。容易污染食品和饲料并产生展青霉素的真菌主要有棉麻青霉、扩展青霉、棒曲霉、巨大曲霉、雪白丝衣霉等。展青霉素还能够对苹果及其制品造成严重污染，我国 GB 5009.185—2016 规定苹果为原料的水果及其果蔬汁类和酒类食品中展青霉素含量的测定方法为高效液相色谱法，液体试样的检出限为 6 μg/kg，定量限为 20 μg/kg；固体、半流体试样的检出限为 12 μg/kg，定量限为 40 μg/kg；单端孢霉烯族化合物是一组由镰刀菌的某些菌种（主要有三线镰刀菌、木贼镰刀菌、禾谷镰刀菌等）产生的有毒代谢产物。镰刀菌属的菌种广泛分布于自然界中，主要侵害的谷物有玉米、小麦、大米、燕麦、大麦等。到目前为止，已分离鉴定出了 148 种单端孢霉烯族化合物，其中污染谷物和饲料的主要有脱氧雪腐镰刀菌烯醇（DON）、雪腐镰刀菌烯醇、二乙酸镰草镰刀菌烯醇、T-2 毒素等。该类化合物为无色结晶，难溶于水，溶于有机溶剂，非常稳定，在烹饪加工过程中很少被破坏，紫外光下无荧光。该组化合物的主要毒性表现在细胞毒性、免疫抑制和致畸、致癌作用上。玉米赤霉烯酮也称 F-2 毒素。镰刀菌属的多个菌种如禾谷镰刀菌、三线镰刀菌、粉红镰刀菌、半裸镰刀菌、木贼镰刀菌、黄色镰刀菌、茄病镰刀菌、串珠镰刀菌等都可以产生该毒素。该化合物具有雌激素样的作用，主要作用于生殖系统上，可引起阴道和乳腺肿胀、流产、畸胎、死胎等。对玉米赤霉烯酮的最高限量很多国家已制定了标准，我国 GB 5009.209—2016 规定，食品中玉米赤霉烯酮的测定包括第一法液相色谱法，适用于粮食和粮食制品、酒类、酱油、醋、酱及酱制品、大豆、油菜籽、食用植物油中玉米赤霉烯酮的测定；第二法荧光光度法，适用于大豆、油菜籽、食用植物油中玉米赤霉烯酮的测定；第三法液相色谱—质谱法，适用于牛肉、猪肉、牛肝、牛乳、鸡蛋中玉米赤霉烯酮的测定；杂色曲霉素主要是由杂色曲霉、构巢曲霉、皱褶曲霉、黄褐曲霉、四脊曲霉等产生，主要污染玉米、花生、大米、小麦等。杂色曲霉素是一种毒性很强的肝及肾脏毒素。肝癌高发区居民所食用的食物中杂色曲霉素的污染也较为严重。食品中杂色曲霉素的测定参见 GB/T 5009.25—2016。该标准采用的是液相色谱—串联质谱法和高效液相色谱法测定杂色曲霉素。

细菌外毒素是细菌分泌到菌体外的毒素，主要是蛋白质，大部分是革兰阳性菌外毒素，如白喉毒素、破伤风毒素、肉毒神经毒素、α、β、δ 毒素、产气荚膜梭菌 α、β_1、β_2、ϵ 神经毒素等。少数是革兰阴性菌毒素，如痢疾志贺氏菌神经毒素、霍乱弧菌肠毒素、鼠疫耶尔森氏菌鼠疫毒素、百日咳博德特氏菌百日咳毒素等。细菌内毒素是革兰阴性菌细胞壁上的脂多糖。

4. 海洋生物毒素

海洋生物毒素在陆生动物中极为罕见，绝大部分仅为海洋生物所特有，大部分属于非蛋白类的低分子化合物，结构特征、物理性质和作用机理均有很大的不同，也有部分肽类毒素。通常根据中毒症状的不同，把海洋毒素分为腹泻性贝毒、麻痹性贝毒、神经性贝毒、记忆缺失性贝毒等。也可根据最初得到它们的来源进行分类，如河豚毒素、西加毒素、水母毒素、芋螺毒素等。麻痹性贝毒（paralytic shellfish poisoning，PSP）是由海洋有毒甲藻代谢产生的一类拥有胍基的三环氨基甲酸脂类的化合物及其衍生物，主要由石房蛤毒（saxitoxin，STX）及其天然衍生物，如膝沟藻毒素（gonyantoxins，GTXs）、新石房蛤毒素（neo-saxitoxin，neoSTX）组成，目前该类化合物约有 28 种。腹泻性贝毒（diarrhetic shellfish poisoning，DSP）是一类多环聚醚类或大环内酯类化合物，根据碳骨架结构，一般分为 3 类：酸性成分类，大田软海绵酸（okadaic acid，OA）及其天然衍生物鳍藻毒素（dinophysistoxins，DTX 1~4）；中性成分类，聚醚内酯类蛤毒素（pectenotoxins，PTXs，包括 PTX1~7、PTX-2SA、7-epi-PTX-2SA）；其他类，虾夷扇贝毒素（yessotoxins，YTXs）及 45-羟基扇贝毒素、原多甲藻酸贝类毒素（azaspir acid，AZA），含有螺环的含氮聚醚，包括 AZA_1、AZA_2 和 AZA_3。

17.3.2　生物毒素检测方法

GB 5009.240—2016 食品安全国家标准　食品中伏马毒素的测定。本标准规定了玉米及其制品中伏马毒素 B_1、伏马毒素 B_2、伏马毒素 B_3（以下简写为 FB_1、FB_2、FB_3）

的测定方法。本标准第一法为柱后衍生液相色谱法(当称样量为 5 g 时，FB_1、FB_2、FB_3 的检出限分别为 17、8、8 $\mu g/kg$)，第二法为液相色谱—串联质谱联用法(当称样量为 5 g 时，FB_1、FB_2、FB_3 的检出限分别为 7、3、3 $\mu g/kg$)，第三法为柱前衍生液相色谱法，适用于玉米及其制品中伏马毒素的测定(当称样量为 5 g 时，FB_1、FB_2、FB_3 的检出限分别为 17、8、8 $\mu g/kg$)。GB 5009.206—2016 食品安全国家标准规定了水产品中河豚毒素的测定方法。本标准第一法，小鼠生物法，适用于河豚肌肉、肝脏、皮肤和性腺组织中河豚毒素的测定。第二法，液相色谱—串联质谱法，适用于河豚肌肉、肝脏、皮肤和性腺组织中河豚毒素的测定。第三法，液相色谱—荧光检测法，适用于河豚、织纹螺、虾、牡蛎、花蛤和鱿鱼中河豚毒素的测定。第四法，酶联免疫吸附法，适用于河豚鱼肌肉、肝脏、皮肤和性腺组织中河豚毒素的测定。GB 5009.96—2016 食品安全国家标准 食品中赭曲霉毒素 A 的测定，本标准第一法，免疫亲和层析净化液相色谱法，适用于谷物、油料及其制品、酒类、酱油、醋、酱及酱制品、葡萄干、胡椒粒/粉中赭曲霉毒素 A 的测定；第二法，离子交换固相萃取柱净化高效液相色谱法，适用于玉米、稻谷(糙米)、小麦、小麦粉、大豆、咖啡、葡萄酒中赭曲霉毒素 A 的测定；第三法，免疫亲和层析净化液相色谱—串联质谱法，适用于玉米、小麦等粮食产品、辣椒及其制品等、啤酒等酒类、酱油等产品、生咖啡、熟咖啡中赭曲霉毒素 A 的测定；第四法，第四法酶联免疫吸附测定法，适用于玉米、小麦、大麦、大米、大豆及其制品中赭曲霉毒素 A 的测定；第五法，第五法薄层色谱测定法，适用于小麦、玉米、大豆中赭曲霉毒素 A 的测定。

表 17-4 部分毒素检测方法标准

序号	标准名称	标准代号
1	食品安全国家标准 食品中黄曲霉毒素 B 族和 G 族的测定	GB 5009.22—2016
2	食品安全国家标准 食品中黄曲霉毒素 M 族的测定	GB 5009.24—2016
3	食品安全国家标准 食品中脱氧雪腐镰刀菌烯醇及其乙酰化衍生物的测定	GB 5009.111—2016
4	食品安全国家标准 食品中展青霉素的测定	GB 5009.185—2016
5	食品安全国家标准 食品中赭曲霉毒素 A 的测定	GB 5009.96—2016
6	食品安全国家标准 食品中玉米赤霉烯酮的测定	GB 5009.209—2016
7	食品安全国家标准 贝类中麻痹性贝类毒素的测定	GB 5009.213—2016
8	食品安全国家标准 贝类中腹泻性贝类毒素的测定	GB 5009.212—2016
9	食品安全国家标准 水产品中河豚毒素的测定	GB 5009.206—2016
10	食品安全国家标准 贝类中神经性贝类毒素的测定	GB 5009.261—2016

17.4 食品加工过程中形成的有害物质的检测

食品在不良加工条件下处理，或是不恰当地使用食品添加剂，都可能给食品带来有毒物质。

17.4.1　亚硝胺类化合物

1. 结构与毒性

亚硝胺和亚硝酰胺属于 N-亚硝基类化合物。大多属于强致癌物质。亚硝胺化合物在中性和碱性条件下比较稳定，在酸性条件下缓慢分解。亚硝酰胺的化学性质活泼，在酸性和碱性条件下均不稳定，容易转化成具有致癌作用的重氮化合物。

N-亚硝基化合物主要经过肠道吸收进入人体，大部分经代谢排出体外。由于它可通过胎盘进入胎儿体内，也可通过乳汁排出，因此，对后代可造成间接危害。

2. 存在与来源

N-亚硝基化合物在新鲜食物中含量较低，但其前体物亚硝酸盐和胺类在食物中含量丰富且来源广泛，在某些储藏加工条件下或在人体消化道中，二者形成亚硝胺或亚硝酰胺可对人体造成危害。因此，在食物的储藏加工中应当重视这个问题。

硝酸盐在水源、土壤和植物中大量存在，经微生物的还原作用而生成亚硝酸盐。在大量施用硝态氮肥或气候干旱的情况下，农产品中的硝酸盐含量过高，经存放数日后其中亚硝酸盐的含量便可升高数十倍之多，即食用将腐烂的蔬菜甚至可引发急性亚硝酸盐中毒。暴腌蔬菜过程中可产生大量的亚硝酸盐。胺类物质主要来自氨基酸的脱羧产物，其中以仲胺合成 N-亚硝基化合物的速度较快。在不新鲜的鱼、肉中，由于蛋白质的分解，胺类物质的含量上升，如二甲基胺、三甲胺、胍基丁胺等，它们在酸性条件下与亚硝酸盐形成亚硝胺类物质。据资料表明，膳食中 80% 以上的亚硝酸盐来自蔬菜。胃的 pH 较低，易与亚硝胺和亚硝酰胺合成，因此，蔬菜中的亚硝酸盐与高蛋白质食物中的胺类在人体内合成的这类毒物不可忽视。

此外，肉类加工中使用硝酸盐和亚硝酸盐发色剂也是食品中这类毒物的来源之一。限制肉类加工中使用亚硝酸盐的用量、减少腌菜的食用量、提倡食用新鲜蔬菜等都是预防亚硝胺和亚硝酰胺危害的措施。维生素 C、大蒜汁等是强还原剂，使硝酸盐、亚硝酸盐及三氧化二氮变成一氧化氮，对肉制品生产中和人体消化道中这类毒物的形成都具有良好的抑制作用。

3. 分析检测

GB 5009.33—2016 食品安全国家标准规定了食品中亚硝酸盐与硝酸盐的测定方法。第一法为离子色谱法，原理是试样经沉淀蛋白质、除去脂肪后，采用相应的方法提取和净化，以氢氧化钾溶液为淋洗液，阴离子交换柱分离，电导检测器或紫外检测器检测。以保留时间定性，外标定量。第一法中亚硝酸盐和硝酸盐检出限分别为 0.2 mg/kg 和 0.4 mg/kg。第二法为分光光度法，试样经沉淀蛋白质、除去脂肪后，在弱酸条件下，亚硝酸盐与对氨基苯磺酸重氮化后，再与盐酸萘乙二胺偶合形成紫红色染料，以外标法测得亚硝酸盐含量。采用镉柱将硝酸盐还原成亚硝酸盐，测得亚硝酸盐总量，再由测得的亚硝酸盐总量减去试样中亚硝酸盐含量，即得试样中硝酸盐含量。第二法中亚硝酸盐检出限：液体乳 0.06 mg/kg，乳粉 0.5 mg/kg，干酪及其他 1 mg/kg；硝酸盐检出限：液体乳 0.6 mg/kg，乳粉 5 mg/kg，干酪及其他 10 mg/kg。第三法为蔬菜、水果中硝酸盐的测定紫外分光光度法，用 pH 9.6～9.7 的氨缓冲液提取样品中硝酸根离子，同时加活性炭去除色素类，加沉淀剂去除蛋白质及其他干扰物质，利用硝酸根离子和亚硝酸根离子在紫外光区 219 nm 处具有等吸收波长的特性，测定提取液的吸光度，其测得结果为硝酸盐和亚硝酸盐吸光度的总和，鉴于新鲜蔬菜、水果中亚硝酸盐含量甚微，可忽略不计。测定结果为硝酸盐的吸光度，可从工作曲线上查得相应的质量浓度，计算样品中硝酸盐的含量。硝酸盐检出限为 1.2 mg/kg。

17.4.2 多环芳烃类化合物

1. 结构与毒性

多环芳烃类物质（PAH）主要是指 3 个以上苯环稠合在一起的化合物（图 17-2），其中许多种类具有致癌性，代表物质为苯并芘，为强烈的致癌剂。经研究确证，苯并芘主要引起人的胃癌、皮肤癌和肺癌等癌症。据流行病学研究资料发现，喜食熏鱼、熏肉等食品的地区胃癌发病率较高，在改变吃熏烤食品的习惯之后胃癌发病率下降。此外，大气中的苯并芘浓度与肺癌发病率之间存在正相关。

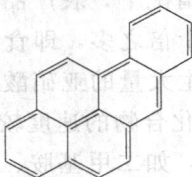

图 17-2　多环芳烃类物质分子结构式

2. 存在与来源

食物中的苯并芘有两个来源：一是因大气污染而造成的；二是在食物的加工中形成。大气中苯并芘污染严重时，农产品和畜产品中的含量也提高。

熏烤加工是苯并芘的重要污染途径。熏烟中苯并芘的形成与生烟时的温度有直接关系，当温度在 400℃ 以下时，苯并芘的生成量较小；400℃ 以上时，生成量随温度的提高而增加。同时，食物中的脂类物质在高温下分解而生成多环芳烃类物质。烘烤时，油脂滴入火中使苯并芘含量升高，食物经高温长时间油炸也会产生苯并芘。

为避免多环芳烃污染，应当严格控制熏烤食物时的温度，尽量避免明火熏烤，避免高温长时间的油炸。采用电烤、远红外线烤或采用"冷熏法"等可以减少污染。

17.4.3 杂环胺类化合物

杂环胺类是食物中的蛋白质、肽和氨基酸的热分解产物，包括氨基咪唑并喹啉、氨基咪唑并喹噁啉、氨基咪唑并吲哚、氨基咪唑并吡啶和氨基吡啶并咪唑等化合物的衍生物。

杂环胺类主要是在含蛋白质较丰富的食物的高温烹调中产生，如烧烤、煎炸、烘焙等。加工温度高时则产生这类致癌物的数量增加。总的来说，200℃ 以下时致癌物产生量很少，300℃ 以上则生成量高。食物与明火或灼热金属表面接触会提高环胺类的生成量。

对膳食中的杂环胺类含量及其在体内的详细代谢过程尚未完全明了。为了避免杂环胺类化合物的产生，应注意不用过高的温度烹调食物，含蛋白质丰富的食物不应炸焦、烤煳。此外，膳食纤维可吸附致癌物，新鲜蔬菜水果汁液可抑制杂环胺类的致癌性。因此，在膳食中应获取充足的蔬菜、水果和富含膳食纤维的食物。

GB 5009.243—2016 食品安全国家标准规定了高温烹调食品中杂环胺类物质的测定方法，包括高温烹调食品中 2-氨基-3，4-二甲基咪唑并[4，5-f]喹啉（MeIQ），2-氨基-3，8-二甲基咪唑并[4，5-f]喹啉（MeIQx），2-氨基-3，4，8-三甲基咪唑并[4，5-f]喹啉（4，8-DIMeIQx），2-氨基-3，7，8-三甲基咪唑并[4，5-f]喹啉（7，8-DIMeIQx），2-氨基-1甲基-6苯基-咪唑并[4，5-b]吡啶（PhIP）等杂环胺的液相色谱—质谱/质谱测定方法。本标准适用于烤鱼、烤肉及其制品中 MeIQ、MeIQx、4，8-DIMeIQx、7，8-DIMeIQx、PhIP 的测定。试样采用氢氧化钠/甲醇溶液提取，固相萃取柱净化，液相色谱—串联质谱检测，内标法定量。方法针对 MeIQ 和 PhIP 的检出限能够达到 0.1 $\mu g/kg$，针对 4，8-DIMeIQx、7，8-DIMeIQx 的检出限为 0.2 $\mu g/kg$，针对 MeIQx 的检出限为 0.3 $\mu g/kg$。

17.4.4　食品添加剂引起的毒害

在食品生产加工过程中，为了保持食品的营养成分与质量，改善食品的感官质量、提高产品的储藏性能，适当使用一些食品添加剂是有必要的。在一定范围内使用一定剂量添加剂，对人体也是无害的。但如果不当使用，就可能引起各种形式的毒害作用。食品添加剂引起毒害的主要原因有以下 4 方面。①一些食品添加剂代谢转化产物有毒性。食品添加剂加入食品及进入人体以后都有转化问题，有些转化产物有毒性，如赤藓红色素转变成的内荧光素，糖精在体内转化成的环己胺等。②食品添加剂中的某些杂质有毒性。无害添加剂中有害杂质污染常可造成严重的中毒事件。如 1955 年，日本"森永"牌调和乳粉中由于加入了含砷达 3‰～9‰ 的磷酸氢二钠作稳定剂，造成了严重的"森永砷乳"中毒事件。③营养性添加剂过量的毒性效应。食品加工中常加入一些营养物质作为强化剂，如维生素类。有好多种维生素摄入过多都会引起中毒。例如，维生素 A 摄入过多，可发生慢性中毒现象，表现为无食欲、头痛、视力模糊、失眠、脱发、皮肤干燥脱屑、鼻出血、贫血等症状。④添加剂引起的过敏反应。一些人在摄食或接触某些食品时会引起一些不良反应，即过敏反应。日常原因不明的过敏反应疾患中，可能有部分是由食品添加剂所引起的。已知添加柠檬黄合成色素的饮料有引起支气管哮喘、荨麻疹、水肿等过敏反应。

复习思考题

1. 简述测定食品中元素含量的意义，及保证生物体健康说必需的常量元素和微量元素的种类。

2. 试述原子吸收分光光度法测定金属元素的基本原理。

3. 拟采用气相色谱—质谱法测定鱼肉中有机磷农药的残留，请说明其样品处理过程。

4. 试述酶联免疫吸附法测定残留兽药的原理。

5. 试述生物毒素的种类及危害。

6. 试述食品中亚硝酸盐与硝酸盐的测定方法及原理。

第 18 章 食源性病原微生物的检测

食品安全事件不仅严重威胁了消费者的生命安全和健康，引发人们对食品安全的信任危机，造成生产经营企业的重大经济损失，对食品行业发展带来沉重打击，而且关系到国家经济发展，影响社会稳定，因此食品安全越来越受到政府和人民群众的重视。在引起食品安全事件的所有生物、化学或物理性危害中，食源性病原微生物引起的食源性疾病已成为食品安全的核心问题。据统计，近年来我国微生物和生物毒素引起的食源性疾病报告起数和发病人数已占全部报告数的 60% 以上，因此高效可靠的食源性病原微生物检测方法受到关注和重视。

18.1 食源性病原微生物及其危害

18.1.1 常见食源性病原微生物的种类及特性

食源性病原微生物是指通过摄食进入人体，引起食源性疾病的微生物病原体。目前可致食源性疾病的主要微生物病原体有三类。

①细菌及其毒素：包括沙门氏菌、副溶血性弧菌、大肠埃希氏菌、小肠结肠炎耶尔森氏菌、空肠弯曲菌、蜡样芽胞杆菌、肉毒梭状芽胞杆菌、产气荚膜梭状芽胞杆菌、志贺氏菌、金黄色葡萄球菌、霍乱弧菌和有关弧菌、单增李斯特氏菌、椰毒假单胞菌、克罗诺杆菌等。

②寄生虫和原虫：包括囊虫蚴（绦虫）、棘球属、毛线虫（旋毛虫）属等。

③病毒和立克次体：包括甲型、戊型肝炎病毒、轮状病毒、星状病毒、诺如病毒、朊病毒等。

由于食品种类繁多，不同食品的加工方式、储藏条件、组成成分各不相同，因此，不同食品中的食源性病原微生物的种类和危害程度也各不相同。依据微生物致病力强弱（即危害程度），国际食品微生物标准委员会（ICMSF）曾将病原微生物分成四类，具体见表 18-1。

致病性细菌及其毒素可直接或间接污染食品及水源，人经口感染可导致肠道传染病的发生及食物中毒以及畜禽传染病的流行。食源性致病细菌是导致食品安全问题的重要来源。常见细菌主要有痢疾杆菌，致病性大肠杆菌、沙门氏菌、霍乱弧菌、炭疽杆菌、鼻疽杆菌、结核菌、布氏杆菌、猪丹毒杆菌等。其中，沙门氏菌引起的食物中毒事件一直居于微生物食物中毒的首位。但在我国沿海地区和部分内地省区，副溶血性弧菌中毒事件发生比率已跃居沙门氏菌之上，其次是葡萄球菌肠毒素引起的中毒，还有变形杆菌、蜡样芽胞杆菌和致病性大肠杆菌等。表 18-2 分别对常见病原细菌的特性进行了介绍。

表 18-1　　国际食品微生物标准委员会(ICMSF)对病原微生物的危害程度分类

危害程度	病原微生物
Ⅰ级：病症温和、无生命危险、无后遗症、病程短、能自我恢复	蜡样芽胞杆菌(包括呕吐毒素)、A 型产气荚膜梭菌、诺如病毒、大肠杆菌(EPEC 型、ETEC 型)、金黄色葡萄球菌、非 O1 型和 O139 霍乱弧菌、副溶血性弧菌
Ⅱ级：危害严重、致残但不危及生命、少有后遗症、病程中等	空肠弯曲菌、大肠杆菌、肠炎沙门氏菌、鼠伤寒沙门氏菌、志贺氏菌、甲型肝炎病毒、单核细胞增生李斯特氏菌、微小隐孢子虫、致病性小肠结肠炎耶尔森菌、卡宴环孢子虫
Ⅲ级：对大众有严重危害、有生命危险、慢性后遗症、病程长	布鲁氏菌、肉毒毒素、大肠杆菌(EHEC 型)、伤寒沙门氏菌、副伤寒沙门氏菌、结核杆菌、痢疾志贺氏菌、黄曲霉毒素、O1 型和 O139 霍乱弧菌
Ⅳ级：对特殊人群有严重危害、有生命危险、慢性后遗症、病程长	O19(GBS)型空肠弯曲杆菌、C 型产气荚膜梭菌、甲型肝炎病毒、微小隐孢子虫、创伤弧菌、单核细胞增生李斯特氏菌、大肠杆菌 EPEC 型(婴儿致死)、阪崎肠杆菌(现名为克罗诺杆菌)

注：摘自蒋原的《食源性病原微生物检测指南》。

①细菌性肠道感染症。肠道菌是食源性疾病中最常见和最主要的致病因素。食品被肠道致病菌严重污染时，可感染人类引起肠道感染症。由于许多细菌性肠道感染症可以人传人，故也称为肠道传染病，肠道传染病常在一个潜伏期内出现多个流行高峰，如伤寒、霍乱、痢疾等。除此之外，有些病原菌同时还导致其他疾病的产生，如李斯特氏菌会引起脑膜炎、败血症和孕妇流产或死胎等；出血性大肠埃希氏菌 O157：H7 会引起出血性肠炎和溶血性尿毒综合征。

②病毒性肠道传染病。在食源性微生物病原体中，除细菌和真菌毒素外，还有以食品为传播载体经粪—口途径感染人的病毒。目前发现的这类病毒有：轮状病毒、腺病毒、诺如病毒、甲型肝炎病毒和戊型肝炎病毒等；此外，乙型、丙型和丁型肝炎病毒虽然主要经血液等非肠道途径传播，但也有经粪—口途径感染人的报道。

③食源性寄生虫病。摄入污染了寄生虫或其虫卵的食品而感染的寄生虫病，称为食源性寄生虫病。近年来由于生食河鱼、蟹而感染寄生虫病的情况有增长趋势。

④人畜共患感染症。人畜共患感染症是指动物与人类之间传播的疾病。如家畜感染了李斯特氏菌、肠杆菌科细菌和患了炭疽、结核、布氏杆菌病后，人食用了病畜的肉或乳可致病。

在以上四类疾病中，细菌性食物中毒和霉菌性食物中毒所占比例最高。细菌性食物中毒指的是人体食入了含有某些病原细菌或某种含有细菌毒素的食物而引起的中毒性疾病。根据中毒机制，细菌性食物中毒可以分为感染型和毒素型两类。感染型食物中毒(infectious food poisoning)系病原菌污染食物后，在食物中大量繁殖，食入这种含有大量活菌的食物后引起的中毒，表现为发热和急性胃肠炎症状。细菌一般会在肠道内繁殖，并向外排菌造成传染。引起感染型食物中毒的细菌主要有沙门氏菌、大肠杆菌、变形杆菌及链球菌等。毒素型食物中毒(toxic food poisoning)指的是细菌在食物中繁殖并产生毒素，人体食入这种食物而引起的中毒的过程，表现为无发热而有急性胃肠炎症状。微生物分泌的毒素一般分为外毒素和内毒素两种(表 18-3)。

表 18-2　常见食品病原菌种类及特性

微生物	革兰氏染色	培养特性			生化特性		抗原构造	耐热性	中毒机理	引起中毒的食品
		温度/℃	pH	溶血环	产酸产气	H₂S				
沙门氏菌	－	37	中性	无	产酸产气	＋	O、H、V₁	不强	活菌在肠道繁殖，产生内毒素和肠毒素	蛋、家禽和肉类产品
葡萄球菌	＋	37	中性（4.2～9.8能生长）	致病性菌在血平板上出现β溶血环	产酸不产气	＋	蛋白质类、多糖类	80℃耐冷	肠毒素进入血液刺激神经中枢	动物性食品
致病性大肠埃希菌	－	37	中性	无	产酸产气	－	O、H、K	不耐热	5种致病型，致病机理不同	肉类、凉拌菜
变形杆菌	－	20		血平板出现溶血现象	产酸产气	＋	O、H、K		与沙门氏菌类似	活菌在肠道繁殖，产生肠毒素	动物性食品
副溶血性弧菌	－	37	中—弱碱	含氯化钠的血平板上出现溶血环	产酸产气		O、H、K	不耐热、不耐冷	溶血毒素与心肌细胞表面受体结合，毒害心脏	海产品
肉毒梭菌	＋	37	中—弱碱	无	产酸产气	＋	A、B、Cα、Cβ、D、E、F和G	80℃	肉毒毒素与乙酰胆碱结合，抑制乙酰胆碱的释放	植物性食品
李斯特氏菌	＋	37	中—弱碱	血平板上出现β溶血	产酸不产气	－		嗜冷、不耐热	菌体在体内繁殖，可在细胞间转移，引起炎症反应	奶类、肉类、海产品类、蔬菜及水果
空肠弯曲菌	－	42—43	中	无	不利用糖类	＋	O、H、K	冷热敏感	具有热敏性，产生肠毒素，格林巴利综合症	动物性食品

续表

微生物	革兰氏染色	培养特性			生化特性		抗原构造	耐热性	中毒机理	引起中毒的食品
		温度/℃	pH	溶血环	产酸产气	H_2S				
蜡样芽胞杆菌	+	37	中性(4.3～9.0能生长)	血平板上呈草绿色溶血	产酸不产气	—		不耐热	2种肠毒素：腹泻毒素和呕吐毒素	米饭

表 18-3　外毒素和内毒素的区别

区别要点	外毒素	内毒素
产生菌	多数革兰氏阳性菌，少数革兰氏阴性菌	全部为革兰氏阴性菌
存在部位	多数活菌分泌出，少数菌裂解后释出	细胞壁组分，菌裂解后释出
化学成分	蛋白质	脂多糖
稳定性	60℃ 0.5 h 被坏	160℃ 2～4 h 被破坏
毒性作用	强，对组织细胞有选择性毒害效应，引起特殊临床表现	较弱，各菌的毒性效应相似，引起发热、白细胞增多、微循环障碍、休克等
免疫原性	强，刺激宿主产生抗毒素，甲醛液处理后脱毒成类毒素	弱，甲醛液处理不形成类毒素

　　霉菌性食物中毒一般是由于某些霉菌污染了食品，进而产生了毒素，人体食用了含有这些毒素的食物而引起的中毒，这类中毒多发生在动物中。霉菌毒素污染已成为世界性公共卫生问题和难题，其污染的普遍性、严重性和防控的困难性远远超出人们的实际认识。霉菌毒素通过直接或间接作用影响畜产品的安全，进而影响人类健康。虽然食物中的食源性生物毒素一般含量都很低，通常情况下并不会导致食物中毒，但在存储、加工、处理不当，污染严重和长期接触的情况下，会对人的健康造成危害，发生中毒症状，甚至导致中毒患者死亡。

18.1.2　食源性病原微生物的主要来源

　　食品种类繁多、营养丰富，而微生物个体微小、结构简单、对环境的适应能力强，所以病原微生物可以通过各种途径进入到食品中，从而对食品安全造成威胁。

　　(1)原辅料的污染

　　食品原辅料由于本身质量不过关或者在储存条件不当受到微生物污染，如鸡蛋不够新鲜，面粉太潮湿长虫等。还有部分食品在二次加工环节中需要用到微生物数量较高的原料(如豆沙馅料、肉松、肉膏、果酱、可可粉、奶油、沙拉酱等)，因此大大提高了携带病原菌的可能性。

（2）工作人员

人员手部不清洁，如工作前、饭后、如厕后不洗手消毒、工作中手套接触不洁物等；人员工作服不清洁，如工作服不按时清洗消毒等；工作过程中违反卫生管理制度及不良的卫生习惯，如不按规定佩戴口罩遮住鼻子、包装间没按规定穿连体衣等。人接触食品时，人体可作为媒介，让微生物污染食品。

（3）工器具和设备的污染

食品加工过程中用到的各种工器具和机械设备，其本身没有微生物生长所需的营养物质，但在加工过程中，由于清洗不到位，没有被彻底灭菌，或者由于表面不光滑，会造成某些机器设备上留有食品残渣，从而导致微生物繁殖。还有一些设备容易堆积灰尘及细菌、霉菌孢子，比如风扇、干手机、抽湿机、空调等的出风口等。

（4）包装材料的污染

市场上的食品包装（直接接触类的包装容器）的不卫生是造成食品微生物污染的一个重要原因，食品的内容物因包装而污染微生物的情况屡见不鲜，故包装容器在使用前应进行清洁和消毒处理。

（5）生产环境的污染

虽然微生物在空气中一般不生长繁殖，但空气中却到处都悬浮着带有微生物的尘埃、颗粒物或液体小水滴，尘埃的飞扬或沉降将微生物附着在食品上。此外，人体带有微生物的痰沫、鼻涕与唾液的小水滴，在讲话、咳嗽或打喷嚏时，也可能直接或间接地通过空气污染食品。

18.2　食源性病原微生物的检测方法

食源性病原微生物的检测是食品质量安全控制的重要组成部分，在控制微生物引起的食源性疾病方面起着至关重要的作用。近年食源性病原微生物的检测技术得到了很大的发展，除了传统的生化培养检测方法外，一些主要以免疫学和分子生物学为基础的现代检测方法越来越多地应用于其中。现代检测方法主要有酶联免疫吸附法、免疫荧光法、免疫胶体金法、乳胶凝集法、荧光定量 PCR 法、环介导等温扩增法、基因芯片法、生物传感器法等。此外，很多生物制品公司利用传统生化培养检测原理，结合不同检测方法，设计了多样的微生物检测仪器设备，例如 ATB Expression 细菌鉴定智能系统、VITEK 全自动微生物鉴定系统等，逐步提高了食源性病原微生物检测的自动化程度。

18.2.1　生化培养检测方法

生化培养检测方法主要是根据微生物生长繁殖特性，利用选择性培养基筛选和分离病原微生物，再结合形态学特征和生理生化特性对病原微生物进行鉴定的方法，国内和国际现行的检测方法仍以传统生化培养检测方法为主。食源性病原微生物生化培养检测方法的步骤一般为前增菌、选择性增菌、选择性分离、形态鉴定和生理生化实验、血清学实验确认血清型。此方法虽然具有适用范围广、结果准确性高的优点，但耗时长、工作量大、检出限高。

1. 前增菌

食品加工过程中，在各种因素的影响下，食品中的细菌会受到不同程度的损伤，处于濒死状态，往往不易被检出。若先将这些样品预先接种到无选择性培养基中进行培养，可使损伤的细菌得到修复，濒死状态的细菌得到恢复，样品中污染较少的目标菌可得到增殖，这样处理后，再进行选择性增菌，便可提高检出率。例如，在沙门氏菌检验过程中会采用 BPW 作为前增菌用培养基。但要注意的是由于前增菌培养基中没有添加抑菌成分，增菌时间不能太长，一般为 8～18 h。

2. 选择性增菌

经过前增菌，食品检样中的部分待检菌能恢复活力，然后移种到选择性增菌培养基中进行培养，利用选择性增菌培养基中添加的营养加富成分和抑菌成分部分，以及提供目标菌生长适合的温度、酸碱度、渗透压、氧化还原电位调节剂等，从而部分或全部抑制其他微生物的生长，以利于目标菌的增殖，使其变成优势种群，进一步提高该菌的阳性检出率。不同选择性增菌培养基含有的抑菌成分不同，适合不同的微生物增菌。由于没有任何一种培养基可以适合所有食品基质或沙门氏菌所有血清型，因此在我国《食品安全国家标准 食品微生物学检验 沙门氏菌检验》(GB 4789.4—2016)中采用两种选择性增菌培养基进行平行实验，分别是四硫磺酸钠煌绿(TTB)增菌液和亚硒酸盐胱氨酸(SC)增菌液，但增菌温度不相同。

3. 选择性分离

经过选择性增菌，目标菌有了一定程度的增殖，然后将选择性增菌培养物在含一种或多种抑制非目标菌生长制剂的琼脂平板上进行分区划线分离培养，此类平板中通常还加入能与目标菌的无色代谢产物发生显色反应的指示剂，从而达到只需用肉眼辨别颜色就能方便地从近似菌落中找出目标菌菌落的效果，从而可对该菌落分离物进行一系列生化和血清学检测，以作出鉴定。以沙门氏菌国标检测方法中的选择性分离培养基之一 HE 为例，HE 中的胆盐可抑制革兰阳性的生长；加入乳糖、蔗糖和水杨苷等，可以排除迅速发酵这些糖类的菌种；胆盐和酸性复红、溴麝香草酚蓝等含甲基的化合物结合，当培养基被发酵菌落酸化时，使其显色；某些细菌产生的硫化氢与铁盐反应可形成硫化亚铁，产生黑色沉淀，使菌落中心变黑。能产硫化氢但不发酵糖类的沙门氏菌在 HE 上的菌落特征是菌落边缘呈现无色半透明，中心黑色。

常用的分离培养基，按其选择性分为弱选择性、中等选择性和强选择性三大类。可使用一种，也可同时使用两种或三种选择性不同的平板分离目标菌。对选择性平板上挑选的可疑菌落最好在选择性平板或非选择性平板上进行划线分纯。

4. 形态鉴定

微生物的形态鉴定是微生物检测的重要方法之一，可根据其形态、结构和染色性初步确定其种属，为进一步做生理生化实验、血清学鉴定提供依据，此外还可以验证培养物是否为纯培养。最常用的染色方法是革兰氏染色法，1884 年由丹麦医师 Gram 创立。染色后细菌与环境形成鲜明对比，可以清楚地观察到细菌的形态、排列及某些结构特征，可用于分类鉴定。

革兰氏染色的基本步骤为：滴一滴无菌水于载玻片中央，用接种环从斜面上挑出少许待检菌，与载玻片上的水滴混合均匀，涂成一薄层；涂片后在室温下自然干燥，也可在酒精灯上略加温，使之迅速干燥，但勿靠近火焰；手持载玻片一端，标本面朝上，在灯的火焰外侧快速来回移动 3~4 次，共 3~4 s；加草酸铵结晶紫一滴，约 1 min，水洗；滴加碘液冲去残水，并覆盖约 1 min，水洗；将载玻片上的水甩净，并衬以白背景，用 95％酒精滴洗至流出酒精刚刚不出现紫色时为止，20~30 s，立即用水冲净酒精；用番红液染 1~2 min，水洗；干燥后，置油镜观察。革兰阴性菌呈红色，革兰阳性菌呈紫色。以分散开的细菌的革兰氏染色反应为准，过于密集的细菌，常常呈假阳性。革兰氏染色的关键在于严格掌握酒精脱色程度，如脱色过度，则阳性菌可被误染为阴性菌；而脱色不够时，阴性菌可被误染为阳性菌。

5. 生理生化实验

生化反应是将已分离细菌菌落的一部分，接种到一系列含有特殊物质和指示剂的培养基中，观察该菌在这些培养基内的 pH 改变及是否产生出了某种特殊的代谢产物。生理生化实验的项目很多，应根据检验目的需要做适当选择。现将一些常用的方法介绍如下。

（1）糖发酵实验

原理：不同的微生物可对各种糖类、醇类、糖苷类等进行分解，但其分解能力和分解产物均因不同的微生物而不同。所用培养基为糖发酵管。实验方法：从琼脂斜面上挑取小量培养物接种，于 36℃±1℃培养，一般 2~3 d 观察。阳性反应培养基颜色变黄，发酵小管中有气泡或无气泡；阴性反应培养基颜色不变。如大肠杆菌能分解乳糖和葡萄糖，而沙门氏菌只能分解葡萄糖，不能分解乳糖。大肠杆菌能分解乳糖产酸又产气，而志贺氏菌分解葡萄糖仅产酸而不产气。

（2）甲基红（MR）实验

原理：某些微生物如大肠杆菌、志贺氏菌等，在糖代谢过程中能够分解葡萄糖产生丙酮酸，丙酮酸可进一步分解而生成甲酸、乙酸、乳酸、琥珀酸等，酸类增多可使培养基中的酸度增高，当培养基的 pH 降至 4.5 以下时，甲基红指示剂呈红色（即为阳性反应）。若 pH 高于 4.5，则培养物呈黄色（即阴性反应）。培养基为葡萄糖缓冲蛋白胨水。实验方法：自琼脂斜面挑取少量培养物接种于本培养基中，于 36℃±1℃培养 2~5 d，滴加 10％甲基红试剂一滴，立即观察结果。培养基颜色变为鲜红色为阳性，仍为黄色为阴性。

（3）V-P 实验

原理：某些微生物如产气肠杆菌等能在分解葡萄糖产生丙酮酸后，再使丙酮酸脱羧成为中性的乙酰甲基甲醇，乙酰甲基甲醇在碱性环境下被空气中的氧所氧化，生成二乙酰，二乙酰与培养基中含有胍基的化合物发生反应，生成红色化合物，即为阳性。培养基为葡萄糖缓冲蛋白胨水。实验方法：自琼脂斜面挑取少量培养物接种于本培养基中，于 36℃±1℃条件下培养 2~5 d，加入 6％ α-萘酚-乙醇溶液 0.5 mL 和 40％氢氧化钾溶液 0.2 mL，充分振摇试管，观察结果。阳性反应立刻或于数分钟内出现红色，如为阴性，应放在36℃±1℃下培养4 h再进行观察，红色为阳性结果，黄色为阴性结果。

（4）靛基质（吲哚）实验

原理：某些微生物如大肠杆菌、变形杆菌、霍乱弧菌等含有色氨酸酶，能分解培养基中的色氨酸，产生靛基质。当它与对二甲氨基苯甲醛作用时，形成玫瑰靛基质而呈红色。培养基为蛋白胨水。实验方法：挑取小量培养物接种，36℃±1℃培养1～2 d。加柯凡克试剂0.5 mL，轻摇试管；或者加欧—波试剂0.5 mL，使其沿管壁流下，覆盖于培养基表面。阳性结果：加入柯凡克试剂后试剂层为红色，加入欧—波试剂后液面接触处呈玫瑰红色；阴性结果：试剂层不显示红色。

（5）硫化氢实验

原理：某些微生物（如沙门氏菌、变形杆菌等）能分解蛋白质中的含硫氨基酸（如胱氨酸、半胱氨酸等）产生硫化氢。硫化氢遇到铅盐或铁盐，则发生作用可生成黑色的硫化铅或硫化铁。培养基为硫酸亚铁琼脂。实验方法：挑取琼脂培养物，沿管壁穿刺，于36℃±1℃培养1～2 d，观察结果。阳性现象是培养基变黑；阴性现象是培养基不变色。

（6）尿素酶实验

原理：某些微生物能产生尿素酶，分解培养基中的尿素而产生氨，使培养基变成碱性，酚红指示剂变为红色。培养基是尿素琼脂或尿素肉汤。实验方法：挑取琼脂培养物接种，36℃±1℃培养24 h，观察结果。结果判断：阳性：红色；阴性：不变色。

（7）氨基酸脱羧酶实验

原理：某些微生物含有氨基酸脱羧酶，使氨基酸脱羧，产生胺类和二氧化碳。胺类的形成能使培养基显碱性而使指示剂变色。常用于脱羧酶实验的氨基酸有鸟氨酸、赖氨酸和精氨酸。培养基为氨基酸脱羧酶实验培养基，对照培养基中不加氨基酸。实验方法：从琼脂斜面上挑取培养物接种，于36℃±1℃培养18～24 h，观察结果。阳性：对照管黄色，实验管紫色；阴性：对照管黄色，实验管黄色。

（8）苯丙氨酸脱氨实验

原理：某些微生物具有苯丙氨酸脱氨酶，能将苯丙氨酸氧化脱氨，形成苯丙酮酸。苯丙酮酸遇到三氯化铁时，即呈蓝绿色。本实验可用于多种微生物的鉴定。培养基为苯丙氨酸培养基。实验方法：从琼脂斜面上挑取大量培养物，划线接种于苯丙氨酸琼脂斜面，在36℃±1℃培养18～24 h。滴加10%三氯化铁溶液2～3滴，自斜面培养物上流下，观察结果。阳性结果：斜面呈现绿色阴性结果：斜面不变色。

（9）硝酸盐还原实验

原理：某些微生物如沙门氏菌等能把培养基中的硝酸盐还原成亚硝酸盐，在酸性环境下，亚硝酸盐能与对氨基苯磺酸作用，生成对重氮苯磺酸。当对重氮苯磺酸与α-萘胺相遇时，结合成为紫红色的偶氮化合物N-萘胺偶氮苯磺酸。培养基为硝酸盐培养基。实验方法：接种后在36℃±1℃培养1～4 d，加入甲液和乙液各一滴，观察结果。立刻或数分钟内显红色为阳性结果；如果培养基颜色不变，其原因有两种，一是培养基中的亚硝酸盐继续分解，生成氨或氮，二是培养基不适合待检细菌的生长。

（10）柠檬酸盐利用实验

原理：某些微生物能利用铵盐作为唯一的氮源，同时利用柠檬酸盐作为唯一的碳源。它们可在柠檬酸盐培养基上生长，并分解柠檬酸钠而生成碳酸钠，使培养基显碱性。培养基为西蒙氏柠檬酸盐培养基。实验方法：挑取少量培养物接种本培养基中，于 36℃±1℃ 培养 4 d，每天观察结果。斜面上有菌落生长，培养基从绿色转为蓝色为阳性结果，否则为阴性结果。

(11) 葡萄糖铵实验

原理：有些细菌可利用铵盐作为唯一氮源，并分解葡萄糖产酸，酸碱指示剂变色，培养基变黄。实验方法：用接种针轻轻触及培养物的表面，在盐水管内做成极稀的悬液，肉眼不见浑浊，以每一接种环内含菌数在 20~100 为宜。将接种环灭菌后挑取菌液接种，同时再以同法接种普通斜面一支作为对照。于 36℃±1℃ 培养 24 h，观察结果。对照培养基有菌落生长，实验管斜面上正常菌落生长，且变为黄色为阳性结果，不变色为阴性结果。

(12) 氰化钾实验

原理：氰化钾是呼吸链末端抑制剂。有的微生物在含有氰化钾的培养基中因呼吸链末端收到抑制而阻断了生物氧化，故不能生长；有的微生物则对氰化钾具有抗性，在含有氰化钾的培养基中仍能生长。培养基为氰化钾培养基。实验方法：将琼脂培养物接种于蛋白胨水中成为稀释菌液，挑取一环接种于氰化钾培养基，并另挑取一环接种于对照培养基。在 36℃±1℃ 培养 1~2 d，观察结果。对照管浑浊；实验管浑浊（不抑菌）为阳性结果，实验管澄清（抑菌）为阴性结果。

(13) 三糖铁实验

本实验可用于肠杆菌科的初步鉴定，用于观察细菌对糖的利用情况及硫化氢的产生。本实验用培养基中含有乳糖、蔗糖和葡萄糖，其比例为 10:10:1，如果细菌只能分解葡萄糖而不分解乳糖和蔗糖，可产酸使斜面先变黄，但因葡萄糖量少，生成的酸量少，并由于接触空气而氧化，加之细菌利用培养基中的含氮物质，生成碱性产物，使斜面后来又变成红色，底部由于处于厌氧条件下，不存在酸被氧化的情况，所以保持黄色；发酵乳糖或蔗糖的细菌，产生大量酸而使斜面和底层均呈现黄色。培养基是三糖铁琼脂（高层斜面）。实验方法：以接种针挑取待试菌，穿刺接种并涂布于斜面，在 36℃±1℃ 培养 1~2 d，观察结果。结果：若斜面阴性（红色）/底层阴性（红色），则细菌不能分解乳糖、蔗糖和葡萄糖；若斜面阴性（红色）/底层阳性（黄色），则细菌只能分解葡萄糖，不能分解乳糖、蔗糖；若斜面阳性（黄色）/底层阳性（黄色），则细菌至少分解乳糖和蔗糖中的一种；如果细菌在分解糖类过程中，除了产酸以外还产气，则培养基中有气泡或者出现断层；如果细菌能分解含硫氨基酸，生成的硫化氢与培养基中的铁盐反应生成黑色硫化亚铁沉淀。

6. 血清学实验确认血清型

血清学实验是根据抗原与相应抗体在体外发生特异性结合，并在同一条件下出现各种抗原-抗体反应的现象，用于检验抗原或抗体的技术。在微生物检测过程中，通常采用含有已知特异性抗体的免疫血清（诊断血清）与分离培养出未知纯种细菌或标本中的抗原进行血清学反应，以确定病原菌的种或型。血清学实验应用最多的方法是玻片法，通常为定性实验。鉴定分离菌种时，可取已知抗体滴加在玻片上，直接从培养基上刮取活菌混匀于抗体中，数分钟后，如出现细菌凝集成块现象，即为阳性反应。该法简便快速，除鉴定菌种外，除用于菌种分型外，还可用于测定人类红细胞的 ABO 血型等。

18.2.2 分子生物学检测方法

传统的微生物检测方法主要是以微生物的形态学和生理生化等特性为依据的，繁琐且费时。近年随着分子生物学的迅速发展，微生物的检测从形态鉴定、生理生化特性分类进入到各种基因型分类水平，从而开发出了许多分子生物学检测方法。

1. 聚合酶链反应（Polymerase Chain Reaction，PCR）和实时荧光定量 PCR（Real-time Fluorescence Quantitative PCR，RTFQ PCR）方法

PCR 是最常用的分子生物学检测方法，主要是通过扩增食源性病原微生物的特定基因片段来达到定性检测的目的。最早由美国人 Mullis 于 1985 年发明。PCR 就是模板 DNA、引物以及四种脱氧核糖核苷三磷酸（dNTPs）在 DNA 聚合酶的催化作用下所发生的酶促聚合反应，整个反应是由变性（94℃ 左右）—退火（55℃ 左右）—延伸（72℃ 左右）三个基本反应步骤构成的，每完成一个循环需 2~4min，重复循环 2~3h 就能将目的基因扩增放大几百万倍。PCR 反应结束后须通过琼脂糖凝胶电泳、ELISA 检测、酶切分析、分子杂交、核酸序列分析等方法来检测是否扩增出了目的基因。在 PCR 基础上，各种衍生技术如反转录 PCR、多重 PCR、巢式 PCR、单链构象多态性分析（SSCP）、限制性片段长度多态性分析（RFLP）、随机扩增多态性 DNA（RAPD）和荧光定量 PCR 等得到了发展，在食源性病原微生物检测上得到了应用。

荧光定量 PCR 是 1996 年由美国 Applied Biosystems 公司推出的一种新定量实验技术，它是通过荧光染料或荧光标记的特异性的探针，可对 PCR 产物进行标记跟踪，实时在线监控反应过程，结合相应的软件可以对产物进行分析，计算待测样品模板的初始浓度。荧光定量 PCR 成功地实现了 PCR 从定性到定量的飞跃，并且不需要进行凝胶电泳，从而避免了交叉污染，使反应自动化程度更高，特异性更强，但是该方法检测成本较高。

荧光定量 PCR 的荧光标记方法主要有 SYBR 荧光染料法和 TaqMan 探针两种。SYBR 可以掺入 DNA 双链后发出荧光信号，而游离的 SYBR 不会发出荧光信号，因此随着 PCR 扩增的进行，双链 DNA 不断形成，荧光信号不断增强，荧光信号的强度与 PCR 产物的量成正比。但是 SYBR 荧光染料没有特异性，它可以插入任何双链 DNA 中。TaqMan 探针是一小段寡核苷酸，两端分别标记一个报告荧光基团和一个淬灭荧光基团。在 PCR 反应体系中加入此探针，未扩增前此探针是完整的，此时报告荧光基团发射的荧光信号被淬灭基团吸收，当 PCR 扩增时，Taq 酶的 $5'-3'$ 外切酶活性将探针酶切降解，报告基团和淬灭基团分离，荧光信号产生，因此荧光信号也会随着 PCR 扩增同步增强，实现 PCR 的实时监测。

在荧光定量 PCR 技术中，有一个很重要的概念——Ct 值。Ct 值是指每个反应管内的荧光信号到达设定的阈值时所经历的循环数。每个模板的 Ct 值与该模板的起始拷贝数的对数存在线性关系，利用已知起始拷贝数的标准品可画出标准曲线（纵坐标代表

起始拷贝数的对数，横坐标代表 Ct 值），这样只要获得未知样品的 Ct 值，即可从标准曲线上计算出该样品的起始拷贝数。

2. 环介导等温扩增（Loop-mediated Isothermal Amplification，LAM技术

环介导等温扩增技术，是 2000 年由日本的荣研株式会社 Notomi 等开发出来的，该方法一经报道就受到了各国学者的广泛关注。环介导等温扩增技术根据一套针对目的基因设计的相对应的 4～6 条引物（其中包括一组外引物 F_3 和 B_3，一组内引物 FIP 和 BIP，或者是加一组环状引物），运用 Bst DNA 聚合酶的链置换特性，在 60～65℃的恒温条件下完成对目的基因的特异性扩增，扩增结果为一系列不同长度的 DNA 混合物，因此电泳显示为梯形条带。自 LAMP 检测技术建立 18 年以来，该技术已经广泛应用于对病毒、细菌、寄生虫和真菌等病原菌的检测中。

与以 PCR 技术为代表的核酸变温扩增技术相比，LAMP 反应是在恒温条件下进行的，因此不需要复杂的仪器；该反应效率高，能够在 1 h 以内扩增出 $10^9 \sim 10^{10}$ 倍的产物，快速高效；4 条内外引物与靶序列的 6 个区段完全匹配才能扩增，所以特异性更高；反应过程中，dNTPs 析出的焦磷酸根离子与镁离子可形成焦磷酸镁沉淀物，因此扩增结束后，将产物离心即刻可用肉眼判定结果，无需电泳，也可加入荧光染料在紫外灯下进行显影判断，还可以通过实时浊度仪和实时荧光仪等方法进行检测。但 LAMP 技术的原理较为复杂，因此引物设计较为关键，否则易出现假阳性的问题。

3. 基因芯片技术

基因芯片（genechip，DNA chip）技术是 20 世纪 90 年代兴起的，利用 Southern Blot 原理，是源于计算机集成芯片理念的一门新技术。其原理就是在固相载体（玻璃、硅片、尼龙膜等）表面按照预先位置固定在很小面积内的千万个核酸探针分子，形成高密度的 DNA 微阵列。待检样品 DNA、RNA 或 cDNA 经过同位素或荧光物标记，与固相载体上的探针进行杂交反应，通过放射自显影或荧光聚焦显微镜扫描，可得到杂交图谱，再利用计算机对每一个探针上的杂交信号做分析处理，就可获得待检样品的相关基因信息。因为该技术可将大量不同的探针同时固定在支持物上，所以可以对样品的基因序列及功能进行集成化、微型化、自动化和高通量平行地研究。

近年来，基因芯片技术已成功地应用于食品源病原菌检测（重要基因筛选检测、菌种鉴定、流行病学研究、基因表达）中了。但目前芯片的制备和检测费仍然较高，极大地限制了芯片技术的应用。在理论上，基因芯片技术可以在一次实验中检出所有潜在的病原菌，也可以用同一张芯片检测某一病原菌的各种遗传学指标。与传统的微生物检测方法相比。基因芯片技术不但检测效率高、微量化，同时灵敏度、特异性和快速便捷性也很高，因此必将为全面快速准确的检测食源性病原菌开启一个新的发展时代。

18.2.3　免疫学检测方法

不同的微生物有其特异性的抗原，并能激发机体产生相应的特异性抗体。免疫学检测方法是指利用抗原与抗体的免疫反应特异性的原理，建立蛋白质水平上的系列检测方法，相对于分子生物学手段，其更直接地靶向微生物特异性基因的表达产物。免

疫学检测方法主要包括荧光免疫检测技术、酶免疫检测技术、放射免疫检测技术、免疫胶体金检测技术等，除此以外，还可利用免疫磁珠分离技术有效分离、纯化、富集病原菌，与其他微生物检测技术结合可提高灵敏度。免疫学检测方法具有灵敏度高、快速、定性或定量甚至定位的特点。

1. 酶联免疫吸附技术（enzyme-linked Immunosorbent Assay，ELISA）

酶联免疫吸附测定是在免疫酶技术基础上发展起来的一种新型的免疫测定技术，其基本原理是抗体（抗原）与酶结合后，仍能和相应的抗原（抗体）发生特异性结合反应，将待检样品事先吸附在固相载体表面称为包被，加入酶标抗体（抗原），酶标抗体（抗原）与吸附在固相载体上的相应的抗原（抗体）发生特异性结合反应，从而形成酶标记的免疫复合物，不能被缓冲液冲掉。当加入酶的底物时，底物发生化学反应，呈现颜色变化，颜色的深浅与待测抗原或抗体的量相关，借助分光光度计或酶标仪就可测定计算抗原（抗体）的量，也可用肉眼定性观察，因此可定量或定性地测定微生物。酶联免疫吸附法具有高度特异性和灵敏度，检测范围能达到从 ng 到 pg 的水平，并且结果准确，重现性好，廉价，操作简单，处理量大，所以可广泛应用于病原微生物的检测。

ELISA 可用于测定抗原，也可以测定抗体，目前广泛应用于食源性病原微生物（抗原）检测的 ELISA 方法有两种：双抗体夹心法和竞争法。基于 ELISA 方法，开发出了可检测细菌及其毒素、真菌及其毒素、病毒和寄生虫的各种试剂盒。近年来，在 ELISA 基础上发展了用荧光底物代替化学发色底物的新型免疫荧光检测技术，灵敏度更高，检测范围更广泛，试剂用量更少。Mini-vidas 就是法国梅里埃公司基于此原理开发的一种全自动免疫荧光酶标仪，它实现了双抗体夹心的 ELISA 检测自动化。

2. 免疫荧光技术（Immuno Fluorescence Technique，IFT）

免疫荧光技术是标记免疫技术中发展最早的一种，其原理是采用荧光色素标记抗体（或抗原），抗原和抗体特异性反应结合后，在荧光显微镜下可发出荧光，最终达到定性、定量甚至定位检测抗原或抗体的目的。常用的荧光色素为异硫氰酸荧光素 FITC（黄绿色）和罗丹明 RB200（橙红色）。免疫荧光技术目前已应用于沙门氏菌、痢疾杆菌、霍乱杆菌、布氏杆菌等微生物的检验中。

免疫荧光技术可分为直接法和间接法，其中用于食源性病原微生物检测的主要是间接法。由于该法不需复杂的仪器设备，具有特异性强、检测迅速、敏感性高等优点，现已用于多种病原菌的检测。但是免疫荧光技术的结果判定存在主观性，存在非特异性染色问题，操作步骤比较复杂。

3. 免疫胶体金技术（Immune Colloidal Gold Technique，ICGT）

免疫胶体金技术是指利用胶体金作为标记物，用于指示体外抗原抗体间发生的特异性结合反应。其基本原理是胶体金在弱碱环境下带负电荷，可与抗体分子的正电荷基团牢固地结合形成金标抗体，金标抗体仍然可以和相应的抗原发生特异性结合。胶体金标记的特异性抗体与待检抗原反应后可形成抗原抗体复合物，这一复合物在硝酸纤维素膜上进行层析，当抗原抗体复合物层析到膜上某一区域（反应点）时被这里固着的第二抗体捕获，从而在局部显现红色来指示免疫反应结果。胶体金层析技术在食源性病原菌如大肠埃希氏菌 O157、志贺氏菌、金黄色葡萄球菌、沙门氏菌、单增李斯特氏菌、副溶血性弧菌、克罗诺杆菌等方面进行了多项应用研究。

免疫胶体金技术主要包括夹心法和竞争抑制法，双抗体夹心法测抗原主要用于病毒、细菌及其毒素、真菌及其毒素和寄生虫等病原微生物的检测，竞争抑制法主要用于兽药残留、类固醇类、抗生素、农药等小分子（抗原）的检测。免疫胶体金技术由于具有操作简单、不需辅助仪器和试剂，3～5 min 出结果，并可肉眼判断、价格便宜等优点，在食品安全检测多个方面均得到商业化应用，可满足基层开展快速检测的需要。但是，此技术的灵敏度不如 ELISA 技术，且不能准确定量，只能做定性分析。

18.3　案例分析

沙门氏菌（Salmonella）是一种与食品安全与人类健康密切相关的食品病原菌，它最早是由美国人 Salmon 在 1885 年发现的，因此得名沙门氏菌。2006—2010 年，我国报告的病因明确的细菌性食源性疾病暴发事件中，70％～80％由沙门氏菌所致。由沙门氏菌引起的食源性疾病常居细菌性食源性疾病的首位，因此沙门氏菌也是日常食品微生物检验中最常检测的一种致病菌，下面就以沙门氏菌作为案例介绍的具体检测方法。

沙门氏菌属于肠杆菌科沙门氏菌属，根据生化特征不同，沙门氏菌属又分为 6 个亚属，分别为亚属Ⅰ、Ⅱ、Ⅲ（亚利桑那菌属）、Ⅳ、Ⅴ和Ⅵ，其中亚属Ⅰ是生化反应典型的沙门氏菌，也是最常见的沙门氏菌。根据携带菌体抗原（O 抗原）和鞭毛抗原（H 抗原）的不同，沙门氏菌分为约 2600 个血清型。沙门氏菌在自然界中分布广泛，是人畜共患病原菌，常可在各种家禽、家畜及野生动物的肠道中发现，因此多存在肉、蛋、乳及其制品中，其中，在禽类产品中尤为常见。引起人类食物中毒的沙门氏菌主要有鼠伤寒沙门氏菌、肠炎沙门氏菌和猪霍乱沙门氏菌。

18.3.1　沙门氏菌的生物学特性

沙门氏菌为革兰氏阴性两端钝圆的短杆菌，大小为 $(0.4～0.9)\mu m \times (1～3)\mu m$，无荚膜和芽胞，除鸡白痢和鸡伤寒沙门氏菌外，均有周身鞭毛。多数菌体有纤毛。沙门氏菌为需氧或兼性厌氧菌，在 10～42℃内均生长，最适生长温度为 37℃，生长的最适 pH 为 6.8～7.8。对营养要求不高，在普通营养培养基上生长良好，培养 18～24 h 后，可形成中等大小、圆形、表面光滑、无色半透明、边缘整齐的菌落。在肉汤培养基中呈均匀生长。

18.3.2　沙门氏菌的流行病学特性

沙门氏菌随食物进入消化道后，可在小肠和结肠内继续繁殖，附于肠黏膜或侵入黏膜及黏膜下层，在其内毒素和肠毒素的参与下，引起肠黏膜的充血、水肿、组织炎症，经淋巴系统进入血液，出现菌血症，引起全身感染。由于中毒是摄食一定量活菌及其在人体内生长繁殖所引起的，故该菌引起的食物中毒属感染型。

中毒表现为潜伏期一般 12～36 h，长者达 48～72 h，中毒初期表现为头痛、恶心、食欲缺乏。以后出现呕吐、腹泻、体温升高，并有水样便，有时带脓血黏液，重者出现寒战、抽搐和昏迷等。病程一般为 3～7 d，一般愈后良好，病死率常常低于 1%。

18.3.3　沙门氏菌的生化培养检测方法

采集市售生鲜鸡肉产品 1 份进行检验。GB 4789.4—2016 是目前我国规定的对食品中沙门氏菌的标准检测方法，主要是根据沙门氏菌的生化特性，进行前增菌、选择性增菌、分离培养、生化鉴定和血清分型五个步骤。

1. 检验程序

沙门氏菌检验程序见图 18-1。

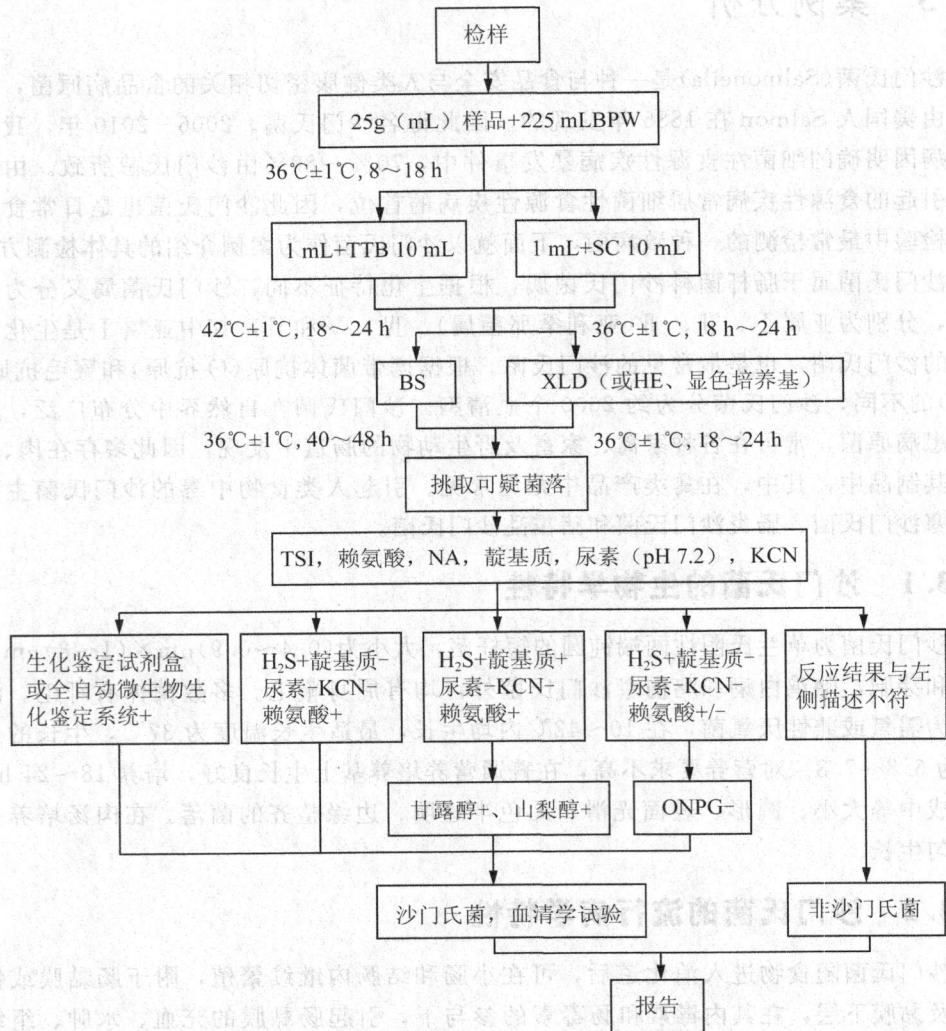

图 18-1　沙门氏菌检验程序（摘自 GB 4789.4—2016）

2. 检验结果

检验结果见表 18-4。

表 18-4　沙门氏菌检验结果

步骤	培养基	培养条件	实验现象
前增菌	BPW	36℃±1℃，8～18 h	浑浊
选择性增菌	TTB	42℃±1℃，18～24 h	浑浊
	SC	36℃±1℃，18～24 h	浑浊
选择性分离	BS(TTB)	36℃±1℃，40～48 h	无疑似菌落
	XLD(TTB)	36℃±1℃，18～24 h	疑似菌落1：圆形、粉红色、中心黑色 疑似菌落2：圆形、粉红色
	BS(SC)	36℃±1℃，40～48 h	疑似菌落3：圆形、黑色、有金属光泽 疑似菌落4：圆形、灰绿色
	XLD(SC)	36℃±1℃，18～24 h	疑似菌落5：圆形、黄色 疑似菌落6：圆形、粉红色、小

生理生化实验		三糖铁				赖氨酸	尿素	氰化钾	靛基质	甘露醇	山梨醇	ONPG	血清学实验		结果
		斜面	底层	产气	H_2S								O 多价	H 多价	
	疑似菌 1	K	A	−	+	+	−	−	−	/	/	/	+	+	+
	疑似菌 2	K	A	−	−	+	−	−	−	/	−	+	+	+	+
	疑似菌 3	K	A	−	+	+	+	−	+	+	+	+	+	+	+
	疑似菌 4	A	A	+	−	−	/	/	/	/	/	/	/	/	−
	疑似菌 5	A	A	+	−	−	/	/	/	/	/	/	/	/	−
	疑似菌 6	K	K	−	−	/	/	/	/	/	/	/	/	/	−

注："＋"表示阳性；"－"表示阴性。"K"表示碱性；"A"表示酸性。"／"表示无须做。

综合以上生化实验和血清学鉴定的结果，报告 25 g(mL)生鲜鸡肉中检出沙门氏菌。

18.3.4　沙门氏菌的分子生物学检测方法

下面介绍食品中沙门氏菌环介导等温扩增(LAMP)检测方法。沙门氏菌属特有的侵袭蛋白 A(invasion protein A，*invA*)基因是国内外公认的沙门氏菌特异性基因，对 100 多种常见沙门氏菌血清型具有广泛的特异性，同时对非沙门氏菌具有优良的排他性，具有保守性，可以特异性地区分沙门氏菌，设计的引物如表 18-5 所示。

表 18-5　LAMP 特异性引物序列

引物种类	引物名称	核苷酸序列
外引物 1	F3	5'-CGGCCCGATTTTCTCTGG-3'
外引物 2	B3	5'-CGGCAATAGCGTCACCTT-3'
内引物 1	FIP	5'-GCGCGGCATCCGCATCAATA-TGCCCGGTAAACAGATGAGT-3'
内引物 2	BIP	5'-GCGAACGGCGAAGCGTACTG-TCGCACCGTCAAAGGAAC-3
环引物 1	LF	5'-GGCCTTCAAATCGGCATCAAT-3'
环引物 2	LB	5'-GAAAGGGAAAGCCAGCTTTACG-3'

1. 前增菌和增菌

按 GB 4789.4—2016 中相对应步骤操作。

2. DNA 模板的制备

SC 和 TTB 增菌液分别参照商品化试剂盒产品操作程序提取 DNA 模板。

3. LAMP 反应

将沙门氏菌 LAMP 检测的反应体系(表 18-6)中各试剂依次添加到 PCR 反应管中。反应体系中各试剂的量可根据具体情况或不同的反应总体积进行相应的调整。将反应管中的反应体系混匀,置于 63℃扩增 40 min,再置于 80℃保温 10 min,终止反应。

表 18-6　沙门氏菌 LAMP 检测的反应体系

试剂	终浓度	体积/μL
10×Bst DNA 聚合酶缓冲液	1×	2.5
100 mmol/L MgSO$_4$	6 mmol/L	1.5
10 mmol/L dNTP 混合物	1.2 mmol/L	3
10 μmol/L FIP(内引物 1)	1.8 μmol/L	4.5
10 μmol/L BIP(内引物 2)	1.8 μmol/L	4.5
10 μmol/L F3(外引物 1)	0.1 μmol/L	0.25
10 μmol/L B3(外引物 2)	0.1 μmol/L	0.25
10 μmol/L LF(环引物 1)	1 μmol/L	2.5
10 μmol/L LB(环引物 2)	1 μmol/L	2.5
8 000 U/mL Bst DNA 聚合酶	640 U/mL	2
DNA 模板	—	1
无菌去离子水	—	0.5
总体积	—	25

4. 结果观察

LAMP 反应结束后,1%琼脂糖凝胶电泳,电压 110 V,电泳时间为 35~40 min。采用凝胶成像系统拍照保存。

5. 结果判定和报告

样品编号 1～7 出现梯形条带，为初筛阳性结果，需进一步按照 GB 4789.4—2016 进行分离培养、生化鉴定和血清分型实验，根据实验结果可判断最终结果；样品编号 8 无梯形条带为阴性结果。如图 18-2 所示。

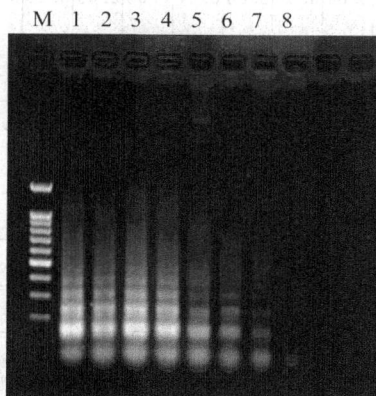

图 18-2　沙门氏菌 LAMP 法检验结果

复习思考题

1. 食源性病原菌生化培养检测的一般步骤是什么？

2. 试列举 2 种检验食源性病原菌的现代检测方法，并对其特点进行概括。

3. 按照 GB 4789.4—2016 检测沙门氏菌时的主要步骤是什么？用到哪些增菌液和选择性培养基？

附 录

附录1 碳酸气吸收系数表

压力/MPa 温度/℃	0.00	0.01	0.02	0.03	0.04	0.05	0.06	0.07	0.08	0.09	0.10	0.11	0.12	0.13	0.14	0.15	0.16	0.17
0	1.71	1.88	2.05	2.22	2.39	2.56	2.73	2.90	3.07	3.23	3.40	3.57	3.74	3.91	4.08	4.25	4.42	4.59
1	1.65	1.81	1.97	2.13	2.30	2.46	2.62	2.78	2.95	3.11	3.27	3.43	3.60	3.76	3.92	4.08	4.25	4.41
2	1.58	1.74	1.90	2.05	2.21	2.37	2.52	2.68	2.83	2.99	3.15	3.30	3.46	3.62	3.77	3.93	4.09	4.24
3	1.53	1.68	1.83	1.98	2.13	2.28	2.43	2.58	2.73	2.88	3.03	3.18	3.34	3.49	3.64	3.79	3.94	4.09
4	1.47	1.62	1.76	1.91	2.05	2.20	2.35	2.49	2.64	2.78	2.93	3.07	3.22	3.36	3.51	3.65	3.80	3.94
5	1.42	1.56	1.71	1.85	1.99	2.13	2.27	2.41	2.55	2.69	2.83	2.97	3.11	3.25	3.39	3.53	3.67	3.81
6	1.38	1.51	1.65	1.78	1.92	2.06	2.19	2.33	2.46	2.60	2.74	2.87	3.01	3.14	3.28	3.42	3.55	3.69
7	1.33	1.46	1.59	1.73	1.86	1.99	2.12	2.25	2.38	2.51	2.64	2.78	2.91	3.04	3.17	3.30	3.43	3.56
8	1.28	1.41	1.54	1.66	1.79	1.91	2.04	2.17	2.29	2.42	2.55	2.67	2.80	2.93	3.05	3.18	3.31	3.43
9	1.24	1.36	1.48	1.60	1.73	1.85	1.97	2.09	2.21	2.34	2.46	2.58	2.70	2.82	2.95	3.07	3.19	3.31
10	1.19	1.31	1.43	1.55	1.67	1.78	1.90	2.02	2.14	2.25	2.37	2.49	2.61	2.73	2.84	2.96	3.08	3.20
11	1.15	1.27	1.38	1.50	1.61	1.72	1.84	1.95	2.07	2.18	2.29	2.41	2.52	2.63	2.75	2.86	2.98	3.09
12	1.12	1.23	1.34	1.45	1.56	1.67	1.78	1.89	2.00	2.11	2.22	2.33	2.44	2.55	2.66	2.77	2.88	2.99
13	1.08	1.19	1.30	1.40	1.51	1.62	1.72	1.83	1.94	2.05	2.15	2.26	2.37	2.47	2.58	2.69	2.79	2.90
14	1.05	1.15	1.26	1.36	1.46	1.57	1.67	1.78	1.88	1.98	2.09	2.19	2.29	2.40	2.50	2.60	2.71	2.81
15	1.02	1.12	1.22	1.32	1.42	1.52	1.62	1.72	1.82	1.92	2.02	2.13	2.23	2.33	2.43	2.53	2.63	2.73
16	0.98	1.08	1.18	1.28	1.37	1.47	1.57	1.67	1.76	1.86	1.96	2.05	2.15	2.25	2.35	2.44	2.54	2.64
17	0.96	1.05	1.14	1.24	1.33	1.43	1.52	1.62	1.71	1.81	1.90	1.99	2.09	2.18	2.28	2.37	2.47	2.56
18	0.93	1.02	1.11	1.20	1.29	1.39	1.48	1.57	1.66	1.75	1.84	1.94	2.03	2.12	2.21	2.30	2.39	2.49
19	0.90	0.99	1.08	1.17	1.26	1.35	1.44	1.53	1.61	1.70	1.79	1.88	1.97	2.06	2.15	2.24	2.33	2.42
20	0.88	0.96	1.05	1.14	1.22	1.31	1.40	1.48	1.57	1.66	1.74	1.83	1.92	2.00	2.09	2.18	2.26	2.35
21	0.85	0.94	1.02	1.11	1.19	1.28	1.36	1.44	1.53	1.61	1.70	1.78	1.87	1.95	2.03	2.12	2.20	2.29
22	0.83	0.91	0.99	1.07	1.16	124	1.32	1.40	1.48	1.57	1.65	1.73	1.81	1.89	1.97	2.06	2.14	2.22
23	0.80	0.88	0.96	1.04	1.12	1.20	1.28	1.36	1.44	1.52	1.60	1.68	1.76	1.84	1.91	1.99	2.07	2.15
24	0.78	0.86	0.94	1.01	1.09	1.17	1.24	1.32	1.40	1.47	1.55	1.63	1.71	1.78	1.86	1.94	2.01	2.09
25	0.76	0.83	0.91	0.93	1.06	1.13	1.21	1.28	1.36	1.43	1.51	1.58	1.66	1.73	1.81	1.88	1.96	2.03

温度/℃ \ 压力/MPa 倍	0.18	0.19	0.20	0.21	0.22	0.23	0.24	0.25	0.26	0.27	0.28	0.29	0.30	0.31	0.32	0.33	0.34	0.35
0	4.76	4.93	5.09	5.26	5.43	5.60	5.77	5.94	6.11	6.28	6.45	6.62	6.79	6.95	7.12	7.20	7.45	7.63
1	4.57	4.73	4.90	5.06	5.22	5.38	5.54	5.71	5.87	6.03	6.19	6.36	6.52	6.68	6.84	7.01	7.17	7.33
2	4.40	4.55	4.71	4.87	5.02	5.18	5.34	5.49	5.65	5.81	5.96	6.12	6.27	6.43	6.59	6.74	6.90	7.06
3	4.24	4.39	4.54	4.69	4.84	4.99	5.14	5.29	5.45	5.60	5.75	5.90	6.05	6.20	6.35	6.50	6.65	6.80
4	4.09	4.24	4.38	4.53	4.67	4.82	4.96	5.11	5.25	5.40	5.54	5.69	5.83	5.98	6.13	6.27	6.42	6.56
5	3.95	4.09	4.23	4.38	4.52	4.66	4.80	4.94	5.08	5.22	5.33	5.50	5.64	5.78	5.92	6.06	6.20	6.34
6	3.82	3.96	4.10	4.23	4.37	4.50	4.64	4.77	4.91	5.06	5.18	5.32	5.45	5.59	5.73	5.86	6.00	6.13
7	3.70	3.83	3.96	4.09	4.22	4.35	4.48	4.62	4.75	4.88	5.01	5.14	5.27	5.40	5.53	5.67	5.80	5.93
8	3.56	3.69	3.81	3.91	4.07	4.19	4.32	4.45	4.57	4.70	4.82	4.95	5.08	5.20	5.33	5.48	5.58	5.71
9	3.43	3.56	3.68	3.80	3.92	4.05	4.17	4.29	4.41	4.53	4.66	4.78	4.90	5.02	5.14	5.27	5.39	5.51
10	3.32	3.43	3.55	3.67	3.79	3.90	4.02	4.14	4.26	4.38	4.49	4.61	4.73	4.85	4.97	5.08	5.20	5.32
11	3.20	3.32	3.43	3.55	3.66	3.77	3.89	4.00	4.12	4.23	4.34	4.46	4.57	4.68	4.80	4.91	5.03	5.14
12	3.10	3.21	3.32	3.43	3.54	3.65	3.76	3.87	3.98	4.09	4.20	4.31	4.42	4.53	4.64	4.76	4.87	4.98
13	3.01	3.11	3.22	3.33	3.43	3.54	3.65	3.76	3.86	3.97	4.08	4.18	4.29	4.40	4.50	4.61	4.72	4.82
14	2.92	3.02	3.12	3.23	3.33	3.43	3.54	3.64	3.74	3.85	3.95	4.06	4.16	4.26	4.37	4.47	4.57	4.68
15	2.83	2.93	3.03	3.13	3.23	3.33	3.43	3.53	3.63	3.78	3.84	3.94	4.04	4.14	4.24	4.34	4.44	4.54
16	2.73	2.83	2.93	3.03	3.12	3.22	3.32	3.42	3.51	3.61	3.71	3.80	3.90	4.00	4.10	4.19	4.29	4.39
17	2.65	2.75	2.84	2.94	3.03	3.13	3.22	3.31	3.41	3.50	3.60	3.69	3.79	3.88	3.98	4.07	4.16	4.26
18	2.58	2.67	2.76	2.85	2.94	3.03	3.13	3.22	3.31	3.40	3.49	3.58	3.68	3.77	3.86	3.95	4.04	4.18
19	2.50	2.59	2.68	2.77	2.86	2.95	3.04	3.13	3.22	3.31	3.39	3.48	3.57	3.66	3.75	3.84	3.98	4.02
20	2.44	2.52	2.61	2.70	2.78	2.87	2.96	3.04	3.13	3.22	3.30	3.39	3.48	3.56	3.65	3.74	3.82	3.91
21	2.37	2.46	2.54	2.62	2.71	2.79	2.88	2.96	3.05	3.13	3.21	3.30	3.38	3.47	3.55	3.64	3.72	3.80
22	2.30	2.38	2.47	2.55	2.63	2.71	2.79	2.87	2.96	3.04	3.12	3.20	3.28	3.37	3.45	3.53	3.61	3.69
23	2.23	2.31	2.39	2.47	2.55	2.63	2.71	2.79	2.87	2.95	3.03	3.11	3.18	3.26	3.34	3.42	3.50	3.58
24	2.17	2.25	2.32	2.40	2.48	2.55	2.63	2.71	2.79	2.86	2.94	3.02	3.09	3.17	3.25	3.32	3.40	3.48
25	2.11	2.18	2.26	2.33	2.41	2.48	2.56	2.63	2.71	2.78	2.86	2.93	3.01	3.08	3.16	3.23	3.31	3.38

压力/MPa 倍 温度/℃	0.36	0.37	0.38	0.39	0.40	0.41	0.42	0.43	0.44	0.45	0.46	0.47	0.48	0.49	0.50
0	7.80	7.97	8.14	8.31	8.48	8.64	8.81	8.98	9.15	9.32	9.49	9.66	9.83	10.00	10.17
1	7.49	7.66	7.82	7.98	8.14	8.31	8.47	8.63	8.79	8.96	9.12	9.28	9.44	9.61	9.77
2	7.21	7.37	7.52	7.68	7.84	7.99	8.15	8.31	8.46	8.62	8.78	8.93	9.09	9.24	9.40
3	6.95	7.10	7.25	7.40	7.56	7.71	7.86	8.01	8.16	8.31	8.46	8.61	8.76	8.91	9.06
4	6.71	6.85	7.00	7.14	7.29	7.43	7.58	7.72	7.87	8.02	8.16	8.31	8.45	8.60	8.74
5	6.48	6.62	6.76	6.91	7.06	7.19	7.33	7.47	7.61	7.75	7.89	8.03	8.17	8.31	8.45
6	6.27	6.41	6.54	6.68	6.81	6.96	7.09	7.22	7.36	7.49	7.63	7.76	7.90	8.04	8.17
7	6.06	6.19	6.32	6.45	6.59	6.72	6.85	6.98	7.11	7.24	7.37	7.51	7.64	7.77	7.90
8	5.84	5.96	6.09	6.22	6.34	6.47	6.60	6.72	6.85	6.98	7.10	7.23	7.36	7.48	7.61
9	5.63	5.75	5.88	6.00	6.12	6.24	6.36	6.49	6.61	6.73	6.85	6.98	7.10	7.22	7.34
10	5.44	5.55	5.67	5.79	5.91	6.03	6.14	6.26	6.38	6.50	6.61	6.73	6.85	6.97	7.09
11	5.25	5.37	5.48	5.60	5.71	5.82	5.94	6.05	6.17	6.28	6.39	6.51	6.62	6.73	6.85
12	5.09	5.20	5.31	5.42	5.53	5.64	5.75	5.86	5.97	6.08	6.19	6.30	6.41	6.52	6.63
13	4.93	5.04	5.14	5.25	5.36	5.47	5.57	5.68	5.79	5.89	6.00	6.11	6.21	6.32	6.43
14	4.78	4.88	4.99	5.09	5.20	5.30	5.40	5.51	5.61	5.71	5.82	5.92	6.02	6.13	6.23
15	4.64	4.74	4.84	4.94	5.04	5.14	5.24	5.34	5.44	5.54	5.65	5.75	5.85	5.95	6.05
16	4.48	4.58	4.68	4.78	4.87	4.97	5.07	5.17	5.26	5.36	5.46	5.55	5.65	5.75	5.85
17	4.35	4.45	4.54	4.64	4.73	4.82	4.92	5.01	5.11	5.20	5.30	5.39	5.49	5.58	5.67
18	4.23	4.32	4.41	4.50	4.59	4.68	4.77	4.87	4.96	5.06	5.14	5.23	5.32	5.42	5.51
19	4.11	4.20	4.28	4.37	4.46	4.55	4.64	4.73	4.82	4.91	5.00	5.09	5.18	5.26	5.35
20	4.00	4.08	4.17	4.26	4.34	4.43	4.52	4.60	4.69	4.78	4.86	4.95	5.04	5.12	5.21
21	3.89	3.97	4.06	4.14	4.23	4.31	4.39	4.48	4.56	4.65	4.73	4.82	4.90	4.98	5.07
22	3.77	3.86	3.94	4.02	4.10	4.18	4.27	4.35	4.43	4.51	4.59	4.67	4.76	4.84	4.92
23	3.66	3.74	3.82	3.90	3.98	4.06	4.14	4.22	4.30	4.37	4.45	4.53	4.61	4.69	4.77
24	3.56	3.63	3.71	3.79	3.86	3.94	4.02	4.10	4.17	4.25	4.33	4.40	4.48	4.58	4.64
25	3.46	3.53	3.61	3.68	3.76	3.83	3.91	3.98	4.06	4.13	4.20	4.28	4.35	4.43	4.50

附录2　相当于氧化亚铜质量的葡萄糖、果糖、乳糖、转化糖质量表　　　单位：mg

氧化亚铜	葡萄糖	果糖	乳糖（含水）	转化糖	氧化亚铜	葡萄糖	果糖	乳糖（含水）	转化糖
11.3	4.6	5.1	7.7	5.2	40.5	17.2	19.0	27.6	18.3
12.4	5.1	5.6	8.5	5.7	41.7	17.7	19.5	28.4	18.9
13.5	5.6	6.1	9.3	6.2	42.8	18.2	20.1	29.1	19.4
14.6	6.0	6.7	10.0	6.7	43.9	18.7	20.6	29.9	19.9
15.8	6.5	7.2	10.8	7.2	45.0	19.2	21.1	30.6	20.4
16.9	7.0	7.7	11.5	7.7	46.2	19.7	21.7	31.4	20.9
18.0	7.5	8.3	12.3	8.2	47.3	20.1	22.2	32.2	21.4
19.1	8.0	8.8	13.1	8.7	48.4	20.6	22.8	32.9	21.9
20.3	8.5	9.3	13.8	9.2	49.5	21.1	23.3	33.7	22.4
21.4	8.9	9.9	14.6	9.7	50.7	21.6	23.8	34.5	22.9
22.5	9.4	10.4	15.4	10.2	51.8	22.1	24.4	35.2	23.5
23.6	9.9	10.9	16.1	10.7	52.9	22.6	24.9	36.0	24.0
24.8	10.4	11.5	16.9	11.2	54.0	23.1	25.4	36.8	24.5
25.9	10.9	12.0	17.7	11.7	55.2	23.6	26.0	37.5	25.0
27.0	11.4	12.5	18.4	12.3	56.3	24.1	26.5	38.3	25.5
28.1	11.9	13.1	19.2	12.8	57.4	24.6	27.1	39.1	26.0
29.3	12.3	13.6	19.9	13.3	58.5	25.1	27.6	39.8	26.5
30.4	12.8	14.2	20.7	13.8	59.7	25.6	28.2	40.6	27.0
31.5	13.3	14.7	21.5	14.3	60.8	26.1	28.7	41.4	27.6
32.6	13.8	15.2	22.2	14.8	61.9	26.5	29.2	42.1	28.1
33.8	14.3	15.8	23.0	15.3	63.0	27.0	29.8	42.9	28.6
34.9	14.8	16.3	23.8	15.8	64.2	27.5	30.3	43.7	29.1
36.0	15.3	16.8	24.5	16.3	65.3	28.0	30.9	44.4	29.6
37.2	15.7	17.4	25.3	16.8	66.4	28.5	31.4	45.2	30.1
38.3	16.2	17.9	26.1	17.3	67.6	29.0	31.9	46.0	30.6
39.4	16.7	18.4	26.8	17.8	68.7	29.5	32.5	46.7	31.2
69.8	30.0	33.0	47.5	31.7	107.0	46.5	51.1	72.8	48.8
70.9	30.5	33.6	48.3	32.2	108.1	47.0	51.6	73.6	49.4
72.1	31.0	34.1	49.0	32.7	109.2	47.5	52.2	74.4	49.9
73.2	31.5	34.7	49.8	33.2	110.3	48.0	52.7	75.1	50.4
74.3	32.0	35.2	50.6	33.7	111.5	48.5	53.3	75.9	50.9

氧化亚铜	葡萄糖	果糖	乳糖（含水）	转化糖	氧化亚铜	葡萄糖	果糖	乳糖（含水）	转化糖
75.4	32.5	35.8	51.3	34.3	112.6	49.0	53.8	76.7	51.5
76.6	33.0	36.3	52.1	34.8	113.7	49.5	54.4	77.4	52.0
77.7	33.5	36.8	52.9	35.3	114.8	50.0	54.9	78.2	52.5
78.8	34.0	37.4	53.6	35.8	116.0	50.6	55.5	79.0	53.0
79.9	34.5	37.9	54.4	36.3	117.1	51.1	56.0	79.7	53.6
81.1	35.0	38.5	55.2	36.8	118.2	51.6	56.6	80.5	54.1
82.2	35.5	39.0	55.9	37.4	119.3	52.1	57.1	81.3	54.6
83.3	36.0	39.6	56.7	37.9	120.5	52.6	57.7	82.1	55.2
84.4	36.5	40.1	57.5	38.4	121.6	53.1	58.2	82.8	55.7
85.6	37.0	40.7	58.2	38.9	122.7	53.6	58.8	83.6	56.2
86.7	37.5	41.2	59.0	39.4	123.8	54.1	59.3	84.4	56.7
87.8	38.0	41.7	59.8	40.0	125.0	54.6	59.9	85.1	57.3
88.9	38.5	42.3	60.5	40.5	126.1	55.1	60.4	85.9	57.8
90.1	39.0	42.8	61.3	41.0	127.2	55.6	61.0	86.7	58.3
91.2	39.5	43.4	62.1	41.5	128.3	56.1	61.6	87.4	58.9
92.3	40.0	43.9	62.8	42.0	129.5	56.7	62.1	88.2	59.4
93.4	40.5	44.5	63.6	42.6	130.6	57.2	62.7	89.0	59.9
94.6	41.0	45.0	64.4	43.1	131.7	57.7	63.2	89.8	60.4
95.7	41.5	45.6	65.1	43.6	132.8	58.2	63.8	90.5	61.0
96.8	42.0	46.1	65.9	44.1	134.0	58.7	64.3	91.3	61.5
97.9	42.5	46.7	66.7	44.7	135.1	59.2	64.9	92.1	62.0
99.1	43.0	47.2	67.4	45.2	136.2	59.7	65.4	92.8	62.6
100.2	43.5	47.8	68.2	45.7	137.4	60.2	66.0	93.6	63.1
101.3	44.0	48.3	69.0	46.2	138.5	60.7	66.5	94.4	63.6
102.5	44.5	48.9	69.7	46.7	139.6	61.1	67.1	95.2	64.2
103.6	45.0	49.4	70.5	47.3	140.7	61.8	67.7	95.9	64.7
104.7	45.5	50.0	71.3	47.8	141.9	62.3	68.2	96.7	65.2
105.8	46.0	50.5	72.1	48.3	143.0	62.8	68.8	97.5	65.8
144.1	63.3	69.3	98.2	66.3	181.3	80.4	87.8	123.7	84.0
145.2	63.8	69.9	99.0	66.8	182.4	81.0	88.4	124.5	84.6
146.4	64.3	70.4	99.8	67.4	183.5	81.5	89.0	125.3	85.1

氧化亚铜	葡萄糖	果糖	乳糖（含水）	转化糖	氧化亚铜	葡萄糖	果糖	乳糖（含水）	转化糖
147.5	64.9	71.0	100.6	67.9	184.5	82.0	89.5	126.0	85.7
148.6	65.4	71.6	101.3	68.4	185.8	82.5	90.1	126.8	86.2
149.7	65.9	72.1	102.1	69.0	186.9	83.1	90.6	127.6	86.8
150.9	66.4	72.7	102.9	69.5	188.0	83.6	91.2	128.4	87.3
152.0	66.9	73.2	103.6	70.0	189.1	84.1	91.8	129.1	87.8
153.1	67.4	73.8	104.4	70.6	190.3	84.6	92.3	129.9	88.4
154.2	68.0	74.3	105.2	71.1	191.4	85.2	92.9	130.7	88.9
155.4	68.5	74.9	106.0	71.6	192.5	85.7	93.5	131.5	89.5
156.5	69.0	75.5	106.7	72.2	193.6	86.2	94.0	132.2	90.0
157.6	69.5	76.0	107.5	72.7	194.8	86.7	94.6	133.0	90.6
158.7	70.0	76.6	108.3	73.2	195.9	87.3	95.2	133.8	91.1
159.9	70.5	77.1	109.0	73.8	197.0	87.8	95.7	134.6	91.7
161.0	71.1	77.7	109.8	74.3	198.1	88.3	96.3	135.3	92.2
162.1	71.6	78.3	110.6	74.9	199.3	88.9	96.9	136.1	92.8
163.2	72.1	78.8	111.4	75.4	200.4	89.4	97.4	136.8	93.3
164.4	72.6	79.4	112.1	75.9	201.5	89.9	98.0	137.7	93.8
165.5	73.1	80.0	112.9	76.5	202.7	90.4	98.6	138.4	94.4
166.6	73.7	80.5	113.7	77.0	203.8	91.0	99.2	139.2	94.9
167.8	74.2	81.1	114.4	77.6	204.9	91.5	99.7	140.0	95.5
168.9	74.7	81.6	115.2	78.1	206.0	92.0	100.3	140.8	96.0
170.0	75.2	82.2	116.0	78.6	207.2	92.6	100.9	141.5	96.6
171.1	75.7	82.8	116.8	79.2	208.3	93.1	101.4	142.3	97.1
172.3	76.3	83.3	117.5	79.7	209.4	93.6	102.0	143.1	97.7
173.4	76.8	83.9	118.3	80.3	210.5	94.2	102.6	143.9	98.2
174.5	77.3	84.4	119.1	80.8	211.7	94.7	103.1	144.6	98.8
175.6	77.8	85.0	119.9	81.3	212.8	95.2	103.7	145.4	99.3
176.8	78.3	85.6	120.6	81.9	213.9	95.7	104.3	146.2	99.9
177.9	78.9	86.1	121.4	82.4	215.0	96.3	104.8	147.0	100.4
179.0	79.4	86.7	122.2	83.0	216.2	96.8	105.4	147.7	101.0
180.1	79.9	87.3	122.9	83.5	217.3	97.3	106.0	148.5	101.5
218.4	97.9	106.6	149.3	102.1	255.6	115.7	125.5	174.9	120.4

氧化亚铜	葡萄糖	果糖	乳糖（含水）	转化糖	氧化亚铜	葡萄糖	果糖	乳糖（含水）	转化糖
219.5	98.4	107.1	150.1	102.6	256.7	116.2	126.1	175.7	121.0
220.7	98.9	107.7	150.8	103.2	257.8	116.7	126.7	176.5	121.6
221.8	99.5	108.3	151.6	103.7	258.9	117.3	127.3	177.3	122.1
222.9	100.0	108.8	152.4	104.3	260.1	117.8	127.9	178.1	122.7
224.0	100.5	109.4	153.2	104.8	261.2	118.4	128.4	178.8	123.3
225.2	101.1	110.0	153.9	105.4	262.3	118.9	129.0	179.6	123.8
226.3	101.6	110.6	154.7	106.0	263.4	119.5	129.6	180.4	124.4
227.4	102.2	111.1	155.5	106.5	264.6	120.0	130.2	181.2	124.9
228.5	102.7	111.7	156.3	107.1	265.7	120.6	130.8	181.9	125.5
229.7	103.2	112.3	157.0	107.6	266.8	121.1	131.3	182.7	126.1
230.8	103.8	112.9	157.8	108.2	268.0	121.7	131.9	183.5	126.6
231.9	104.3	113.4	158.6	108.7	269.1	122.2	132.5	184.3	127.2
233.1	104.8	114.0	159.4	109.3	270.2	122.7	133.1	185.1	127.8
234.2	105.4	114.6	160.2	109.8	271.3	123.3	133.7	185.8	128.3
235.3	105.9	115.2	160.9	110.4	272.5	123.8	134.2	186.6	128.9
236.4	106.5	115.7	161.7	110.9	273.6	124.4	134.8	187.4	129.5
237.6	107.0	116.3	162.5	111.5	274.7	124.9	135.4	188.2	130.0
238.7	107.5	116.9	163.3	112.1	275.8	125.5	136.0	189.0	130.6
239.8	108.1	117.5	164.0	112.6	277.0	126.0	136.6	189.7	131.2
240.9	108.6	118.0	164.8	113.2	278.1	126.6	137.2	190.5	131.7
242.1	109.2	118.6	165.6	113.7	279.2	127.1	137.7	191.3	132.3
243.1	109.7	119.2	166.4	114.3	280.3	127.7	138.3	192.1	132.9
244.3	110.2	119.8	167.1	114.9	281.5	128.2	138.9	192.9	133.4
245.4	110.8	120.3	167.9	115.4	282.6	128.8	139.5	193.6	134.0
246.6	111.3	120.9	168.7	116.0	283.7	129.3	140.1	194.4	134.6
247.7	111.9	121.5	169.5	116.5	284.8	129.9	140.7	195.2	135.1
248.8	112.4	122.1	170.3	117.1	286.0	130.4	141.3	196.0	135.7
249.9	112.9	122.6	171.0	117.6	287.1	131.0	141.8	196.8	136.3
251.1	113.5	123.2	171.8	118.2	288.2	131.6	142.4	197.5	136.8
252.2	114.0	123.8	172.6	118.8	289.3	132.1	143.0	198.3	137.4
253.3	114.6	124.4	173.4	119.3	290.5	132.7	143.6	199.1	138.0

续表

氧化亚铜	葡萄糖	果糖	乳糖（含水）	转化糖	氧化亚铜	葡萄糖	果糖	乳糖（含水）	转化糖
254.4	115.1	125.0	174.2	119.9	291.6	133.2	144.2	199.9	138.6
292.7	133.8	144.8	200.7	139.1	329.9	152.2	164.3	226.5	158.1
293.8	134.3	145.4	201.4	139.7	331.0	152.8	164.9	227.3	158.7
295.0	134.9	145.9	202.2	140.3	332.1	153.4	165.4	228.0	159.3
296.1	135.4	146.5	203.0	140.8	333.3	153.9	166.0	228.8	159.9
297.2	136.0	147.1	203.8	141.4	334.4	154.5	166.6	229.6	160.5
298.3	136.5	147.7	204.6	142.0	335.5	155.1	167.2	230.4	161.0
299.5	137.1	148.3	205.3	142.6	336.6	155.6	167.8	231.2	161.6
300.6	137.7	148.9	206.1	143.1	337.8	156.2	168.4	232.0	162.2
301.7	138.2	149.5	206.9	143.7	338.9	156.8	169.0	232.7	162.8
302.9	138.8	150.1	207.7	144.3	340.0	157.3	169.6	233.5	163.4
304.0	139.3	150.6	208.5	144.8	341.1	157.9	170.2	234.3	164.0
305.1	139.9	151.2	209.2	145.4	342.3	158.5	170.8	235.1	164.5
306.2	140.4	151.8	210.0	146.0	343.4	159.0	171.4	235.9	165.1
307.4	141.0	152.4	210.8	146.6	344.5	159.6	172.0	236.7	165.7
308.5	141.6	153.0	211.6	147.1	345.6	160.2	172.6	237.4	166.3
309.6	142.1	153.6	212.4	147.7	346.8	160.7	173.2	238.2	166.9
310.7	142.7	154.2	213.2	148.3	347.9	161.3	173.8	239.0	167.5
311.9	143.2	154.8	214.0	148.9	349.0	161.9	174.4	239.8	168.0
313.0	143.8	155.4	214.7	149.4	350.1	162.5	175.0	240.6	168.6
314.1	144.4	156.0	215.5	150.0	351.3	163.0	175.6	241.4	169.2
315.2	144.9	156.5	216.3	150.6	352.4	163.6	176.2	242.2	169.8
316.4	145.5	157.1	217.1	151.2	353.5	164.2	176.8	243.0	170.4
317.5	146.0	157.7	217.9	151.8	354.6	164.7	177.4	243.7	171.0
318.6	146.6	158.3	218.7	152.3	355.8	165.3	178.0	244.5	171.6
319.7	147.2	158.9	219.4	152.9	356.9	165.9	178.6	245.3	172.2
320.9	147.7	159.5	220.2	153.5	358.0	166.5	179.2	246.1	172.8
322.0	148.3	160.1	221.0	154.1	359.1	167.0	179.8	246.9	173.3
323.1	148.8	160.7	221.8	154.6	360.3	167.6	180.4	247.7	173.9
324.2	149.4	161.3	222.6	155.2	361.4	168.2	181.0	248.5	174.5
325.4	150.0	161.9	223.3	155.8	362.5	168.8	181.6	249.2	175.1

氧化亚铜	葡萄糖	果糖	乳糖（含水）	转化糖	氧化亚铜	葡萄糖	果糖	乳糖（含水）	转化糖
326.5	150.5	162.5	224.1	156.4	363.6	169.3	182.2	250.0	175.7
327.6	151.1	163.1	224.9	157.0	364.8	169.9	182.8	250.8	176.3
328.7	151.7	163.7	225.7	157.5	365.9	170.5	183.4	251.6	176.9
367.0	171.1	184.0	252.4	177.5	398.5	187.3	201.0	274.4	194.2
368.2	171.6	184.6	253.2	178.1	399.7	187.9	201.6	275.2	194.8
369.3	172.2	185.2	253.9	178.7	400.8	188.5	202.2	276.0	195.4
370.4	172.8	185.8	254.7	179.2	401.9	189.1	202.8	276.8	196.0
371.5	173.4	186.4	255.5	179.8	403.1	189.7	203.4	277.6	196.6
372.7	173.9	187.0	256.3	180.4	404.2	190.3	204.0	278.4	197.2
373.8	174.5	187.6	257.1	181.0	405.3	190.9	204.7	279.2	197.8
374.9	175.1	188.2	257.9	181.6	406.4	191.5	205.3	280.0	198.4
376.0	175.7	188.8	258.7	182.2	407.6	192.0	205.9	280.8	199.0
377.2	176.3	189.4	259.4	182.8	408.7	192.6	206.5	281.6	199.6
378.3	176.8	190.1	260.2	183.4	409.8	193.2	207.1	282.4	200.2
379.4	177.4	190.7	261.0	184.0	410.9	193.8	207.7	283.2	200.8
380.5	178.0	191.3	261.8	184.6	412.1	194.4	208.3	284.0	201.4
381.7	178.6	191.9	262.6	185.2	413.2	195.0	209.0	284.8	202.0
382.8	179.2	192.5	263.4	185.8	414.3	195.6	209.6	285.6	202.6
383.9	179.7	193.1	264.2	186.4	415.4	196.2	210.2	286.3	203.2
385.0	180.3	193.7	265.0	187.0	416.6	196.8	210.8	287.1	203.8
386.2	180.9	194.3	265.8	187.6	417.7	197.4	211.4	287.9	204.4
387.3	181.5	194.9	266.6	188.2	418.8	198.0	212.0	288.7	205.0
388.4	182.1	195.5	267.4	188.8	419.9	198.5	212.6	289.5	205.7
389.5	182.7	196.1	268.1	189.4	421.1	199.1	213.3	290.3	206.3
390.7	183.2	196.7	268.9	190.0	422.2	199.7	213.9	291.1	206.9
391.8	183.8	197.3	269.7	190.6	423.3	200.3	214.5	291.9	207.5
392.9	184.4	197.9	270.5	191.2	424.4	200.9	215.1	292.7	208.1
394.0	185.0	198.5	271.3	191.8	425.6	201.5	215.7	293.5	208.7
395.2	185.6	199.2	272.1	192.4	426.7	202.1	216.3	294.3	209.3
396.3	186.2	199.8	272.9	193.0	427.8	202.7	217.0	295.0	209.9
397.4	186.8	200.4	273.7	193.6	428.9	203.3	217.6	295.8	210.5

氧化亚铜	葡萄糖	果糖	乳糖（含水）	转化糖	氧化亚铜	葡萄糖	果糖	乳糖（含水）	转化糖
430.1	203.9	218.2	296.6	211.1	460.5	220.2	235.1	318.3	227.9
431.2	204.5	218.8	297.4	211.8	461.6	220.8	235.8	319.1	228.5
432.3	205.1	219.5	298.2	212.4	462.7	221.4	236.4	319.9	229.1
433.5	205.1	220.1	299.0	213.0	463.8	222.0	237.1	320.7	229.7
434.6	206.3	220.7	299.8	213.6	465.0	222.6	237.7	321.6	230.4
435.7	206.9	221.3	300.6	214.2	466.1	223.3	238.4	322.4	231.0
436.8	207.5	221.9	301.4	214.8	467.2	223.9	239.0	323.2	231.7
438.0	208.1	222.6	302.2	215.4	468.4	224.5	239.7	324.0	232.3
439.1	208.7	223.2	303.0	216.0	469.5	225.1	240.3	324.9	232.9
440.2	209.3	223.8	303.8	216.7	470.6	225.7	241.0	325.7	233.6
441.3	209.9	224.4	304.6	217.3	471.7	226.3	241.6	326.5	234.2
442.5	210.5	225.1	305.4	217.9	472.9	227.0	242.2	327.4	234.8
443.6	211.1	225.7	306.2	218.5	474.0	227.6	242.9	328.2	235.5
444.7	211.7	226.3	307.0	219.1	475.1	228.2	243.6	329.1	236.1
445.8	212.3	226.9	307.8	219.8	476.2	228.8	244.3	329.9	236.8
447.0	212.9	227.6	308.6	220.4	477.4	229.5	244.9	330.8	237.5
448.1	213.5	228.2	309.4	221.0	478.5	230.1	245.6	331.7	238.1
449.2	214.1	228.8	310.2	221.6	479.6	230.7	246.3	332.6	238.8
450.3	214.7	229.4	311.0	222.2	480.7	231.4	247.0	333.5	239.5
451.5	215.3	230.1	311.8	222.9	481.9	232.0	247.8	334.4	240.2
452.6	215.9	230.7	312.6	223.5	483.0	232.7	248.5	335.3	240.8
453.7	216.5	231.3	313.4	224.1	484.1	233.3	249.2	336.3	241.5
454.8	217.1	232.0	314.2	224.7	485.2	234.0	250.0	337.3	242.3
456.0	217.8	232.6	315.0	225.4	486.4	234.7	250.8	338.3	243.0
457.1	218.4	233.2	315.9	226.0	487.5	235.3	251.6	339.4	243.8
458.2	219.0	233.9	316.7	226.6	488.6	236.1	252.7	340.7	244.7
459.3	219.6	234.5	317.5	227.2	489.7	236.9	253.7	342.0	245.8

附录 3 铁氰化钾定量试样法还原糖换算表
(还原糖含量以麦芽糖计)

0.1 mol/L 铁氰化钾/mL	还原糖/%	0.1 mol/L 铁氰化钾/mL	还原糖/%	0.1 mol/L 铁氰化钾/mL	还原糖/%	0.1 mol/L 铁氰化钾/mL	还原糖/%
0.10	0.05	2.30	1.16	4.50	2.37	6.70	3.79
0.20	0.10	2.40	1.21	4.60	2.44	6.80	3.85
0.30	0.15	2.50	1.26	4.70	2.51	6.90	3.92
0.40	0.20	2.60	1.30	4.80	2.57	7.00	3.98
0.50	0.25	2.70	1.35	4.90	2.64	7.10	4.06
0.60	0.31	2.80	1.40	5.00	2.70	7.20	4.12
0.70	0.36	2.90	1.45	5.10	2.76	7.30	4.18
0.80	0.41	3.00	1.51	5.20	2.82	7.40	4.25
0.90	0.46	3.10	1.56	5.30	2.88	7.50	4.31
1.00	0.51	3.20	1.61	5.40	2.95	7.60	4.38
1.10	0.56	3.30	1.66	5.50	3.02	7.70	4.45
1.20	0.60	3.40	1.71	5.60	3.08	7.80	4.51
1.30	0.65	3.50	1.76	5.70	3.15	7.90	4.58
1.40	0.71	3.60	1.82	5.80	3.22	8.00	4.65
1.50	0.76	3.70	1.88	5.90	3.28	8.10	4.72
1.60	0.80	3.80	1.95	6.00	3.34	8.20	4.78
1.70	0.85	3.90	2.01	6.10	3.41	8.30	4.85
1.80	0.90	4.00	2.07	6.20	3.47	8.40	4.92
1.90	0.96	4.10	2.13	6.30	3.53	8.50	4.99
2.00	1.01	4.20	2.18	6.40	3.60	8.60	5.05
2.10	1.06	4.30	2.25	6.50	3.67	8.70	5.12
2.20	1.11	4.40	2.31	6.60	3.73	8.80	5.19

参考文献

[1]李和生. 食品分析[M]. 北京：科学出版社，2014.

[2]李启隆，胡劲波. 食品分析科学[M]. 北京：化学工业出版社，2010.

[3]赵杰文，孙永海. 现代食品检测技术[M]. 第2版. 北京：中国轻工业出版社，2010.

[4]侯曼玲. 食品分析[M]. 北京：化学工业出版社，2004.

[5]许牡丹，毛跟年. 食品安全性与分析检测[M]. 北京：化学工业出版社，2003.

[6]周光理. 食品分析与检验技术[M]. 北京：化学工业出版社，2015.

[7]钱建亚. 食品分析[M]. 北京：中国纺织出版社，2014.

[8]刘胜新. 化验员手册[M]. 北京：机械工业出版社，2014.

[9]李和生. 食品分析实验指导[M]. 北京：科学出版社，2012.

[10]夏玉宇. 化验员实用手册[M]. 第3版. 北京：化学工业出版社，2012.

[11]韩北忠，童华荣. 食品感官评价[M]. 北京：中国林业出版社，2009.

[12]张晓鸣. 食品感官评定[M]. 北京：中国轻工业出版社，2006.

[13]靳敏，夏玉宇. 食品检验技术[M]. 北京：化学工业出版社，2003.

[14]中华人民共和国卫生部，中国国家标准化管理委员会. GB/T 5009.1—2003. 食品卫生检验方法 理化部分 总则[S]. 北京：中国标准出版社，2003.

[15]孙协军，薛晓霞，李秀霞，等. 盐藻β-胡萝卜素微波提取工艺研究[J]. 食品工业科技，2016，37(1)：252-257.

[16]李核，李攻科，张展霞. 影响微波辅助萃取虎杖中白藜芦醇产率的一些重要操作参数[J]. 分析化学. 2003，31(11)：1341-1344.

[17]王永华. 食品分析[M]. 第2版. 北京：中国轻工业出版社，2011.

[18]胡秋辉，张国文. 食品分析[M]. 北京：中国农业出版社，2017.

[19]武汉大学. 分析化学(上册)[M]. 第5版. 北京：高等教育出版社，2006.

[20]张水华. 食品分析[M]. 北京：中国轻工业出版社，2009.

[21]王永华，戚穗坚. 食品分析[M]. 第3版. 北京：中国轻工业出版社，2017.

[22]中国国家认证认可监督管理委员会. RB/T 214—2017 检验检测机构资质认定能力评价 检验检测机构通用要求[S]. 北京：中国标准出版社，2017.

[23]中国国家认证认可监督管理委员会. RB/T 215—2017 检验检测机构资质认定能力评价食品检验机构要求[S]. 北京：中国标准出版社，2017.

[24]中国合格评定国家认可委员会. CNAS-CL01检测和校准实验室能力认可准则[S]. 北京：中国标准出版社，2018.

[25]袁存光，祝优珍，田晶，等. 现代仪器分析[M]. 北京：化学工业出版社，2012.

[26]贾春晓，熊卫东，毛多斌. 现代仪器分析及其在食品中的应用[M]. 北京：中国

轻工业出版社，2013.

[27]刘虎威. 气相色谱方法及应用[M]. 北京：化学工业出版社，2007.

[28]王世平，王静，仇厚援. 现代仪器分析原理与技术[M]. 哈尔滨：哈尔滨工程大学出版社，1999.

[29]武汉大学化学系. 仪器分析[M]. 北京：高等教育出版社，2006.

[30]齐美玲. 气相色谱分析及应用[M]. 北京：科学出版社，2012.

[31]盛龙生，苏焕华，郭丹滨. 色谱质谱联用技术[M]. 北京：化学工业出版社，2006.

[32]云自厚，欧阳津，张晓彤. 液相色谱检测方法[M]. 北京：化学工业出版社，2004.

[33]于世林. 高效液相色谱方法及应用[M]. 第 2 版. 北京：化学工业出版社，2005.

[34]傅若农. 色谱分析概论[M]. 第 2 版. 北京：化学工业出版社，2005.

[35]盛龙生，汤坚. 液相色谱质谱联用技术在食品和药品分析中的应用[M]. 北京：化学工业出版社，2008.

[36]朱明华. 仪器分析[M]. 第 4 版. 北京：高等教育出版社，2008.

[37]戴军. 食品仪器分析技术[M]. 北京：化学工业出版社，2006.

[38]戴舒春，宋俊，周华生，等. 火焰原子吸收法测定特殊医用配方食品中钾钠的干扰及消除[J]. 食品工业科技，2014；35(9)：303-306，311.

[39]陈晓媛，张喜琦，张嘉月，等. 释放剂对火焰原子吸收光谱法测定乳粉中镁的影响[J]. 食品工业科技，2019(12)：224-229.

[40]中华人民共和国国家卫生和计划生育委员会，国家食品药品监督管理总局. GB 5009.12—2017 食品安全国家标准　食品中铅的测定[S]. 北京：中国标准出版社，2017.

[41]中华人民共和国国家卫生和计划生育委员会，国家食品药品监督管理总局. GB 5009.13—2017 食品安全国家标准　食品中铜的测定[S]. 北京：中国标准出版社，2017.

[42]中华人民共和国国家卫生和计划生育委员会，国家食品药品监督管理总局. GB 5009.14—2017 食品安全国家标准　食品中锌的测定[S]. 北京：中国标准出版社，2017.

[43]中华人民共和国国家卫生和计划生育委员会. GB 5009.15—2014 食品安全国家标准　食品中镉的测定[S]. 北京：中国标准出版社，2015.

[44]中华人民共和国国家卫生和计划生育委员会. GB 5009.17—2014 食品安全国家标准　食品中总汞及有机汞铅的测定[S]. 北京：中国标准出版社，2015.

[45]中华人民共和国国家卫生和计划生育委员会，国家食品药品监督管理总局. GB 5009.90—2016 食品安全国家标准　食品中铁的测定[S]. 北京：中国标准出版社，2016.

[46]中华人民共和国国家卫生和计划生育委员会，国家食品药品监督管理总局. GB 5009.241—2017 食品安全国家标准　食品中镁的测定[S]. 北京：中国标准出版

社，2017.

[47]中华人民共和国国家卫生和计划生育委员会，国家食品药品监督管理总局. GB 5009.242—2017 食品安全国家标准　食品中锰的测定[S]. 北京：中国标准出版社，2017.

[48]孙悦. 原子荧光光谱的研究及应用进展[J]. 分析化学进展，2018，8（3）：137-145.

[49]Winefordner J D，Vickers T J. Calculation of the Limit of Detectability in Atomic Emission Flame Spectrometry[J]. Analytical Chemistry，1964，36：1939-1946.

[50]中华人民共和国国家卫生和计划生育委员会. GB 5009.11—2014 食品安全国家标准　食品中总砷及无机砷的测定[S]. 北京：中国标准出版社，2015.

[51]中华人民共和国国家卫生和计划生育委员会. GB 5009.16—2014 食品安全国家标准　食品中锡的测定[S]. 北京：中国标准出版社，2015.

[52]中华人民共和国国家卫生和计划生育委员会，国家食品药品监督管理总局. GB 5009.93—2017 食品安全国家标准　食品中硒的测定[S]. 北京：中国标准出版社，2017.

[53]中华人民共和国国家卫生和计划生育委员会，国家食品药品监督管理总局. GB 5009.137—2016 食品安全国家标准　食品中锑的测定[S]. 北京：中国标准出版社，2016.

[54]谢笔钧，何慧. 食品分析[M]. 北京：科学出版社，2009.

[55]黄君礼，鲍治宇. 紫外吸收光谱法及其应用[M]. 北京：中国科学技术出版社，1992.

[56]柯以侃. ATC007 紫外—可见吸收光谱分析技术[M]. 北京：中国标准出版社，2013.

[57]中国标准出版社. 紫外—可见吸收光谱分析技术标准汇编[M]. 北京：中国标准出版社，2013.

[58]唐恢同. 有机化合物的光谱鉴定[M]. 北京：北京大学出版社，1992.

[59]张汉辉. 波谱学原理及应用[M]. 北京：化学工业出版社，2011.

[60]张济新. 仪器分析实验[M]. 北京：高等教育出版社，1994.

[61]吉鑫. 共轭羰基化合物溶剂效应的红外光谱研究[D]. 杭州：浙江大学，2011.

[62]刘建学. 实用近红外光谱分析技术[M]. 北京：科学出版社，2008.

[63]严衍禄. 近红外光谱分析基础与应用[M]. 北京：中国轻工业出版社，2005.

[64]徐广通，袁洪福，陆婉珍. 现代近红外光谱技术及应用进展[J]. 光谱学与光谱分析，2000，20(2)：134-142.

[65]严衍禄，赵龙莲. 现代近红外光谱分析的信息处理技术[J]. 光谱学与光谱分析，2000，20(6)：777-780.

[66]王多加，周向阳，金同铭. 近红外光谱检测技术在农业和食品分析上的应用[J]. 光谱学与光谱分析，2004，24(4)：447-450.

[67]吴瑾光. 近代傅立叶变换红外光谱技术及应用[M]. 北京：科学技术文献出版社，

1994.

[68]卢涌宗，邓振华. 实用红外光谱解析[M]. 北京：电子工业出版社，1989.

[69]王朝臣. 食品感官检验技术项目化教程[M]. 北京：北京师范大学出版社，2012.

[70]杨玉红. 食品感官检验技术[M]. 大连：大连理工大学出版社，2015.

[71]孙志河，窦新顺. 食品理化检验技术[M]. 北京：高等教育出版社，2018.

[72]杨玉红，田艳花. 食品理化检验技术[M]. 武汉理工大学出版社，2016.

[73]李凤玉，梁文珍. 食品分析与检验[M]. 北京：中国农业大学出版社，2008.

[74]杨严俊，孙俊. 食品分析[M]. 北京：化学工业出版社，2012.

[75]周光理. 食品分析与检验技术[M]. 北京：化学工业出版社，2014.

[76]杨玉红. 食品化学[M]. 北京：中国轻工业出版社，2017.

[77]中华人民共和国国家卫生和计划生育委员会. GB 5009.3—2016 食品安全国家标准　食品中水分的测定[S]. 北京：中国标准出版社，2016.

[78]中华人民共和国国家卫生和计划生育委员会. GB 5009.238—2016 食品安全国家标准　食品水分活度的测定[S]. 北京：中国标准出版社，2016.

[79]中华人民共和国国家卫生和计划生育委员会. GB 5009.4—2016 食品安全国家标准　食品中灰分的测定[S]. 北京：中国标准出版社，2016.

[80]中华人民共和国国家卫生和计划生育委员会，国家食品药品监督管理总局. GB 5009.92—2016 食品安全国家标准　食品中钙的测定[S]. 北京：中国标准出版社，2016.

[81]中华人民共和国国家卫生和计划生育委员会，国家食品药品监督管理总局. GB 5009.267—2016 食品安全国家标准　食品中碘的测定[S]. 北京：中国标准出版社，2016.

[82]中华人民共和国国家卫生和计划生育委员会，国家食品药品监督管理总局. GB 5009.87—2016 食品安全国家标准　食品中磷的测定[S]. 北京：中国标准出版社，2016.

[83]中华人民共和国国家卫生和计划生育委员会，国家食品药品监督管理总局. GB 5009.268—2016 食品安全国家标准　食品中多元素的测定[S]. 北京：中国标准出版社，2016.

[84]陈家华. 现代食品分析新技术[M]. 北京：化学工业出版社，2005.

[85]黄晓珏，刘邻渭. 食品化学综合实验[M]. 北京：中国农业大学出版社，2002.

[86]贾春晓. 现代仪器分析技术及其在食品分析中的应用[M]. 北京：中国轻工业出版社，2005.

[87]王世平. 食品理化检验技术[M]. 北京：中国林业出版社，2009.

[88]Bradstreet R B. Kjeldahl method for organic nitrogen[J]. Analytical Chemistry, 1954，26(1)：185-187.

[89]Koch F C, McMeekin T L. A new direct nesslerization micro-Kjeldahl method and a modification of the Nessler-Folin reagent for ammonia[J]. Journal of the American Chemical Society，1924，46(9)：2066-2069.

［90］Troll W，Cannan R K. A modified photometric ninhydrin method for the analysis of amino and imino acids［J］. Journal of Biological Chemistry，1953，200：803-811.

［91］中华人民共和国国家卫生和计划生育委员会，国家食品药品监督管理总局. GB 5009.6—2016 食品安全国家标准　食品中脂肪的测定［S］. 北京：中国标准出版社，2016.

［92］中华人民共和国国家卫生和计划生育委员会，国家食品药品监督管理总局. GB 5009.168—2016 食品安全国家标准　食品中脂肪酸的测定［S］. 北京：中国标准出版社，2016.

［93］谢名勇，杨美艳，聂少平. 食品中反式脂肪酸分析方法研究进展［J］. 色谱，2001，29(7)：601-605.

［94］Akoh C C，Min D B. Food Lipid s［M］. 2nd ed. New York：Marcel Dekker，2002.

［95］De Castro M D L，Priego-Capote F. Soxhlet extraction：Past and present panacea ［J］. Journal of Chromatography A，2010，1217(16)：2383-2389.

［96］Kleyn D H，Lynch J M，Barbano D M，et al. Determination of fat in raw and processed milks by the Gerber method：collaborative study［J］. Journal of AOAC International，2001，84(5)：1499-1508.

［97］Radema L，Mulder H. Methods for determining the fat content of milk. 1. The Rose-Gottlieb method［J］. Nederlandsch Melk-en Zuiveltijdschrift，1948，2：204-209.

［98］Nielsen S S. Food Analysis［M］. Switzerland：International Publishing AG，2017.

［99］张海德，胡建恩. 食品分析［M］. 长沙：中南大学出版社，2014.

［100］侯玉泽，丁晓雯. 食品分析［M］. 郑州：郑州大学出版社，2011.

［101］Hart F L，Fisher H J. Modern Food Analysis［M］. New York：Springer-Verlag，1971.

［102］中华人民共和国国家质量监督检验检疫，中国国家标准化管理委员会. GB/T 21533—2008 蜂蜜中淀粉糖浆的测定　离子色谱法［S］. 北京：中国标准出版社，2008.

［103］中华人民共和国国家卫生和计划生育委员会，国家食品药品监督管理总局. GB 5009.9—2016 食品安全国家标准　食品中淀粉的测定［S］. 北京：中国标准出版社，2016.

［104］中华人民共和国国家技术监督局. GB/T 16286—1996 食品中蔗糖的测定方法酶比色法［S］. 北京：中国标准出版社，1996.

［105］中华人民共和国国家卫生和计划生育委员会，国家食品药品监督管理总局. GB 5009.8—2016 食品安全国家标准　食品中果糖、葡萄糖、蔗糖、麦芽糖、乳糖的测定［S］. 北京：中国标准出版社，2016.

［106］中华人民共和国国家卫生和计划生育委员会. GB 5009.7—2016 食品安全国家标

准　食品中还原糖的测定[S]. 北京：中国标准出版社，2016.

[107]中华人民共和国国家卫生和计划生育委员会. GB 5009.88—2014 食品安全国家标准　食品中膳食纤维的测定[S]. 北京：中国标准出版社，2014.

[108]黄立兰，黄广明，劳晔. 淀粉糊化度测定方法的研究进展[J]. 饲料工业，2014，35(13)：53-57.

[109]鲁蕾. 烟梗果胶的制备及其性质的研究[D]. 成都：四川大学，2004.

[110]Ramirez S C, Carretero A S, Blanco C C, et al. Analysis of Carbohydrates in Beverages by Capillary Electrophoresis with Precolumn Derivatization and UV Detection[J]. Food Chemistry, 2004, 87: 471-476.

[111]Villamiel M, Martinez-Castro I, Olano A, et al. Quantitative determination of carbohydrates in orange juice by gas chromatography[J]. Z Lebensm Unters Forsch A, 1998, 206: 48-51.

[112]王静，王晴，向文胜. 色谱法在糖类化合物分析中的应用[J]. 分析化学，2001，29(1)：222-227.

[113]杨波寿. 碳水化合物在食品工业中的作用及应用[J]. 渝州大学学报，1998，15(4)：69-73.

[114]牟世芬，于泓，蔡亚岐. 糖的高效阴离子交换色谱—脉冲安培检测法分析[J]. 色谱，2009，27(5)：667-674.

[115]中华人民共和国国家卫生和计划生育委员会，国家食品药品监督管理总局. GB 5009.154—2016 食品安全国家标准　食品中维生素 B$_6$ 的测定[S]. 北京：中国标准出版社，2016.

[116]中华人民共和国国家卫生和计划生育委员会. GB 5009.84—2016 食品安全国家标准　食品中维生素 B1 的测定[S]. 北京：中国标准出版社，2016.

[117]中华人民共和国国家卫生和计划生育委员会，国家食品药品监督管理总局. GB 5009.82—2016 食品安全国家标准　食品中维生素 A、维生素 D、维生素 E 的测定[S]. 北京：中国标准出版社，2016.

[118]中华人民共和国国家卫生和计划生育委员会，国家食品药品监督管理总局. GB 5009.85—2016 食品安全国家标准　食品中维生素 B2 的测定[S]. 北京：中国标准出版社，2016.

[119]中华人民共和国国家卫生和计划生育委员会. GB 5009.86—2016 食品安全国家标准　食品中抗坏血酸的测定[S]. 北京：中国标准出版社，2016.

[120]中华人民共和国国家卫生和计划生育委员会. GB 1886.233—2016 食品安全国家标准　食品添加剂维生素 E[S]. 北京：中国标准出版社，2016.

[121]中华人民共和国国家卫生和计划生育委员会，国家食品药品监督管理总局. GB 5009.158—2016 食品安全国家标准　食品中维生素 K1 的测定[S]. 北京：中国标准出版社，2016.

[122]阚建全. 食品化学[M]. 北京：中国农业大学出版社，2016.

[123]周光理. 食品分析与检验技术[M]. 北京：化学工业出版社，2015.

［124］中华人民共和国国家卫生和计划生育委员会. GB 5009.239—2016 食品安全国家标准　食品酸度的测定［S］. 北京：中国标准出版社，2017.

［125］中华人民共和国国家卫生和计划生育委员会. GB 5009.157—2016 食品安全国家标准　食品中有机酸的测定［S］. 北京：中国标准出版社，2017.

［126］迟玉杰. 食品添加剂［M］. 北京：中国轻工出版社，2013.

［127］丁晓雯，李诚，李巨秀. 食品分析［M］. 北京：中国农业大学出版社，2016.

［128］中华人民共和国国家卫生和计划生育委员会. GB 2760—2014 食品安全国家标准　食品添加剂使用标准法［S］. 北京：中国标准出版社，2015.

［129］中华人民共和国国家卫生和计划生育委员会. GB 5009.28—2016 食品安全国家标准　食品中苯甲酸、山梨酸和糖精钠的测定［S］. 北京：中国标准出版社，2016.

［130］中华人民共和国国家卫生和计划生育委员会. GB 5009.33—2016 食品安全国家标准　食品中亚硝酸盐和硝酸盐的测定［S］. 北京：中国标准出版社，2016.

［131］中华人民共和国国家卫生和计划生育委员会. GB 5009.34—2016 食品安全国家标准　食品中二氧化硫的测定［S］. 北京：中国标准出版社，2016.

［132］中华人民共和国国家卫生和计划生育委员会. GB 5009.35—2016 食品安全国家标准　食品中合成着色剂的测定［S］. 北京：中国标准出版社，2016.

［133］中华人民共和国国家卫生和计划生育委员会. GB 5009.97—2016 食品安全国家标准　食品中环己基氨基磺酸钠的测定［S］. 北京：中国标准出版社，2016.

［134］中华人民共和国卫生部. GB 5009.30—2003 食品中叔丁基羟基茴香醚（BHA）与 2，6-二叔丁基对甲酚（BHT）的测定［S］. 北京：中国标准出版社，2003.

［135］郜轩宇，臧英男，许静. 最新食品添加剂系列国家安全标准的变化［J］. 现代食品. 2017，10(19)：18-20.

［136］中华人民共和国国家卫生和计划生育委员. GB 5009.15—2014 食品安全国家标准　食品中镉的测定［S］. 北京：中国标准出版社，2014.

［137］中华人民共和国国家卫生和计划生育委员会. GB 5009.17—2014 食品安全国家标准　食品中总汞及有机汞的测定［S］. 北京：中国标准出版社，2015.

［138］中华人民共和国国家卫生和计划生育委员会. GB 5009.16—2014 食品安全国家标准　食品中锡的测定［S］. 北京：中国标准出版社，2015.

［139］中华人民共和国国家卫生和计划生育委员会，国家食品药品监督管理总局. GB 5009.138—2017 食品安全国家标准　食品中镍的测定［S］. 北京：中国标准出版社，2017.

［140］中华人民共和国国家卫生和计划生育委员会，国家食品药品监督管理总局. GB 5009.5—2016 食品安全国家标准　食品中蛋白质的测定［S］. 北京：中国标准出版社，2016.

［141］中华人民共和国国家卫生和计划生育委员会. GB 5009.2—2016 食品安全国家标准　食品相对密度的测定［S］. 北京：中国标准出版社，2016.

［142］中华人民共和国中华人民共和国国家卫生和计划生育委员会. GB 5009.123—

2014 食品安全国家标准　食品中铬的测定[S]. 北京：中国标准出版社，2015.

[143]中华人民共和国卫生部，中国国家标准化管理委员会. GB/T 5009.19—2008 食品中有机氯农药多组分残留量的测定[S]. 北京：中国标准出版社，2008.

[144]中华人民共和国卫生部，中国国家标准化管理委员会. GB/T 5009.146—2008 植物性食品中有机氯和拟除虫菊酯类农药多种残留量的测定[S]. 北京：中国标准出版社，2008.

[145]中华人民共和国卫生部，中国国家标准化管理委员会. GB/T 5009.221—2008 粮谷中敌草快残留量的测定[S]. 北京：中国标准出版社，2008.

[146]中华人民共和国卫生部，中国国家标准化管理委员会. GB/T5009.219—2008 粮谷中矮壮素残留量的测定[S]. 北京：中国标准出版社，2008.

[147]中华人民共和国国家质量监督检验检疫总局，中国国家标准化管理委员会. GB/T 20769—2008 水果和蔬菜中 450 种农药及相关化学品残留量的测定[S]. 北京：中国标准出版社，2008.

[148]中华人民共和国国家质量监督检验检疫总局，中国国家标准化管理委员会. GB/T 23204—2008 茶叶中 519 种农药及相关化学品残留量的测定[S]. 北京：中国标准出版社，2008.

[149]中华人民共和国农业部. NY/T 761—2008 蔬菜和水果中有机磷、有机氯、拟除虫菊酯和氨基甲酸酯类农药多残留的测定[S]. 北京：中国标准出版社，2008.

[150]中华人民共和国农业部. NY/T 1720—2009 水果、蔬菜中杀铃脲等七种苯甲酰脲类农药残留量的测定[S]. 北京：中国标准出版社，2009.

[151]中华人民共和国国家质量监督检验检疫总局，中国国家标准化管理委员会. GB/T 23818—2009 大豆中咪唑啉酮类除草剂残留量的测定[S]. 北京：中国标准出版社，2009.

[152]中华人民共和国国家质量监督检验检疫总局，中国国家标准化管理委员会. GB/T 23816—2009 大豆中三嗪类除草剂残留量的测定[S]. 北京：中国标准出版社，2009.

[153]中华人民共和国国家质量监督检验检疫总局，中国国家标准化管理委员会. GB/T 25222—2010 粮油检验粮食中磷化物残留量的测定分光光度法[S]. 北京：中国标准出版社，2010.

[154]中华人民共和国农业部. 农业部 1163 号公告—1—2009 动物性食品中乙烯雌酚残留检测[S]. 北京：中国标准出版社，2009.

[155]中华人民共和国农业部，中华人民共和国国家卫生和计划生育委员会. GB 29687—2013 水产品中阿苯达唑及其代谢物多残留的测定[S]. 北京：中国标准出版社，2013.

[156]中华人民共和国农业部. 农业部 1163 号公告—5—2009 动物性食品中氨苄西林残留检测[S]. 北京：中国标准出版社，2009.

[157]中华人民共和国农业部. 农业部 1163 号公告—6—2009 动物性食品中泰乐菌素残留检测[S]. 北京：中国标准出版社，2009.

[158]中华人民共和国农业部. 农业部 1163 号公告－7—2009 动物性食品中庆大霉素残留检测[S]. 北京：中国标准出版社，2009.

[159]中华人民共和国农业部. 农业部 1163 号公告－8—2009 猪肝中氯丙嗪残留检测[S]. 北京：中国标准出版社，2009.

[160]中华人民共和国农业部. 农业部 1025 号公告－1—2008 牛奶中氨基苷类多残留检测[S]. 北京：中国标准出版社，2008.

[161]中华人民共和国农业部. 农业部 1025 号公告－4—2008 动物性食品中安定残留检测[S]. 北京：中国标准出版社，2008.

[162]中华人民共和国农业部，国家食品药品监督管理总局，中华人民共和国国家卫生和计划生育委员会. GB 23200.20—2016 食品安全国家标准　食品中阿维菌素残留量的测定[S]. 北京：中国标准出版社，2016.

[163]中华人民共和国农业部，中华人民共和国国家卫生和计划生育委员会. GB 29694—2013 动物性食品中 13 种磺胺类药物多残留的测定[S]. 北京：中国标准出版社，2013.

[164]中华人民共和国农业部. 农业部 1025 号公告－14—2008 动物性食品中氟喹诺酮类药物残留检测[S]. 北京：中国标准出版社，2008.

[165]中华人民共和国农业部. 农业部 1025 号公告－9—2008 动物性食品中多拉菌素残留检测[S]. 北京：中国标准出版社，2008.

[166]中华人民共和国农业部. 农业部 1025 号公告－10—2008 动物性食品中替米考星残留检测[S]. 北京：中国标准出版社，2008.

[167]中华人民共和国农业部. 农业部 1025 号公告－13—2008 动物性食品中头孢噻呋残留检测[S]. 北京：中国标准出版社，2008.

[168]中华人民共和国农业部. 农业部 1025 号公告－17—2008 动物源性食品中呋喃唑酮残留标示物残留检测[S]. 北京：中国标准出版社，2008.

[169]中华人民共和国农业部. 农业部 1025 号公告－20—2008 动物性食品中四环素类药物残留检测[S]. 北京：中国标准出版社，2008.

[170]中华人民共和国农业部. 农业部 1025 号公告－25—2008 动物源食品中恩诺沙星残留检测[S]. 北京：中国标准出版社，2008.

[171]中华人民共和国农业部. 农业部 1031 号公告－2—2008 动物源性食品中糖皮质激素类药物多残留检测[S]. 北京：中国标准出版社，2008.

[172]中华人民共和国农业部. 农业部 1031 号公告－2—2008 动物源性食品中糖皮质激素类药物多残留检测[S]. 北京：中国标准出版社，2008.

[173]国家质量监督检验检疫总局，国家标准化管理委员会. GB/T 22286—2008 动物源性食品中多种 β-受体激动剂残留量的测定[S]. 北京：中国标准出版社，2008.

[174]中华人民共和国国家质量监督检验检疫总局，中国国家标准化管理委员会. GB/T 21981—2008 动物源食品中激素多残留检测方法[S]. 北京：中国标准出版社，2008.

[175]中华人民共和国国家质量监督检验检疫总局，中国国家标准化管理委员会.

GB/T 21317—2007 动物源性食品中四环素类兽药残留量检测方法[S]. 北京：中国标准出版社，2017.

[176]国家质量监督检验检疫总局. GB/T 22982—2008 牛奶和奶粉中甲硝唑、洛硝哒唑、二甲硝唑及其代谢物残留量的测定[S]. 北京：中国标准出版社，2008.

[177]中华人民共和国国家质量监督检验检疫总局，中国国家标准化管理委员会. GB/T 22992—2008 食品安全国家标准　牛奶和奶粉中玉米赤霉醇、玉米赤霉酮、己烯雌酚、己烷雌酚、双烯雌酚残留量的测定[S]. 北京：中国标准出版社，2008.

[178]中华人民共和国农业部，中华人民共和国国家卫生和计划生育委员会. GB 29707—2013 食品安全国家标准　牛奶中双甲脒残留标志物残留量的测定[S]. 北京：中国标准出版社，2013.

[179]中华人民共和国国家卫生和计划生育委员会，国家食品药品监督管理总局. GB 5009.22—2016 食品安全国家标准　食品中黄曲霉毒素 B 族和 G 族的测定[S]. 北京：中国标准出版社，2016.

[180]中华人民共和国国家卫生和计划生育委员会，国家食品药品监督管理总局. GB 5009.24—2016 食品安全国家标准　食品中黄曲霉毒素 M 族的测定[S]. 北京：中国标准出版社，2016.

[181]中华人民共和国国家卫生和计划生育委员会，国家食品药品监督管理总局. GB 5009.111—2016 食品安全国家标准　食品中脱氧雪腐镰刀菌烯醇及其乙酰化衍生物的测定[S]. 北京：中国标准出版社，2016.

[182]中华人民共和国国家卫生和计划生育委员会，国家食品药品监督管理总局. GB 5009.185—2016 食品安全国家标准　食品中展青霉素的测定[S]. 北京：中国标准出版社，2016.

[183]中华人民共和国国家卫生和计划生育委员会，国家食品药品监督管理总局. GB 5009.96—2016 食品安全国家标准　食品中赭曲霉毒素 A 的测定[S]. 北京：中国标准出版社，2016.

[184]中华人民共和国国家卫生和计划生育委员会，国家食品药品监督管理总局. GB 5009.209—2016 食品安全国家标准　食品中玉米赤霉烯酮的测定[S]. 北京：中国标准出版社，2016.

[185]中华人民共和国国家卫生和计划生育委员会，国家食品药品监督管理总局. GB 5009.213—2016 食品安全国家标准　贝类中麻痹性贝类毒素的测定[S]. 北京：中国标准出版社，2016.

[186]中华人民共和国国家卫生和计划生育委员会，国家食品药品监督管理总局. GB 5009.212—2016 食品安全国家标准　贝类中腹泻性贝类毒素的测定[S]. 北京：中国标准出版社，2016.

[187]中华人民共和国国家卫生和计划生育委员会，国家食品药品监督管理总局. GB 5009.206—2016 食品安全国家标准　水产品中河豚毒素的测定[S]. 北京：中国标准出版社，2016.

[188]中华人民共和国国家卫生和计划生育委员会，国家食品药品监督管理总局. GB 5009 .261—2016 食品安全国家标准　贝类中神经性贝类毒素的测定[S]. 北京：中国标准出版社，2016.

[189]中华人民共和国国家卫生和计划生育委员会. GB 5009.243—2016 食品安全国家标准　高温烹调食品中杂环胺类物质的测定[S]. 北京：中国标准出版社，2016.

[190]傅博强，陈敏璠，唐治玉，等. 生物毒素检测方法及标准物质研究进展[J]. 生命科学，2016，28(1)：1—13.

[191]丁晓雯，李诚，李巨秀. 食品分析[M]. 北京：中国农业大学出版社，2016.

[192]S. Suzanne Nielsen. 食品分析[M]. 杨严俊，等，译. 北京：中国轻工业出版社，2002.

[193]蒋原. 食源性病原微生物检测指南[M]. 北京：中国标准出版社，2011.

[194]何国庆，张伟. 食品微生物检验技术[M]. 北京：中国质检出版社，中国标准出版社，2013.

[195]中华人民共和国国家卫生和计划生育委员会，国家食品药品监督管理总局. GB 4789.4—2016 食品安全国家标准　食品微生物学检验沙门氏菌检验[S]. 北京：中国标准出版社，2016.